향가 모죽지랑가 연구

서정목

1948년 경남 창원(진해) 출생으로, 마산고등학교, 서울대학교 국어국문학과와 같은 대학원에서 공부하였다. 1979년 강원대학교, 1981년 고려대학교를 거쳐, 1983년부터 현재까지 서강대학교에 재직하고 있다. 1989~1990년 하버드 옌칭 연구소의 방문교수, 1991년부터 4년간 국립국어연구원 어문실태연구부장, 2005년부터 2년간 한국언어학회 부회장, 2009년부터 2년간 국어학회 회장으로 일하였다. 저서로 '국어 의문문 연구', '국어 통사구조 연구1', '문법의 모형과 핵 계층 이론', '변형과 제약' 등이 있고, 번역서로 '변형문법이란 무엇인가(3인 공역)', '변형문법(3인 공역)', 'GB 통사론 강의' 등이 있다. 변형생성문법을 응용하여 한국어 통사구조를 분석한 논문을 주로 썼다.

서강학술총서
062

향가 모죽지랑가 연구

서정목 지음

서강대학교 출판부

서강학술총서 062

향가 모죽지랑가 연구

초판발행 | 2014년 2월 28일
지 은 이 | 서정목
발 행 인 | 유기풍
편 집 인 | 우찬제
발 행 처 | 서강대학교 출판부
등록번호 | 1978년 9월 28일 제313-2002-170호

주 소 | 서울특별시 마포구 백범로 35번지
전 화 | (02) 705-8212
팩 스 | (02) 705-8612

ISBN 978-89-7273-242-6 94810
ISBN 978-89-7273-139-9(세트)

값 21,000원

* '서강학술총서'는 SK SUPEX 기금의 후원으로 제작됩니다.

머리말

‘모죽지랑가(慕竹旨郞歌)’는 삼국 통일 전쟁의 영웅 죽지 장군을 추모하는 향가로서 그 시대 우리 선조들이 겪었던 아픈 삶의 한 단면을 보여 주는 서글픈 노래입니다. 이 책은 통일 신라 효소왕[재위 692~702년] 때에 득오라는 분이 지은 이 노래를 둘러싼 여러 가지 궁금한 사항들에 대하여 저자의 생각을 정리한 것입니다. 30년 동안 가르치면서 학생들에게 제기하였던 숱한 의문점들에 대하여 현재의 저자가 줄 수 있는 모범 답안을 작성한 셈입니다.

1300년 전의 일을 역사 기록의 편린을 주워 모아 상상으로 되살려내는 일은 힘들기도 하였지만 호기심을 불러일으키는 매력적인 일이기도 하였습니다. ‘모죽지랑가’는 죽지 장군 사후의 만가이고, 원래 10구체 향가였는데 제3-4구를 잃어버려 여덟 구만 전해 온다는 것이 주된 논제입니다. 이 논제는 고대 한국어에 대한 이해, 고대 한국어를 표기한 향찰의 해독이라는 국어학적 지식과 시의 구조, 주제 파악이라는 국문학적 상식에서 해명되는 논제입니다.

그러나 삼국 통일의 중요 인물 가운데 한 분인 죽지 장군의 사후 추모가가 왜 이렇게 쓸쓸하고 비장한지는 통일 신라 태종무열왕-문무왕-신문왕-효소왕-성덕왕으로 이어지는 신라사의 미로를 헤매지 않고는 해명되지 않는 논제였습니다. 그 미로에는 내외종간인 신문왕-신목왕후와 이들의 혼인 전 세 아들 효소왕, 보ㅅ도태자[寶叱徒太子], 성덕왕의 존재가 있었습니다. 그리고 이 세 왕자의 할머니 자의왕후와 외할머니 요석공주가, 신문왕의 태자 시절 태자비였으며 왕비가 된 김흠돌의 딸을 폐비시키는 이른바 '김흠돌의 모반'이 자리하고 있었고, 그 이면에는 당 나라 측천무후, 원측법사 등이 관여하는 동아시아 국제정치 역학이 작용하고 있었습니다.

이 책의 내용은 거의 서른 번 반복된 수업을 하면서 조금씩 모아 놓은 티끌 같은 생각들이 모인 것입니다. 역사학은 어떻게 평가할지, 또 고전문학은 어떻게 받아들일지 조심스럽습니다. 그러나 국어학만으로 향가 연구가 끝나는 것이 아님은 분명하고, 또 국어학 없이는 향가에 대한 문학적, 문화사적인 접근이 이루어질 수 없는 것도 확실합니다. 문학적 접근의 이면이 역사적 사실에 얼마만큼 밀착해 있어야 하는지에 대해서는 의견의 차이가 있을 수 있겠지만, 문학의 허구성을 인정하지 않을 수 없다 하더라도 역사적 사실과 동떨어져서 한 인물에 대한 사후의 추모를 재생하고 감상(鑑賞)한다는 것은 진실성을 가진다 하기 어려울 것입니다. 국어학 연구자들은 최대한 성실하게 다른 분야의 연구자들이 향가에 접근하기 쉽게 정치(精緻)하게 해독된 가사를 마련하고 관련 사항들을 정리해야 할 것입니다.

향가 네 수를 묶어서 책 한 권을 쓰고 싶다던 저의 10년도 더 된 낡은 꿈은 '모죽지랑가' 한 수에 대하여 한 권을 썼다는 이야기를 남기고 마무리됩니다. 김유신 장군과 죽지 장군은 그만큼 매력적인 인물이고, '모죽지랑가'는 의미심장한 노래이며, 문명왕후, 자의왕후, 요석공주, 신목왕후의 통일 신라 시대는 당 나라 측천무후의 시대와 함께 유심히 살펴보아야 할 문제의 시대였습니다. 국어학과 국문학, 국사학, 중국사학이 만나는 마당이 있었으면 하는 바람을 가집니다. 망외(望外)의 바람이지만 수많은 분야에서 3대 수성(守成)의 어려움을 겪고 있는 우리 사회의 개개인이 이 향가 한 수를 통하여 '욕심의 절제'라는 역사의 교훈을 얻을 수 있었으면 합니다.

많은 분들의 도움을 받았습니다. 일석 이희승 선생님께서는 '두시언해' 강독을 통하여 중세국어의 다양한 현상에 대하여 가르치셨습니다. 학부 1학년 국어학개론부터 문법과 국어의 역사 전 분야, 특히 신라 시대 표기법을 가르치신 심악 이숭녕 선생님의 학은을 입을 수 있는 행운을 누렸습니다. 학부와 대학원의 지도교수이신 이기문 선생님께서는 국어학 모든 분야를 가르치시어, 국어의 문법 체계를 세우고 그 체계의 역사적 변화를 이해할 수 있는 능력을 길러 주셨습니다. 김완진 선생님께서는 학부 4학년 때 촘스키를 읽히시어 문장 구조를 분석하는 길로 이끄셨으며 야콥슨을 읽히시어 문학과 언어 사이를 사고하게 하셨고 대학원에서 향가를 집중적으로 가르치셨습니다. 선생님의 '향가해독법 연구' 서문의 '학문에서만 학문이 나오는 것이라는 느낌을 강하게 가진다.'는 말씀의 뜻을 절감하였습니다. 서강대학교의 문과대학 휴게실에서 김열규 선생님과 이재선 선생님으로부터 향가에 대한 말씀을 들으면서 그 문학적 상상력과 김완진 선생님의 어학적 정치함의 사이를 메울 수 있는 영역을 찾아야겠다고 마음을 먹었습니다. 너무 늦었지만 이 작은 책을 저에게 국어의 역사와 향가를 가르치신 선생님들께 삼가 바칩니다. 만날 때마다 조금씩, 조금씩의 이야기를 듣고는 "처음 듣는 이야기이다. 말로만 하지 말고 글로 써라."라고 격려해 주신 임홍빈 선생님께 고마움을 표합니다.

한문 번역을 검토해 주신 정요일 선생님, 향가 연구 전반에 대하여 의논해 주신 성호경 교수, 국어사적 고민을 함께 나눈 곽충구 교수, 신라사 자문에 응해 주신 조범환 교수, 장례 때의 노래에 대한 조언을 해 주신 작사 작곡가 이호섭 선생께 감사드립니다. 대학원의 김한별 선생과 막내 제자들 이하얀, 명정희 선생은 필요한 자료를 찾고 교정하느라 애썼습니다. 특히 이 연구를 총서로 간행하게 배려한 서강학술총서 위원회 우찬제 교수와 심사위원 선생님들께 감사드립니다. 31년 동안 우리말과 글, 문(文)을 공부하고 가르치며 살 수 있는 터전을 마련하여 준 서강대학교에 큰 은혜를 입었습니다. 고맙습니다.

2014년 2월
心遠齋에서
徐禎穆 謹識

차례

제1장
왜 '모죽지랑가'인가?

제1장

왜 '모죽지랑가'인가?

'삼국유사(三國遺事)'에 실려 있는 14수의 향가 가운데 하나만 뽑아 가르치라고 한다면, 저자는 주저하지 않고 '모-죽지랑-가(慕竹旨郞歌)'를 선택할 것이다.[1] 그 이유는, '모죽지랑가'가 노래의 창작 동기와 시기, 노래의 배경이 되는 시대 상황, 노래에 담긴 역사적, 정치적 의미 등을 역사 기록에 근거하여 가장 진실에 가깝게 탐구할 수 있는 작품이기 때문이다.[2]

---

1 향가 한 수 한 수의 이름은 예사롭지 않다. 10구체 향가의 대부분이 '동사-인성 명사-가'의 통사 구조를 가지고 있다. 이 노래들을 성호경(2007/2008:205~242)는 '사뇌가, 찬양가'라는 의미로 받아들이고 '사뇌'라는 말이 '찬양, 이치' 등을 뜻하는 페르시아 어(파흘라비 어) 'snay'를 한자의 음을 이용하여 적은 차용어일 가능성이 적지 않다고 논의하고 있다. 만약 그렇다면 놀라운 일이다. 우리나라 역사와 문화를 우리나라 안에만 가두어 놓고 생각하는 경향에 국제적 시각을 도입할 것을 권하는 자극제가 되었으면 좋겠다. 이 책에서 측천무후(則天武后)의 영향력을 중시하고, 당 나라에 가 있던 원측법사(圓測法師)의 역할을 살펴보아, 그의 제자 도증(道證)의 귀국 시기로부터 '익선의 죽지 장군 모욕 사건'이 일어난 때를 추정한 것은 우리 문화사를 국제적 시각에서 바라보고자 하는 노력의 표시이다.

2 문학적인 미(美)를 논한다면 단연 '제망매가(祭亡妹歌)'가 1번일 것이다. 서정목(2007:

나아가 그러한 탐구 결과는, 인간의 추악한 본성인 탐욕이 나라와 사회를 어떻게 피폐(疲弊)하게 하는지, 비열한 이용과 배척, 혈맹과 배신의 싸움의 결과가 얼마나 처참하게 종결되는지, 그러한 사실(史實)이 역사가의 붓에 의하여 얼마나 철저하게 승자의 편에 서서 패자를 악과 불의로 몰아가는 식으로 기록되는지 등등의 역사의 교훈을 가장 적나라하게 보여 주기 때문이다.

물론 '삼국유사'에 실려 있는 순서대로 하여도 제일 먼저 나오는 노래가 '모죽지랑가'이다.[3] 가장 주목을 받았어야 할 노래이다. 그런데 이 노래에 대한 연구가 의외로 많지 않았다. 그리고 대부분의 연구들이 양주동(1942/1965/1981)의 해독에 따라 이 노래가 '죽지랑 생시'에 지어졌다고 하는 토대 위에서 이루어지고 있었다. 그리하여 이 노래를 '노쇠한 화랑도 출신 귀족 죽지 장군을 사모하는 노래'라고 보는 견해가

245~248)은 이에 대한 시론을 담고 있다. 다른 글에서 좀 더 자세히 논의할 수 있기를 기대한다.

3 향가를 어떤 순서로 가르치는 것이 좋을까? 처음에는 '삼국유사'에 실린 순서대로 가르쳤다. 그러다가 어느 시기에는 시대가 뒤섞여 있어서 시가 발달사와 관련짓기가 어렵겠다 싶어 일부러 시대 순으로 가르치기도 하였다. 그러나 시대 순으로 가르친다고 하여 특별히 시가 발달사와 관련된 이야기를 할 것이 없었다. '삼국유사'가 '왕력(王曆)', '기이(紀異)', '흥법(興法)', '탑상(塔像)', '의해(義解)', '신주(神呪)', '감통(感通)', '피은(避隱)', '효선(孝善)'의 편명에 따라 편찬되었으니 같은 편에 속한 향가들은 주제 면에서 볼 때 공통점을 가질 것이다. 그러니 편차에 따라 가르치는 것이 옳다고 생각하였다. 이 생각으로부터 '모죽지랑가', '안민가', '찬기파랑가', '처용가', '서동요'가 함께 '기이편(紀異篇)'에 실려 있는 것은 '이들 향가는 국가의 흥망성쇠(興亡盛衰)와 관련지어 이해해야 한다.'라는 일연선사(一然禪師)의 편찬 의도를 보여 주는 것이라는 요체(要諦)를 잡게 되었다. 여기에 '원가(怨歌)'가 '피은편'에 들어 있지만 설화나 노래의 내용으로 보아 '피은'과는 아무 상관이 없으므로 이 노래도 같은 맥락으로 이해해야 한다고 생각하게 되었고, 10여 년 전 이 책의 처음 구상이 '흥망성쇠를 교훈한 향가 네 수'라는 이름 아래 '모죽지랑가'(효소왕대), '원가'(효성왕대), '안민가'(경덕왕대), '처용가'(헌강왕대)'를 묶어서 다루는 것으로 이루어졌었다. 그러나 그러기에는 '모죽지랑가'는 너무나 무거운 시(詩)였고 그 자체로 스스로 한 권의 책을 이루고 말았다.

연구의 주된 흐름을 이루고 있어서, 노래의 내용 파악이 진실과는 다른 방향으로 고착되어 있는 듯이 보였다.

'죽지랑 생시'의 노래라는 주장의 근거가 되는 (1)의 제3구와 제4구의 해독은 나중에 검토하는 바와 같이 여러 가지 문제를 포함하고 있어서 성립하기 어려운 해독이다.

(1) a. 제3구: 阿冬音乃叱好支賜烏隱: 아름 낟호샤온[아름다움을 나타내신]

b. 제4구: 皃史年數就音墮支行齊: 즈ᅀᅵ 살쯈 디니져[모습이 주름살을 지녔구려]

이 해독이 성립하지 않는다고 하면 '살아 있는 노쇠한 죽지랑의 모습'이라는 허구는 무너진다. 그리고 '삼국사기', '삼국유사'의 관련 기록과 다른 관련된 여러 기록들에 대한 정밀한 검토도 '죽지랑 생시에 지어졌다.'는 주장을 뒷받침하지 않는다.

그리하여 저자는 아직도 우리 학계의 연구가 이 노래의 진가(眞價)에 제대로 접근하지 못하고 있다고 판단하고, 지난 30년의 강의를 통하여 얻게 된 생각들을 정리하기로 하였다. 저자는 득오가 '죽지 장군 사후'에 이 노래를 지었다고 추정하고, 이 노래의 주변 기록들로부터 근거를 찾아 그것을 논증하는 데에 초점을 맞추었다.

'모죽지랑가'는 어떤 성격의 노래일까? 핵심 쟁점은 이 노래가 '살아 있는 죽지 장군을 사모하고 흠모하는 노래인가[죽지랑 생시 창작설]?', 아니면 '이승을 떠난 죽지 장군을 추모하고 애도하는 노래인가[죽지 장군 사후 창작설]?' 하는 것이다.[4] 이 노래는 '돌아가신 죽지 장군을 추모하고 애도하는 노래'이다. 죽지 장군 사후 초상 때나 소상 때, 또는 그 사이의 어느 추모 의식에서 불리어졌을 것이다.

이 추정의 1차적 논거는 노래의 내용이다. 노래의 내용을 정밀 검토하여 살아 있을 때의 노래가 아니고 사후의 노래임을 증명한다. 노래의 성격을 결정하는 가장 중요한 근거는 노래의 가사를 보고 그 노래의 내용을 아는 것, 그것이 기본이다. 노래의 내용은 그 노래를 적은 향찰을 해독해야 파악된다. 기본의 기본은 해독이다. 해독을 먼저 하고, 그 해독에 따라 노래의 내용과 성격을 정해야 한다. 1970년대까지의 이 노래에 대한 접근은 이 일을 거꾸로 한 측면이 없지 않다. 과거의 연구들을 검토하면서 저자는, 그 연구들이 노래의 성격을 먼저 결정하고 그 성격에 맞추어 내용을 정하고 그 내용에 따라 해독을 해 나간 것이 아닌가 하는 느낌을 갖게 되었다. 노래의 성격을 어떻게 규정하는가에 따라 특정 한자의 해독이 달라지는 것이 그 동안의 현실이었다. '삼국유사'의 배경 설화 기록을 먼저 검토하고 그 기록에 맞추어 노래의 성격과 내용을 정하고 그 다음에 해독 작업이 이루어지는 경우 이를 피할 수 없다. 이 책에서 해독을 먼저 검토하고 그 뒤에 설화를 정밀 검토하는 것은 이 방향을 바꾸기 위한 것이다.

특히 '생시의 노래'라는 주장의 논거로 사용된 (1)의 두 구에 대한 양주동(1942/1965/1981)의 해독은, 김완진(1979/1980, 1985, 2008)에서는 (2)와 같은 내용으로 해독된다. 가장 거리가 먼 이 두 해독의 중간에 (1)에 가까이 가거나 (2)에로의 방향을 보이는 많은 해독이 있지만 이 두 해독이 가장 대척적인 위치에 놓인다고 할 수 있다.

4 양주동(1942/1965/1981)과 그 해독을 따르는 대부분의 연구들은, 죽지 장군이 익선에 의하여 부산성(富山城)으로 징발되어 가서 부역 중인 득오를 찾아갔을 때, 득오가 이 노래를 지었다고 추정하고 있다. 즉, 죽지랑 생시에 지은 흠모와 사모의 노래라고 보는 것이다.

(2) a. 제3구: 阿冬音乃叱好支賜烏隱: 두던 ᄃᆞ롬곳 됴ᄒᆞ시온[두덩따름 좋으신](김완진(1985))

b. 제4구: 皃史年數就音墮支行齊: ᄌᆞᄉᆡ 힛 혜나삼 헐니져[모습이 해 헤아려 나아감에 따라 헐어가리니(김완진(1979/1980))

(2)는 이 노래가 죽지 장군 사후의 추모가임을 보여 주고 있다. 그 밖의 다른 구에 대한 정밀한 검토도 이 노래가 죽지랑 생시의 노래가 아니라 사후의 노래임을 보여 주고 있다.

2차적 논거는 노래가 지어진 시기와 관련된 여러 기록들이다. 사서(史書)의 기록 속에는 노래의 성격을 결정하는 단서가 들어 있다. 이 기록의 검토는 허황한 이야기인 것처럼 보이는 '삼국유사'의 설화와 '삼국사기'의 역사 기록을 조율하여 실제로 있었던 사실을 추정하는 작업이다. 사서의 기록과 실제로 있었던 사실이 합치되고, 그 합치되는 사실에 노래의 가사 내용과 성격이 부합되는 것으로 파악되었을 때 비로소 종합적 연구가 이루어졌다고 할 수 있다.

득오가 이 노래를 지은 시점을 결정하는 데에 핵심 근거가 되는 사건은 '삼국유사' '기이편(紀異篇)' '효소왕대 죽지랑' 조에 있는 '익선의 죽지 장군 모욕 사건'이고, 관련 사항들은 모량리인이라는 이유로 승직을 주지 않았다고 한 '원측법사에 대한 승직 불수여'와 신문왕의 승하, 700년 5월의 '이찬(伊湌)[2등 관위] 경영(慶永)의 모반'과 6월 1일의 신목왕후의 사망, 702년 효소왕의 승하, 성덕왕의 즉위 등이다. 이 사건들과 관련 사항들이 이 노래의 내용, 창작 시기와 합리적으로 연결될 수 있는 종합적 콘텐츠가 마련되어야 한다.

저자가 특히 중시한 기록은 신문왕의 사후 당 나라 측천무후(則天武后)가 보낸 조위 사절단의 일원으로 당 나라에서 온 원측법사의 제자 도증(道證)이 효소왕에게 천문도를 바치는 '삼국사기'의 기록이다. 저자는 이 기록에 따라 '익선의 죽지 장군 모욕 사건'은 효소왕 즉위[692년 7월] 초에 일어났고, '모죽지랑가'는 그로부터 약 8년 이내 신목왕후가 '경영의 모반[700년 5월]' 후 사망하는 시기[700년 6월 1일] 전후, 죽지 장군의 사후 초상(初喪) 때나 1년 후의 소상(小祥) 때, 또는 그 사이 어느 추모 의식 때에 지어졌다고 추정한다.5

3차적 논거는 노래가 실려 있는 기록에 대한 정밀 검토이다. 관련 설화의 앞뒤를 살펴서 노래가 지어진 계기를 찾아 창작 시점을 정해야 한다. 이 검토는 해독이 우선적으로 존중되고, 그 다음에 관련된 설화의 앞뒤를 살펴서 이 노래가 지어진 계기를 찾아 노래의 내용과 성격을 정해야 한다. 그러나 '모죽지랑가'가 실려 있는 '삼국유사' '기이편'

5 이 노래의 해독과 형식, 내용, 창작 시기에 대해서는 서정목(2013a)에서 상세히 논의하였다. 그 글에서는 창작 시기를 대상 날 탈상재와 관련지었다. 그러나 서정목(2013b)에서는 초상 때의 장례 의식에서도 이 노래가 불리어졌을 가능성이 있는 것으로 융통성을 두었다. 이렇게 한 데에는 그 시대 장례 의식의 몇몇 경우에 음악이 동원되는 것에 영향을 입은 바가 크거니와, 전통 상례를 논의하고 있는 저술들이 한결같이 '슬픔을 극복하기 위한 노력으로서의 음악과 연희'를 다루고 있는 것에서 많은 시사점을 얻었기 때문이다. 그런데 이제 이 책에서는 초상 때로부터 소상 때까지 사이에 지어졌을 것이라고 수정한다. 그 까닭은 저 논문들이 발표된 뒤에 확인한 김완진(2008)에서의 해독 수정을 반영하였기 때문이다. '간 봄 몯 오리매'로부터 '간 봄 다 다ᄉᆞ리매'로, '누늬 도랅 업시 뎌옷'으로부터 '눉ᄂᆡ 도ᄅᆞᆱ 업시 뎌옷'으로 수정한 해독에 따라, 이제는 '맛볼' 죽지랑의 '모습'이 '영정 속의 모습'이 아니라 '눈 감으면 떠오르는 그대의 모습'으로 바뀌었다. 따라서 'ᄒᆡ 헤나삼 헐어져 간(세월이 흐름에 따라 헐어져 간)' '모습'도 '영정 속의 모습'이 아니라, 이제는 'ᄒᆡ 헤나삼 헐어져 갈(세월이 흐름에 따라 헐어져 갈)', '눈 감으면 망막에 떠오르는 그대의 모습'이다. 이제 우리는 죽지 장군 사후 초상 때 장례 의식을 치르면서나 그 1년 후 소상(小祥) 때에 이 노래를 불렀다고 할 수 있는 해독 '지난 봄 다 장례 치르매'를 가지게 되었다. 특히 노래 내용상으로 보아 소상 때에 불리어졌을 가능성이 크다. 위 두 글의 내용과 비교하여 이 책의 내용이 달라진 것은 모두 이 책을 통하여 책임지고자 하고, 창작 시기에 대해서는 서정목(2013c)에서 밝힌 대로 '초상 때나, 소상 때, 또는 그 사이 어느 추모 의식에서 지어졌다.'로 추정한다. 지금의 이 추정은 죽지 장군의 죽음이 '경영의 모반'과 관련되고 그 반란 사건에서 신목왕후가 시해되었다는 생각을 토대로 한 것이다.

'효소왕대 죽지랑' 조의 기록을 살펴보면 그 속에는 득오가 이 노래를 지을 만한 시점이 없다. 그러면 '죽지랑 생시 창작설'은 성립할 수 없는 것이다.

부수적 논거로는 전통 장례 의식에서의 음악의 역할을 들었다. 신라 시대의 기록에서는 사람이 죽은 후에 노래를 불러 조위를 표했다는 기록들이 있다. 이로 보아 '모죽지랑가'도 죽지 장군의 사망과 관련된 노래일 것이라는 추정을 하는 것이다.

이 노래의 시대적 배경은 삼국 통일 후 김유신 장군과 문명왕후, 문무왕이 차례로 이 세상을 떠나고 난 뒤, 이 땅에서 권력 쟁취를 위한 피비린내 나는 싸움이 전개된 신문왕, 효소왕 대이다. 이 노래의 역사적, 정치적 배경은 막강한 군사력을 앞세워 권력의 실세로 군림하고 있던 화랑도 출신 귀족 장군들을 거세하고, 문민 우위의 중앙 집권적 왕권을 강화한 시대로 알려진 신문왕 통치 시기 직후이다. 그러나 이 시기는 사실은 그렇게 표현하는 것이 적절하다 하기가 어려울 만큼 너무나 어두운 그림자가 드리워져 있다.

이 시기의 특징은 신문왕의 심리적 컴플렉스로부터 설명되어야 한다. 신문왕은 할아버지, 아버지를 도와 삼한 통일의 위업을 이룬 김유신 장군의 후예들, 화랑도 출신 군부 귀족들에 대하여 심리적 컴플렉스를 지니고 있었다. 신문왕은 왕의 아들이란 이유만으로 여러 결함을 지닌 채 왕위에 올랐다. 그리고 김흠돌(金欽突)의 딸인 왕비를 폐비시키고, 이미 자신과의 사이에 세 아들을 두고 있는 김흠운(金歆運)의 딸을 왕비로 들여, 왕비이기 이전의 어머니에게서 태어나서 정통성이 결여된 아들 효소왕에게 권력을 물려주려는 탐욕으로 어머니 자의왕후와 더불어 이에 이의를 제기하는 화랑 출신 군부 귀족 장군들을 제거하였다. 이것이 681년 7월 신문왕 즉위 시에 일어난 '김흠돌의 모반' 사건의

진상이다.[6]

신라는 통일 전쟁에 동맹국으로 참전하였던 당 나라로부터 영토 피탈의 외교적 압박을 받으며 온갖 내정 간섭을 받았다. 신라 왕실은 끊임없이 조공하고 공녀를 보내며 내부적 혼란을 막기 위하여 당 나라 황실에 의지하였다. 그렇게 쇠락해 가던 왕조의 시대적 상황을 고려하면, 못난 군주와 그를 둘러싼 여인들에 의하여 주살, 축출되고 핍박받는 전쟁 영웅 화랑도 출신 군부 귀족들의 서글픈 만년과 그들이 사후에 민심에 미친 영향력 등도 이 노래가 죽지 장군 사후에 지어졌을 것이라는 가설을 뒷받침한다. 저자는 이를 통하여 이 노래가 지닌 정치적, 역사적 의미를 찾으려 하였다.

'모죽지랑가'에 대하여 저자가 가르친 주된 내용은 (가)~(라)까지의 네 가지 논제이다. 이 네 가지 논제는 30년 동안의 강의에서 어떤 것은 1980년대부터 주장하였고, 어떤 것은 1990년대부터 주장하였으며, 또 어떤 것은 2000년대부터 주장하였다. (마)는 이 책을 준비하면서 추가된 논의거리로서 2013년 가을 학기에 가르친 내용이다. 저자는 이 시대[신문왕, 효소왕, 성덕왕 시기]의 실질적인 권력 실세가 요석공주(瑤石公主)일 것이라고 본다. (마)가 진실이라는 확증은 없다. 그러나 (마)를 부인할 수 있는 증거도 없다. 수많은 정황적 요소는 신목왕후의 어머니, 신문왕의 빙모, 효소왕, 성덕왕의 외할머니가 요석공주이어야 함을 보여 주고 있다. 이 시대의 중요한 사건들인 김흠돌의 모반, 신문왕의 첫째 왕비 폐비 사건, 경영의 모반, 성덕왕의 즉위, 성덕왕의 첫째 왕비

6 이병도, 김재원(1959/1977:644~645)에서는 '이 逆謀事件(역모사건)의 자세한 內幕(내막)에 關(관)하여는 상고할 길이 없으나 …… 즉 王妃(왕비)의 無子(무자)로 因(인)하여 將來(장래) 自己 勢力(자기 세력)의 孤弱(고약)함을 憂慮(우려)한 나머지에서 나온 行動(행동)이 아니었던가'라고 추정하고 있다.

폐비 사건까지를 일목요연하게 설명할 수 있는 열쇠는 요석공주가 쥐고 있는 것이다. 드라마 가칭 '요석공주'는 이 로맨스 그랜 마마를 중심에 놓고 통일 신라의 흥망성쇠를 영상화하여 인간의 더러운 탐욕이 어떻게 국가와 사회를 망치는지를 보여 주는 명품 드라마가 될 수 있을 것이다.

(가) '모죽지랑가'는 원래 10구체 향가였는데 판목 교정 단계에서 제 3-4구가 망실되었다.

(나) '모죽지랑가'가 지어진 시기의 효소왕은 흔히 알려진 것처럼 6살에 왕위에 올라 16살에 승하한 것이 아니라, '삼국유사' '대산 오만 진신' 조의 세주(細注)에서 명언하듯이 16살에 왕위에 올라 26살에 이승을 떠났다. 6살에 즉위하여 16살에 승하하였다는 것은 '삼국사기' '신라 본기'의 '원자 출생' 기록을 '왕자 이홍 출생' 기록으로 오해한 데서 나온 계산이다. 687년에 출생한 원자는 효소왕이 아니다. 효소왕은 신문왕이 즉위하기 전 정명태자와 김흠운(金歆運)의 딸 사이에서 677년에 태어났다. 효소왕뿐만 아니라 보ㅅ도태자,[7] 성덕왕도 신문왕의 태자 시절에 이미 태어났다.

(다) 정명태자의 이 세 아들이, 신문왕 즉위 시[681년]의 국구(國舅) 김흠돌(金欽突)의 모반의 원인이다. 이 모반으로 왕실은 김흠돌과 가까운 일부 화랑 출신 군부 귀족들을 주살하거나 축출하였고, 결국 자의왕후(慈儀王后)는 화랑도를 폐지하였다가 성격을 바꾸어 부활 시켰다. 이 일이 신라 귀족 사회의 분열의 원인이 되어

7 이 이름은 '寶叱徒'로 적혀 있다. '叱[꾸짖을 질]'이 /ㅅ/을 적는 차자(借字)이므로 일단 '보ㅅ도'로 읽는다. 같은 면에서 보천(寶川)이라고 적기도 하였다. [무리 도(徒)]가 복수 접미사 '-네'를 통하여 [내 천(川)]과 연결된다면 이 왕자의 이름은 '보ㅅ내'일 가능성이 있다.

국가 흥망성쇠에 심대한 영향을 미쳤다.

(라) 죽지랑은 김흠돌의 모반과 관련하여 직접적인 피해를 입은 것 같지는 않다. 그렇지만 화랑도 폐지로 말미암아 어느 정도의 영향을 입어 만년에는 불우하게 지냈을 것이다. 이 노래는, 죽지랑과 돈독한 사이였던 득오가 죽지 장군 사후 초상 때나 1년 뒤 소상(小祥) 때, 또는 그 사이 어느 추모 의식에서 사용할 만가(輓歌)로 지은 것으로 보인다.

(마) 효소왕의 어머니 신목왕후는 김흠운과 요석공주의 딸로서 설총(薛聰)의 이부동모(異父同母) 누나이다. 설총이 외사촌 형님이자 자형인 신문왕에게 지어 바친 '화왕계(花王戒)'의 '백두옹(白頭翁)'에 가까운 이미지를 지닌 노신(老臣)의 한 사람이 죽지 장군이라 할 수 있다.[8] 통일 신라 신문왕-효소왕-성덕왕에 이르는 기간 최고의 권력 실세는 문무왕의 누이이며, 신문왕의 고모이자 빙모이며, 효소왕과 성덕왕의 외할머니인 요석공주인 것으로 보인다.

'삼국사기'의 '신라 본기'에는 역사학의 연구 주제라 할 (나), (다) 주제와 관련된 기록이 거의 없다. 물론 국어국문학의 연구 주제라 할 (가), (라) 주제에 대한 기록은 아예 없다. '삼국사기' '신라 본기'는 이 시기의 사실들을 아주 소략하게 기록하였고, 특히 효소왕의 출생

8 '삼국사기' '열전' '설총' 조에서 "무명옷에 가죽 허리띠를 매고 백발을 이고 지팡이를 짚고 바보처럼 걸어 구부리고 와서 말하기를 저는 서울 밖의 큰 길 가에 사는데 아래로는 창망한 들 경치를 굽어보고 위로는 우뚝 솟은 높은 산색을 의지하여 그 이름을 백두옹이라고 합니다.[布衣韋帶戴白持杖龍鍾而步傴僂而來 曰 僕在京城之外居大道之旁 下臨蒼茫之野景 上倚嵯峨之山色 其名曰 白頭翁.]"으로 묘사된 검소하지만 가죽 허리띠를 매었으며 나이 들어 백발이 되었고 왕 앞에서도 지팡이를 짚었으며, 아래로는 들판과 위로는 산악에 이르기까지 많은 식견을 지닌 경륜 있는 노신(老臣)으로 우리는 지관(智官)이라는 이름으로도 불리운 죽지 장군 외의 다른 사람을 떠올리기 어려운 것이다.

연대를 오해할 수 있을 만하게 기록하였다. (마) 주제에 대한 기록도 '삼국사기' '신라 본기'에는 없다.[9]

그러나 '삼국사기' '열전'의 '김흠운(金歆運)' 조와 '삼국유사' '탑상편' '대산 오만 진신' 조의 기록은 이 노래에 한 줄기 밝은 빛을 비추고 있다. 이 빛이 '모죽지랑가'의 내용과 형식, 창작 동기와 시기, 그리고 이 노래와 설화의 시대적 배경과 정치적, 역사적 의미에 대하여 탐구하고자 하는 저자의 출발점이었다. 덧붙여서 (마) 주제와 관련하여 '삼국사기' '열전(列傳)'의 '설총(薛聰)' 조와 '삼국유사' '의해편'의 '원효 불기(元曉不羈)' 조를 고려하면 이 시기에 서라벌에는 자의왕후와 요석공주, 요석공주의 딸 신목왕후를 중심으로 한 왕실 직계 권력 여성(power women)들이 그 이전 시기의 문명왕후와 김유신 장군, 김흠돌로 대표되는 문무왕의 외척 세력으로부터 권력을 찾아오려는 강력한 움직임을 보이고 있었음이 감지된다. 그들은 신문왕의 외척 세력인 것이다.

여기서 역사의 기술에 왕후, 태후, 그리고 그들의 친인척으로 등장하는 여러 인물들에 대한 배려가 좀 더 섬세하게 이루어져야 함을 느낀

---

9 이 책의 본문 논지 전개에서는 필사본(筆寫本) '화랑세기(花郎世紀)'를 고려하지 않는다. 그러나 각주에서는 '삼국사기'와 '삼국유사'에서는 볼 수 없는 친인척 관계에 대한 정보를 이종욱(1999)를 참고로 하여 (　) 속에 제공함으로써 독자들의 이해를 돕도록 하였다. 저자는 '삼국사기'와 '삼국유사'만으로도 '모죽지랑가'의 시대만은 '화랑세기'가 그리고 있는 세상과 똑 같이 재구해 낼 수 있었다고 생각한다. 이것은 필사본 '화랑세기'가 위작인 논거로 볼 수도 있고, 또한 진서를 베낀 논거로 볼 수도 있다. 저자는 '화랑세기'가 '삼국사기'와 '삼국유사'에 통달한 뛰어난 천재가 상상력으로 꾸며낸 위작일 것이라고 생각한다. 저자는 이 필사본 '화랑세기'에 대한 논란이 일부 역사학자들에게만 맡겨져서는 안 된다는 소신을 가지고 있다. 모든 지식인들이 자신이 종사하는 분야와 관련하여 이 문제가 어떻게 종결되어야 하는지에 관하여 발언할 것을 권한다. 그 일차적 작업으로 독자들에게 '모죽지랑가'의 이해를 위하여, '삼국사기'와 '삼국유사'를 통하여 그 시대 상황을 재구할 때, 그 세상은 필사본 '화랑세기'가 그리고 있는 세상과 비슷해진다는 것을 보고한다. 이 작업이 그 필사본 '화랑세기'가 위작임을 의미하는지 아닌지는 세월이 좀 더 흐른 후에야 밝혀질 것이다.

다. 왕은 왕위에 오른 뒤 어차피 오래 살지 못하고 승하한다. 태종무열왕은 즉위 7년 만에 수수께끼에 둘러싸인 의문사(疑問死)로 승하하였고, 문무왕은 20년, 신문왕은 11년, 효소왕은 10년 정도 재위하였다. 성덕왕은 드물게 35년간 재위하였지만 그가 22세에 즉위하였음을 생각하면 57세에 승하한 것이다. 효성왕은 5년, 경덕왕은 23년, 혜공왕은 8살에 즉위하여 15년 재위하였으니 불과 23살에 승하하였다. 혜공왕을 시해하고 왕위를 찬탈한 고종 사촌 선덕왕(宣德王) 김양상(金良相)[성덕왕의 외손자]도 불과 5년간 재위하였다.

이렇게 짧은 기간 최고 권력을 행사하였던 왕들이 얼마나 현실을 정확하게 파악하고 실질적인 권한을 행사하였겠는가? 실권은 항상 다른 데에 가 있었을 가능성이 크다. 문명왕후는 문무왕 승하 시와 거의 비슷한 시기에 돌아가신 것으로 파악된다. 이때까지 문명왕후는 문무왕의 모후로서 김흠돌 등을 거느리고 큰 영향력을 행사하였다.[10] 이름도 벙어리처럼 말없이 참고 살았음을 상징하는 자의(눌)왕후(慈儀(訥)王后)는 고된 시집살이가 끝난 문명왕후 사후, 그리고 문무왕 사후, 신문왕 즉위 시에 동생 운명의 남편인 김오기와 더불어 그 당시 막강한 힘을 가지고 있던 사돈 김흠돌과 그의 추종 세력을 모반한다고 주살(誅殺)하여 제거하였다. 이 모반은 신문왕의 즉위에 동의하지 않았거나 차기 왕위 후계 구도에 이의를 제기하였다는 것으로 이해할 수밖에 없다.

김흠돌의 모반을 진압한 후 자의왕후가 사망하고 나서는, 궁중의 권력 여인 실세는 '익선의 죽지 장군 모욕 사건'에서 조정 화주로 등장

10 (필사본 '화랑세기'에는 김흠돌이 김유신 장군의 딸 진광의 남편으로 되어 있다. 그러므로 문명왕후에게는 생질서(甥姪壻)가 된다.)

하여 익선의 아들을 얼려 죽이는 화주와[11] 신목왕후의 어머니 요석공주[신문왕의 고모, 나중에 빙모가 됨]이었을 가능성이 크다. 700년 6월 1일 경영의 모반 사건으로 숨진 신목왕후의 왕후 시절과 태후 시절은 신문왕 시기 8년, 효소왕 시기 7년 합쳐서 15년쯤 된다. 이 15년간 어머니 요석공주도 살아 있고 시이모 운명도 살아 있었을 가능성이 크다.

신문왕은 외숙부 김순원, 요석공주의 아들인 고종사촌이자 처남인 설총의 도움에 기대지 않을 수 없었을 것이다.[12] 효소왕은 외할머니 요석공주에게 의지하였을 것이다. 특히 효소왕의 출생의 특이성은, 그가 정명태자와 고종사촌 누이[나중의 신목왕후] 사이에 요석궁에서 태어나서 어린 시절을 외할머니의 그늘 아래서 자랐을 것이라는 추론을 하게 함으로써, 이 외조모와 외손자의 사이가 각별하였을 것임을 암시해 준다. 나아가 효소왕은 외숙부 설총과 그 밖의 외척 세력으로부터 도움을 받았을 것이다.[13]

신목왕후가 효소왕대에 태후로서 섭정하거나 모왕(母王)에 가까운 권력을 행사하였으리라고 보는 국사학계의 일반적인 경향은 초점이

11 '삼국유사'에 한 번 나타나는 이 화주가 ('화랑세기'에는 화주가 풍월주의 부인이라고 되어 있다.) 여러 정황으로 보아 (김오기의 부인 운명일 것이고 운명이 자의왕후의 동생이므로 신문왕의 이모가 된다.) 자의왕후 사후 신문왕, 효소왕의 통치에 관여하였을 것으로 보인다는 것은 서정목(2013b)에서 자세히 논의하였다.

12 ('화랑세기'에는 김순원이 자의왕후의 동생이라고 되어 있다. 신문왕의 외숙부이다.) 신목왕후는 태종무열왕의 딸인 어머니 요석공주, ('화랑세기'에서 볼 수 있는 북원(北原)[원주]에서 군대를 거느리고 와서 김흠돌의 모반을 진압한 호성장군 김오기의 부인 조정 화주 시이모 운명)의 그늘에서 벗어날 수 없었을 것이다. ('화랑세기'에서는 김오기는 신문왕의 이모부이고 김오기의 아들 김대문은 이종사촌이 된다.)

13 효소왕을 중심으로 보면 ('화랑세기'의 이 인물들은 진외종조부 김순원, 진외이종조모 운명, 진외이종조부 김오기, 진외이종당숙 김대문으로 파악된다.) 효소왕은 이들의 힘과 재력에 의지하지 않을 수 없었을 것이다.

어긋난 것으로 보인다. 신목왕후는 왕후가 되기 전 문명왕후 재세 시에는 예비 시할머니의 뜻을 모셔야 했을 것이고, 자의왕후 생시에는 시어머니의 뜻을 모셔야 했을 것이며, 자의왕후가 돌아가신 뒤에는 시이모인 운명과 어머니 요석공주의 뜻을 모셔야 했을 것이다. 신목왕후는, 아들을 휘어잡으며 권력을 휘두른 당 나라 측천무후처럼 절대 권력의 자리에 앉아 보지도 못한 채, 효소왕 9년[700년] 5월 말 터진 경영의 모반으로 시해되어 700년 6월 1일 45세나 많아야 48세 정도의 나이에 불행한 일생을 마친, 속이 썩을 대로 썩어 새까맣게 타들어간 비운(悲運)의 여인인 것이다.

오히려 이 시기의 여러 일들을 좌지우지했을 사람은 설총(薛聰)이라는 총명(聰明)한 아들을 거느린 태종무열왕의 딸 요석공주와 김대문(金大問)이라는 크게 묻고 의심하는 출중(出衆)한 아들을 둔 김오기의 부인 조정 화주 운명이라고 해야 할 것이다. 요컨대 문명왕후가 세상을 떠난 뒤인 통일 신라 신문왕에서 성덕왕 전반기에 이르는 기간 최고의 왕실 여성 권력 실세는 문무왕의 누이이며, 신문왕의 고모이자 빙모이고, 효소왕과 성덕왕의 외할머니인 요석공주라 할 수 있다.

여기서 신라사 연구의 기본 사서인 '삼국사기'와 '삼국유사'에 대하여 저자가 지니고 있는 인식 태도를 밝힐 필요를 느낀다.[14] 이 두 사서는 기본적으로 집필 의도, 집필 목적이 서로 다르다. '삼국사기'는 부분에 따라 그 성격이 다르기도 하다. 이 성격 차이에 따라 두 사서는 서로 보완적인 기록으로 검토되어야 할 측면이 있다.

14 '삼국사기'와 '삼국유사'에 관하여 이종욱(1986:205)는 다음과 같이 말하고 있다. "그 중 '삼국사기'는 신라사의 전반적인 구조를 이해할 수 있는 사서로 중요한 의미를 지니고 있다. 그에 비해 '삼국유사'는 신라사의 전반적인 체계화를 위한 자료로는 문제가 있으나, '삼국사기'에서 구할 수 없는 보다 생생한 사실들을 우리에게 전하여 주고 있다."

'삼국사기'의 '본기'는 왕을 중심으로 한 정치사의 전체 흐름을 적은 것이다. 전체적인 역사 기술로서 역사 흐름의 큰 줄기를 보여 주는 데 치중하므로 사소한 사건들이나 보통 인물에 관해서는 충분한 정보를 제공하지 못하는 면이 있을 수 있다. 그러나 '삼국사기' '열전'은 중요하고 특별한 인물들의 전기이다. '열전'에 넣기로 선택한 인물들에 대한 기록은 매우 자세한 정보를 담고 있다. 이 '열전'은 '삼국사기' 보다는 오히려 '삼국유사'의 인물들에 대한 설화와 비슷한 성격을 지닌다.

이에 비하여 '삼국유사'는 이름을 남겼어야 할 만한 중요 인물들과 특별한 의미를 가지는 중요 사건에 관한 이야기를 적은 책이다. 역사를 체계화하여 전체적인 흐름을 보여 주려고 시도한 책이 아니다. 중요한 사건 하나하나를 선택하여 그 사건에 대한 관련 기록을 집중적으로 모아 놓은 일화집이다. 기록하고 있는 하나하나의 사건이나 보통 인물들에 대해서는 그 이야기가 필요로 하는 만큼의 자세한 정보를 담으려 노력하고 있다. 참고하고 있는, 전해 오는 기록이 소략하거나 어긋나는 부분에 대해서는 곳곳에 주를 붙여, '왜 이렇게 차이가 나는지 의아하다.' '어느 쪽 기록이 오류인 것 같다. 그렇지만 두 가지 이야기를 다 적어 후일의 판단에 맡긴다.' 이렇게 기술하고 있는 것이 '삼국유사'의 기본 서술 태도이다.

그러므로 우리는 집필 의도, 목적이 서로 다른 상보적인 두 사서를 보유하고 있는 것이지, 하나는 믿을 수 있는 사서이고 다른 하나는 신빙성이 떨어지는 설화집이라는 식의 인식 태도가 통할 수 있는 두 사서를 가지고 있는 것이 아니다. 어떤 사건에 대한 기록이 이 두 사서 사이에 서로 어긋난다면 거기에는 그렇게 된 필연적인 사연이 있을 것이다. 이 책의 기록은 믿을 수 있고 저 책의 기록은 사료로서의 신빙성이 떨어진다는 인식을 가져서는 안 된다.

저자는 이러한 인식의 토대 위에 '모죽지랑가'에 대한 탐구에서의 두 사서의 활용법도 이에 걸맞게 다음과 같이 정하였다. 정치사적 관점에서 왕을 중심으로 한 역사의 큰 흐름과 어떤 사건의 역사 속에서의 의미에 대해서는 '삼국사기'를 통하여 이해한다. 그러나 사회사나 문화사적인 관점에서 다루려고 하는 어떤 사건이나 왕이 아닌 보통의 인물에 대한 구체적인 정보는 '삼국유사'와 '삼국사기' '열전'의 기록을 활용한다.

저자가 이 책에서 밝히려고 하는 것은, 첫째는 죽지 장군이라는 구체적 인물과 득오의 '모죽지랑가' 창작이라는 구체적 사건이고, 둘째는 그 노래를 둘러싸고 있는 태종무열왕, 김유신 장군, 문명왕후, 문무왕, 자의왕후, 신문왕, 신목왕후, 효소왕, 성덕왕, 김흠운, 김흠돌, 요석공주, 원효, 설총 등등의 인물들이 살고 있는 통일 신라 시기의 왕실과 귀족들의 삶이다. 따라서 둘째 문제인 전체적인 역사의 흐름은 '삼국사기'에 의존하고, 첫째 문제인 개별 사건이나 인물들에 관한 사소한 정보들은 '삼국유사'와 '삼국사기' '열전'의 기록으로부터 가져 오는 방식을 택할 수밖에 없었다.

그런데 이 탐구 과정에서 효소왕의 나이에 대하여 '삼국사기'와 '삼국유사'가 서로 어긋나는 듯한 기록을 보이고 있음을 읽게 되었다. '삼국사기'를 얼핏 읽으면, 그가 6살에 즉위하여 16살에 승하한 것으로 오해할 수 있다. '원자 출생'을 '왕자 이홍 출생'으로 오해하면 그렇게 해석된다. 그러나 '삼국유사'는 효소왕이 16살에 즉위하여 26살에 승하하였고, 그의 동생 성덕왕은 22살에 즉위하였다고 명언하고 있다. 이 어긋난 듯한 기록이 아무 관련이 없을 것 같은 향가 '모죽지랑가'의 창작 배경이 되는 엄청난 사건과 연결되어 있으리라고는 저자도 예전에는 깨닫지 못하였다. 그러나 결국은 효소왕의 나이에 대한 두 사서의 어긋난 듯한 증언이 이 노래의 시대적 배경을 구체적으로 이해하는 데에 핵심 열쇠가 되었다.[15]

'모죽지랑가'의 창작 동기와 시기, 시대적 배경에 대한 논의의 핵심적인 내용은 다음과 같다. 득오가 이 노래를 지은 시기의 효소왕은 16살에 왕위에 올라 26살에 승하하였다. 여기에 관한 한 '삼국유사'의 기록이 옳다. '삼국사기' '신라 본기' 신문왕 7년 조는 '원자 출생'을 기록하고 있고, 이어서 11년 조는 '왕자 이홍의 태자 책봉'을 기록하고 있어서 효소왕의 출생 시기에 대하여 오해하기 쉬울 만한 기록을 남기고 있고, 보ㅅ도태자, 효명태자에 대하여 언급하고 있지 않다. 효소왕은 태종무열왕의 손자인 정명태자[뒷날의 신문왕]과 외손녀인 김흠운의 딸[뒷날의 신목왕후] 사이에서 문무왕 17년[677년]에 태어났다. 그는 할아버지가 왕일 때 태어났으므로 원손(元孫)일 수는 있어도 원자(元子)일 수는 없다. 그러므로 그는 원자가 아니다. 효소왕은 태종무열왕의 증손자이자 외외증손자(外外曾孫子)이다.[16]

---

15 30년 동안 계속된 똑 같은 내용을 대상으로 하는 강의가 스스로 흘러 흘러가서 도달하게 된 지금의 저자의 인식이 또 세월이 더 흘러 중국이나 일본에서 어떤 기록을 더 찾아보고, 또 어떤 변덕을 부릴지 저자도 짐작할 수 없는 일이다. 다만 확실한 것은, 그들도 사람이라 탐욕으로부터 자유롭지 못했고, 후세에 남기고 싶지 않은 아픈 인생사를 감추려 노심초사하였다는 사실이다. 그런데 그것을 이제 와서 미주알고주알 파헤쳐서 무엇에 쓰겠는가 하는 처연함이 문득 어느 만하의 새벽, 내 가슴을 옥비녀 꽂처럼 스치고 지나갔다.

16 효소왕의 부계는 부 신문왕[배 신목왕후], 조부 문무왕[배 자의왕후], 증조부 태종무열왕[배 문명왕후]이다. 효소왕의 모계는 모 신목왕후, 외조부 김흠운[배 태종무열왕 딸], 외증조부 김달복[배 김유신 장군 누이 정희]이다. 김흠운의 처가이면서 신목왕후의 어머니의 친정인 왕실은 신목왕후의 외가로서 효소왕에게는 외외가(外外家)가 된다. 모계로 보면 무열왕은 효소왕에게 외외증조부(外外曾祖父)이다. 효소왕은 외외증조부와 증조부가 같은 사람인 것이다. 효소왕의 외할머니와 오누이 사이인 문무왕은 효소왕에게 부계로는 조부이면서 모계로는 외외종조부(外外從祖父)이다. 신문왕부터 김유신 장군 집안의 피가 1/4 이하로 되었다.

신목왕후의 아버지 김흠운(金欽運)은 '삼국사기' '열전'의 김흠운(金歆運)과 동일인이다. 그는 태종무열왕의 사위로서 태종무열왕 2년[655년] 고구려, 백제의 연합군과의 양산(陽山) 아래 전투에서 야습한 백제군과 용감히 싸우다 전사하였다. 이때 그에게는 어린 딸이 있었다. 이 딸이 28살도 더 되었을 683년에 신문왕과 혼인하여 신목왕후가 되었다. 신문왕과 신목왕후 둘 사이는 내외종간(內外從間)이다. 그런데 혼인하기 전에 이미 그들에게는 세 아들[효소왕, 보ㅅ도태자, 효명태자]가 있었다.[17]

정명태자의 이 세 아들들이 신문왕 즉위년[681년]에 일어난 신문왕의 국구(國舅) 김흠돌(金欽突)의 모반의 원인이다. 문무왕이 승하하고 김흠돌의 사위인 정명태자가 왕위에 오르면서 왕비로 책봉된 무자(無子)한 김흠돌의 딸과 이미 정명태자와의 사이에 5살, 3살(?), 1살의 세 아들을 두고 있는 김흠운의 딸 사이에 왕위 계승권을 둘러싼 쟁투가 있었을 것이기 때문이다. 이 모반 사건으로 신문왕과 자의왕후는 후기 화랑도 출신 지도자들 가운데 김흠돌과 관련된 일부 귀족들을 주륙하고 축출하였다.[18] 이 사건이 신라 귀족 사회의 분열의 원인이 되어

17 이 김흠운의 부인, 신목왕후의 어머니인 태종무열왕의 공주가 누구일까 하는 의문은 저자를 오랫동안 여러 책을 뒤지게 만든 하나의 동인(動因)이 되었다. 아무데서도 관련 기록을 볼 수 없었다. 그러다 저 먼 시절 어느 새벽, 전광석화처럼 고등학교 때 배운 '화왕계(花王戒)'가 뇌리를 쳤다. 그 새벽의 전율(戰慄)을 나는 짧은 말로 다 표현할 수가 없다. 아아! 요석공주. 그 찬란한 로맨스 그랜 마마를 왜 잊고 있었단 말인가? 온 한국인이 이름만 들어도 빙긋이 웃는 파계승(?) 원효의 3일간의 애인, 3일간의 인연으로 1300년을 한국인의 심중에 살아남은 여인, 설총의 어머니 요석공주가 '삼국사기' '열전' '설총' 조와 '삼국유사' '의해편' '원효 불기' 조에서 1300년 동안 나를 기다리고 있었다. 요석공주와의 만남은 기연이었다.

18 ('화랑세기'에서는 자의왕후가 화랑도를 폐지하였다가 중신들의 반대로 다시 부활시켜 수도하여 '국선'이 되는 것을 허용한 것으로 기술하고 있다.) 자의왕후가 김흠돌의 모반을 진압한 후 곧 사망한 것을 고려하면 화랑도가 폐지된 시기는 극히 짧은 시기라 할 수

국가 흥망성쇠에 크고도 심각한 영향을 미쳤다. 신문왕이 처남이자 고종 사촌 동생인 설총에게서 '화왕계'를 듣고서, 짓는 그 근심어린 쓸쓸한 표정은 이 모든 사정을 압축하여 보여 주는 그 시대의 비극의 거울이라 할 것이다.

화랑도 출신 귀족인 죽지 장군도 화랑도가 폐지되고 동료들이 축출되는 정치적 상황에서 불우하게 만년을 보내고 효소왕 치세 후반에 이승을 떠났다. 이 노래는 화랑도 활동 시절부터 죽지 장군과 특별히 돈독한 사이였던 득오가 죽지 장군 사후 초상 때나 1년 뒤 소상 때, 또는 그 사이 어느 추모 의식에서 사용할 만가로 지은 것으로 보인다. 이 노래가 '삼국유사'의 '기이편'에 실려 있는 것은 이 노래에 이러한 의미가 담겨 있기 때문이다. 국가 흥망성쇠와 관련되지 않는 설화나 노래가 '삼국유사'의 '기이편'에 실릴 수는 없는 일이다.

'삼국사기'의 '신라 본기' 문무왕, 신문왕 조에는 보ㅅ도태자와 효명태자 두 왕자에 관한 기록이 없고, 효소왕 출생에 대한 기록도 없다. 이에 반하여 '삼국사기' '열전'의 '김흠운' 조는 암시적으로 '신라 본기'의 기록을 보완하는 정보를 싣고 있어 그의 외손자들[효소왕, 보ㅅ도태자, 성덕왕]과 관련된 사실에 한 줄기 빛을 비추고 있다. 그 빛은 '삼국유사'의 '대산 오만 진신' 조의 작은 세주(細注)가 주는 가녀린 빛과 더불어 '모죽지랑가'의 시대적 배경과 창작 동기, 시기, 역사적, 정치적 의미를 밝히려는 우리의 추리에 핵심 열쇠가 되어 주었다.[19]

저자의 근본 논지는 '모죽지랑가'가 죽지 장군 사후 초상 때나 소상 때, 또는 그 사이 어느 추모 의식에서 사용된 만가(輓歌)이므로, 그 해독

있다.

19 이에 대해서 서정목(2013a, b, c)에서 상세하게 논의한 바 있다. 세부적으로 그 글들과 달라진 내용은 최종적으로 이 책의 내용을 통하여 책임지고자 한다.

은 살아 있는 죽지 장군의 모습을 그리고 사모하는 것이 아니라, 죽은 죽지 장군의 모습[그것이 시적 화자의 마음 속의 모습이든 영정 속의 모습이든]을 추모하고, 신산(辛酸)하고 간난(艱難)한 정치적 현실 속에서도 죽은 상관에 대한 신의(信義)를 지키면서 살아가려는 결의를 다지는 내용으로 이루어져야 한다는 것이다.

제2장

국어학은 '모죽지랑가'를 어떻게 해독하였는가?

제2장
국어학은 '모죽지랑가'를 어떻게 해독하였는가?

1. 원문과 해독 원리

'모죽지랑가'의 원문은 (1)과 같다. 밑줄은 '攴(복) 자'와 '支(지) 자'의 구분을 위하여 저자가 표시하였다. 이 노래는 '삼국유사'의 '기이편'에 실린 '효소왕대 죽지랑'이라는 제목의 설화 맨 끝에 기록되어 전해 온다.

(1) 원문

去隱春皆理米
毛冬居叱沙哭屋尸以憂音
阿冬音乃叱好攴賜烏隱
皃史年數就音墮攴行齊
目煙廻於尸亡史伊衣
逢烏支惡知作乎下是

郎也 慕理尸心未 行乎尸道尸
蓬次叱巷中宿尸夜音有叱下是

이 노래는 신라 시대의 우리말로 지어진 것이다. 그 신라 시대 우리말 가사를 한자(漢字)의 뜻[釋, 訓, 새김]과 소리[音]를 이용하여 적는 향찰(鄕札) 표기법으로 적은 것이 이 원문이다. 그러므로 해독은 노래를 적는 데 사용된 그 한자의 뜻에 해당하는 우리말 새김[釋, 訓]과 그 한자의 그 시대 소리[音]를 추정해 내어 신라 시대 우리말로 읽는 것이다.

그런데 신라 시대 우리말의 전모와 그 시대 한자의 음에 대하여 밝혀진 것이 거의 없다. 그러므로 우리말의 문법(文法)이나 어휘(語彙)는 주로 국어학자들이 연구해 놓은 중세 한국어에 대한 지식에 의존하여 추정하고,[20] 한자의 음에 대해서는 그 한자음이 우리나라에 전래된 시기의 음을 추정해서 이용하는 수밖에 없다.

향가 해독은 중세 한국어를 토대로 신라 시대의 우리말의 모습을 추정하는 작업이다. 다시 말하여 고려 시대의 우리말에 대하여 알려진 극히 적은 양의 정보와 조선 시대 세종대왕(世宗大王)의 정음(正音) 창제 이후 그 문자로 적힌 방대한 양의 문헌에서 얻을 수 있는 우리말에 대한 풍부한 정보를 활용하여, 향찰(鄕札)에 사용된 한자에 대응하는 가장 적합한 신라 시대의 단어와 문법 요소를 추정하여 말이 되게 노래의 내용을 살려 내는 연구이다.

향가와 관련하여 우리말은 크게 세 부분으로 이루어져 있다. 첫째는

---

20 중세 한국어는 고려 시대와 16세기, 임진왜란 전까지의 조선 시대 한국어를 가리킨다(이기문(1961) 참고). 물론 고대 한국어는 고려 개국 전까지 서라벌이 한반도 언어의 중심지 역할을 하던 시대의 언어를 지칭한다.

문장의 구조이고, 둘째는 단어들로 이루어진 어휘부(語彙部)이며, 셋째는 소리로 읽어야 하는 한자들, 즉 음독자들의 그 당시의 음이다.

첫째의 문장 구조에 대한 논의는 아주 단순하다. 현재까지의 연구 결과에 따르면 신라 시대 우리말의 문장 구조는 중세 한국어의 그것과 거의 같다. 그러므로 해독을 위해서는 중세 한국어의 문법 체계, 특히 통사 구조와 문법 형태소의 음성 실현과 기능에 관하여 정확하게 알아야 한다. 이것은 현재의 국어학계의 수준으로도 거의 완벽에 가깝게 할 수 있는 일이다. 문장의 통사 구조는 기본적으로 '주어+서술어'의 어순을 가진다. 서술어는 '목적어+타동사', '목적어+보어+불완전 타동사', '보어+불완전 자동사', '자동사', '형용사', '명사구+지정사' 가운데 어느 하나로 이루어진다. 관형어, 즉 관형사나 관형형 어미로 끝난 구나 절, 관형격 조사를 붙인 명사구가 명사구(주어, 목적어, 보어 등)을 수식한다. 부사어, 즉 부사나 부사형 어미로 끝난 구나 절, 부사격 조사를 붙인 명사구가 서술어나 서술어의 일부를 한정한다. 명사구 뒤에는 구조 격이나 어휘 격을 나타내는 격 조사가 붙거나, 또는 특수한 의미를 더하는 특수 조사가 붙는다. 서술어 뒤에는 경어법, 양태를 나타내는 선어말 어미가 통합될 수 있으며, 문장이나 절의 끝에는 항상 어말 어미가 온다. 두 절이 접속될 때도 종속 접속 어미나 대등 접속 어미가 서술어 뒤에 나타난다. 즉, 향가를 해독하기 위해서는 한국어의 어미와 조사를 포함한 문법 형태소 전반에 대한 정확한 이해가 필수적이다.

둘째의 어휘부에 관한 논의는 쉽지 않다. 이 경우 해독은 향찰 표기 속의 한자에 해당하는 현존하는 가장 오래된 고유어 단어를 찾아내어 그 단어의 더 이전 시기 즉, 그 노래가 지어진 신라 시대의 우리말의 어형을 추정하여 살려 내어야 한다. 단어 자체의 어형 추정이 정확해야 하고, 그 단어를 이루고 있는 음운(音韻)들의 변화를, 타당한 변화의 흐름을 반영하여 근대·중세·고대 한국어 순으로 거슬러 올라가는 재구(再構)의 과정도 정확해야 한다. 특히 접두사, 접미사들의 목록을 알고 새로운 단어를 만드는 조어 절차에 대하여 아는 것이 긴요하다. 고유어 단어 이외에도 이 시기에 이미 외래어로 정착한 한자어도 있다. 불교 용어들은 범어(梵語)를 중국어에서 이미 뜻으로 풀이하여 받아들인 말과 음사(音寫)하여 받아들인 두 가지 단어가 공존하는 경우도 있다. 즉, 동일한 시니피에(signifié)를 가지는 두 가지 시니피앙(signifiant)이 존재하는 경우도 있는 것이다. '무량수불(無量壽佛):아미타불(阿彌陀佛)', '귀의(歸依):남무(南無)', '멸도(滅度):열반(涅槃)', '사(寺):절(札)' 등이 그 예이다. 그러나 전체적으로 한자어는 불교와 관련하여 특별한 용법을 지니는 용어에 대한 고려를 제외하고는 다른 지식이 필요하다고는 할 수 없다.

셋째의 그 당시의 한자음 문제는 심각하게 고려할 필요가 없다. 얼핏 생각하면 고대 중국어의 한자음을 알아야 하고, 그 한자가 우리나라에 전래된 시기의 한자음을 알아야 하며, 그 한자의 음이 신라 시대까지 변화해 온 과정을 알아야 할 것 같아 보이지만 그런 것은 다 필요 없는 일이다. 음(音)으로 읽어야 할 한자들은 주로 우리말의 문법 요소를 적은 것이다. 그런데 우리는 중세 한국어 연구를 통하여 약 570년 전[정음 창제 1443년]의 우리말의 문법 요소들의 음성 실현형을 거의 정확하게 알고 있다. 그로부터 불과 560~780년 전의 언어가 향가를 짓는 데 사용된 언어이다. 그 560~780년 사이에 이 문법 요소들의 음성 실현형이 많이 변화하였으리라고 생각할 수는 없다. 따라서 어떤 한자가 나타내는 문법 요소의 음성 실현형을, 그 한자의 고대 중국어에서의 음이나 신라 시대의 정확한 발음을 밝힌 뒤에 결정하려 하는 것은 잘못된 인식이다. 어차피 우리말의 문법 요소의 음성 실현형을 한자로 정확하게 나타낼 수는 없다. 우리말 문법 요소와 비슷한 음을 가진 한자를 이용하여 적었을 뿐이다. 그러므로 향찰 해독 자체에는 자세하고 정밀한 한자음의 추구가 긴요하지는 않고 한국어의 문법 요소들의 음성 실현형을 아는 것이 더 중요하다.[21]

결국 향가 해독 작업은 두 가지로 수렴된다. 첫째, 한자의 소리를 빌려서 우리말의 문법 형태소를 적은 음차자(音借字)의 경우, 중세 한국어의 통사 구조나 문법 질서에 토대를 두고 그 시대의 문법 형태소들의 음성 실현형을 미리 인식한 뒤에, 그 이전 신라 시대 우리말의 문법 형태소들의 음성 실현형을 그것을 적은 한자의 음을 보고 추정하는 것이다. 둘째, 한자의 뜻을 빌려서 우리말을 적은 훈차자(訓借字)의 경우 그 한자에 해당하는 고유어를 중세 한국어에서 찾고 그것의 신라 시대 모습을 추정해 내는 것이다. 향가 해독 자체가 고대 한국어, 중세 한국어에 대한 연구의 종합 경연장이라 할 만한 것이다.

중세 한국어는 주로 1450년대 조선 초기 세종대왕 시대의 말을 가리키는 것이다. 음력 1443년[세종 25년] 겨울에 창제되어 1446년[세종 28년] 가을에 반포된 '정음'에 의하여 전면적으로 표기되기 시작한 우리말을 말한다. 지금으로부터 570여 년 전의 우리말이다.

'원왕생가'는 문무왕 때[재위 661~681년], 효소왕 때의 '모죽지랑가'는 서기 690년대 후반에 지어진 것으로 보이고, 효성왕 때의 '원가'는 737년, 경덕왕 때의 '찬기파랑가', '도천수관음가'는 765년의 바로 직

21 한자와 한자음을 모르는 것이 향찰이나 고대 한국어 공부를 어렵게 하는 것은 사실이다. 그러나 그보다 더 중요한 것이 있다는 뜻이다. 향찰 해독을 하기 위해서 가장 필요한 것은 중세 한국어의 통사 구조와 문법 형태소, 그리고 그것들의 변이 형태 실현과 섬세한 기능의 차이가 이루고 있는 문법 체계, 그리고 그것의 역사적 변화 과정, 방언과 고문헌 속에 흔적을 남기고 있는 사라져 간 고유어 단어들을 잘 아는 것이다.

전, '안민가'는 765년에 지어진 것이다. '우적가'는 원성왕 때[재위 785~798년], '처용가'는 헌강왕 때[재위 875~886년]에 지어진 것이다. 그러므로 통일 신라 시대의 향가와 중세 한국어 사이의 시간 간격은 최대 약 780년, 최소 약 560년 정도이다.

지금으로부터 약 570년 정도를 거슬러 올라가는 '정음' 창제 시의 중세 한국어가 관점에 따라서 현대 한국어와 다르다면 다르고 같다면 같다 할 수 있는 상황임을 감안하면, 중세 한국어로부터 약 560~780년 정도 거슬러 올라가는 향가의 언어가 중세 한국어와 많이 다르다고 생각할 필요가 없다. 그 시대에는 사회 변화의 속도도 1440년대 후의 570년보다는 훨씬 느렸음이 분명하기 때문에 그 사이의 언어 변화의 폭이 그리 클 수는 없는 것이다. 물론 향가의 언어와 현대 한국어의 사이에도 관점에 따라 다르다면 다르다고 할 수도 있고 같다면 같다고 할 수도 있는 그런 관계에 놓인다. 특히 문법 체계는 미세한 변화를 제외하면 거의 변화가 없다. 그러므로 통일 신라 시대의 우리말이 우리가 이해하기 어려운 말일 것으로 예단하는 것은 금물이다.

신라 사회를 신비의 세계로 그리는 그 동안의 일부 연구 경향은 절대로 진실에 가까이 다가간 연구라 할 수 없다. 신라 시대의 사람들은 바로 우리의 선조들로서 만약 지금 살아 돌아온다면 우리와 우리말로써 대화를 나눌 수 있는 분들이다. 그들도 나약한 인간에 지나지 않는 것이고, 온갖 부조리한 굴레 밑에서 고통스럽게 살다가 죽어간 우리와 같은 사람들일 뿐이다. 그 사회도 탐욕에 빠진 인간들이 자기의 이익을 위하여 서로 이용하고 배척하면서, 싸우고 죽이고 죽는 처참한 삶을 살아가고 있는 인간이 이룬 사회일 뿐이다. 상식을 벗어난 기이한 이야기로 치부될 수 있는 것은 아무 것도 없다. 다만 후세의 사람들이 그 사회를 제대로 이해하지 못해서 생긴 오해가 있을 뿐이다.

2. 선학들의 해독

한자의 뜻과 소리를 빌려서 우리말을 적어 놓은 이 노래를 어떻게 읽을 것인가? 이에 대하여 해답을 제시한 해독안은 10여 개도 넘는다.[22] 그러나 그 10여 개 이상의 해독안을 이 책에서 다 소개하는 것은 불가능한 일이다. 아래에서 이 책의 논의와 관련되는 대표적인 해독안 3가지를 시대 순으로 제시하고, 그 해독과 관련된 주변의 사정에 대하여 약간의 설명을 덧붙이기로 한다.

(2)는 오구라 신페이(1882~1944)[小倉進平](1929)의 해독안이다. 최초의 전면적인 향가 해독으로서 그 후의 해독에 결정적인 영향을 미쳤다. 이 책은 언어학과에서 역사언어학적 수련을 거친 그 분의 박사학위 논문[동경대학]이다. 그는 1911년부터 조선총독부의 촉탁으로 한국의 문헌과 방언을 조사하는 업무를 하다가, 경성제국대학이 출범하자 1926년 조선어문학과 교수로 재직하면서 가르치고 연구하였다. 1933년부터 1943년까지 동경대학의 언어학과 교수로 재직하면서 연구하였다. 이 책은 1935년 제국 학술원 은사상[그 당시의 일본 최고의 학술상]을 수상하였다. 한국어의 방언 연구와 역사적 연구에 상당한 수련을 쌓은 저자가 오랜 고구 끝에 도달한 해독이지만, 한국어 역사에 대한 당시의 연구 수준이 갖는 데 따르는 일정한 한계를 지니고 있다. 특히 중세 한국어의 문법 체계가 제대로 파악되지 않은 상황에서 고대 한국어를 추적한다는 것은 지난한 일이었을 것이다. 일본어 속의 한자가

22 향찰을 해독하는 일은 그 한자의 뜻과 소리의 한 자, 반 자의 차이를 논의하는 것이다. 여러 해독의 차이점을 아는 것이 매우 중요하다. 이를 위해서는 모든 해독을 모아 놓은 양희철(1997)이 도움이 된다. 처음부터 새로 향가 공부를 시작하고자 하는 분들은 이 모든 해독을 다 이해하는 것이 좋을 것이다.

훈독되는 경우와 음독되는 경우가 있는 사례를 적절히 활용할 수 있었던 강점도 있다.[23]

(2) 小倉進平(1929)의 해독
가ᄂᆞᆫ 봄이 다 다ᄉᆞ리메
모ᄃᆞᆫ 것이사 울오어 설음
어듸매나를 됴화ᄒᆞ샤
짓 年數 닐움에 뼈러뎌 녀져

23 일본의 경도(京都)나 나라[奈良], 아스카[明日香, 飛鳥]에 가면 어쩌면 서라벌의 분위가 이러했지 않았을까 하는 것을 느낄 때가 있다. 1995년 일본 조선학회의 초청으로 나라[奈良]의 텐리시[天理市]에 가서 학회를 마치고 쉬는 날에 몇이서 '산(山)의 변(邊)의 로(路)'를 거닐던 중 조그만 못 옆에 '安民池(안민지)'라고 써 놓은 표찰을 보고 소스라치게 놀라서 '안민가(安民歌)'에 대하여 이야기했던 기억이 새롭다. 진해에서 마산, 창원 가는 길에는 '안민(安民)고개'가 있다. 어릴 때 이동의 외가에 가서 놀 때 '애미(앤민)고개'라고 부르던 이 이름은 전혀 '안민가'와 연결이 되지 않았는데 왜 거기서는 그렇게 놀랐을까? "'안민지'와 '안민가'가 무슨 관계가 있느냐?"고 묻는 말에 "어! 단어만 닮았지."라고 제대로 된 답을 하지 못했다. 그들은 그때 이미 '산의 변의 로' 주변 곳곳에 조그만 나무 표찰을 세우고 '만엽집(萬葉集)'의 노래들을 적어 두어 나를 놀라게 했는데, 그것들은 모두 한자와 가나 글자가 혼용된 것이 마치 향찰처럼 느껴졌다. 나라[奈良]에서, 이기문(1971:433)에서 본 'nara'의 옛 지명에 말음이 있었으면 중세 한국어의 '나랗'이 /ㅎ/ 종성 체언인 것과 관련지어 비교해 볼 수 있을 터인데 하고, "옛 표기가 '영락(寧樂)'으로 된 것도 있다고 한다."를 기억하고 있었는데, 국립 나라 박물관(國立奈良博物館)을 'National Nieraku Museum'이라고 쓴 것을 보고는 숨이 막힐 듯 놀라움을 금치 못했다. 우리나라에서는 훨씬 뒤에 경주 계림 옆에 '찬기파랑가' 시비를 거대하게 세웠는데 그 해독은 누가 정보를 주었는지 영 이상하여, 노래의 진짜 의미와 아름다움을 느낄 수 없게 해 놓았다. 그때 경도(京都)에서 힘들여 사온 경도대학의 주석본 '만엽집(萬葉集)'은 아직도 읽고 연구하지 못한 채 갈무리되어 있다. 그때 그들은 '왓쇼이'라는 축제 시의 감탄사가 '(반도에서) 왔소'라는 말에서 나왔다고 하고 있었는데, 나는 이 '하오체 어미'가 중세 한국어에는 보이지 않고 근대 한국어 고전소설에서 나타나기 시작하며, 현대 한국어 방언에서도 '-오, -소, -요, -으오, -으소 등'으로 나타나는 어미이니, 그때에 백제 말을 통하여 들어왔다는 가설이 증명되기 어렵다는 발표를 하였다. 그때 천리대학(天理大學)은 소장하고 있는, 부암동(付岩洞) 언덕을 그린 듯한 '몽유도원도(夢遊桃園圖)'를 특별 전시하였는데 그 뒤로는 아직 이 보물의 실물을 볼 기회가 없었다.

目煙 멀 ᄉᆞᅀᅵ예
맛나오어 지ᅀᅳ오이리
郎이야 그릴 ᄆᆞᅀᅳᆷ의 녀올 길이
뽁질 굴헝에 잘 밤이 잇이리(오)

(3)은 우리 학자에 의한 최초의 향가 해독으로 이후의 모든 향가 연구에 압도적 영향을 미쳤다. 양주동 선생(1903~1977)은 영문학을 전공하고[와세다(早稻田)대학] 1928년 평양의 숭실전문학교 교수로 부임하였다. 영문학을 가르치다가 오구라 신페이[小倉進平](1929)가 출간된 것을 보고 향가 해독에 헌신하였다. 1947년 이후 동국대학에서 가르쳤다. 오구라[小倉] 박사의 '많은 잘 된 것은 시렁 위에 올려놓아 두고 그릇된 부분만 골라서 지적, 비난함으로써 마치 대부분이 틀린 것처럼 거론함이 과연 학자의 옳은 태도일까?'라는 독후 소감에 대하여 "그의 다투는 바가 다만 '한字, 半字 사이에 있'는 것이다.[渠所爭只在一字半字之間也.]"라는 취지의 답변(양주동(1942/1965/1981:892))을 보내어 "향가 해독은 한 자, 반 자의 차이를 논의하는 것이지 '대체로 비슷하다'를 말할 수 있는 세계가 아니다." 라고 하여, 이 세계에서 앞 사람과 미세한 차이라도 내는 것이 얼마나 어려운가 하는 것을 보여 주었다.

(3) 양주동(1942/1965/1981)의 해독
간 봄 그리매
모ᄃᆞᆫ 것ᅀᅡ 울이 시름
아ᄅᆞᆷ 나토샤온
ᄌᆞᅀᅵ 살쭘 디니져

눈 돌칠 ᄉᆞ이예
맛보ᄋᆞᆸ디 지소리
郞이여 그릴 ᄆᆞᄉᆞᄆᆡ 녀올 길
다봊 ᄆᆞ슬히 잘 밤 이시리

(4)는 우리나라 대학[서울대 문리대]에서 국어학, 그것도 한국어의 고대 역사를 전공하였고, 서구 언어학 이론에 정통하였으며, 20대 후반부터 충남대학에서 가르치기 시작하여 서강대[1961년부터], 서울대[1971년부터]에서 근무하며 평생을 통하여 국어학계 최고 수준의 논문을 발표한 김완진 선생(1931~)이 지천명(知天命)에 이른 해쯤에 발표한 것이다.

이 노래의 해독은 김완진(1979)로 1차 발표되어, 저서 김완진(1980)에 실렸다. 그 후 김완진(1985)에서 2구와 3구가 상당히 변화하는 수정 과정을 거치고 저서 김완진(2000)에 재록되었다. 그리고 다시 김완진(2008:463~482)에서 1구와 5구에 관하여 중요한 수정이 가해진 해독이 제시되었다.[24] 첫 해독과 둘째 해독 사이에 큰 차이가 있는 노래이다.

24 2013년 9월 18일 선생님을 찾아뵈었을 때, "선생님, '몯 오리매'는 선어말 어미가 좀 마음에 걸립니다." 하고 말씀드렸더니, 선생님께서는 "그것은 그 뒤에 고쳤는데……" 하셨다. 그리고 서재에서 '심악 이숭녕 선생 탄신 100주년 기념논집'을 가지고 오셨다. 1구, 5구 관련 부분의 내용이 서정목(2013a, b)와 달라진 까닭이다. 그 날 찾아뵙고 여쭙고 싶었던 것은 "선생님께서 '삼국사기', '삼국유사'를 다 검토하셔서 정리한 것으로 보이는데 왜 어학적 해독에만 국한하시어 발표하셨습니까?" 하는 당돌한 말씀이었는데, 선생님은 빙그레 웃으시며 답하지 않으셨다. 마치, '그런 것은 우리가 할 일이 아니야.'라고 하시는 것 같았다. 그러나 "14자가 비어 있는 것과 형식상으로 보아 '모죽지랑가'가 10구체일 가능성이 있고, 마지막 두 구는 10구체 향가의 9구, 10구와 같지 않습니까?" 하고 말씀드렸더니 이에는 고개를 끄덕이시며 비교적 긍정적인 웃음을 보이셨다. 그렇지만, 향가 공부가 국어학으로 끝나는 것도 아니고, 다른 분야 학자의 향가에 대한 접근이 국어학을 통하지 않고서는 이루어질 수 없는 것도 사실이므로, 국어학이 언어 외의 주변적인 사항들에 관하여 최대한 친절하게 밝혀 주어야 한다는 평소의 소신에 따라 이 책은 그 주변적인

현재로서는 국어학자에 의하여 이루어진 최신 해독으로 광복 후의 국어 연구 결과가 총망라된 것이어서 국어학계에서는 가장 신뢰하는 해독이다.[25] 밑줄 그은 {A, B}는 앞서 A로 해독하였던 시구(詩句)를 뒤에 B로 수정한 경우를 나타낸다.

(4) 김완진(1979/1980, 1985, 2008)의 해독
간 봄 {몯 오리매(1980), 다 다ᄉᆞ리매(2008)}
모ᄃᆞᆯ 기ᄉᆞ샤 {우롤(1980), 울ᄆᆞᄅᆞᆯ(1985)} 이 시름
{ᄆᆞᄃᆞᆷ곳 ᄇᆞᆯ기시온(1980), 두던ᄃᆞᄅᆞᆷ곳 됴ᄒᆞ시온(1985)}
즈ᅀᅵ 히 혜나삼 헐니져
{누늬 도랄(1980), 누ᇫᄂᆡ 도ᄅᆞᆶ(2008)} 업시 뎌옷
맛보기 엇디 일오아리
郎이여 그릴 ᄆᆞᅀᆞᄆᆡ (즛) 녀올 길
다보짓 굴헝히 잘 밤 이샤리

이 해독에서 수정 과정을 거친 시구들을 간략히 정리하면 다음과 같다. 자세한 것은 나중에 나오지만 우선 이해의 편의를 위하여 요약해 둔다.

(5) a. 간 봄 {몯 오리매(1980), 다 다ᄉᆞ리매(2008)}
b. 모ᄃᆞᆯ 기ᄉᆞ샤 {우롤(1980), 울ᄆᆞᄅᆞᆯ(1985)} 이 시름
c. {ᄆᆞᄃᆞᆷ곳 ᄇᆞᆯ기시온(1980), 두던ᄃᆞᄅᆞᆷ곳 됴ᄒᆞ시온(1985)}

일들을 밝히는 것이 중심이 되었다.

25 안병희(1987/1992:166~167)는 “중세 국어 및 고대 국어와 借字表記에 대한 학계의 연구 성과를 수렴하여 현재로서는 완벽하다고 할 해독을 보인 업적도 있다. 양주동(1942/1965)와 김완진(1980)이 그것이다.”라고 하였다.

d. {누늬 도랄(1980), 누ᇈᄂᆡ 도ᄅᆞᇙ(2008)} 업시 뎌옷

(5a)의 '몯 오리매'는 '못 올 것이므로'에 가깝다. '다 다ᄉᆞ리매'는 '다 다스려졌으므로', '다 정리되었으므로', '우리 곁을 떠났으므로'에 가깝다. (5b)의 '우롤'은 '울'의 뜻이고 '울ᄆᆞᄅᆞᆯ'은 '울어마를'의 뜻이다. (5c)의 'ᄆᆞᄃᆞᆷ곶 ᄇᆞᆰ기시온'은 '전각을 밝히신'의 뜻이고, '두던ᄃᆞ름곶 됴ᄒᆞ시온'은 '두덩따름 좋으신'의 뜻이다. (5d)의 '누늬 도랄'은 '눈의 돌림'의 뜻이고 '누ᇈᄂᆡ 도ᄅᆞᇙ'은 '눈 안개 두름'의 뜻에 가깝다.

3. 쟁점 자구 해독

이 노래는 (4)의 해독이 앞서의 해독들과는 다르게 새롭게 해독하여 제시한 창안을 많이 포함하고 있는 대표적인 노래이다. 새로운 창안이 많다는 것은 그만큼 쟁점이 되는 시구가 많다는 것을 뜻한다. 노래 전체의 의미 파악 자체가 많이 달라져서 새로운 것이 많지만, 구체적으로 이전의 해독에 비하여 (4) 해독의 독창적인 안이라 할 만한 것을 제시하면 다음과 같다.

① 攴

가장 먼저 '攴(복) 자'는 지정 문자(指定文字)이라는 학설을 들 수 있다(김완진(1977, 1980:34~39)). 일반적으로 '기, 히, 지, 디' 등의 여러 음으로 읽고 있는 '支[가를 지, 가지 지]'자 가운데 일부는 '支(지)'가 아닌 '攴[두드릴 복]'자로 보아야 하고, '攴(복)'자는 그 앞의 말을 한자(漢字)의

소리[音]이 아닌 뜻[訓]으로 읽으라는 지시를 나타낸다. 모든 향가 해독에 다 적용되는 것이다.

이 노래에는 '支(지)'자와 비슷한 글자로 적힌 곳이 밑줄 그은 대로 세 곳이 있다. 이 가운데 두 번째 '支'자는 위 글자 '墮[떨어질 타]'의 '土(토)'와 붙어 있고 획도 이상하여 무슨 글자인지 알기 어렵다. 그런데 이 글자를 '支(지)'자라고 추정한 양주동(1942/1965/1981)의 견해를 따라 최남선(崔南善)의 교감(校勘)에서 '支(지)'자로 추정하여 주석해 놓았다.

(2)에서는 '됴화ᄒᆞ신[好支賜烏隱]'의 '됴화' 속에 녹아들어 있고, '뻐러뎌[墮支]' 속에 들어 있으며, '맛나오어[逢烏支惡知]' 속에 들어 있어 어떻게 읽었는지 거의 알 수 없다. (3)에서는 '나토샤온[乃叱好支賜烏隱]'에 들어 있으나 무시되었고, '디니져[墮支行齊]'에 들어 있으나 '디'와 함께 있어 어떤 기능을 하는지 불투명하다. '맛보ᅀᆞᆸ디[逢烏支惡知]'의 '支(지)'도 안 읽힌 것이나 같다.

(4)에서는 이 세 가지 '支(지)'자 가운데 마지막 것만 '支(지)'자로서 '-기'로 해독되어 명사형 어미 '-기'를 적은 것이다. 이 경우는 '支(지)'가 음차자이다. 그러나 첫 번째와 두 번째의 '支(지)'는 사실은 '攴(복)'자이고 이는 앞 말을 한자의 뜻[訓]으로 읽으라는 지시를 나타내는 지정 문자이다.[26]

26 김완진(1980:37)을 직접 인용하면, "指定文字(지정문자)란 이집트 文字(문자)의 해독에 있어서 성공적인 해독에의 단서를 마련해 준 존재로 고유명사 표기 앞에 놓여 다음 단어가 고유명사임을 지시하면서 그 자체는 音讀(음독)도 訓讀(훈독)도 되지 않는 존재였던 것이다.", "본래는 '敍'字의 省文(생문)에서 출발한 것이 '攴'字의 기원이 아닐까 추측하는 것인데, 대부분의 경우에 바로 위의 글자를 訓讀(훈독)케 하는 위치에 있고, 몇몇 경우에는 末音添記(말음첨기)로서의 音讀字(음독자) 하나를 거느린 것 밑에 붙어 있다."와 같다. 이에 대하여 성호경(2000/2008:87)은 뒷글자를 훈독하라는 지시에 더 가깝다고 하였다.

② 皆理米

(2)에서는 '다 皆'로 읽어 '다스릴 理'와 더불어 '다 다ᄉᆞ리메'로 읽고 '過(과)[다 지나가다]'의 의미로 보았다. (3)은 '다 개'의 음으로 읽어 '개리-매'로 보고 '그리-매'라는 뜻으로 해독하였다.

(4)의 김완진(2008:474)에서는 '皆理米'를, 훈독의 '다' 및 '다ᄉᆞ리-', '다ᄉᆞᆯ-'과 음독의 '米(-매)'로 읽은 '다 다ᄉᆞ리매' 또는 '다 다ᄉᆞᆯ매'로 수정하였다. '다ᄉᆞ리-', '다ᄉᆞᆯ-'이라는 동사의 예로는, '훈몽자회(訓蒙字會)'의 '다ᄉᆞ릴 理(리)', '다ᄉᆞᆯ 乂(=刈)(예)'를 들고, '풀 같은 것을 깎고 벤다'는 뜻의 乂(예)와 '刈(예)'가 통하고, '리(理)'와 같이 '다스리다'의 뜻을 가진 글자이고 그것은 또한 '理(리)'와 함께 '다스려지다'의 뜻, '평온해지다'의 뜻을 겸하여 가지는 자동사, 타동사 겸용동사이라고 하였다. '다ᄉᆞᆯ-'은 '다스리다', '다스려지다'의 뜻을 가진 말로서 (6)에서 볼 수 있다. (7)은 '다ᄉᆞ리-'의 예이다. 조어법상으로는 어근 '다ᄉᆞᆯ-'에 사동 접미사 '-오-'를 붙여 '다ᄉᆞᆯ오-', '-이-'를 붙여 '다ᄉᆞᆯ-이-'가 된 것이다.

(6) a. 집이 ᄀᆞ즉ᄒᆞᆫ 후에 나라히 다ᄉᆞᆫ다 ᄒᆞ니라(家齊而後國治) <朴重中:54>
b. 다ᄉᆞᆯ며 어즈러우미(理亂) <金三2:6>

(7) a. 四天下ᄅᆞᆯ 다ᄉᆞ리시다가 <月釋1:19>
b. 四天下 다ᄉᆞ료미 아바님 ᄠᅳ디시니 <月曲上:17>
c. 다ᄉᆞ릴 티(治) <類合下:10>

그리고 이 문맥에서의 이 동사의 뜻에 대하여 다음과 같이 설명하고 있다. 직접 인용하기로 한다.

(8) 봄이 다스려진다는 것은 무엇을 뜻하는가. 그것은 '整理(정리)되었다는 것', '구별되었다는 것', '우리 곁을 떠났다는 것'을 의미한다. '理(리)'라는 글자가 '治(치)', '納(납)'에 이어 '翕(흡)', '殮(염)', '柩(구)'와도 뜻이 통함은 음미할 만한 일일 것이다.[27]

결국 '皆理米'는 '다 {다술매, 다스리매}'가 되어 '간 봄 우리 곁을 떠나갔다'의 의미를 가지는 것으로 귀결된 것이다. '다 다스리-'의 뜻, 나아가 잡초를 베듯이 '정리한다, 정리되었다'라는 의미를 가진 동사가 이 시에서 어떤 상징적인 의미를 가지는 시어가 될 것인가에 해독의 성공 여부가 달려 있다. 문법적으로는 '다스리-'까지가 어간이 되고 /리/는 선어말 어미가 아니라 어간의 일부 음절에 지나지 않게 된다. '다스리-ㅁ-애'는 이제 '어간-명사형 어미-처격'이 되어 제대로 된 문법 질서의 지배를 받게 되었다.[28]

---

27 여기에 든 한자 가운데 '殮[염할 렴, 주검을 널[관]에 넣어 안치하는 일]'과 '柩[널 구]'는 초상(初喪)과 밀접한 관련을 맺고 있다. '염(殮)하다'와 '널, 관'을 뜻하는 '柩(구)'는 초상 때는 일반적으로 사용되는 말이다. '理(리)'와 '治(치)'가 이 한자들과 뜻이 통한다고 할 때, 저자에게 떠오르는 것은 '治喪(치상)'이라는 단어이다. 염을 하고 입관을 하고 출상을 하고 하관을 하고, 이 모든 장례 절차를 순서에 따라 이루어 가는 것을 '치상한다'고 표현하는 것이다. 장례를 치른다의 뜻이다.

28 (4)의 1980년 해독 '몯 오리매'는 '皆[다 개, 모도 개]'를 '모도'라는 중세 한국어 어형으로 훈독하여 '몯[不]'과 '오-[來]'의 두 형태소를 적었다고 보았다. 상당한 무리를 안고 있었다. 그 다음 구의 '모돌 기스샤'는 '毛冬居叱沙'로 '毛冬[터럭 모, 겨슬 동]'을 이용하여 '몯'을 적고 있다. '몯 오-리-매'에서 '-리-매' 구성은 성립하기 어려운 면이 있다. '-매'는 '어간+ㅁ+애'로 형성된 것이다. 명사형 어미에 처격 조사가 붙어 '상황 설정', '원인'을 나타내는 것이 정상적인 용법이다. 어간과 명사형 어미 '-(으)ㅁ' 사이에 올 수 있는 선어말 어미는 '-숩-'과 '-(으)시-' 정도일 것이다. '-(으)리-'는 '-(으)ㅁ' 앞에 오지 않는 것이 중세 한국어의 문법 질서이다. 어미 '-매'의 형성 과정을 보여 주는 예는 다음과 같다. 현대 한국어에서는 '오-겠-음-에', '가-겠-음-에', '착하-였-음에'가 성립한다. [보주: 정상적으로 하면 김완진(2008)을 생각하지 못한 채 쓴 이 부분은 덜어내어야 옳다. 그러나 달리 이 /리/를 선어말 어미처럼 해석할 여지가 있기 때문에 통사론 전공자로서 일반적으로 할

중세 한국어에 나타나는 '다'의 용례는 다음과 같다. 덧붙여서 '모도'의 용례도 들어 두었다.

(9) a. ᄆᆞᄅᆞᆯ 채 텨 뵈시니 三賊이 좇ᄌᆞᆸ거늘 길 버서 쏘샤 세 사래 다 디니[策馬以示 三賊遂之 避道而射 三箭皆踣] <龍歌5:38a>

b. 巍巍釋迦佛 無量無邊功德을 劫劫에 어느 다 ᄉᆞᆯᄫᆞ리 <月曲1a>

c. 四面이 다 七寶ㅣ오[四面皆以七寶] <釋詳6:31a>

(10) a. 總觀想ᄋᆞᆫ 모도 보ᄂᆞᆫ 想이라 <月釋8:15>

b. 空과 物와ᄂᆞᆫ 色과 空과 諸法을 모도 드러 니ᄅᆞ샤 子細히 ᄀᆞᆯᄒᆡ에 ᄒᆞ시니라[若空若物總擧色空諸法令詳辨也] <楞嚴2:49a>

c. 모ᄃᆞᆫ 衆生이 天主ㅣ ᄃᆞ외야 諸天을 모도 거느리고져 커든[若諸衆生 欲爲天主統領諸天] <楞嚴6:12a>

저자는 여기서 '治喪(치상)'이라는 단어를 떠올렸다. '다ᄉᆞ리-'는 '治喪(치상)'이라는 한자어에서 그 뜻이 가장 잘 드러난다. '치상지구(治喪之具)'는 '초상을 치르는 데 쓰는 기구'를 뜻한다. 말 그대로 '喪(상)을 다ᄉᆞ린다'는 뜻으로 장례 절차를 예법에 맞게 진행하는 것을 말한다. 흔히 '초상을 치르다'로 표현하는 '치르-'에 해당하는 말이 '다ᄉᆞ리-'이다. 즉, 이 구절은 '지난 봄 초상 치르매'로 이해되어야 하는 구절인 것이다.

이에 해당하는 상황으로 볼 수 있는 것은 세 가지 상황이다. 첫째는 '다 다ᄉᆞ리매'는 조정에 의하여 모반에 가담한 역도들이 다 다스려져

수 있는 말인 것 같아서 여전히 여기에 두기로 한다.]

예 患難하매 便安히 사디 몯ᄒᆞ소라<두시(杜詩), 8:43>

머리셔 ᄇᆞᄅᆞ매 노피 하ᄂᆞᆯ해 다핫고(遠望高接靑霄)<번박(飜朴), 상 68>

먹을 것 보내매 먹고<삼역(三譯), 2:23>

서 풀 베이듯이 참형에 처하여지고 목이 베어지는 상황을 표현한 것일 수도 있다. 이 경우 '간 봄 다 다ᄉᆞ리매'의 '간 봄'은 부사어적 용법을 보인다고 할 것이다. 그러면 나중에 보게 되는 대로 멀리 '김흠돌의 모반' 때 '다 다ᄉᆞ려졌다'는 말일 수도 있다. 그러나 문무왕이 승하한 날이 681년 음력 7월 1일이기 때문에 신문왕 즉위 시의 김흠돌의 모반은 봄이 아니라 한여름에 일어난 사건이다. 이 해석은 옳지 않을 가능성이 높다.

두 번째로 생각할 것은 '다 다ᄉᆞ리매'가 '죽지 장군의 상을 다 다ᄉᆞ리매'의 뜻이라고 할 수도 있다. '간 봄 다 다ᄉᆞ리매'는 지난 봄에 죽지 장군이 죽어 초상을 맞아 장례를 치렀다는 말이 된다. '지난 봄 초상 치르매'의 의미를 가지는 것이다. 신문왕 즉위 시의 김흠돌의 모반으로, 김유신 장군과 함께 전장을 누비고 문무왕을 도와 조정을 이끌었던 수많은 전우들을 잃어버리고 조정에서 축출되어 불우한 만년을 보낸 죽지 장군은, 효소왕 후반의 어느 해 봄날 한 많은 일생을 마감하였을 것이다.

세 번째로 생각할 것은 죽지 장군의 죽음이 700년 5월에 일어난 '경영의 모반'과 관련되었을 수도 있다는 점이다. 이 모반으로 다시 한 번 통일 신라의 화랑 출신 귀족들은 숙청되었을 것이다. 그러면 늦봄의 일이다. 이때나 그 직전에 죽지 장군이 비운의 삶을 마감하였고 그의 장례 의식에서나 소상 때에 이 노래를 불렀을 수도 있다.

'간 봄'은 '지난 봄'이고, '지난 봄'이라고 말할 수 있는 때인 노래의 시점, 지금은 봄이 아닌 여름이나 가을, 아니 한 해가 지난 뒤의 또 다른 봄이 되어서 '지난 봄'이라고 표현할 수 있을 것이다. 그 봄이 가고 초상을 치르고 나서 부르거나, 1년이 지난 소상(小祥) 때거나 또는 그 사이의 어느 추모 의식에서 득오는 이 노래를 부르고 있는 것이다.

‘다ᄉᆞ리-’는 ‘장례-하-’, ‘상례-하-’의 뜻이다. 중앙아시아 동포들의 함경도 말로 ‘상사-ㅣ-나-았-(상새났-)’이라는 말에 해당하는, 동남방언에서 ‘장사지내-’라고 쓰는 그 동사이다.[29] 이제 ‘간 봄 다 다ᄉᆞ리매’는 전혀 새로운 모습으로 우리 앞에 나타난다. ‘간 봄 초상 치르매’의 뜻으로 다가오는 것이다. ‘간 봄 그리매’도 아니고 ‘간 봄 몯 오리매’도 아니고 /리/가 선어말 어미가 아니라 어간의 일부가 되는 ‘간 봄 다ᄉᆞ리-ㅁ-애’, 즉 ‘지난 봄 초상 치르매’의 뜻을 가지는 말이 되는 것이다. 이 시구는 이제 ‘다ᄉᆞ리-ㅁ-애’로 명사형에 ‘-애’를 붙여 ‘상황 설정’, ‘원인’을 나타내는 어미 ‘-매’를 만들어 낼 수 있는 적절한 모습을 갖추게 되었다.

그렇지만 ‘다 다ᄉᆞ리매’가 국어학적으로 적절한 어형이라 해도, 저자에게는 그 단어로써 의미하고자 하는 뜻이 정확하게 포착되지 않는다. (8)에서 직접 인용한 설명에서도 역시 ‘정리되었다’로부터 ‘구별되었다’, ‘우리 곁을 떠났다’로 가는 데에 비약이 없다고 말하기 어렵다. 그냥 직설적으로 ‘지난 봄 다 초상 치르매’로 이해할 수밖에 없다.

29 서정목(2013a)는 교정 때 고치려 마음먹었던 ‘초상 때 장례 의식이나 대상 날 탈상재 때(서정목(2013b))’를 반영하지 못하고 처음 원고대로 ‘사후 2년이 지난 대상 날 탈상재 때’라고 인쇄되어 나갔다. 원고를 검토한 성호경 교수와 이호섭 선생은 초상 때일 가능성이 더 크다고 설득하였다. 1300년 전의 노래 창작 시기를 추정하며 2년이 무슨 문제가 된다고 저자는 좀 우겼다. 선생님께서 ‘영정 속의 모습이 헐어져 간다.’고 하셨다. 그만한 세월은 확보되어야 하는데 2년도 짧다. 오히려 그 뒤의 어느 제삿날일 수도 있다고. 그러나 이제 점점 더 초상 때 장례 날의 상여가와 함께 불리어진 만가이거나 ‘간 봄’이라고 함으로써 다음 해 봄인 1년 뒤의 소상 때에 지어진 것일 수도 있음을 받아들여야 하는 사정으로 가고 있다. 김완진(2008)에서도 ‘다ᄉᆞ리-’로 봄으로써, 또 ‘눈 안개’를 도입함으로써 ‘영정 속의 모습’으로부터 ‘그대를 떠올리기 위한 눈 감음’의 경지로 옮겨갔다. 이제 ‘다ᄉᆞ리-’가 ‘治喪(치상)’과 연결되며 ‘초상이나 소상 때’의 추모와 관련되어 영정은 낡을 시간도 없고, ‘히 혜나ᅀᅡ감 헐니져’는 ‘기억 속의 그대의 모습이 날이 감에 따라 흐려져 갈 것’이라는 미래의 사실을 추정하여 읊고 있는 것으로 볼 수 있게 되었다.

작사 작곡가 이호섭(李虎燮) 선생은 2013년 8월 '진도 다시래기'를 연구한 논문 파일을 보내오면서 '다시래기'가 무엇인지 물었었다. 상가(喪家)에서 죽음의 슬픔을 극복하기 위하여 펼쳐지는 가무극(歌舞劇) '진도 다시래기' 그리고 그때 불리어지는 노래. 저자는 모르는 말이었다. 서남 방언의 특이한 어휘 요소일까 생각하고 있었다. 이제 희미한 감이 잡히려 한다. '다ᄉᆞ리-'라는 동사는 김완진(2008)처럼 이해할 때 '喪(상)'을 '다스리-[治]'에 가장 적합하다.

'진도 다시래기'는 바로 '진도 초상 치르기 놀이', '진도 상례 놀이'인 것이다. '진도 다시래기'의 '다시래기'는 '다ᄉᆞ리-기'이거나 '다ᄉᆞᆯ-ᄋᆞ-기'이거나 '다ᄉᆞᆯ-히-기'일 것이다. 2음절 이하의 /ᄋᆞ/가 /으/로 변하고 /ㅅ/ 아래서 /으/는 /이/로 전설모음화한 것이다. 그 노래에서 가사 한 구절을 가져 와 보면 (11)과 같다. 여기서의 '넉시는'은 '넋은'으로부터 '넉신'이 되고, 거기에 '-(으)ㄴ'을 다시 한번 중가(重加)한 것이다.[30]

(11) 총각 죽은 <u>넉시는</u> 처녀 방에다 몰아넣어라

이로써 이제 국어학은 '진도 다시래기'의 '다시래기'가 무엇인가 하는 질문에 답할 수 있게 되었다. '진도 다시래기'는 '진도 초상 치르기'인 것이다. '장사지내다, 장례를 치르다, 상례를 치르다'를 뜻하는 '다ᄉᆞᆯ-', 또는 '다ᄉᆞᆯᄋᆞ-', '다ᄉᆞᆯ히-', '다ᄉᆞ리-'라는 동사 어간에 명사화 접미사 '-기'를 붙여 '다ᄉᆞ래기'라는 파생 명사를 만들었다. 두 번째 음절 /ᄉᆞ/가 /스/를 거쳐 /시/가 되어 있다. '다시래기 노래'는 '상여가', '상두가', '장례가' 정도의 의미를 가지는 것으로 보인다.[31] 그런데 그 말이

---

30 음운론적 유인에 의한 형태소 중가에 대해서는 김완진(1975)을 참고하기 바란다.

신라 시대 향가 '모죽지랑가'에도 보이는 오랜 역사를 가진 단어이다. 하기야 모든 전통적인 것은 관혼상제례(冠婚喪祭禮)에 다 들어 있는 것을……. 이제 저자는 조금은 미몽에서 깨어날 수 있을 것인가?

'다ᄉᆞᆯ-'과 '다ᄉᆞ리-', '다ᄉᆞᆯ오-'의 용례는 다음과 같다.

(12) a. 懲 다ᄉᆞᆯ올 딩, 정다ᄉᆞᆯ 딩 <新類下21b>

b. 悛 정다ᄉᆞᆯ 젼 <新類下34a>

(13) a. 人間애 ᄂᆞ리샤 轉輪王이 ᄃᆞ외야 四天下ᄅᆞᆯ 다ᄉᆞ리시다가[下生人間 爲轉輪聖王 王四天下] <月釋1:19b>

b. 波羅棕大王이 어디르샤 正法으로 나라ᄒᆞᆯ 다ᄉᆞ리더시니[其波羅奈大王聰叡仁賢 常以正法治國] <釋詳11:17b>

c. 一切諸佛 眞實力 젼ᄎᆞ로 大健瞋者와 大疾行者와 睒電舌者ㅣ 여러 가짓 모딘 毒ᄋᆞᆯ 다ᄉᆞ려 와 慈心ᄋᆞᆯ 니ᄅᆞ와다.[一切諸佛眞實力故 大健瞋者大疾行者睒電舌者 治諸惡毒來起慈心] <月釋10:94b~95a>

31 우리는 어릴 때 할아버지 장례날에도 '에홍 에홍 에헤라 넘차 에홍'하고 상두가를 따라 부르며, 슬픈지 즐거운지 모르는 초상 3일을 잔치 분위기에서 울며, 웃으며 보내었다. 우리 전통 상례의 특징을 연구한 저작들에서는 노래로써 슬픔을 이기기 위한 과정으로 '다시래기' 계열의 현장 퍼포먼스가 행해졌음을 논증하고 있다. 이 '다시래기'의 어원에 대하여 그 분야에서는 '多侍樂[다시락, 여럿이 모여 즐겁게 논다의 뜻?]'과 '다시나기[再生(재생)]'를 생각하고 있는 듯하다. 공동 논의가 필요하다. '삼국사기' '열전'에는 두 명의 소년 장수의 죽음을 맞아 노래를 지어 불렀다는 기록이 있다. 해론(奚論)이 전사했을 때, 그때 사람들이 …… 긴 노래를 지어 조위를 표하였다[時人 …… 爲作長歌 弔之]. 또 김흠운(金歆運)이 양산 아래에서 전사했을 때, 그때 사람들이 듣고 양산가를 지어 써 슬퍼하였다.[時人聞之 作陽山歌以傷之.] 그리고 '삼국사기' '열전' '김유신 하'에는 가을 7월 1일에 이르러 사제의 정침에서 세상을 떠났으니 누린 나이가 79세였다. 대왕은 부음을 듣고 천둥치듯 통곡하며 …… 북 치고 피리 부는 군악대 100명을 내어 주어 금산원에 장례 지내게 하고…… [至秋七月一日 薨于私弟之正寢 享年七十有九 大王聞訃震慟 …… 給軍樂鼓吹一百人 出葬于金山原 ……]라 하여 역시 음악이 장례와 함께 했음을 보여준다(제3장 참조).

d. 理 다ᄉᆞ릴 리 <訓蒙下:13b>, 理 다ᄉᆞ릴 리 <石千:29b>

e. 治 다ᄉᆞ릴 티 <石千:28a>, 治 다ᄉᆞ릴 티 <光千:28a>

f. 討 다ᄉᆞ릴 토 <新類下:42b>

(14) a. 됴ᄒᆞᆫ 일 너피사 天堂樂ᄋᆞᆯ 뵈시고 왼일 다ᄉᆞᆯ와 地獄苦ᄅᆞᆯ 나토샤미 <月釋8:29b>

b. 法을 爲ᄒᆞ야 魔ᄅᆞᆯ 降ᄒᆡ오며 모디닐 다ᄉᆞᆯ오고 어디닐 勸ᄒᆞ노라 [爲法降魔 懲惡勸善] <圓覺下3-1:53a>

c. 斬馬劒을 주어시든 佞臣 ᄒᆞ나ᄒᆞᆯ 베혀 녀ᄂᆞᆫ 다ᄉᆞᆯ와지이다.[願賜斬馬劒 斷佞臣一人頭 以厲其餘] <三綱런던忠:7>

③ 居叱沙

(2)는 '것이ᅀᅡ[居叱沙]'로 보아 '형식 명사+지정사+강세첨사'로 이루어진 '것-이-ᅀᅣ'로 읽었다. 모두 음독하였다고 할 수 있다. (3)은 음독하여 '것ᅀᅡ[居叱沙]'로 보아 '형식 명사+강세 첨사'로 해독하였다.

(4)는 '居叱[살, 있을, 앉을 거]'의 '居(거)'를 훈독하여 뒤의 /ᅀ/을 나타낸 '叱[꾸짖을 질]'과 함께 '기ᇫ-[깃들-, 살-]'이라는 동사를 나타낸다고 보았다. '기ᅀᅳ-샤[居叱沙]'의 '-샤'는 존경법의 '-(으)시-아'로 보았다. '沙[모래 사]'로 존경법 선어말 어미 '-(으)시-'를 적는 것은 드문 일이다. 주로 '賜[줄 사]'로 적는다. 중세 한국어에서 '새가 깃들다.[서(棲), 소(巢)]'의 의미를 가지는 동사 '기ᇫ-'이 사용된 예는 (15)와 같다.

(15) a. 어려운 바회와 노ᄑᆞᆫ 남ᄀᆡ 깃 기ᇫ고[巢危岩高木] <法華2:111b>

b. ᄎᆞᆫ 가지 그르메 업서 새 깃 기ᇫ디 아니ᄒᆞᄂᆞᆺ다 [寒枝無影 鳥不栖] <金三2:21a>

c. 니ᅀᅳᆫ 니페ᄂᆞᆫ 깃 기ᅀᅥᆺᄂᆞᆫ 곳고리 어득ᄒᆞ얏도다.[接葉暗巢鶯] <杜詩15:7b>

d. 棲 기ᅀᅳᆯ 셔 <訓蒙下:4a>

사람의 삶을 '새가 깃-'하는 것으로 비유하는 것은 한시(漢詩)의 한 표현법이다.[32] '한 가지의 편안도 누리기 어렵다'는 실존적 불안의 표현 '未得一枝安(미득일지안)'은 길짐승을 피하여 높고 가는 한 가닥 가지 끝에 둥지를 틀어 놓고 한 순간도 바람 잘 제 없는 불안한 삶을 살고 있는 '새와 인간'을 함께 묶어 놓았다. '몯 기ᅀᅳ샤'는 그렇게 가는 가지 하나에의 불안한 '깃듦'마저 허여되지 않았던 죽지 장군의 불우한 정치적 처지를 상징하는 말일까?

이 '기ᇫ-'이 사람의 삶을 표현하는 데 쓰인 용례로 (16)을 들 수 있다. 길게 인용한 것은, 전후 문맥을 파악하여 '기ᇫ-'이 새가 둥지를 트는 것이 아니고 인간이 새처럼 작고 초라한 초려(草廬)를 짓는 시적 상상의 세계를 동경(憧憬)하며 그 의미를 음미하기 위해서이다.

(16) a. ᄆᆞᆯᄀᆞᆫ ᄀᆞᅀᆞᆳ 幕府에 우므렛 머귀 서늘ᄒᆞ니 ᄀᆞᄅᆞᇝ 城에 ᄒᆞ오ᅀᅡ 자니 미레 현 브리 ᄉᆞ라 가ᄂᆞᆺ다.[淸秋幕府井梧寒 獨宿江城蠟炬殘]
긴 밦 吹角 소리예 슬허셔 내 말ᄒᆞ노니 하ᄂᆞᆳ 가온ᄃᆡ ᄃᆞᆳ 비치 됴ᄒᆞ니 눌와 보리오[永夜角聲悲自語 中天月色好誰看]
風塵이 어른어른 ᄒᆞ야 시니 音書ㅣ 그쳇고 關塞ㅣ 서의ᄒᆞ니 녀ᄃᆞ니ᄂᆞᆫ 길히 어렵도다.[風塵荏苒音書絕 關塞蕭條行路難]
ᄒᆞ마 伶俜ᄒᆞᆫ 열 ᄒᆡ엣 이ᄅᆞᆯ 견ᄃᆡ옛노니 고ᄃᆞᆯ파 올마 ᄒᆞᆫ 가지예 깃 기서 便安히 잇노라[已忍伶俜十年事 强移棲息一枝安] <杜詩

32 저자의 머릿속에는 '未得一枝安(미득일지안)'이라는 시구가 들어 있었다. 남편 홍인모(洪仁謨)의 족수당집(足睡堂集)에 6권으로 합부되어 있는 부인 달성 서씨의 영수합고(令壽閤稿)에서 '난위일지안(難爲一枝安)'이라는 시구와 송징은(宋徵殷)의 '약헌집(約軒集)'에서 '미득일지안(未得一枝安)'이라는 시구를 확인하였다.

6:15b~16a>

b. 아홉 ᄒᆡ예 ᄒᆞᆫ번 서르 마조 보니 百年은 能히 언마만 ᄒᆞ니오[九載一相逢 百年能幾何]

ᄯᅩ 萬里옛 여희요ᄆᆞᆯ ᄒᆞ야 그듸ᄅᆞᆯ 묏 <u>ᄢᅵ메셔</u> 보내노라[復爲萬里別 送子山之阿][33]

ᄒᆡᆫ 鶴ᄋᆞᆫ 수프레 오래 ᄒᆞᆫᄃᆡ 이시며 ᄌᆞᄆᆞᆺᄂᆞᆫ 고기ᄂᆞᆫ ᄀᆞᄅᆞ매 本來 ᄒᆞᆫᄃᆡ 잇ᄂᆞ니라[白鶴久同林 潛魚本同河]

깃 <u>기ᅀᅥ</u> 모다 숣 期約을 아디 몯홀ᄉᆡ 늘구메 고ᄃᆞᆯ파 노피 놀애 브르노라[未知<u>棲</u>集期 衰老強高歌]

놀애 ᄆᆞᆺ고 둘히 슬허 호니 여슷 龍이 믄드시 蹉跎ᄒᆞ도다.[歌罷兩悽惻 六龍忽蹉跎] <杜詩22:47a>

c. 修羅道者ᄂᆞᆫ 前世옛 因이 ᄆᆞᅀᆞᆷ ᄡᅮᄆᆞᆯ 노피 ᄒᆞ야 ᄂᆞᄆᆞᆯ 업슈이 너기며 버릇업슨 ᄆᆞᅀᆞᆷ ᄒᆞ며 頑癡ᄒᆞᆫ ᄆᆞᅀᆞᆷ과 거슬ᄠᅳᆫ ᄆᆞᅀᆞᆷ과 豪貴ᄒᆞᆫ ᄆᆞᅀᆞᆷ과 굿센 양ᄒᆞᄂᆞᆫ ᄆᆞᅀᆞᆷ과로 가져 서글픈 ᄆᆞᅀᆞᄆᆞ로 福ᄋᆞᆯ 지ᅀᅳ며 모딘 ᄆᆞᅀᆞᄆᆞ로 戒ᄅᆞᆯ 디니ᄂᆞᆫ ᄃᆞ로 이 果報ᄅᆞᆯ 어드니 힘 큰 修羅王ᄋᆞᆫ 須彌山 우 ᄯᅳᆯ테 忉利天에 계신 帝釋과로 사홈 사호거든 사오나온 阿修羅王ᄋᆞᆫ 바랏믈 내며 드리며 ᄒᆞᄂᆞᆫ 믈쑴긔 가모ᄆᆞᆯ 깃 <u>기서</u> 시혹 머리 세콰 ᄇᆞᆯ 여슷과 모ᄆᆞᆯ 나토며 五趣 四生애 나락 들락 ᄒᆞᄂᆞ니라 <蒙六:10b~11a>

(16a)는 시적 화자인 주체가 '나'이므로 확실히 사람이다. (16b)도 '깃을 깃어 모여 있을 기약을 알지 못하므로'라고 하고 '늙음에 고달파서 높이 노래 부르노라'라고 했기 때문에 9년 만에 한 번 만난 친구를 이별하면서 '모여 있자는 기약'을 하지 못하는 사람 삶의 실존적 불안

33 여기서의 '阿'는 '間隙(간극)'을 나타내는 'ᄢᅵᆷ'으로 번역되었다. '산의 틈', '산의 금', '산의 비탈'로서 '阿'가 사용되었음을 알 수 있다.

을 표현하였으므로 주체가 사람임에 틀림없다. (16c)는 '阿修羅王이 바닷물을 내며 들이며 하는 바다 구멍에 몸을 깃었다'고 하므로 阿修羅王을 사람으로 보는 한 이 범주에 든다고 아니 할 수 없다. 중세 한국어, 특히 '두시언해(杜詩諺解)'에 이렇게 사람이 주체이고 그에 대한 서술어가 '깃-'인 예문이 더 있으리라는 감을 믿지만 현재로서는 많은 예문을 찾지는 못하였다.

④ 哭屋尸

(2)는 '哭[울 곡]屋[집 옥, ᄆᆞᄅᆞ 옥]尸[주검 시]'의 '屋(옥)'을 '울오어'의 '오'로 음독하였고, (3)은 약음차(略音借)로 보아 '우'로 읽어 '우-ㄹ'에 들어 있다. (2), (3) 해독 모두 '哭(곡)'은 '울-'로 훈독하고, '옥'은 음독하였다. (4)의 1980년에는 '屋(옥)'을 관형형 어미 앞에 나타나는 선어말 어미 '-오-'로 보아 '우롤'로 해독하였다. 1985년에는 '屋[집 옥, ᄆᆞᄅᆞ 옥]'을 'ᄆᆞᄅᆞ'라는 중세 한국어 어형으로 훈독하여 '울-ᄆᆞᄅᆞ-'라는 합성 동사로 보고 '尸'이 나타내는 관형형 어미 '-(으)ㅭ'과 합쳐 '울ᄆᆞᄅᆶ'로 보았다. 뜻은 '울어마를'이다. 중세 한국어에서 'ᄆᆞᄅᆞ'의 용례는 다음과 같다.

(17) a. 뫼햇 즁이 헌 옷 닙고 뎘 ᄆᆞᄅᆞ와 보히 믈어뎨쇼ᄆᆞᆯ 니ᄅᆞᄂᆞ다.[山僧衣藍縷 告訴棟梁摧] <杜詩9:28b>

b. 노ᄑᆞᆫ 집 ᄆᆞᄅᆞ와 層層인 軒檻이 ᄒᆞ마 절로 서늘ᄒᆞ니[高棟層軒已自凉] <杜詩14:15b~16a>

c. 하ᄂᆞᆳ 길헤 騏驥ᄅᆞᆯ 잇그며 雲臺예 ᄆᆞᄅᆞᆺ 남글 혀 가ᄂᆞᆫ ᄃᆞᆺ도다.[天路牽騏驥 雲臺引棟梁] <杜詩24:10a>

d. 棟 ᄆᆞᄅᆞ 동 <訓蒙中4a>

⑤ 以(憂音)

(2)는 '以(이)'를 '-어'라는 어미로 보아 앞의 동사와 붙여서 '울오-어'로 읽었다. (3)도 '-이'로 보아 앞의 동사를 부사형으로 만드는 어미라고 하고 있다. '우리'가 '울어' 정도로 이해된 것이다. (4)에서는 '以[뻐 이]'를 관형사 '이'로 읽어 '이 시름[以 憂音]'으로 보았다. '以' 자체에도 '이'라는 뜻이 있지만, '이 此(차)'의 전와(轉訛) 가능성도 제시하고 있다. '憂[근심 우]音'은 '설음'보다는 '시름'에 더 가깝다.

⑥ 阿冬音乃叱

(2)는 '어듸매나ᄅᆞᆯ[阿冬音乃叱]'로 거의 모두 음독하여 '어디매나를'을 적은 것으로 보았다. (3)은 [阿冬音]을 '아ᄅᆞᆷ'으로 음독하여 '아름답다'의 어근 '아ᄅᆞᆷ[阿冬音]'을 적은 것으로 보고, '乃叱'은 /낫/으로 음독하여 뒷말과 붙여 읽었다.

(4)의 김완진(1980:60)에서는 'ᄆᆞᄃᆞᆷ곳[阿冬音乃叱]'이라 해독하였다. "'阿(아)'의 의미를 '阿, 邸也(저야)'에 求(구)하고 中世語(중세어)에 文證(문증)된 'ᄆᆞᄅᆞᆷ'과 연결시킨다"고 하고 注(주)에서 吏讀(이두)의 '舍音=ᄆᆞᄅᆞᆷ', '月印釋譜(월인석보 1, 21:92)'에서 '莊(장)'을 'ᄆᆞᄅᆞᆷ'이라 한 것을 들고 있다. 요컨대 '전각' 같은 것을 염두에 두었던 것이다. '乃叱'은 '乃'의 훈 [사(=-ᅀᅡ) 내]와 관련지어 중세 한국어의 '단독'을 나타내는 첨사 '-곳'을 적은 것으로 보았다.

김완진(1985)는 '두던ᄃᆞᄅᆞᆷ곳[阿冬音乃叱]'을 적은 것으로 보았다. '阿[언덕 아]'를 '阿'의 훈 '두던'을 이용하여 '눈두덩, 볼두덩'의 '두덩'처럼 얼굴의 볼록 나온 부위를 나타낸다고 보았다. '冬[겨스 동]音[소ᄅᆡ 음]'을 음독하여 'ᄃᆞᄅᆞᆷ'으로 읽고 '乃[34][사 내, 이에 내]'를 훈독하고 '叱[ᄭᅮ짖을 질]'을 /ㅅ/으로 보아 강세 첨사 '-곳'으로 읽었다. 'ᄃᆞᄅᆞᆷ

곳'은 현대 한국어의 '따름만'에 가까운 의미를 지닌다. 논란의 여지가 있다.

이 구절은 최고의 난해구이며 이 노래의 가장 주된 소재라 할 수 있다. '두덩'이 무엇일까? 눈, 귀, 코가 아니고 하필이면 눈두덩, 볼두덩인가? '阿[두던 아, 언덕 아, 비탈 아]'의 고대 한어(漢語)에서의 뜻과 그 뜻에 해당하는 신라 시대 고유어를 알아야 하는 난제이다. 중세 한국어에서 '두던'이 사용된 예는 다음과 같다.

(18) a. 菁菁ᄒᆞᆫ 莪여 뎌 두던 ᄭᅡ온ᄃᆡ 잇도다.[菁菁者莪 在彼中阿] <內訓 2下:74b>
b. 므레 주근 사ᄅᆞ미 잇거든 살오ᄃᆡ 두던에 올이고[凡有人溺水者救上岸] <救簡1:71b>
c. 龐公이 밧 가리를 그치고 두던 우희 잇거를[龐公釋耕於壟上] <飜小9:91a>
d. 丘 두던 구, 原 두던 원, 皐 두던 고, 阜 두던 부 <訓蒙:2a>

⑦ 好支賜烏隱

(2)는 '됴화ᄒᆞ샨[好支賜烏隱]'으로 타동사로 읽었다. (3)은 '乃叱[낫]'과 붙여서 거의 모두 음독하여 '나토샤온[乃叱好支賜烏隱]'으로 읽었다. '나타내신'의 뜻이다. 앞의 말과 합치면 '아ᄅᆞᆷ을 나타내신'의 뜻이 된다.

김완진(1980)에서는 '발기시온'으로 읽었다. '好[좋을 호]'에 '밝힐'

34 '석봉 천자문'에는 '乃'를 [사 내]라고 하였고 '월인석보(서:13)'은 '俾人人易曉乃進賜覽(비인인이효내진사람)'에서의 '乃'에 대하여 '乃는 ᅀᅡᄒᆞ논 겨치라'라고 주석하였다. '乃'의 뜻이 강세 첨사 '-ᅀᅡ'와 관련되어 있다는 것을 알 수 있다.

의 뜻이 있다고 보아 '전각을 밝히신'의 뜻으로 보았다. '영정이나 초상화가 집안을 밝히고 있다'는 뜻으로 보았으나 무리한 해석이다. 김완진(1985)에서는 '好支賜烏隱[됴ᄒᆞ시온]'을 적은 것으로 보았다. 훈독한 형용사 '둏-'의 뒤에 지정문자 '支(복)'이 오고, 그 다음에 존경법의 선어말 어미 '-(으)시-', 선어말 어미 '-오-', 그리고 마지막으로 어말 어미인 관형형 어미 '-(으)ㄴ'이 온 구성으로 정상적인 중세 한국어에서라면 '됴ᄒᆞ샨'으로 적히는 어형이다.

⑧ 年數就音

(2)는 '년수(年數)'로 읽어 한자어로 두고, '就音(취음)'은 '성취'를 생각했는지 '닐움'으로 훈독하였다. (3)은 '年數(년수)'를 '한 살', '두 살'의 '살'로 훈독하였다. 그러나 뜻은 주름살[皺(추)]의 '살'이다. '취음(就音)'을 음독하여 '쭘'으로 읽었다. 위의 '살'과 합쳐 '주름살'을 뜻하는 '살쭘'으로 읽었다.

(4)에서는 '年[ᄒᆡ 년]'을 훈독하여 'ᄒᆡ'로 보고, '數[혤 수]'를 훈독하여 중세 한국어의 동사 '혜-'를 적은 것으로 보았다. '就[나ᅀᅡ갈 취]'를 훈독하고 '음'을 음독하여 '나ᅀᅡ감'로 보았다. '-ㅁ'은 지속을 나타내는 문법 요소로 보았다. '해를 헤아려 나아감에'의 뜻으로 해석된다. 중세 한국어에서 'ᄒᆡ'와 '혜-', '나ᅀᅡ가-'의 예는 다음과 같다.

(19) a. 方等 여듧 ᄒᆡ 니르시고 버거 스믈ᄒᆞᆫ ᄒᆡᆺ ᄉᆞᅀᅵ예 般若ᄅᆞᆯ 니르시니라 <釋詳6:47a>

b. 여슷 ᄒᆡᄅᆞᆯ 苦行ᄒᆞ샤 부텨 ᄃᆞ외야[勤苦六年得佛] <釋詳6:4b>

(20) a. 開國臣을 할어늘 救ᄒᆞ야 사ᄅᆞ시니 社稷功ᄋᆞᆯ 혜샤 聖心을 일우시니[讚開國臣 救而獲生 功念社稷 聖心是成] <龍歌10:24a>

b. 네 디나건 녜 뉫 時節에 盟誓 發願ᄒᆞᆫ 이ᄅᆞᆯ <u>혜ᄂᆞ다</u> 모ᄅᆞᄂᆞ다.[汝頗<u>憶念</u>往古世時誓願事不] <釋詳6:8a>

c. 내 佛眼ᄋᆞ로 보아도 오히려 몯 다 <u>혜노니</u>[吾以佛眼觀故 猶不盡<u>數</u>] <月釋21:14a>

d. 이ᄀᆞ티 <u>혜면</u> 九十六億千金이러니[如是<u>計</u>校 用九十六億千金] <月釋25:138a>

(21) a. 셔ᄫᅳᇙ 긔벼를 알씌 ᄒᆞᄫᆞᅀᅡ <u>나ᅀᅡ가샤</u> 모딘 도ᄌᆞᄀᆞᆯ 믈리시니이다.[詗此京耗 輕騎獨<u>詣</u> 維彼勅敵 遂能退之] <龍歌5:31a>

b. 여러 王ᄃᆞᆯ히 부텻긔 <u>나ᅀᅡ가</u>[無上道理ᄅᆞᆯ 묻ᄌᆞᆸ고[諸王<u>往詣</u>佛所問無上道] <釋詳13:20a>

c. <u>歸</u>ᄂᆞᆫ <u>나ᅀᅡ갈</u> 씨라 <月釋1:釋序6b>

d. ᄇᆞ룐 옷 ᄌᆞ젼을 안해 <u>나ᅀᅡ가</u> 호오ᄃᆡ[以割截衣暇 <u>就</u>裏刺之] <月釋25:24a>

⑨ 墮支行齊

(2)는 'ᄠᅥ러뎌녀-져'로 훈독하였다. '支'를 '디'로 음독하여 'ᄠᅥ러디-'의 일부로 처리하였다. 'ᄠᅥ러디-'의 예는 (22)와 같다. '行[갈 행, 닐 행]'은 '니-', '녀-' 등의 음성 실현형을 가진다.

(22) a. ᄒᆞᄅᆞᆺ 아ᄎᆞᄆᆡ 命終ᄒᆞ야 모딘 길헤 <u>ᄠᅥ러디면</u>[一旦命終<u>墮</u>三惡道] <釋詳6:3b>

b. 增上慢比丘ㅣ 큰 구데 <u>ᄠᅥ러디리라</u>[增上慢比丘將<u>墜</u>於大坑] <釋詳13:45a>

(3)은 '디니-져'로 읽었다. 동사 '지니-[持]'를 적은 것으로 보았으나 '支'를 읽지 않았다. '支'를 '지'로 읽으면 '디니-'가 되지 않고 '디지니-'

가 된다. 원하는 ‘지니-’는 나올 수가 없다. 많은 연구자들이 따르는 ‘아름다움을 나타내신 모습이 주름살을 지니셨구려’라는 의미는 이 노래에서 나오지 않는다. 이 노래가 죽지랑 생시의 노래라는 가설도 입증되기 어렵다.

(4)에서는 ‘墮[떨어딜 타]’를 훈독하여 ‘헐-’로 보아 ‘헐-니-져’로 읽었다. ‘헐-’은 다음과 같이 사용되었다.

(23) a. 尸羅ᄅᆞᆯ 아니 허러도 軌則을 헐며[有雖不破尸羅而破軌則] <釋詳 9:13a-b>

b. 毁 헐 훼, 傷 헐 샹 <光千7b>

⑩ 目煙

(2)는 한자어 ‘목연(目煙)’으로 읽었다. (3)은 ‘눈[目煙]’으로 읽었는데 ‘연(煙)’의 말음 /ㄴ/으로 ‘눈’의 말음 /ㄴ/을 표기한 것으로 보았다.

(4)의 김완진(1980)에서는 ‘目[눈 목]煙[ᄂᆡ 연]’을 각각 훈독하여 ‘눈’과 ‘ᄂᆡ’로 해독하고, ‘누늬’가 관형절의 주어가 속격 ‘-ᄋᆡ/의’로 실현되는 중세 한국어의 통사 구조상의 특성이 고대 한국어에도 있었음을 보여준다고 하였다. (24a-c)는 관형절의 주어가 속격으로 실현된 예문이고 (24d)는 명사절의 주어가 속격으로 실현된 예이다.

(24) a. 諸佛如來ᄋᆡ 다ᄆᆞᆫ 菩薩ᄉᆡᆫ 敎化ᄒᆞ시논 이ᄅᆞᆯ 모ᄅᆞ면 <釋詳13:61a>

b. 우흔 다 諸佛ㅅ 머리셔 讚歎ᄒᆞ시ᄂᆞᆫ 마리시니라 <법화6:179a>

c. 내ᄋᆡ 어미 爲ᄒᆞ야 發ᄒᆞᆫ 廣大誓願ᄋᆞᆯ 드르쇼셔[聽我爲母所發廣大誓願] <月釋21:57a>

d. ᄒᆞᄅᆞ 二十里ᄅᆞᆯ 녀시ᄂᆞ니 轉輪王ᄋᆡ 녀샤미 ᄀᆞᄐᆞ시니라[日半由

旬 如轉輪王足行之法 世尊亦爾] <釋詳6:23a>

중세 한국어에서 '눈'의 용례는 (25)에서 볼 수 있고 'ᄂᆡ'의 의 용례는 (26)에서 볼 수 있다.

(25) a. 世尊ㅅ일 ᄉᆞᆲ보리니 萬里外ㅅ 일이시나 눈에 보논가 너기ᅀᆞᄫᆞ쇼셔 <月曲1a>

b. 이 太子ㅅ누니 곳곳고 고ᄫᆞᆫ 야이 拘那羅ㅣ라 홇 새 누니 곧ᄒᆞᆯᄊᆡ 拘那羅라 ᄒᆞ더라[眼可愛如似鳩那羅鳥眼卽以爲名焉] <釋詳24:49a>

(26) a. 煙은 ᄂᆡ라 <月釋10:47b>

b. 내 이 氣分이 나모 아니며 虛空 아니며 ᄂᆡ 아니며 블 아니라[我觀此氣 非木非空 非煙非火] <楞嚴5:36a>

c. 못 므레 政治ᄒᆞ요ᄆᆞᆯ 보리로소니 브섭 ᄂᆡ에 庖廚의 머로ᄆᆞᆯ 알리로라[池水觀爲政 廚烟覺遠庖] <杜詩14:19a>

김완진(2008)에서는 이 부분을 수정하였다. 겉으로는 '눈'도 그대로이고 'ᄂᆡ'도 그대로이지만 뜻은 달라져서 '눈에 낀 안개' 같은 것으로 해석되었다. 명사 '눈'과 명사 'ᄂᆡ'가 합쳐져서 합성 명사 '눈+ᄂᆡ'가 형성된 것으로 해석하는 것이다. 'ᄂᆡ'의 '-ᆡ'는 동명사절(관형절, 명사절)의 주어를 나타내는 데 쓰인 속격 '-ᄋᆡ/의'가 아니라 그냥 명사 'ᄂᆡ'의 모음 /ᄋᆡ/를 적은 것이다. 중세 한국어에서는 (27a)에서 보듯이 '눖믈'처럼 적힌 곳이 있다. 이를 반영하면 합성 명사 표지 사이시옷이 들어간 '눖ᄂᆡ 또는 눉ᄂᆡ[눈에 낀 안개, 눈에 끼인 때]'로도 적힐 수 있는 단어이다.

(27) a. 아바님 이받ᄌᆞᄫᆞᇙ제 어마님 그리신 누ᇈ므를 左右ㅣ 하ᅀᆞᄫᅡ 아바님 怒ᄒᆞ시니[侍宴父皇 憶母悲涕 左右訴止 父皇則懠] <龍歌9:43b>

b. 太子ㅅ 손 자ᄇᆞ샤 두 누ᇈ믈 디샤 門ᄋᆞᆯ 자펴 막ᄌᆞᄅᆞ시니 <月曲16b>

c. 녯 늘그니ᄃᆞᆯ히 지즈로 누ᇈ므를 흘려셔 龍ᄋᆡ 입거우즐 幸혀 다시 더위 자ᄇᆞ니라[故老仍流涕 龍髯幸再攀] <杜詩5:18a>

⑪ 廻於尸亡史

(2)에서는 '廻[돌 회]'를 '逈[멀 형, 빛날 형]'으로 보아 '逈於尸'을 '멀'로 보고 '亡'을 '七[닐곱 칠]'로 보아 '叱[-ㅅ]'과 관련지어 관형형 어미의 음을 적은 것으로 보았다. '史'는 다음 글자 '伊'와 함께 'ᄉᆞ이'를 적은 것으로 보았다. (3)에서는 훈독한 '廻[돌 회]'와 관형형 어미 '-(으)ㅭ'을 적는 '尸[주검 시]', 음독한 '七[닐굽 칠]'로 보아 '눈[目烟] 돌칠[廻於尸七]'을 적은 것으로 보았다. '廻於尸七'은 관형형 어미 '-(으)ㅭ'을 적는 '시(尸)'가 먼저 나오고 뒤에 '七'이 나오므로 '돌우ᇙ칠'이 되어 '돌칠'을 적은 것으로 보기 어렵다. 제대로 '돌칠'이 되려면 '廻七於尸'가 되어야 한다. 물론 현재대로 두고 '돌칠'이라고 읽으려면 '七(칠)'이 자리가 바뀌어 잘못 새겨졌다는 것을 전제해야 한다.

(4)에서는 '廻[돌, 머리를 돌릴 회]於[어조사 어]尸[주검 시]'를 '돌-아-ㄹ'로 해독하였다. '동사 어간-선어말 어미-어말 어미'의 구조로 보고, 관형형 어미가 명사적 용법을 지니기도 했던 중세 한국어의 통사적 특성을 반영하여 '눈의 도랄'로 해독하였다. 이 경우 '도라ᇙ'의 선어말 어미 '-아-'가 문제된다. 선어말 어미 '-아/어-'는 '-거-', '-나-'와 함께 하나의 형태소를 이루는 것으로 시간, 양태적 의미와 관련된 문법 요소이다. 이 선어말 형태소가 관형형 어미 '-(으)ㅭ' 앞에 나타나는 것은

정상적이 아니다. 중세 한국어의 어형으로라면 ‘돌-오-ㅭ’이 되어야 한다. 흔히 ‘칠(七)’로 읽은 글자를 ‘无[업슬 무](또는 亡[없을 무, 죽을 망])’으로 보아 ‘亡史[기록 사]’를 ‘업시’로 해독하였다.

‘돌-’의 용례는 다음과 같다. 그런데 (28a, b)의 예에서 보는 ‘돌-’은 자동사이다. (28c)는 목적어가 있는 것처럼 보이지만 ‘길을 가다’의 ‘가-’가 자동사인 것과 마찬가지로 자동사라 해야 할 것이다. 현대 한국어의 ‘돌-’도 자동사이지 타동사는 아니다.[35]

(28) a. 文殊普賢이 왼녀그로 돌며 올ᄒᆞᆫ 녀그로 옮거늘[文殊普賢左旋右轉] <金三3:24a>

b. 西面을 從ᄒᆞ야 北녀그로 도ᄅᆞ샤(RLH) 北面에 가 셔샤[從西面北轉至于北面上立] <月釋25:39b>

c. ᄒᆞᆫ 밤낫 ᄉᆞᅀᅵ예 ᄌᆞ개 다ᄉᆞ리시논 ᄯᅡᄒᆞᆯ 다 도ᄅᆞ샤(RLH)[一日一夜各能周行所管世界] <月釋1:25a-b>

‘-(으)ㅭ’이 명사적 용법으로 사용된 예문은 (29a-c)와 같다. 대체로 서술어 ‘없-’, ‘아니-’ 앞에서 관형형 어미로 끝난 말이 주어나 보충어로 사용된 예들인데 중세 한국어 자료에서도 드물게 볼 수 있는 용례이다. (29d)는 ‘-(으)ㄴ’이 명사적 용법으로 사용된 것이다.

35 (28b, c)의 ‘도ᄅᆞ샤’가 자동사인지 타동사인지, 즉 /ᄋᆞ/가 사동사화 접미사 ‘-ᄋᆞ-’인지, 아니면 소위 매개모음 /ᄋᆞ/인지 구분하는 데에는 성조가 매우 중요한 기능을 한다. 만일 사동사 ‘도ᄅᆞ-’이라면 ‘도ᄅᆞ샤(LLH)’가 되었을 것이다. 따라서 이때의 /ᄋᆞ/는 사동사화 접미사 ‘-ᄋᆞ-’가 아니고 매개모음 /ᄋᆞ/이다. 존경법의 선어말 어미 ‘-(ᄋᆞ)시-’의 /ᄋᆞ/는 선행 음절의 성조를 그대로 따르는 이른바 ‘전의적 성조’이므로 이는 본래 ‘도ᄅᆞ샤(RRH)’였으나 거성불연삼(去聲 不連三)에 의하여 율동 규칙의 적용을 받아 RLH로 변동한 것이다. 그러므로 여기서의 ‘도ᄅᆞ샤’는 자동사 ‘돌-ᄋᆞ시-아’로 분석되어야 한다. L은 평성, H는 거성, R은 상성을 나타낸다.

(29) a. 내 쳔량앳거시 다ᄋᆞᇙ 업스니[我財物無極] <法華2:75>

b. 놀애ᄅᆞᆯ ᄂᆞ외야 슬프ᇙ 업시 브르ᄂᆞ니 <杜詩25:53>

c. 여러 劫ㅅ 因이 아ᄂᆡᇙ 아니며[莫非累劫之因] <六祖上:47>

d. 그딋 ᄒᆞᆫ 조초 ᄒᆞ야 뉘읏븐 ᄆᆞᅀᆞᄆᆞᆯ 아니호리라[隨君施與誓無悔心] <釋詳6:8b-9a>

그렇게 하여 얻게 되는 '누늬 돌ᄅᆞᇙ 업시'는 '누늬 돌음 업시'와 같은 뜻을 나타내는 것으로 이해된다. 그런데 그렇게 볼 경우 하나의 문제점이 생긴다. 그 문제점이 '누늬'에 있는 것은 아니다. 타동사를 명사화시키고 그 목적어를 속격으로 나타내는 것이 불가능한 것은 아니다. 타동사 '짓-'을 '지음'으로 하고 그 목적어 '책'을 속격으로 표현한 '그 책의 지음'이 불가능한 것은 아니다. 이른바 대격적 속격이 그것이다('향가의 이해'와 같은 구의 뜻이 '향가를 이해함'이라면 이 때의 '향가의'는 대격이 속격으로 나타난 것이라 할 수 있다). 그러므로 '누늬'는 '돌리-'의 목적어가 되는 '눈을 돌리-'로부터 '누늬 돌림'이 된 것이다.

문제는 '돌-아-ㄹㆆ'에 있다. '누늬 도ᄅᆞᇙ'의 원래 모습은 '눈이 돌다'이다. 그러면 이 '돌다'는 자동사가 된다. 즉, '눈이 스스로 도는' 것이다. 그러나 이 해독이 의미하고자 하는 뜻은 '눈을 돌림 없이'이다. '눈이 스스로 도는' 것이 아니라 '눈의 주인이 눈을 돌리는' 표현을 필요로 한다. 즉, '눈'이 타동사의 목적어가 되어야 하는 것이다. '누늬 도ᄅᆞᇙ'로는 자동사로서의 뜻만 나오지 타동사로서의 뜻은 나오지 않는다. 선어말 어미라고 본 '-아-'에 중대한 문제가 들어 있는 것이다. '돌-아-ㄹㆆ'의 선어말 어미 '-아-'는 그러한 기능을 하는 사동사화 접미사가 아니라 양태적 의미를 더해 주는 요소이다. 그러므로 '돌-아-ㄹㆆ'이 타동사가 되었다고는 할 수 없다.

이 모순을 극복할 수 있는 방법은 없는가? 있다. 그것은 자동사 '돌-'을 타동사로 바꾸어 주는 것이다. 자동사 '돌-'을 타동사로 바꾸는 문법 장치는 무엇인가? 그것은 사동사화이다. 현대 한국어로 말하면 자동사 '돌-'에 사동사화 접미사 '-리-'를 결합하여 '돌-리-'를 만들면 된다. 중세 한국어는 '돌-이-'이다. 따라서 선어말 어미 '-아-'나 '-오-'로 읽은 '於[어조사 어, 늘 어]'를 선어말 어미가 아니라 사동사화 접미사 '-이-'와 관련된 형태소로 보아야 한다. 그러나 '於(어)'와 '-이-' 사이에는 음성 실현이 너무 차이가 난다. '於'가 '-이-'를 적은 글자라고 할 수는 없는 것이다.

그런데 중세 한국어에는 주동사를 사동사로 만드는 파생 접미사가 '-ᄋᆞ-', '-이-', '-히-', '-기-', '-고-', '-오/우-' 등이 있다. 이 가운데 맨 앞의 접미사 '-ᄋᆞ-'의 지위는 다른 접미사 상호간의 지위와는 차이가 있다.

'-이-'와 그 이하의 접미사들은 결합하는 동사가 서로 달라서 형태론적으로, 또는 음운론적으로 조건된 교체를 보이는 변이 형태들로서 그 기능은 동일하다. 그 동일한 기능은 주동사를 사동사로 만드는 기능이다.[36] 예컨대 '살-'로부터 '살-이-'가 되고, '돋-'으로부터 '돋-오-'가

36 주동사(나 형용사)를 사동사로 만드는 것이 이 형태소의 본래 기능이다. 형용사 '높-'에 '-이-'를 붙여 동사를 만든 '높-이-'도 그렇고, 자동사 '울-'에 '-리-'를 붙여 타동사를 만든 '울-리-'도 그렇고, 타동사 '먹-'에 '-이-'를 붙여 다시 타동사를 만든 '먹-이-'도 모두 사동사로 만든 것이다. 그러므로 이 사동사화 접미사를 동사화 접미사니 타동사화 접미사니 하는 것은 옳지 않은 문법 기술이다. 어느 경우에나 주동사(나 형용사)를 사동사화하는 것이다. 자동사 '날-'에서 타동사 '날-리-'를 만들고, 다시 '날-리-'에다 피동사화 접미사 '-이-'를 결합시켜 피동사 '날-리-이-'를 만들 듯이, 자동사 '돌-'에다 '-리-'를 붙여 '돌-리-'를 만들고 이 타동사에 다시 피동사화 접미사 '-이-'를 붙여 만든 '돌-리-이-'라는 피동사가 '그 아이는 요새 친구들에게 돌리인다.'와 같이 사용되고 있었던 초등학교 때의 아련한 기억이 뇌리 한 구석에 들어 있다. 요샛말로 '따돌림 당한다'는 표현이 '돌리인다'인 것이다.

되고, '솟-'으로부터 '솟-고-'가 되는 것은 모두 자동사인 주동사를 사동사로 바꾼 것이다. 사동사는 모두 타동사이다. 그러므로 일단 자동사인 '돌-'이라는 주동사에 사동사화 접미사를 붙여서 사동사를 만들면 그 사동사는 타동사가 되는 것이다. 주동사인 타동사 '먹-'으로부터 사동사 '먹-이-'가 되고, '(짐을) 들-'으로부터 '(순이에게 짐을) 들-리-'가 되고, '벗-'로부터 '벗-기-'가 되는 것도 동일하다. 다만 타동사에서 타동사를 만들었다는 것만 차이가 난다. 외형이 서로 다른 접미사 '-이-', '-기-', '-히-'와 '-오/우-', '-고-'가 결합되었지만 기능은 모두 동일하게 주동사를 사동사로 바꾼 것이다. 그러므로 이들은 모두 주동사를 사동사로 만드는 접미사로서 하나의 형태소의 변이 형태들이다.

그런데 맨 앞의 사동사화 접미사 '-ᄋᆞ-'는 이들과는 좀 다르다. '-이-' 계열 사동사화 접미사의 변이 형태가 아니다. 이 접미사는 '-이-' 계열과는 별개의 형태소로 보아야 할 만큼 특이한 의미를 지니고 있다. 이기문(1961:123)에는 이들이 결합하는 어근으로 '살-'와 '일-'의 두 예가 제시되어 있다. 이기문(1972:149~150)에는 '살-', '돌-', '일-'의 3개의 동사가 제시되었다. 그리고 '살-이-'는 '어떤 곳에 살게 함', '살-ᄋᆞ-'는 '목숨을 살림'을 의미하고 '일-우-'는 '어떤 일을 성취함', '일-ᄋᆞ-'는 '집이나 탑을 세움'을 의미한다고 설명하였다.

허웅(1975:172)에는 이 유형에 드는 동사로 '길-', '닐-'를 추가하였다. '돌-이-'와 '돌-ᄋᆞ-'에 대하여 그 의미 차이를 "'돌-ᄋᆞ-'와 '돌-이-'는 현대어로는 모두 '돌리-'이며 그 예가 적어서 뜻의 차이를 확실히 말하기 어려우나, '돌-이-'는 '번갈아들다'의 뜻으로 쓰인 듯하다."고 하였다.[37]

---

37 '살-ᄋᆞ샤[RLH]'의 성조 실현과 '살-ᄋᆞ-샤-[LLH]'의 성조 실현이 다름도 지적하여 앞의 것은 소위 매개모음 /ᄋᆞ/를 앞세운 '-(ᄋᆞ)시-'가 들어 있는 것이고 뒤의 것은 사동사화 접미사 '-ᄋᆞ-'와 주체 존대의 '-시-'가 들어 있는 것이라고 설명하였다.

그러므로 '돌-아-ㅭ'이 아니고 '돌-ᄋᆞ-ㅭ'이 되면 위에서 말한 '살-ᄋᆞ-', '일-ᄋᆞ-'처럼 타동사가 된다. 김완진(1980)의 해독 '도랋'로부터 2008년의 해독이 '도ᄅᆶ'로 바뀐 것은 이를 반영한 듯하다. 중세 한국어에서 '돌-ᄋᆞ-'가 사용된 예문과 '돌-이-'가 사용된 예문은 다음과 같다.

(30) a. 車匿이 돌아 보내샤 <석보6:4>

b. 즈믄 묏 나조ᄒᆡ ᄆᆞᄅᆞᆯ 셔엣고 ᄒᆞᆫ 므리 곳다온 ᄃᆡ ᄇᆡᄅᆞᆯ 도ᄅᆞ놋다(LLHL)[立馬千山暮 回舟一水香] <杜詩15:29b-30a>

c. 波塞奇王이 綵色 마초아 손소 ᄒᆞᆫ 像ᄋᆞᆯ 그리ᅀᆞᄫᅡ 내야ᄂᆞᆯ 畫師ᄃᆞᆯ히 그 像ᄋᆞᆯ 模ᄒᆞ야 八萬四千像ᄋᆞᆯ 그리ᅀᆞᄫᅡ 八萬四千 나라ᄒᆞᆯ 골오 돌아(LH) 供養ᄒᆞᅀᆞᆸ게 ᄒᆞ니[時波塞奇調和衆彩 手自爲畫一像以爲摸法 於是畫師 乃依圖畫八萬四千像布與諸國 諸小國王皆得供養] <釋詳24:10b-11a>

d. 활ᄡᅩ기ᄂᆞᆫ 나ᅀᆞ며 믈으며 두루 돌오ᄆᆞᆯ(LHH) 반ᄃᆞ시 禮예 맛게 ᄒᆞᆯ디니[射者進退周還必中禮] <小學3:19a>

(31) a. 말ᄉᆞ미 굳고 혀ᄅᆞᆯ 돌이디 몯거든[語澁舌不轉獨活] <救簡7:2a>

b. 열 사ᄅᆞ미 ᄒᆞᆫ 숨곰 돌여(LH) 치라[十箇人一宿家輪着喂] <飜朴21b>

c. 우리 각각 져그나 자고 돌여(LH) 니러 브즈러니 ᄆᆞᆯ 머기져[咱們各自睡些箇 輪着起來勤喂馬] <飜老上25a>

⑫ 伊衣

(2)는 '史伊衣'를 붙여서 'ᄉᆞᅀᅵ예'로 보아 '멀 ᄉᆞᅀᅵ예'로 읽었다. '廻(회)'를 '迥(형)'으로 보았으므로 '멀 ᄉᆞᅀᅵ예'는 적절한 해독이라 하기 어렵다. 여기서 유래하는 'ᄉᆞᅀᅵ'라는 어형도 타당성을 잃는다.

(3)도 앞의 '史'에 붙여서 'ᄉᆞ이예[史伊衣]'로 읽었다. '눈 돌칠 사이예'란 눈 깜짝할 사이처럼 짧은 순간을 뜻한다. '사이'는 중세 한국어에

서 ‘ᄉᆞᅀᅵ’이므로 신라 시대에 ‘ᄉᆞ이’일 수 없다. /△/ 나아가 신라 시대에는 /ㅅ/이었을 음을 포함하였을 것으로 추정되는 ‘ᅀᅵ’를 ‘伊’로 적을 수는 없다.

(4)에서는 ‘伊[뎌 이]衣[옷 의]’를 훈독하여 대명사 ‘뎌’와 첨사 ‘-곶’의 변이 형태 ‘-옷[衣]’을 적은 것으로 보고 이 대명사가 죽지랑의 모습을 가리킨다고 보았다.

김완진(2008)에서 ‘目煙廻於尸亡史伊衣’에 대하여 수정한 것을 모두 모아 정리하면 다음과 같아진다. ‘目煙’을 ‘눈ᄂᆡ’로 해독하긴 하지만 의미에 대한 인식이 달라졌다. ‘누ᇈᄂᆡ’처럼 되어도 좋을 것이라 하여 ‘눈 안개’라는 뜻으로 보고 있다. ‘사라져 없어진, 그리운 것을 보기 위하여 눈을 감고 망막에 떠올리는’ 과정을 상정하고 있는 것이다. ‘廻於尸’은 ‘돌-ᄋᆞ-ㅭ’로 보고 ‘돌-’의 사역형의 동명사형으로 보았다. ‘업시’와 ‘뎌옷’은 1980과 같다. 다만 ‘亡(무) 자’가 ‘없을 無(무) 자’라는 것을 강조하고 있다. 전체적으로 ‘누ᇈᄂᆡ 두름이 업시 뎌옷’ 정도의 의미가 된다. 의역하면 ‘눈 안개 띠를 두름 업시 저 분을 (맞보기 엇디 일우리)’가 된다.

1980년의 ‘눈 돌림 없이 저 분을 맞보기 어찌 일우리’와 2008년의 ‘눈 안개 두름 없이 저 분을 맞보기 어찌 일우리’는 상당한 거리가 있다. 저자의 의역으로는 전자가 ‘차마 눈을 바로 뜨고는 마주 볼 수 없는 저 분’으로 이해되었는 데 비하여, 후자는 ‘눈 감으면 떠오르는 그대의 얼굴’로 받아들여진다.

⑬ 惡知□

(2)는 ‘-오어’로 (3)은 ‘-ᄋᆞᆸ디’를 적은 것으로 보았다. ‘악(惡)’이 ‘ᄋᆞᆸ’을 적었다고 하기 어렵다. 이 ‘ᄋᆞᆸ’이 주체 겸양의 ‘-ᄉᆞᆸ-’이라면 중세 한국어

에서 '-숩-'인 이 변이 형태가 '-읍-'으로 되는 것은 17세기 들어서의 일이므로 신라 시대에 '-읍-'이 존재할 수는 없다.

(4)에서는 '惡[나쁠 악, 미워할 오]知[알 지]'를 훈독했는지 음독했는지 아무 설명 없이 '엇디'라는 의문사로 보아 '어찌 …… ᄒᆞ리(오)'와 같은 구문으로 파악하였다.

이 '惡知'를 '엇디'로 해독한 것은 정곡(正鵠)을 찌른 것이다. 지헌영(1948)에 유래하는 이 해독은 서재극(1975), 김준영(1979)를 거쳐 해독의 역사에서 커다란 진전을 이룬 것으로 보인다(김완진(1980:63)).

'惡'는 '나쁠 악, 미워할 오'의 훈과 음을 가지지만, 부사로 사용되면 '惡[어찌 오]'의 의미를 가진다. (32)의 '논어'의 구절에서 보듯이 '惡'는 한문에서 그 자체로 중세 한국어의 '엇디'에 해당하는 뜻을 가지는 것이다.

(32) 君子ㅣ 去仁이면 惡乎成名이리오[군자가 어짊을 떠난다면 어찌 이름[군자]를 이루리오]<논어(論語) 이인편(里仁篇) 욕오장(欲惡章)>

그러므로 '惡知'에서 '惡'는 '엇디 오(惡)'에 바탕을 두는 훈차자이다.[38] '知[알 디]'는, '그리-'를 '慕理-'로 적으면서 마지막 음절을 음차자 '理'로 적듯이, '엇디'라는 형태소의 마지막 음절을 적은 말음절 첨기(末音節 添記)의 기능을 가진 음차자라 할 수 있다. 중세 한국어에서도 '知'는 구개음화(口蓋音化)되기 전의 /디/로 읽혔다.

38 '惡知'의 '惡'를 훈독자로 보게 된 것은 2014년 1월 7일 저녁의 논어 강의에서 정요일 선생의 교시에 힘입은 것이다. 김완진(1980)에서 아무 언급이 없지만 훈독자로 보았을 가능성이 없는 것은 아니다.

⑭ 作乎下是

(2)에서는 '지ᅀᅳ오이리'를 적은 것으로 보았다. '作[지을 작]'의 '짌-'은 훈독, '-오-'는 '乎[어조사 호]'의 음독, '이리'는 '下[아래 하]是[이 시]'를 훈독한 것으로 보인다. (3)에서는 '지소리'를 적은 것으로 보았다. 어간 '짌-'과 선어말 어미 '-오-'가 통합될 때 /ᅳ/가 나타나지 않으므로 '짌-오-리'가 더 낫다. 두 경우 모두 평서법으로 해석하였다. 얼핏 생각하면 '-(으)리라'에서 평서법 어미 '-라'가 생략된 것으로 보이지만, 시적 청자가 죽지랑으로서 화자 득오보다 상위자이므로 청자를 높여 대우하는 '-(으)리이다'가 되어야 하고, 따라서 '-이다'가 생략되었을 가능성이 더 크다.

(4)에서는 '作乎下是'가 '일오-아-리'를 적은 것이라고 보았다. '일-[일, 지을 作]'에 사동사화 접사 '-오-'를 결합하여 '일오-'를 적고, '아래 하(下)'의 /ㅐ/ 대신에 '이 시(是)'의 /이/가 대체 첨기되어 '-아리'가 된다. '일오-아-리'는 앞에 '엇디[惡知]'라는 의문사가 있으므로 설명 의문문으로 해석된다. 선어말 어미 '-(으)리-'의 뒤에는 설명 의문문에 나타나는 어미 '-고'나 /ㄱ/ 탈락 변이 형태인 '-오'가 생략되어 있을 수도 있고, '-잇고'가 생략되어 있을 수도 있다. 이 해독에서는 시적 청자가 일반인으로서[상위자 포함] 화자보다 하위자라 할 수 없으므로 '-잇고'가 생략된 것으로 보인다.

중세 한국어에서 선어말 어미 '-(으)리-'로 끝난 예문들은 '용비어천가', '월인천강지곡'과 같은 악장에 집중적으로 나타난다. '-(으)리-'로 끝난 문장 속에 의문사가 들어 있으면 설명 의문문이 된다. 의문사가 없거나, 미정사가 있어 초점을 받지 못하여 부정사가 된 경우에는 판정 의문문이나 선정 의문문, 또는 평서문으로 해석되는 경우도 물론 있다 (서정목(1987:제4장) 참고).

(33)의 예문들은 선어말 어미 '-(으)리-'로 끝났지만 모두 의문사를 포함하는 설명 의문문이다.

(33) a. 讖文을 몰라 보거늘 나라ᇫ 일훔 ᄀᆞᄅᆞ시니 天子ㅿ ᄆᆞᅀᆞᄆᆞᆯ 뉘 달애ᅀᆞᄫᆞ리[未曉讖文 聿改國號 維帝之衷 誰誘誰導] <龍歌9:36b>

b. ᄃᆞ리예 뻐딜 ᄆᆞᄅᆞᆯ 넌즈시 치ᅘᅧ시니 聖人 神力을 어ᄂᆞ 다 ᄉᆞᆯᄫᆞ리[郊外隕馬 薄言挈之 聖人神力 奚罄說之] <龍歌9:39a>

c. ᄯᅩ ᄌᆞ식 난ᄂᆞᆫ 사ᄅᆞ미 이런 슈요기 어ᄃᆡ 이시리 <順天68:4>

(34)는 의문사가 있는 설명 의문문에 '-리오', '-료'가 사용된 예문이다.

(34) a. 엇뎨 가며 오미 이시리오[焉有去來] <月釋序2b>

b. 뎌 남기 업거니 내 사라 므슴ᄒᆞ료[彼樹既無我何用活耶] <釋詳24:42a>

(35a)는 의문사 없는 판정 의문문에 '-리여', '-려'가 사용된 예문이다. (35b)는 선정 의문문이다.

(35) a. ᄒᆞ마 주글 내어니 子孫ᄋᆞᆯ 議論ᄒᆞ리여[命在須臾何陳子孫] <月釋1:7a>

b. 이 長者ㅣ 보ᄇᆡ옛 큰 술위로 아ᄃᆞᆯᄃᆞᆯᄒᆞᆯ 골오 주니 虛妄타 ᄒᆞ려 몯ᄒᆞ려[是長者等與諸子珍寶大車 寧有虛妄不] <月釋12:33a>

자동사 '일-'은 중세 한국어에서 '作, 成' 등의 의미를 지녔는데, 이 어간을 어기로 하여 파생된 타동사로는 앞에서 본 대로 '일-오-(일-우-)'

와 '일-ᄋᆞ-(일-으-)' 두 가지가 있다. '일-오(우)-'는 '어떤 일을 성취함', '일-ᄋᆞ-'는 '집이나 탑을 세움'을 의미했었다(이기문(1972:149~150)). '일-'의 용례는 (36), '일오-'의 용례는 (37)이고, '이ᄅᆞ-'의 용례는 (38)이다.

(36) a. 衆生ᄋᆡ 業의 種子ㅣ 모도미 <u>일며</u>[衆生業種<u>成</u>聚] <楞嚴1:82a>
b. ᄉᆡ미 기픈 므른 ᄀᆞᄆᆞ래 아니 그츨ᄊᆡ 내히 <u>이러</u> 바ᄅᆞ래 가ᄂᆞ니 [源遠之水 旱亦不竭 流斯<u>爲</u>川 于海必達] <龍歌1:1b>

(37) a. 神通 發明에 미러 우 업수믈 사마 阿羅漢ᄋᆞᆯ <u>일오니</u>[神通發明推爲無上<u>成</u>阿羅漢] <楞嚴5:63b>
b. 이 觀世音菩薩이 이런 功德을 <u>일워</u>[是觀世音菩薩<u>成就</u>如是功德] <釋詳21:13b>

(38) a. 舍衛國에 도라가 精舍 <u>이ᄅᆞᅀᆞ보리니</u>[還到本國當<u>立</u>精舍] <釋詳6:22a-b>
b. 城 밧긔 닐굽 뎔 <u>일어</u> 쥬ᇰ 살이시고 城 안해 세 뎔 <u>일어</u> 스ᇰ 살이시니라[<u>建</u>寺十所 七所城外安僧 三所城內安尼] <月釋2:77a>

⑮ 有叱下是

(2)는 '잇이리(오)'로 하여 의문문으로 본 것 같다(설의법일 수도 있다). (3)도 의문문으로 본 것 같다. 중세 한국어에서 설명 의문문의 '이시리잇고'가 나타난 예문은 (39)이고, 판정 의문문의 '이시리잇가'가 사용된 예문은 (40)이다.

(39) a. 셜ᄫᅳᆫ 人生이 어둣던 이 ᄀᆞᄐᆞ니 <u>이시리잇고</u>[何酷如之] <釋詳6:5a-b>
b. 大王하 엇던 快樂이 <u>이시리잇고</u>[大王當知不見不聞有何快樂] <月釋25:133a>

c. 닐옴과 엇뎨 差別 이시리잇고[有何差別] <楞嚴2:62b>

(40) a. 往生快樂이 달옴 이시리잇가 <月釋9:5a>

b. 惡道ㅅ 일훔이 이시리잇가 <月釋7:58b>

c. ᄒᆞ다가 업스시면 내 당다이 주구리니 다른 마리 이시리잇가[設有不諱 妾義當死 尙復有他說乎] <三綱烈26>

(4)는 '잘 밤 이샤리'를 평서법으로 보아 '역경에 처할 경우도 있을 것입니다'라고 해석하였다. '잇-', '이시-'의 어간을 '이실 유(有)'와 /ㅅ/을 적는 '질(叱)'로 적었다. '下是[-아리]'는 '아래 하(下)'의 훈 '아래'에서, /ㅐ/를 '이 시(是)'의 /이/로 대체하여 첨기한 것이다. 합하면 '이시-아-리'가 된다.

앞에 '郎이여'라고 부른 호격어가 의미상으로 죽지 장군이므로 이 노래의 시적 청자는 죽지 장군이다. 시적 청자가 시적 화자보다 상위자인 것이다. 그러므로 선어말 어미 '-(으)리-' 뒤에서 '-이다'가 생략되었다고 보아야 한다. 청자 대우법상으로 공손법 형태소 '-이-'가 통합되어 '이시리이다'로 실현될 자리이다.

시가(詩歌)에서는 운율상, 음수율의 통제에 의하여 흔히 선어말 어미 '-(으)리-', '-(으)니-'로 끝나는 발화들이 있다. 이 경우 평서문이면 '-(으)리-', '-(으)니-' 뒤의 '-이다'나 '-라'가 생략된 예이고, 의문문이면 '-(으)리-'나 '-(으)니-' 뒤에서 '-잇고', '-잇가' 또는 '-고/오', '-가/아'가 생략된 발화이다.

중세 한국어에서 '-(으)리-'로 끝난 문장은 (41)에서 볼 수 있다. '-(으)니-'로 끝난 문장의 용례는 (42)에서 볼 수 있다.

(41) a. 逃亡애 命을 미드며 놀애예 일훔 미드니 英主△ 알ᄑᆡ 내내 붓

그리리[恃命於逃 信名於謳 英主之前 曷勝其羞] <龍歌16(3:15b)>

b. 天倫을 姦臣이 하ᅀᆞᄫᅡ 中土心得다 ᄒᆞᆫ돌 賢弟를 매 니ᄌᆞ시리[姦臣間親 日得民望 維此賢弟 寧或有忘] <龍歌74(8:38a)>

c. 天意를 小人이 거스러 親王兵을 請ᄒᆞᆫ돌 忠臣을 매 모ᄅᆞ시리[小人逆天 請動王師 維此忠臣 寧或不知] <龍歌74(8:38a)>

d. 淨飯이 무러시늘 占者ㅣ 判ᄒᆞᅀᆞᄫᅩᄃᆡ 聖子ㅣ 나샤 正覺 일우시리 <月曲6a-b>

e. 無量劫 부톄시니 주거 가ᄂᆞᆫ 거싀 일을 몯 보신돌 매 모ᄅᆞ시리 <月曲16a>

f. 世尊ㅅ 慈悲心에 ᄒᆞ나ᄒᆞᆯ 바ᄃᆞ면 네 ᄆᆞᅀᆞᆷ이 고ᄅᆞ디 몯ᄒᆞ리 <月曲32b>

(42) a. 海東 六龍이 ᄂᆞᄅᆞ샤 일마다 天福이시니 古聖이 同符ᄒᆞ시니[海東六龍飛 莫非天所扶 古聖同符] <龍歌1:1a>

b. 婆羅門 ᄉᆞᆯᄫᆞᆫ 말ᄋᆞᆯ 天神이 됴타ᄒᆞᆯᄊᆡ 薩婆悉達이 일훔이시니 <月曲12b>

중세 한국어에서 '-(으)리이다'가 사용된 예는 (43)이고 '-(으)니이다'가 사용된 예는 (44)이다.

(43) a. 聖神이 니ᅀᆞ샤도 敬天勤民ᄒᆞ샤ᅀᅡ 더욱 구드시리이다.[子子孫孫 聖神雖繼 敬天勤民 迺益永世] <龍歌10:52a>

b. 無盡意 ᄉᆞᆯᄫᆞ샤ᄃᆡ 甚히 하리이다 世尊하[無盡意言 甚多世尊] <釋詳21:9a>

(44) a. 太子ᄅᆞᆯ 하ᄂᆞᆯ히 ᄀᆞᆯᄒᆡ샤 兄ㄱ ᄠᅳ디 일어시늘 聖孫ᄋᆞᆯ 내시니이다.[維周太子 維天擇兮 兄讓旣遂 聖孫出兮] <龍歌1:13a>

b. 帝釋이 무로ᄃᆡ 누고 對答호ᄃᆡ 尸毗王이시니이다 <月釋11:3b>

모두 8행 총 80자의 노래에서 많은 독창적인 안을 낸 (4)의 김완진(1979/1980, 1985, 2008)의 해독에 우리는 매료되었다. 이 모두가 진리라고 하기는 어려울 수도 있다. 그러나 이 짧은 노래에서 이만큼의 진전을 이루어 낸다는 것은 굉장한 일이다.

이 해독이 발표되자 '이 노래의 해독에 대해서는 후학들이 더 이상 덧붙일 말이 없다.'는 분위기가 형성되었다. 현재의 국어학 수준으로서 해결할 수 있는 것은 거의 다 하였고, 해결하지 못한 것이 있다면 새로운 자료가 발견되지 않는 한 그 해독에 긴 세월과 많은 노력이 더 필요할 것이며, 그 중에는 영원한 미궁에 빠질 것도 있어 보인다. 이 책에서 새로운 해독을 시도하기보다는 문헌에서 이 노래와 관련되는 사실(史實)들을 찾아내어 창작 동기와 배경을 분명히 함으로써, 시 내용을 어떻게 파악하는 것이 옳은지, 그리고 각 구절을 어떻게 해독하는 것이 좋은지를 논의하는 데 그치는 이유가 여기에 있다.

4. 여타 자구의 해독

위에서 살펴본 것 외에 이 노래를 적는 데 사용된 한자들의 해독과 관련된 중요 사항들을 다음에서 정리하기로 한다. 여기서 논의하는 향찰 표기는 여러 향가에 두루 나타나는 것으로 문법 형태소를 적은 것이 대부분이다. 그러므로 연구자들 사이에 거의 의견 차이가 없다.

① 去隱

'去[갈 거]'는 훈차자(訓借字)이면 동사 어간 '가-'를 적은 것일 수 있고, 음차자(音借字)이면 선어말 어미 '-거-'를 적은 것일 수 있다. 만약 선어말 어미를 적은 것이라면 그 앞에 올 동사 어간은 '디나-[過]' 정도가 되어 '다나-거-ㄴ'과 같이 볼 수 있다. 다음은 동사 '가-'가 사용된 예문이다.

(45) a. 내 가리이다 말이나 宗廟 爲ᄒᆞ야 가시니 紹興之命을 金人이 모ᄅᆞ니[人請去矣 去爲宗廟 昭興之命 金人莫料] <龍歌9:46a>

b. 金輪王 아ᄃᆞ리 出家ᄒᆞ라 가ᄂᆞ니 그듸내 各各 ᄒᆞᆫ 아ᄃᆞᆯ옴 내야 내 孫子 조차가게 ᄒᆞ라[金輪王子今當往彼舍婆提國從佛出家學道] <釋詳6:9b>

c. ᄉᆞᆫ지 一絃琴을 가져 ᄃᆞ니며 간 ᄃᆡ마다 노더라[猶持一弦琴在所而彈之] <釋詳24:52a>

'隱[숨을 은]'은 여기서는 음차자로서 관형형 어미 '-(으)ㄴ'을 적는 데 사용되었다. '持以支如賜鳥隱[디니더시온]'('찬기파랑가'), '誓音深史隱[다딤기프신]'('원왕생가')에서 용례를 볼 수 있다.

이 '隱(은)'이 주제 조사 '-은'을 적은 경우도 있다. '善化公主主隱[선화공주니리믄]'('서동요'), '生死路隱[生死 길흔]'('제망매가'), '臣隱愛賜尸母史也'[臣은 ᄃᆞᅀᆞ실 어ᅀᅵ여]('안민가')에서 용례를 볼 수 있다.

② 憂音

'憂[근심 우]'는 훈차자로 '시름'을 적고, '音[소리 음]'은 음차자로서 말음 /ㅁ/으로 '시름'의 말음 /ㅁ/을 적었다.

(46) a. 시름 ᄆᆞᅀᆞᆷ 업스샤ᄃᆡ 이 지븨 자려 ᄒᆞ시니 하ᄂᆞᆯ히 ᄆᆞᅀᆞᄆᆞᆯ 뮈우시니[心無優矣將宿是屋 維皇上帝 動我心曲] <龍歌10:20b>

b. 魔王波旬이 큰 德을 새오ᅀᆞᄫᅡ 앉디 몯ᄒᆞ야 <u>시름ᄒᆞ더니</u> <月曲9a>

c. 나ᄂᆞᆫ 이제 <u>시르미</u> 기퍼 념난 ᄆᆞᅀᆞ미 업수니[我今<u>憂</u>深 無復世意] <月釋2:5a-b>

d. 漢南애셔 당당이 늘거 업스리로소니 霸上앤 머리셔 사ᄅᆞᄆᆞᆯ <u>시름케</u> ᄒᆞᄂᆞ다.[漢南應老盡 霸上遠<u>愁</u>人] <杜詩18:21a>

③ 皃史

'皃[얼굴 모]'는 '貌[얼굴 모, 꼴 모, 즈ᇫ 모]'의 약자일 것으로 본다. 흔히 모습을 나타내는 '즈ᇫ'을 적는 데 쓰인다. '皃史'를 (2)는 '짓'으로 읽었다. (3)은 '즈ᅀᅵ'로 주격형으로 읽었다. (4)도 '즈ᅀᅵ'로 읽었다.[39]

39 이 모습이 '영정 속의 죽지랑의 모습'이라는 것이 김완진(1979/1980, 1985)의 해독의 한 특징이다. 그러나 사람의 모습을 꼭 영정 속에서만 찾을 것은 아니다. 산 자의 기억 속에 남은 그 분의 모습도 세월이 가면 흐려져서 어렴풋해지고 드디어는 잊혀지는 것, 저자는 오랫동안 '우리들 기억 속의 그 분의 모습이 흐려져 사라져간다.'를 생각하고 있었으나 논거는 커니와 단서도 찾지 못하였다. 지금은 '우리들 기억 속의 그분의 모습도 세월을 헤아려 나아감에 따라 헐어져 갈 것이다.' 정도의 추정적 표현으로 해석할 가능성을 기대하고 있다. 1300여 년 전의 노래에 대하여 논의하는 일의 숙명으로 생각한다. 어차피 논거는 없다. 저자는 그냥 이러한 문제를 논의하는 것이 좋아서 생각이 흐르는 대로 썼을 뿐이다. 그래도 서라벌 사회의 진실에, 어릴 때 아무 것도 모르고 존경하는 인물 1호로 꼽았던 김유신 장군의 회한이 서렸을 삶, 그리고 그 후손들의 운명, 지난 몇 년 동안 나를 완전히 홀려 놓았던 외손자 유곤(裕坤)이의 선조들의 운명에 가까이 다가가 보았다는 것으로 나는 만족한다. 이 아이는 내내 '7촌 아저씨 김유신 장군은 게임방에 자꾸 가서 말의 목을 베었다.'고 말하고 있으면 좋으련만, 2013년 여름 어느 날 '할아버지, 김유신 장군은 신라 사람이 아니래요. 금관국 사람이래요. 금관국이 어느 나라예요?' 하고 나를 뜨끔하게 하였다. '응, 할아버지 고향에 있던 나라인데 신라와 합쳤어. 그러니 김유신 장군도 신라 사람이야.' 8살, 어린 아이들도 핏속에 흐르는 무서운 역사의 지배를 받고 있는 것일까? 우리 고향 집 아랫들 논에 있는 돌담부랑에는 내가 그동안 살펴본 신라, 고려의 와당보다 훨씬 더 낡고 닳은 오래된 와편(瓦片)들이 있었고, 고향 사람들은 그것을 간 '지앳개미[기와 가루]'로 명절 전날에 놋그릇을 닦으며 살았다. 그 가야 시대 '지애'는 그렇게 없어져도 되는 것일까? 김완진(2008)의 '눉ᄂᆡ 도ᄅᆞᆶ 업시 뎌옷[눈 안개 두름 없이 저 분]'은 이제 나를 '영정 속의 저 분의 모습'으로부터 벗어나게 해 주고 있다. 그렇다면 1980년부터 30년 이상 얽매여 살았던 '영정 속의 모습이 히를 헤아려 나아감에 따라

‘ᄌᆞᇫ’은 전설모음화를 거치면 ‘지ᇫ’으로 된다. ‘ᄂᆞᆾ’은 안(顔)에 가깝고 ‘얼굴’은 형용(形容)에 가깝다. 중세 한국어에서 ‘ᄌᆞᇫ’이 사용된 용례는 다음과 같다.

(47) a. 容ᄋᆞᆫ ᄌᆞᅀᆡ오 顔ᄋᆞᆫ 모야히라 <釋詳20:15a>

b. 쏘 제 자바 머리와 발와 ᄒᆞᆫᄃᆡ 모도잡더니 그 ᄌᆞᅀᆡ 一萬 가지라 오래 몯 보리러니[復自搏攫 頭足相就 其形萬類 不敢久視] <月釋21:23b>

c. 구룸 자최와 鶴ᄋᆡ ᄌᆞᅀᅦ 가ᄌᆞᆯ벼도 ᄀᆞᆮ호미 어렵도다.[雲蹤鶴態喩難齊] <金三3:35b>

d. 貌 ᄌᆞᇫ 모 <訓蒙上12b>

e. 容 ᄌᆞᇫ 용 <訓蒙上13a>

중세 한국어에서 ‘ᄂᆞᆾ’이 사용된 예로는 다음과 같은 것이 있다.

(48) a. 十一面은 열ᄒᆞᆫ ᄂᆞ치니 <釋詳6:44a>

b. 헌옷 닙고 발 밧고 ᄂᆞᄎᆡ ᄣᅵ 무티고 門 밧긔 셔어이셔[住於門外 被弊敗衣 徒跣而立 顔面垢穢 衣服污塵] <月釋10:17b>

헐어져 간다.’는 고정 관념이 붙들고 있었던 죽지랑 사후 적어도 2년은 경과한 대상(大祥) 날쯤으로 추정하였던 이 노래의 창작 시기는 이제 새로운 해석을 받을 수 있게 된다. 어쩌면 서정목(2013a)의 고치지 못한 ‘대상 날 탈상재 때’로부터, 서정목(2013b)에서 ‘초상 때 장례 의식에서나 대상 날 탈상재 때’ 지어졌을 것이라고 한 것이 올바른 길을 찾아간 것일까? 이제는 훨씬 더 ‘초상 때나 소상 때 추모 의식’에서 지어졌을 것이고, ‘영정 속의 모습’이 헐어져 가는 것이 아니라 ‘세월이 가면, 그 분의 모습이 우리들 기억 속에서 점점 희미해져 갈 것’이라는 생각으로 굳어지고 있다. 일본 고도(古都)의 절 주변에서 본 장대에 매단 깃발에 한자와 가나로 적힌 노래처럼, ‘모죽지랑가’도 향찰(鄕札)로 쓰여 장대에 매달려 깃발처럼 나부끼는 초상 때나 소상 때의 만장에 적힌 노래였을 것이라는 생각을 가지게 된 것이다. 이에 대한 자세한 논의는 서정목(2013c)에서 이루어졌다.

c. 釋迦牟尼佛ㅅ 弟子ㅅ 느출 보ᅀᆞᆸ고 ᄒᆞ고 무로ᄃᆡ[得見釋迦牟尼佛弟子面問師] <月釋23:82b>

d. 顔 ᄂᆞᆾ 안, 面 ᄂᆞᆾ 면 <訓蒙上13a>

다음은 '얼굴'의 예이다.

(49) a. ᄆᆡᄫᆞᆫ 사ᄅᆞᄆᆡ 일훔 쓰며 얼구를 ᄆᆡᇰᄀᆞ라 모딘 呪術로 빌며[書怨人名作其形像以惡呪術] <釋詳9:17a>

b. 色ᄋᆞᆫ 비치오 相ᄋᆞᆫ 얼구리라 <月釋序1b>

c. 形體ᄂᆞᆫ 얼구리라 <月釋2:69b-70a>

d. 眞實ㅅ 法身이 虛空 ᄀᆞᄐᆞ야 本來 얼굴 업건마ᄅᆞᆫ 世間ㅅ 衆生 爲ᄒᆞ샤 조ᄒᆞᆫ 나라히며 더러ᄫᆞᆫ 나라히며 제여곲 氣質ᄋᆞᆯ 조ᄎᆞ샤 化身ᄋᆞᆯ 뵈샤 <月釋2:55a>

e. 形 얼굴 형 <訓蒙上13a>

④ 行(乎尸)

'行[닐 행]'의 '니-'는 '가-'의 뜻이다. 같은 단어의 변이 형태로 '녜-'가 있었다. 중세 한국어의 '녜-'에 대한 용례는 다음과 같다.

(50) a. 샤공이 ᄇᆡ 녜요ᄃᆡ[篙師行舩] <金三5:38a>

b. 主人이 손 보내요매 므슷 이를 ᄒᆞᄂᆞ뇨 수를 녜며 글 지수믈 ᄀᆞ장 다ᄋᆞ디 아니ᄒᆞᄂᆞ다.[主人送客何所作 行酒賦詩殊未央] <杜詩23:19a-b>

c. 곧 받 가ᄂᆞᆫ 이 받 ᄀᆞᄋᆞᆯ ᄉᆞ양ᄒᆞ고 길 녜ᄂᆞᆫ 이 길ᄒᆞᆯ ᄉᆞ양ᄒᆞ며[入其境則耕者讓畔 行者讓路] <小學4:39a>

중세 한국어의 '니-'의 용례는 다음과 같다.

(51) a. 四征無敵ᄒᆞ샤 오샤ᅀᅡ 사ᄅᆞ시릴ᄊᆡ 東ᄋᆡ 니거시든 西夷 ᄇᆞ라ᅀᆞᄫᆞ니[四征無敵 來則活己 我東日徂 西夷苦徯] <龍歌5:44b>

b. 내 처ᅀᅥᆷ 모ᄃᆞᆫ ᄃᆡ 드러 니거든 한 사ᄅᆞ미 날 위ᄒᆞ야 禮數ᄒᆞ리라 [我初入會一切大衆當爲我禮] <釋詳6:28b>

c. ᄒᆞᆫ 사ᄅᆞ미 밦中 後에 파내야 내 瓔珞 가지고 날 조쳐 더브러 니거늘[爾時有人貪利瓔珞 於後夜時 卽便開塚 取我瓔珞 并將我去] <月釋10:25b>

⑤ (墮支行)齊

'齊(제)'는 해독하기 어려운 한자이다. '墮支行齊'에서 '墮支行'을 어떻게 보든 '齊'는 대부분 '-져'로 읽고 있다. '뻐러뎌 녀-'로 보든 '디니-'로 보든 '헐-니-'로 보든 마지막 어미 '齊'는 '-져'로 읽고 있다.[40] 그런데 이 자리, 즉 동사 어간 뒤에 바로 올 수 있는 것은 선어말 어미와 어말 어미밖에 없다. 선어말 어미가 오려면 그 뒤에 어말 어미가 있어야 하는데 '齊' 뒤에는 다른 어미가 없다. 그러면 '齊'는 선어말 어미가 될 수 없고 그 자체가 어말 어미가 되어야 한다. 어말 어미 가운데 전성 어미인 명사형 어미와 관형형 어미는 이곳에 나타날 어미들이 아니므로 제외된다. 남은 것은 접속 어미와 종결 어미이다.

어떠한 어미를 적은 것인지 알기 위해서는 먼저 음차 표기인지 훈차 표기인지를 결정해야 한다. 그러기 위해서는 '齊'의 훈(訓[가지런할 제, 갖출 제, 끝(端)을 혼 상복 자])이나 음(音)과 관련될 만한 접속 어미나 종결

40 '헐-니-'는 /ㄴ/ 앞에서 /ㄹ/이 탈락하여 '허-니-'로 실현되었을 가능성도 있다.

어미를 한국어 문법 체계에서 찾아야 한다. 훈으로는 비슷한 대상을 찾을 수 없다. 음독자일 수밖에 없다.

중세 한국어에서는 청유형 어미 '-져'가 이와 음상이 가장 비슷하다. 그렇지만 의미상으로 이 자리는 청유형 어미가 올 자리가 아니다. 문장 종결의 위치에 오는 '-지', '-제' 등의 종결 반말 어미를 떠올릴 수 있지만 이들 어미는 18세기 이후에나 문헌에 등장한다. 이들은 접속 어미에서 끊어진 문장으로부터 출발한 반토막 발화의 끝에 나타나는 것들이다. 그러나 '-지', '-제'는 '앞 긍정, 뒤 부정의 강조'의 뜻을 나타내는 접속 어미 '-디비'와 관련되는데 여기서의 이 자리의 의미는 이 어미의 의미와는 전혀 다르다(서정목(1987:125~142)).[41]

중세 한국어에서 이 자리, 즉 동사 어간 뒤에 올 수 있는 이 비슷한 음성 실현형을 가지는 다른 문법 요소는 '○○가 아닐까 한다' 정도로 해석되는 감탄 의문 어미 '-(으)ㄴ뎌'가 있고, 접속 어미로 '-(으)ㄴ딕'와 '-오/우딕'가 있다.

'-(으)ㄴ뎌'는 동사 뒤에서는 현재 인식의 '-ᄂᆞ-'를 앞세워 '가-ᄂᆞ-ㄴ뎌', '오-ᄂᆞ-ㄴ뎌'가 되고 형용사, 지정사 뒤에서는 '높-ᄋᆞᆫ뎌', 'ᄀᆞ룸-ㅣ-ㄴ뎌'가 된다. '헐니-'가 동사이므로 '헐니-ᄂᆞ-ㄴ뎌'가 되어야 하는데 그러기에는 음성 실현이 거리가 좀 있고, 의미상으로도 '헐어가는 것이

41 향찰 표기의 '齊'를 어떻게 읽어야 할지 아직 저자는 대안이 없다. 분명한 것은 '-져' 정도로 그냥 넘어갈 글자가 아니라는 것이다. 박영준(1994:64~67)은 '균여전'의 '보현십원가(普賢十願歌)' 가운데에서 '禮爲白齊[절ᄒᆞᅀᆞᆸ져]'('예경제불가'), '讚伊白制[기리ᅀᆞᆸ져]'('칭찬여래가'), '供爲白制[고조ᅀᆞᆸ져]'('광수공양가')의 '齊, 制'와 '계림유사(鷄林類事)'의 '寢曰 作之[자다]', '興曰 你之[닐다]' 등의 마지막 글자 之가 '-져'를 표기한 것으로 보고, 이것이 종결 어미일 가능성과 '소위 반말체 종결 어미 '*-져>-지'일 가능성'을 조심스럽게 제안하고 있다. 그러나 앞의 세 예는 청유형 어미 '-져'와 관련되고, 뒤의 두 예는 '之'가 한문 문법에서 문장이 종결되었음을 나타내고, 이두문에서 평서법 어미 '-다'를 나타내므로 이들이 반말체 종결 어미와 직결되기는 어렵다.

아닐까 한다'와는 거리가 있다. 의미상으로는 '헐어가는구나' 정도가 비교적 가깝다 할 것이다. '-(으)ㄴ뎌'에 대한 용례는 (52)이다.

(52) a. 싁싁ᄒᆞ야 ᄉᆞ랑ᄒᆞᄂᆞᆫ ᄃᆞᆺᄒᆞ며 말ᄉᆞᄆᆞᆯ 安定히 ᄒᆞ면 百姓을 便安케 ᄒᆞ린뎌[儼若思 安定辭 安民哉] <內訓1:7a>

b. 靈鷲엣 英을 ᄒᆞ오ᅀᅡ 드르시며 成麟홀 業을 ᄒᆞ오ᅀᅡ 맛ᄃᆞ시닌 오직 大師ㅣ신뎌[孤標靈鷲之英 獨自成麟之業者 其唯大師歟]] <永嘉序6a>

c. 壇經이 後人의 莭畧이 너무 하 六祖ㅅ 큰 오ᄋᆞᆫ ᄠᅳ들 보디 몯ᄒᆞᄂᆞᆫ뎌[壇經爲後人莭畧太多不見六祖] <六祖序7a>

접속 어미 '-오/우ᄃᆡ'는 의미상으로 거리가 있고, '-(으)ㄴ대'는 '齊' 앞에 /ㄴ/이 없다는 것이 결점이다. 그리고 이 '-(으)ㄴ대'는 동사 뒤에서는 '가-ᄂᆞ-ㄴ대', '오-ᄂᆞ-ㄴ대'처럼 '-ᄂᆞ-'를 앞세우고, 형용사, 지정사 뒤에서는 '높-ᄋᆞᆫ대', 'ᄀᆞᄅᆞ미-ㄴ-대'처럼 '-ᄂᆞ-'를 앞세우지 않는다. 여기서는 동사 뒤이므로 '헐니-ᄂᆞ-ㄴ대'가 되어야 하는데 역시 음성 실현이 거리가 좀 있다. 이 책에서는 감탄 의문 어미 '-(으)ㄴ뎌'나 접속 어미 '-(으)ㄴ대'를 후보로 생각하고 미결로 남긴다. (53)은 접속 어미 '-(으)ㄴ대'의 용례이다. 의미상으로는 '헐어가리니'에 가장 가깝다.

(53) a. 舍利弗이 젼ᄎᆞ 업시 우ᅀᅥ늘 須達이 무른대[時舍利弗欣然含笑 須達問曰] <釋詳6:35a>

b. 王이 盟誓ᄒᆞ야 드로리라 ᄒᆞ신대[王言 汝欲何願 理苟可從誓不相負] <月釋2:5b>

c. 天子ㅣ 브르신대 즉재 ᄇᆡ예 오ᄅᆞ디 몯ᄒᆞ고[天子呼來不上船] <杜詩15:41a>

⑥ 逢(烏支)

'逢[만날 봉]'은 현대 한국어로는 '만나-'이고 중세 한국어로는 (54)에서 보듯이 '맛보-'이다. 이 '맛보-'로부터 '만나-'에 이르는 통시적 발달 과정이 좀 복잡하다.

먼저 해독을 시도해 보기로 한다. '逢'자의 해독은 오히려 어렵지 않다. '逢'자에 대한 중세 한국어 단어는 아래 예에서 보듯이 '맛보-'이다. 이 '맛보-'는 '맞-(맞이할 邀, 맞을 迎)'과 '보-(볼 見)'으로 이루어졌다. 즉, '맞-보-'가 이른바 비통사적(asyntactic) 합성어를 이루고 있는 것이다.

(54) a. 願ᄒᆞᆫᄃᆞᆫ 우리 罪ᄅᆞᆯ 쇼ᄒᆞ샤 뎌와 겻구아 맛보게 ᄒᆞ쇼셔 <月釋 2:70b>

b. 모미 늙고 時節이 바ᄃᆞ라온 저긔 ᄂᆞ출 맛보고져 ᄉᆞ랑ᄒᆞ노니[身老時危思會面] <杜詩21:7b>

그런데 이 '맛보-' 대신에 '맞-'만으로도 비슷한 뜻을 나타내어, '마조'와 '나아', '맞-'이 함께 쓰인 예도 있다.

(55) 부톄 마조 나아 마ᄌᆞ샤 서르 고마ᄒᆞ야 드르샤 說法ᄒᆞ시니[佛往迎之與共承受說法] <釋詳6:12b>

그리고 '마조보-'가 다음과 같이 '만나-'의 뜻으로 사용되기도 한다.

(56) a. 大慈悲 鴛鴦鳥와 功德 닷ᄂᆞᆫ 내 몸이 正覺 나래 마조보리어다 <月釋8:87a>

b. 오ᄂᆞᆳ날 時節이 ᄆᆞᆯᄀᆞᆫ 두 셔욼 길헤 서르 마조보아 人情의 됴호ᄆᆞᆯ 심히 아노라[今日時淸兩京道 相逢苦覺人情好] <杜詩25:31b>

이로 보면 '맛보-'는 일단 '맞-보-'로서 '맞이하여 본다'는 의미이다. 그리하여 '逢'자에 대한 해독은 어려움 없이 해결된 것으로 보인다. 향찰을 중세 한국어로 해독하는 것은 일단 이 정도로 완성되는 것이다.

이에 비하여 해독하여 도달한 이 '맛보-'를 현대 한국어로 옮길 때에는 주의가 필요하다. '맛보-'를 현대 한국어로 옮기려 하는 순간 많은 생각이 따라온다. 외견상으로는 '만나-'로 하여도 그만일 것 같다. '만나-'는 '맞나-'의 후계형이다.

(57) 世尊을 맞나ᅀᆞᄫᆞ며 즘게 남기 들여늘 <月曲65b>

(57)에서 '맞-나'의 '맞-'은 '迎(영)'인데 '나-'가 무엇인지 알 수가 없다. 추정으로는 '맞-나-'의 '나-'는 '날 出(출)'(반대말 '드르샤(들-으시-아)'는 '들 入(입)')의 '나-'일 것 같은데 위 (55)의 '마조 나아 마ᄌᆞ샤'를 보면 '마조(마주)' '나가서(出)' '맞이한다(迎)'의 뜻이 된다. '맞나-'는 '맛나-'라는 이표기(異表記)로도 적힌다.

(58) a. 後에 二千億 부텨를 맛나ᅀᆞᄫᆞ니[得值二千億佛] <釋詳19:32b>
b. 이 ᄀᆞᆮᄒᆞᆫ 두 사ᄅᆞᄆᆞᆫ ᄒᆞ다가 맛나도 맛나미 아니며[如是二人 若逢不逢] <楞嚴5:85b>

그러다가 15세기 후반부터 자음접변이 표기에 반영되어 '만나-'로 적히기도 한다.[42]

42 이렇게 '맛나-'가 '만나-'로 적히는 것은 현재 한국어 음운사의 기술에 하나의 문제를 제기한다. 음절말 /ㅈ/의 /ㅅ/과의 중화(이것은 한국어사의 어느 시기에나 있을 것임을 모두 다 인정한다), 그 다음에 /ㅅ/과 /ㄷ/의 중화가 전제되어야 /ㄷ/이 /ㄴ/ 앞에서 비음성([+nasal])의 역행동화에 의하여 /ㄴ/으로 동화된다고 설명할 수 있다. 표기상으로는 8종성

(59) a. 오직 젹젹 ᄎᆞᆫ 추미 ᄒᆞᆫ 두 되 만나면 곧 슯슯ᄒᆞᄂᆞ니라[但微微冷涎出一二升便得醒醒] <救方上4b>

b. 다시 ᄇᆞᄅᆞᆷ앳 ᄒᆞᆰᄋᆞ로 더포ᄃᆡ 입과 눈과 만나게 ᄒᆞ면[更以壁土覆之止露口眼] <救簡1:69a>

c. 天下ㅣ 어즈러운 저글 만나 도ᄌᆞᆨᄃᆞᆯ히 모다 니러나거늘[遭天下亂盜賊並起] <飜小9:20a>

이상에서 본 대로 하면 '맛보-'는 '맞아 보-'인 것 같기도 하고, '마주 보-'인 것 같기도 하고, '만나-'인 것 같기도 하다. 그런데 '맛보-'를 '맞아 보-'와 '마주 보-'로 바꾸면 둘 사이에 약간의 미묘한 뉘앙스가 있는 것 같다. '맞이하여 보-'는 것은 '마주 보-'고 서 있는 것과는 다른 것이다. 그러나 그 둘은 뜻이 통하는 말이라 할 것이다.

그런데 '맛보-'를 '만나-'로 바꾸는 순간 '맞아 보-', '마주 보-'와 '만나-' 사이에는 뉘앙스 정도가 있는 것이 아니라 다른 뜻이 느껴진다. '맛보-'는 '맞아 보-'로 이해해도 좋고 '마주 보-'로 이해해도 좋다. 그러나 '맞아 보-', '마주 보-'와 '만나-'는 그렇게 쉽게 넘나들 수 있는 의미가 아니다. '맛보-'를 이 둘 가운데 어떤 뜻으로 이해할 것인가, 즉 '逢'을 '만날 逢'과 '맞을 逢' 사이에 어느 것으로 보는가가 이 노래의 의미 파악에 중요한 영향을 미친다(제3장 참고).

⑦ (哭屋)尸, (廻於)尸, (慕理)尸, (行乎)尸道尸, (宿)尸

'尸[주검 시]'는 주로 /ㄹ/을 나타낸다. 관형형 어미 '-(으)ㅭ'을 적는

에 드는 'ㅅ'과 'ㄷ'인데, 나중에 음소상으로는 /ㄷ/으로 발음하면서 표기상으로는 받침의 'ㄷ'을 없애고 'ㅅ'으로 적어 7종성 표기체계로 바뀌는 표기상의 시기와 실제 발음상의 /ㅅ/과 /ㄷ/이 중화되는 시기는 상당히 차이가 남을 보여 준다 할 것이다.

데 사용되고 /ㄹ/로 끝난 명사의 말음을 적기도 한다. '긿[路]'은 '모죽지랑가' 외에 '혜성가'에서도 '道尸 긿'로 쓰인 바 있다.

⑧ 慕理(尸)

'慕[그릴 모]'는 훈차자로서 어간 '그리-'를 적었고 '다스릴 理'는 음차자로서 '그리-'의 둘째 음절을 적었다.

(60) a. 내 님금 <u>그리샤</u> 後宮에 드르싫 제 하ᄂᆞᆳ 벼리 눈 ᄀᆞᆮ 디니이다.[我<u>思</u>我君 後宮是人 維時天星 散落如雪] <龍歌7:1a>

b. 부톄 여러 나라해 두루 ᄃᆞᆫ니샤 舍衛國에 오래 아니왯더시니 須達이 長常 <u>그리ᅀᆞᄫᅡ</u> 셜ᄫᅥᄒᆞ더니 <釋詳6:44a>

⑨ 心未

'心[마음 심]'은 훈차자로서 'ᄆᆞᅀᆞᆷ'을 적었다. '未[아닐 미]'는 여기서는 'ᄆᆞᅀᆞᆷ'의 말음 /ㅁ/과 속격 '-ᄋᆡ/의'를 합쳐 적은 것으로 '-ㅁ+ᄋᆡ'이다. 'ᄆᆞᅀᆞᆷ'이 사용된 예문들은 다음과 같다.

(61) a. 어드ᄫᅳᆫ ᄃᆡᆺ 衆生도 다 ᄇᆞᆯ고ᄆᆞᆯ 어더 <u>ᄆᆞᅀᆞᆷ</u> 조ᄎᆞ 이ᄅᆞᆯ ᄒᆞ긔 호리라 [幽冥衆生悉蒙開曉隨<u>意</u>所趣作諸事業] <釋詳9:4b-5a>

b. 오직 佛世尊이ᅀᅡ 能히 우리ᄃᆞᆯᄒᆡ 기픈 <u>ᄆᆞᅀᆞᄆᆡ</u> 本願을 아ᄅᆞ시ᄂᆞ니라[唯佛世尊能知我等深<u>心</u>本願] <月釋15:4a>

⑩ 蓬次叱

'蓬[쑥 봉]'은 중세 한국어로는 'ᄡᅮᆨ'이다. 그런데 '버금 차(次)'가 있어 /ㅈ/으로 끝난 '다보지>다봊'으로 보고(다북 쑥), 거기에 속격 '-ㅅ'을 적는 '叱[꾸짖을 질]'이 통합되어 '다보짓'을 적은 것으로 추정된다.

(62) a. ᄀᆞᄅᆞᇝ 서리예 누비옷 닙고 ᄠᅥᄃᆞᆫ니노니 서리와 눈괘 ᄂᆞᄂᆞᆫ <u>다보재</u> ᄀᆞᄃᆞᆨᄒᆞ도다.[江湖漂裋褐 霜雪滿飛<u>蓬</u>] <杜詩21:1b-2a>

b. 疎拙ᄒᆞᆫ 몸 養호매 <u>다보ᄌᆞ로</u> 입ᄒᆞᆯ ᄆᆡᇰᄀᆞ로니 아ᄉᆞ라ᄒᆞ니 어느 고ᄃᆞ로 열리오[養拙<u>蓬</u>爲戶 茫茫何所開] <杜詩3:36a-b>

c. 蒿 다복ᄡᅮᆨ 호, 蓬 다복ᄡᅮᆨ 봉 <訓蒙上5a>

⑪ 巷中

'巷[굴헝, 저잣거리 항]'으로 깊은 골짜기를 뜻한다. 중세 한국어에서 '굴헝'은 /ㅎ/ 종성 체언이 아니다. 그러므로 (2), (4) 해독의 '굴헝히'는 '굴허에'로 표기하는 것이 더 나을 것으로 보인다. ⑩의 '蓬次叱'과 합쳐서 '다북 쑥 우거진 깊은 골짜기'의 의미를 지닌다. (3) 해독에서는 '굴헝'에 관하여 길게 설명한 뒤에 그 부당함을 보이고, 'ᄆᆞᄉᆞᆯ'이 더 낫다고 결론짓고 있다(양주동(1942/1981:186~189)). '굴헝'과 'ᄆᆞᄉᆞᆯ' 가운데 어느 하나를 선택해야 한다면 '굴헝'이 나을 것이다. 그대를 그리는 마음이 갈 길은, 인가도 없는 산골짜기 구렁과 같은 험난한 여정도 있을 것이라고 해석하기 때문이다.

(63) a. <u>굴허에</u> ᄆᆞᄅᆞᆯ 디내샤 도ᄌᆞ기 다 도라가니 半 길 노ᄑᆞᆫᄃᆞᆯ 년기 디나리잇가[深<u>巷</u>過馬 賊皆回去 雖半身高 誰得能度] <龍歌6:46b>

b. 아랫 <u>굴헝은</u> 萬尋이 나ᄒᆞᆫ 두들기로소니 프른 믌겨리 해 ᄂᆞᆯ여 두의잇놋다.[下<u>塹</u>萬尋岸 蒼濤鬱飛翻] <杜詩6:48b>

c. 壑 굴헝 학 <訓蒙上2a>

'中[가운데 중]'은 처격 '-아ᄒᆡ>-애' 또는 '-어희>-에'를 적는 데에 사용되었는데 '汀理-也中[믈서리-여희]'('찬기파랑가'), '前-良中[앒-아ᄒᆡ]'('도천수관음가')로 적히기도 한다. 음차자로는 '辺希[ᄀᆞᇫ-애]'('헌화가'), '磧惡希[ᄌᆡ벽-ᄒᆡ]'('찬기파랑가'), '佛體前衣[부처 앒-ᄋᆡ]'('예경제불가')로 적힌 것이 있다.

(64) a. 周國 大王이 豳谷애 사ᄅᆞ샤 帝業을 여르시니[昔周大王 于豳斯依 于豳斯依 肇造丕基] <龍歌1:2a>

b. 우리 始祖ㅣ 慶興에 사ᄅᆞ샤 王業을 여르시니[今我始祖 慶興是宅 慶興是宅 肇開鴻業] <龍歌1:2a>

⑫ 夜音

'夜[밤 야]'는 훈차자로 '밤'을 적었다. '音[소리 음]'의 말음 /ㅁ/으로 '밤'의 말음 /ㅁ/을 적었다. 이를 흔히 말음 첨기(末音 添記)라고 부른다.

5. 요약

향찰 표기의 원리는 우리말의 실사[체언, 용언의 어간]은 한자의 뜻을 빌려 적고, 허사[조사와 어미]는 한자의 소리를 이용하여 적는 것이다. 일부 예외적인 표기가 없는 것은 아니지만 대체로는 이에 따른다. 해독은 이와는 역으로 실사 자리에 있는 한자는 뜻을 이용하여 옛 우리말을 살려 내고 허사 자리에 있는 한자는 소리를 이용하여 우리말 조사나 어미를 살려 내는 과정이다. 허사들을 적은 한자는 우리말의 어떤 문법 형태소를 적는 데는 어떤 한자를 사용한다는 것이 정해져 있을 정도로 체계적이다. 따라서 실사 자리에 온 한자를 음으로 읽을 경우 유의해야 하고, 허사 자리에 온 한자를 뜻으로 읽을 경우 마땅한 논리가 있어야 한다.

이 노래의 해독은 김완진(1979/1980, 1985, 2008)에서 거의 완성되었다. 현재의 국어학계의 연구 결과가 총망라된 이 해독에서도 해결되지 않은 문제는, 특별히 새로운 자료가 출현하지 않는 한 영원한 미궁으로 남을 가능성이 크다. 이에 비하여 1970년대 이전에 이루어진 해독들과 그에 토대를 둔 해독들은, 문법적으로 적절하지 않은 곳이 있으며, 어휘 추정과 음운 변화에서도 국어학의 상식으로는 이해하기 어려운 내용도 있다.

김완진(1985, 2008)의 수정을 반영하여 이 노래를 현대 한국어로 대략 옮기면 다음과 같아진다. 최종적으로 도달한 노래의 뜻을 이해하기에는 최종 수정안으로 읽는 것이 옳다. 그러나 수정 과정 자체가 사고의 발전을 반영하는 것이어서 처음(1980) 해독과 후(1985, 2008)의 해독을 모두 밝혀 두었다.

(65) 간 봄 {못 오리매(1980), 다 다스리매(2008)}
못 계시어 {우롤(1980), 울어마를(1985)} 이 시름
{ᄆᆞᄃᆞᆷ곳 ᄇᆞᆯ기시온(1980), 두덩따름 좋으신(1985)} 모습이
해를 헤아려 나아감에 따라 헐어 가리니
{눈의 돌림 없이(1980), 눈 안개 두름 없이(2008)} 저 분을
맞보기 어찌 일우리(잇고)
낭이여 그리워 할 마음의 (모습이) 갈 길
쑥대 우거진 구렁에서 잘 밤도 있으리(이다).

제3장
'모죽지랑가'는 언제 지어졌을까?

제3장
'모죽지랑가'는 언제 지어졌을까?

1. 노래의 성격 추정

'모죽지랑가'는 어떤 성격의 노래일까? 핵심 쟁점은 이 노래가 '살아 있는 죽지 장군을 사모하고 흠모하는 노래인가[죽지랑 생시 창작설]?', 아니면 '이승을 떠난 죽지 장군을 추모하고 애도하는 노래인가[죽지 장군 사후 창작설]?' 하는 것이다. 저자는 이 노래가 '돌아가신 죽지 장군을 추모하고 애도하는 노래'라고 해석한다. 나아가 죽지 장군 사후 초상 때나 소상(小祥) 때, 또는 그 사이의 어느 추모 의식에서 이 노래가 불리어졌을 것으로 추정한다.[43]

---

43 이 장은 서정목(2013c)와 관련된다. 저자는 서정목(2013a, b)을 통하여, 노래 내용을 보면 이 노래는 죽지 장군 생시에 지어진 것이 아니라 사후에 지어진 것이라고 주장하였다. 서정목(2013a)에서는 초상 후 2년 뒤 대상날 탈상재 때에 지어진 것으로 추정하였다가, 서정목(2013b)에서는 몇 가지 관련 기록에 대한 소략한 검토를 통하여 이 노래가 죽지 장군 사후 초상 때 장례 의식에서거나 또는 초상 후 2년 뒤 대상날 탈상재 때에 지어진

이렇게 추정하는 1차적 논거는 노래의 내용이다. 노래의 성격을 결정하는 가장 중요한 요소는 노래의 내용이다. 노래의 가사를 보고 그 노래의 내용을 아는 것, 그것이 노래의 성격을 결정하는 기본이다. 이 장에서는 노래의 내용을 정밀 검토하여 이 노래가 죽지 장군이 살아 있을 때의 노래가 아니고, 그의 사후의 노래라는 것을 증명한다. 노래의 내용은 그 노래를 적은 향찰을 해독해야 파악된다. 그러므로 해독을 우선적으로 존중하고, 그 해독에 따라 노래의 내용과 성격을 정해야 한다.

1970년대까지 이루어진 이 노래에 대한 연구들은 이 일을 거꾸로 한 것 같은 느낌을 준다. 배경 설화를 통하여 노래의 성격을 먼저 결정하고, 그 성격에 맞추어 내용을 정하고 그 내용에 따라 해독을 해 나간 것이다. 그러면 노래의 성격을 어떻게 규정하는가에 해독의 방향이 결정될 수밖에 없다. '삼국유사'의 배경 설화의 기록을 먼저 검토하고 그 기록에 맞추어 노래의 성격과 내용을 정하고 그 다음에 해독 작업이 이루어는 경우 이를 피할 수 없다.

2차적 논거는 노래가 지어진 시기와 관련되는 사건과 사항들이다. 사서(史書)의 기록 속에는 노래의 성격을 결정하는 단서가 들어 있다. 이 기록의 검토는 허황한 이야기인 것 같은 '삼국유사'의 설화와 '삼국사기'의 역사 기록을 조율하여 실제로 있었던 사실을 추정하는 작업이다. 서로 일치하지 않는 기록은 비교하여 차이가 난 까닭을 밝히고,

것으로 보았다. 이 글에서는 위 두 글에서 미처 접하지 못하고 논의하였던 김완진(2008)의 새 해독을 반영하고, 관련 기록에 대하여 정밀하게 검토한 후에, 우리의 전통 장례 의식에서 음악이 중요한 역할을 하였다는 것을 종합적으로 고려하여, '모죽지랑가'가 죽지 장군의 초상 때나 소상 때, 또는 그 사이 어느 추모 의식에서 불리어졌을 것으로 앞에서의 논의를 수정하고자 한다.

또 한쪽에는 있지만 다른 쪽에는 없는 내용은 주변적 상황을 숙고하여 그 기록이 그 시대 현실의 어떤 일을 반영하는 것인지 추정해 내어야 한다.

실제로 있었던 사실의 내용에 대한 거시적 정황 판단은 '삼국사기'에 의지한다. 그러나 개별 사건이나 인물에 관한 미시적 정보는 '삼국사기' '신라 본기'에는 없는 경우가 많다. 그러한 경우 '삼국사기' '열전'과 '삼국유사'의 기록을 이용할 수밖에 없다.[44] 사서의 기록과 실제로 있었다고 추정한 사실(史實)이 합치하고 그 합치되는 사실과 노래 내용, 성격이 부합하는 것으로 파악될 때 비로소 그 연구가 합리적으로 이루어졌다고 할 수 있다. 득오가 이 노래를 지은 시점을 결정하는 데에 핵심 근거가 되는 사건은 '익선의 죽지 장군 모욕 사건'이고, 관련 사건들은 '원측법사에 대한 승직 불수여'와 '조정 화주의 익선의 장남 치사 사건', 신문왕의 승하, 신목왕후의 승하, 효소왕의 승하 등이다. 이 사건들과 그 외의 관련 사항들이 이 노래의 내용, 성격, 창작 시기와 합리적으로 설명될 수 있는 종합적 스토리가 마련되어야 하는 것이다.

3차적 논거는 노래가 실려 있는 기록에 대한 정밀 검토 결과이다. 이 노래와 관련된 설화의 기록은 시대 순서가 바뀌어 있어서 기록을 면밀하게 검토하는 것이 노래 창작의 계기나 단서, 즉 노래의 성격을 결정짓는 데에 긴요한 일이 된다.[45] '삼국유사'의 배경 설화로부터 얻

44 2013년 10월 29일 서강대학교 언어정보연구소의 월례발표회에서 조범환 교수는 이 책에서 필사본 '화랑세기'의 기록에 대한 신뢰 정도가 사건에 따라 다르다는 지적을 하였다. 올바른 지적이다. 그렇지만 '삼국사기'나 '삼국유사'에서 얻을 수 있는 정보와 '화랑세기'의 정보가 차이 날 경우 전자에 의지할 수밖에 없고 전자에는 없고 '화랑세기'에만 유일하게 있는 정보의 경우 논지 전개에 꼭 필요하다면 보조적 논거로 활용할 수밖에 없었다. '죽지랑'과 '죽만랑'이 동일 인물인가 다른 인물인가 하는 문제에서 동일 인물이라고 보는 것은 '삼국유사'를 따른 것이고, '조정 화주'가 김오기의 부인 운명일 것이라는 추정은 '화랑세기'를 참고한 것이다.

어지는 사실에 노래의 가사 내용과 성격이 부합되어야 비로소 수긍할 수 있는 연구가 이루어졌다고 할 수 있다. 이 기록에서 가장 중요한 것은 '초득오곡모랑이작가왈(初得烏谷慕郎而作歌曰)'의 '初(초)'를 어떻게 해석하는가 하는 점과 '득오가 휴가를 갔는가 못 갔는가' 하는 점이다. 그런데 기록을 살펴보면 득오의 휴가는 허락되었고 그 설화 속에는 득오가 '눈 돌릴 만한 사이에 찾아뵙겠습니다.'라는 노래를 지을 만한 시점이 없다. 그리고 '初(초)'가 꼭 죽지 장군이 부산성으로 득오를 찾아간 시점이라고 할 필연적 근거도 없다. 그러면 '죽지랑 생시 창작설'은 성립할 수 없는 것이다.

부수적으로 저자가 생각하는 논거는 전통 장례 의식에서의 음악의 역할이다. '삼국사기' '열전'의 '해론', '흠운'조와 '김유신 하'의 기록에는 사람이 죽은 후에 노래를 부르고 취타대를 동원하여 장례를 치르고 조위를 표했다는 기록들이 있다. 이로 보아 '모죽지랑가'도 죽지 장군이 사망한 후에 장례를 치를 때 만가로 지어진 노래일 것이라는 추정을 하는 것이다.

이 노래가 '삼국유사' '기이편'에 실려 있는 것은 죽지 장군, 득오, 익선, 조정 화주, 효소왕, 원측법사 등이 등장하는 이 설화가 국가 흥망성쇠(興亡盛衰)와 관련되어 있기 때문이다. 신라 중대(中代), 즉 통일 신라 시대는 거시적으로 볼 때 681년 신문왕 즉위 시의 '김흠돌의 모반'으로 야기된 왕실의 화랑도 출신 귀족들에 대한 주륙, 축출이 신라

---

45 기록의 순서라 함은 단순하게 '익선의 죽지 장군 모욕 사건'과 '죽지랑 탄생 설화 및 일대기', 그리고 '노래를 지은 시기'가 바뀌어 있다는 것을 말한다. 당연히 태어난 것이 모욕을 입은 사건보다는 앞서야 하는데 이 '효소왕대 죽지랑' 조는 그것을 바꾸어 태어난 일을 더 뒤에 기록하였다. 그 다음 '노래를 지은 시기'는 두 가지 경우밖에 없다. '익선의 죽지 장군 모욕 사건'과 동시일지 또는 그 후일지만 밝히면 된다. 저자는 기록의 순서가 이렇게 되어 있는 것은 일연선사가 판단한 사건의 중요도와 관련된다고 본다.

귀족 사회의 분열의 원인이 되어 나라가 쇠락해 가고 있었다.[46] 그러나 미시적으로 볼 때 이 시기에 일어난 사건으로 국가 흥망성쇠와 관련지을 만한 구체적 사건은, 700년 5월 '이찬(伊湌)[2등 관위] 경영(慶永)의 모반'과 6월 1일의 신목왕후 승하 사건이 있고, 그로부터 2년 후 702년에 26세의 효소왕이 승하하고 오대산에 가 있던 효명(孝明)태자가 22세의 나이로 새로 왕위에 오르는 사건이 있다.[47]

저자는 이 불행한 사건이 이 설화와 관련이 있다고 보아, 이 설화의 주인공 죽지 장군이 이 시기 국인(國人)의 존숭을 받는 '할미꽃' 같은 노신(老臣)이었고, 그의 죽음과 그 죽음을 애도하는 이 노래가 많은 사람들의 심금(心琴)을 울려서 결국은 큰 정치적 변혁을 초래하였을 것이라는 생각에 도달하였다.[48] 저자는, '익선의 죽지 장군 모욕 사건'은 신문왕 즉위[681년] 초의 '김흠돌의 모반'으로 화랑도 출신 장군들의 일부가 권력을 상실한 때로부터 11년 후인 효소왕대 초[692년]에 일어난 일이고, 이 노래는 효소왕 후반기[만약 '경영의 모반'에 죽지 장군이 연루되었다면 그 시점일 가능성이 크다.]에 죽지 장군이 세상을 떠나고 난 뒤 초상 때의 장례 의식[700년경]에서거나 그로부터 1년

46 '삼국사기'의 곳곳에 나타나는 '모반(謀叛)'이라는 말은 매우 주의를 요하는 술어이다. 문자 그대로는 '반역을 꾀하다'이다. '반역을 모의하다'에 가깝다. 여러 '모반 사건'을 면밀히 검토해 보면, 첫째는 '비담의 난'과 같이 실제로 반란이 일어난 경우도 있고, 둘째는 반란 모의 단계에서 발각된 경우도 있고, 셋째는 반란의 기미도 없는데 진압하는 쪽에서 선수를 써서 모반하려 하였다고 덮어씌운 경우도 있다. '김흠돌의 모반'은 (북원(北原)[원주]의 '김오기 군대'가 진압군으로 출동한 것을 보면) '반란'이 아니라 실행되지 않은 둘째나 셋째 경우인 것으로 보인다. 상대방의 피해가 전혀 없다는 점도 그 방증이다. 이에 비하여 '경영의 모반'은 첫째에 가깝다. 이 반란으로 신목왕후가 시해되었을 가능성이 있고 그 2년 후 효소왕이 승하하였기 때문이다.

47 이 연대 추정은 서정목(2013b)에서 자세히 논의하였다.

48 여기서의 '할미꽃' 같은 신하는 '삼국사기', '열전', '설총' 조에서 볼 수 있는 설총이 신문왕에게 준 '花王戒(화왕계)'에서 원용한 것이다.

뒤의 소상 때의 추모 의식, 또는 그 사이의 어느 추모 기회에서 만가로 지어진 것이라고 생각한다.

2. 노래의 내용과 성격

이 노래의 성격을 결정하는 핵심적 시행(詩行)은 제3구, 제4구이다. 즉, 득오가 이 노래를 죽지 장군이 살아 있을 때 지었는지, 이 세상을 떠난 뒤에 지었는지를 결정하는 것은 제3구, 제4구의 두 구를 어떻게 해독하는가 하는 국어학의 문제이다.

다음의 예시에서 a는 오구라 신페이[小倉進平](1929)의 해독이고, b는 양주동(1942/1965/1981)의 해독이며, c는 김완진(1979/1980, 1985, 2008)의 해독이다.[49] 순서대로 각 시행의 해독에서 이 노래의 성격을 결정할 핵심적 쟁점이 되는 내용을 살펴보기로 한다. {A, B}는 처음에 A로 해독하였던 것을 나중에 B로 수정하였음을 나타낸다.

(제1구) 去隱春皆理米

a. 가ᄂᆞᆫ 봄이 다 다ᄉᆞ리매

b. 간 봄 그리매

c. 간 봄(1980) {몯 오리매(1980), 다 다ᄉᆞ리매(2008)}

49 왜 세 분의 해독만 검토하고 다른 분의 해독은 보지 않는가 물을 수 있다. 그 답은 저자에게는 그럴 시간적 여유가 없다는 것이다. 이와는 다른 해독을 남기신 많은 분들에게 죄송한 일이다.

제1구 a는 '去[갈 거]隱[숨을 은]'을 '가ᄂᆞᆫ'으로 하여 없는 '-ᄂᆞ-'를 넣었으나 불필요한 일이다. '-ᄂᆞ-'는 주로 '內[안 내]'로 적힌다. '春[봄 춘]'을 주어로 보고 있다. '皆[다 개]理[다스릴 리]米[쌀 미]'에서 훈독+훈독+음독하여 '완전히 지나갔다'는 의미의 '다 다ᄉᆞ리매'로 읽었다. '다 다ᄉᆞ리-'로부터 '완전 경과'와 같은 뜻이 어떻게 나오는지 설명이 안 되는 해독이다. '가ᄂᆞᆫ 봄 완전 경과하매'는 의미상으로 중복적 표현이다.

b에서는 '去隱'을 '간'으로 하여 '-ᄂᆞ-'를 없앴다. '皆[다 개]'를 음독하여 '그리-'라는 동사의 첫 음절 '그'를 적은 것으로 보고 있다. '개'와 '그' 사이의 음의 차이가 크다. '皆'가 '그'를 적었다고 하기 어렵다. 이 노래의 제7구에 나오는 '慕理尸心未[그릴 ᄆᆞᅀᆞᄆᆡ]'에 나오는 '그리-'의 향찰 표기는 '慕理-'로 되어 있다. '예경제불가(禮敬諸佛歌)'에서도 '그리ᄉᆞᆲ온[慕理白烏隱] 부텨'가 나온다. 실사(實辭)인 동사 어간이 모두 음차자로 적히는 것도 정상적인 것은 아니다. '봄'은 '그리-'의 목적어가 된다.

c의 '皆[다 개]'는 훈독이고 '다ᄉᆞ리-'도 훈독이며, '米'는 어미 '-(으)매'로 음독되었다. 실사는 훈독, 허사는 음독이라는 원칙에 어긋남이 없다.[50] 이 동사 '다ᄉᆞ리-'의 뜻에 대하여 김완진(2008:474)는 (1)과 같이 설명하고 있다.

(1) 봄이 다스려진다는 것은 무엇을 뜻하는가. 그것은 '整理되었다는 것', '구별되었다는 것', '우리 곁을 떠났다는 것'을 의미한다. '理'

50 1980년 해독은 '간 봄 몯 오리매'이었다. 이 해독에서는 '皆[다 개]'를 '모도 개'로 보아 '不來(불래)'를 의미하는 '몯 오-'의 두 형태소를 적은 것으로 보았다. 선어말 어미 '-(으)리-'가 이 자리에 온다는 것도 문제가 된다.

라는 글자가 '治', '納'에 이어 '翕', '殮', '柩'와도 뜻이 통함은 음미할 만한 일일 것이다.

멀어져간 '봄'이 단수형인가 아니면 의미상으로는 복수인가 하는 것을 부사 '다'와 함께 생각해 볼 수도 있겠으나, 여기서는 더 이상의 천착을 유보한다.

이 시구는 이제 '다ᄉᆞ리-ㅁ-애'로 명사형에 '-애'를 붙여 '상황 설정', '이유' 등을 나타내는 어미 '-매'를 만들어 낼 수 있는 모습을 갖추게 되었다. 그렇지만 '다 다ᄉᆞ리매'가 의미하고자 한 뜻이 잘 파악되지 않는다. (1)에 직접 인용한 설명에서도 역시 '정리되었다'로부터 '구별되었다', '우리 곁을 떠났다'로 가는 데에 비약이 없다고 말하기는 어렵다. '멀어져간 봄'이라고 함으로써 '봄'은 '다 다ᄉᆞ리-'의 주어가 되는데 그러면 '간 봄'에서의 '가-'와 '다ᄉᆞ리-'의 뜻이 중복된다. '간 봄이 {다 우리 곁을 떠났다, 멀어져갔다}'는 '가는 봄 완전 경과'와 마찬가지의 어려움에 부딪힌다. 자타겸용동사인 '다ᄉᆞᆯ-' 또는 '다ᄉᆞ리-'가 어느 용법인가에 따라 '간 봄'은 주어가 되거나 아니면 목적어로 해석된다. '간 봄이 우리 곁을 떠났다'는 적절한 의미를 전달할 수 있는 말이 아니다.

저자는 '다ᄉᆞ리-'는 타동사이며 '간 봄'은 목적어가 아니고 부사어인 것으로 본다. '다ᄉᆞ리-'의 목적어는 '간 봄'이 아니라 생략되어 있으며 '상(喪)' 정도의 의미를 가지는 것이다. 즉, '간 봄에 상을 다 다ᄉᆞ리-'와 같이 해석하는 것이다. 저자는 그 논문을 읽으면서 즉각 '치상(治喪)'이라는 단어를 떠올렸다. '치상지구(治喪之具)'는 '초상을 치르는 데 쓰는 기구'를 뜻한다. '다ᄉᆞ리-'는 '치상'이라는 한자어에서 그 뜻이 가장 잘 드러난다. 말 그대로 '상(喪)을 다스리다'는 뜻으로 장례 절차를 예법에 맞게 진행하는 것을 말한다. 원래 '理[옥 다듬을 리]'는 '일을 잘 처리한다'라는 것이 기본 의미이고, '治[다스릴 치]'도 이에 준한다. 흔히 '초상을 치르다'로 표현하는 '치르-'에 해당하는 말이 '다亽리-'이다. 이 구절은 '간 봄 다 다亽리매'로 해독하고 '지난 봄 초상을 치르매'로 직설적으로 이해할 수밖에 없다. '지난 봄(에) 장례 절차를 다 마쳤으므로'로 이해되어야 하는 구절인 것이다. 이 노래는 상(喪)과 관련된 노래일 가능성이 커졌다.

이제 '간 봄 다 다亽리매'는 전혀 새로운 모습으로 우리 앞에 나타난다. '간 봄 초상 치르매'의 뜻으로 다가오는 것이다. '간 봄 지나갔음에'도 아니고 '간 봄 그리워하매'도 아니고, '간 봄 몯 오리매'도 아니고, '간 봄 다亽리-ㅁ-애', 즉 '지난 봄(에) 초상 치르매'의 뜻을 가지는 말이 되는 것이다(제2장 참조).

저자의 해석으로는 '다스리다'는 '치상(治喪)'을 나타내는 말로 '초상을 치르다'에 가까운 의미를 나타낸다. 이 '다亽리-'가 '장례를 치르-', '초상을 치르-'의 '치르-'와 비슷한 의미의 '다스리-'라고 보면 '진도 다시래기' 등과 관련지어 생각해 볼 때 '초상을 치렀으므로'의 의미가 되므로 의미상으로도 적절한 해독에 이르렀다고 할 수 있다.[51]

51 서정목(2013a)는 '사후 2년이 지난 대상 날 탈상재 때'라고 보았다. 원고를 검토한 성호경 교수와 이호섭 선생은 초상 때일 가능성이 더 크다고 설득하였다. 그리하여 서정목(2013b)에서는 초상 때나 대상 날 탈상재로 수정하였다. 그러나 이제는 초상 때 또는 '간 봄'의 문자 그대로의 해석으로는 초상으로부터 1년, 즉 소상(小祥) 이내에 불리어진 만가일 수도 있다는 생각을 갖게 되었다. 김완진(2008)에서도 '다亽리-'로 봄으로써, 또 '눈 안개'를 도입함으로써 '영정 속의 모습'으로부터 '그대를 떠올리기 위한 눈 감음'의 경지로 옮겨갔다. 이제 '다亽리-'가 '치상(治喪)'과 연결되며 초상 때나 그 후의 추모 의식과 관련되어 '힉 혜나사감 헐니져'는 '영정 속의 모습이 헐어가는 것'이 아니라 '세월이 흘러감에 따라 헐어져 가리니'처럼 '기억 속의 그대의 모습이 날이 감에 따라 흐려져 갈 것'이라고 추정하여 읊고 있는 것으로 볼 수 있게 되었다.

제1구에서 생시의 노래인지, 사후의 노래인지를 결정할 관건은 ‘그리매’로 읽을 것인가 ‘다 다ᄉᆞ리매’로 읽을 것인가에 달려 있다. (b) 해독은 ‘생시’일 가능성이, (a, c) 해독은 ‘사후’일 가능성이 크다.

(제2구) 毛冬居叱沙哭屋尸以憂音

a. 모ᄃᆞᆫ 것이사 울오어 설음

b. 모ᄃᆞᆫ 것ᅀᅡ 울이 시름

c. 모ᄃᆞᆯ 기스샤(1980) {우ᄅᆞᆯ(1980), 울ᄆᆞᄅᆞᆯ(1985)} 이 시름(1980)

제2구 a는 ‘毛[터럭 모]冬[겨스 동]’을 ‘모ᄃᆞᆫ’이라는 관형어로 읽었다. 그러면 뒤에는 당연히 명사구가 오게 된다. 그리하여 ‘居叱沙’를 ‘형식 명사+지정사+강세첨사’로 이루어진 것으로 보아 ‘것-이-야’로 읽었다. 다섯 글자 모두 음독하였다고 할 수 있다. ‘哭屋尸’은 ‘哭[울 곡]屋[집 옥, ᄆᆞᄅᆞ 옥]尸[주검 시]以[써 이]’를 훈독+음독하여 ‘울오-어’로 읽었다. ‘尸[주검 시]’를 어떻게 처리하였는지 궁금하다. 마지막 ‘-어’는 ‘以[써 이]’와 관련된다. ‘以[뻐 이]’에 대하여 음독하여 ‘-어’라는 어미로 보고 있다. ‘울-어’의 어미 부분이라고 본 것이다. ‘憂[근심 우]音[소리 음]’은 ‘설음’으로 보았다. ‘울-오-어’와 ‘설음’의 통합이 부드럽지 않다. 현대 한국어로 ‘모든 것이야 울게 하여 설음’ 정도의 의미를 지닌다.

b에서는 ‘毛冬居叱沙’를 관형어 ‘모ᄃᆞᆫ’과 ‘형식 명사+강세첨사’로 보아 ‘것ᅀᅡ’로 해독하였다. 물론 완전히 음독한 것이다. ‘哭屋尸’에 대하여 ‘훈독+약음차(略音借)+ㄹ’로 보아 ‘우-ㄹ’로 읽었다. a, b 해독 모두 ‘屋(옥)’을 음독하였다는 점에서는 같다. ‘以[뻐 이]’에 대하여 음독하여 ‘-이’로 보아 부사형으로 만드는 어미라 하고 있다. ‘울-이’의 어미

부분이라고 본 것이다. '憂音'은 '시름'으로 발전하였다. 역시 '울-이'와 '시름'의 통합은 매끄럽지 않다.

c는 '毛冬'을 '모들'이라는 부정(否定) 부사 '몯'의 고대 어형으로 재구하여 읽었다. 그러면 그 뒤에 오는 말은 당연히 부사어에 의하여 한정되는 동사구가 와야 하고, '居叱'의 '居[살, 있을, 앉을 거]'를 훈독하여 뒤의 /ㅅ/을 나타낸 '叱'과 함께 '깃-[깃들-, 살-]'이라는 동사를 적었다고 보았다. '沙[모래 사]'의 '-샤'는 존경법의 '-(으)시-'+'-아'로 보았다. 존경법 '-(으)시-'는 주로 '賜[줄 사]'로 적히는데 여기서 '沙'로 적힌 것이 특이하다. '屋[집 옥, 므르 옥]'에 대하여 처음에는 음독하여 '-오-'로 보았으나 후에 '哭[울 곡]屋[집 옥, 므르 옥]尸[주검 시]'의 '屋(옥)'을 '므르'라는 중세 한국어 어형으로 훈독하여 '울-므르-'라는 비통사적 합성 동사로 보고 '尸'가 나타내는 관형형 어미 '-읈'과 합쳐 '울므릀'로 보았다. '以[뻐 이]'는 '以' 자체에도 '이'라는 뜻이 있지만, '此[이 차]'의 전와(轉訛) 가능성도 제시하고 관형어 '이'로 읽고 있다.

제2구에서 생시의 노래일지 사후의 노래일지를 결정하는 것은 '모든 것이야'로 해독할 것인지, '몯 살아계시어'로 해독할 것인지에 달려 있다. a, b 해독은 '생시'일 가능성이 크고, c 해독은 '사후'일 가능성이 크다. a, b 해독이 지니고 있는 단점은 쉽게 극복하기 어려운 것이다. c의 1980년 해독에는 몇 가지 문제점이 있었으나, 2008년 해독에서 그 문제점들이 다 해소되었다. 이제 이 노래는 상(喪), 초상이나 소상과 관련된 노래일 가능성이 커졌다.

(제3구) 阿冬音乃叱好<u>支</u>賜烏隱

a. 어듸매나를 됴화ᄒᆞ샤

b. 아름 나토샤온

c. {ᄆᆞᄃᆞᆷ곶 블기시온(1980), 두던ᄃᆞ롬곶 됴ᄒᆞ시온(1985)}

제3구 a는 '阿冬音乃叱'을 음독하여 '어듸매나ᄅᆞᆯ'로 읽었다. '叱[꾸짖을 질]'은 '-ㅅ'을 적는 데 주로 사용되어 대격을 적었을 가능성이 없다. 대격 '-을'은 주로 '肹[웃음소리 힐]'로 적힌다. 이 해독은 '어듸매나'가 죽지 장군이 생존했을 때 '좋아하신=꿈꾼', '이상향(理想鄕)'이라고 본다면 상당히 매력적인 해독이지만 이 다섯 글자가 모두 음독되어 '어듸매나'로 읽히기는 어렵다. 중세 한국어 단계에서 '어듸'가 의문사가 아니고 부정사적인 용법을 보이는 것은 찾기 어렵다. '아모 ᄃᆡ'로 표현하는 것이 일반적이다. '好[둏을 호]'와 '攴'은 ('攴'으로 보면 [두드릴 복], '支'로 보면 [가지 지, 음은 지, 기, 디, 히 등]) 훈독+음독하여 '됴화ᄒᆞ(좋아하-)'라는 동사를 적은 것으로 보았다. '賜烏隱'은 존경법 '-(으)시-', 의도법 '-오/우-', 관형형 어미 '-(으)ㄴ'으로 읽었다. 선어말 어미와 어말 어미는 정확하게 중세 한국어와 일치하게 읽었다. 다만 관형절이 두 가지가 있어 '-오/우-'가 들어간 것과 그렇지 않은 것이 수식 받는 명사구가 의미상의 목적어인가 주어인가의 차이가 있는 것까지는 반영되지 않았다. '-(으)시-'는 '-오/우-' 대신에 '-아-'를 선택한다는 점도 고려할 필요가 있으나 향찰이 그렇게까지 정교한 표기법은 못 된다. '어듸매나ᄅᆞᆯ'을 '어딘가를'로 보고 '됴화ᄒᆞ샨'을 '좋아하신'으로 보면 젊은 시절의 죽지랑을 대상으로 읊은 것이라 볼 수 있다.

b는 '阿冬音'을 '아ᄅᆞᆷ답-'의 어근 '아ᄅᆞᆷ'을 적었다고 보았다. 모두 음독되어 있다. 실사를 적은 글자들 모두를 음독한 것은 문제가 될 수 있다. '乃叱-好-攴-賜-烏-隱'을 '나토샨'을 적었다고 보았다. 이 해독에서는 '攴/支'이 무시되어 있다. 그리하여 '阿冬音[아ᄅᆞᆷ](아름다움)'을 '乃叱-好-(攴)-賜-烏-隱[나토샨](나타내신)'으로 파악한 것이다. '낟호-'

라는 타동사가 목적어 '아름'을 거느리고 있는 통사 구조가 된다. 자동사 '낟-'을 적었다고 하는 '乃[이에 내]叱[꾸짖을 질]-'의 실사 부분이 음독자인 것이 이상하고, 그 동사의 마지막 음소 /ㄷ/을 적기 위하여 /ㅅ/을 적는 '叱'을 쓴 것도 정상은 아니다.[52] '好[됴흘 호]'를 음독하여 사동화 접미사 '-호-'를 적은 글자로 보았다. '-호-'의 /ㅎ/과 그 앞의 /ㅅ/이 중화된 /ㄷ/이 만나서 /ㅌ/이 된다는 것은 성립하기 어려운 설명이다. '乃叱好'가 동사 '낟호-'를 적었을 가능성은 거의 없다. 가장 큰 문제는 '支' 또는 '攴'자를 무시하고 있다는 점이다. 이 해독은 '攴'자를 항상 '기, 지, 디, 히 등등'으로 읽는데 그것을 반영하면 '乃叱-好-支-賜-烏-隱'은 '[나토샨](나타내신)'이 아니라 '나토기샨'이 되어야 할 것이다. 그러므로 '나토샨'이란 해독은 성립할 수 없는 해독이다.

중세 한국어에서 '나토-'의 용례를 보면 (2)와 같다.

(2) a. 그저 더러ᄫᅳᆫ 거긔셔 微妙ᄒᆞᆫ 法을 나토며 一乘이라 ᄒᆞᆫ 거슨 三乘ᄋᆞᆯ 여희여 ᄇᆞ리고 <釋詳13:33b>
b. 이ᄂᆞᆫ 佛子ᄃᆞᆯ히 根機 니군 고ᄃᆞᆯ 보시고 眞實ㅅ 一乘ᄋᆞᆯ 나토오리라 ᄒᆞ시논 ᄠᅳ디라 <釋詳13:60b>

이와 관련하여 '찬기파랑가(讚耆婆郞歌)' 제2구에는 양주동(1942/1965/1981)의 해독을 따른다면, 같은 '나토-' 동사이라고 본 '나토얀'을 적은 차자 표기가 '露曉邪隱'으로 되어 있다. 하나의 동사를 '露[드러날 로,

52 '훈민정음(訓民正音)' '해례' '종성해'가 명언(明言)한 대로 '然(연)ㄱㆁㄷㄴㅂㅁㅅㄹ 八字可足用也(팔자가족용야)'에서 보듯이 /ㅅ/과 /ㄷ/이 음절말에서 구분되던 것이 중화되어 종성(終聲)이 일곱으로 줄어들어 /ㄷ/이 /ㅅ/으로 적히는 것은 16세기말에서 나타나 근대 한국어에서 일반화된 현상이다. 그러므로 '낟-'이라는 동사의 말음이 /ㅅ/으로 적힐 수는 없다. 거꾸로 향찰 표기의 '叱'은 항상 /ㅅ/을 적은 것이지 /ㄷ/을 적는 법이 없다.

이슬 로]-曉[밝을 효, 새벽 효]-邪-'로 한자의 훈을 빌려 적기도 하고 '乃叱(낫)-好(호)-支-'으로 한자의 음을 빌려 적기도 하는 것은 가능한 일이다. 그런데 '낟-호-이-아-ㄴ'으로 분석되는 이 어형은 '낟(어근, 자동사 出)-호(사동 접미사)-이(피동 접미사)-아(선어말 어미 '-오/우-'의 변이 형태)-ㄴ(관형형 어미)'이 될 것이다. 결국 존경법의 '-(으)시-'를 제외하고 나면 '乃叱好支烏隱[낫호기온]'과 '露曉邪隱[나토이안]'으로 되는데, 여기서 자동사 '낟-'에 사동 접미사 '-호-'를 붙여 타동사 '낟호-'를 파생시키고, 다시 이 '낟호-'를 어근으로 하여 피동 접미사 '-기-'나 '-이-'를 붙여 피동사로 만들어 그것을 자동사로 사용하였다는 어려운 문법 설명이 따라오게 된다. '支'가 무시된 이유는 피동사가 아니고 타동사가 되어야 '아름'을 목적어로 가질 수 있기 때문일 것이다.

자동사를 타동사로 파생시키고, 다시 타동사를 피동사로 파생시켜 자동사적 용법으로 쓴다는 것이 불가능한 일은 아니다. (3a)의 자동사 '날-'에 사동 접미사 '-리-'를 붙여 (3b)의 '날리-'라는 타동사를 만들고 다시 '-이-'를 붙여 (3c)의 '날리이-'와 같은 피동화된 자동사를 파생시키는 절차가 한국어에 없는 것은 아니다. 그러나 이 경우 마지막 파생된 동사 '날리이다/날리다'는 단순한 자동사가 아니라 피동사의 의미를 지니고 있다. 그리고 그 앞 파생 단계에서 '날리-'는 완벽하게 타동사로서 기능하고 있다.

(3) a. 새가 날[飛]-고 있다.
b. 유곤이가 연을 날리-고 있다.
c. 먼지가 바람에 날리이-고 있다.

그러나 이러한 설명이 '나타나다'라는 동사에는 적절하게 적용되지 않는다. 그 해독을 따른다고 할 경우, '(구름을) 열치며 나타난 달이'로 해석되는 그 구절의 '나토얀'은 자동사 '날 出' 하나로 충분한 '난 달'로 끝날 자리이다.['월출동령(月出東嶺)'을 참고.] '(하늘이) 달을 나토다.'라고 보아야 할 '나토-'라는 타동사 단계를 상정할 수 없고, 최종 파생인 '나토이-'가 '○○에 의하여 달이 나토이다.'라는 피동사의 의미를 가진 자동사로 해석될 수 있는 자리가 아닌 것이다.53

c의 1985년 해독은 '阿[두던, 언덕 아]'를 '阿'의 훈 '두던'을 이용하여 '눈두덩, 볼두덩'의 '두덩'처럼 얼굴의 볼록 나온 부위를 나타낸다고 보았다.54 논란의 여지가 있다. '阿[두던 아, 언덕 아]'의 고대 한어(漢語)에서의 뜻과 그 뜻에 해당하는 신라 시대 고유어를 알아야 하는 난제이다. '冬音'은 '冬[겨스 동]音[소ᄅᆡ 음]'을 'ᄃᆞᄅᆞᆷ'으로 음독하였다. '乃[사내, 이에 내]'와 '叱[ᄭᅮ짖을 질]'을 [-곳]이라는 첨사로 읽었다. 그 뒤의 '好攴賜烏隱[됴ᄒᆞ시온]'은 훈독한 형용사 '둏-'과 앞 말을 훈독하라는 지정 문자 '攴(복)', 존경법의 '-(ᄋᆞ)시-', 선어말 어미 '-아-, -오/우-', 그리고 관형형 어미 '-(ᄋᆞ)ㄴ'으로 읽은 것이다.55 이렇게 해독할 경우 얻게 되는 현대 한국어의 의미는 '(볼, 눈) 두덩뿐 좋으신' 정도이다.

이상에서 '아ᄅᆞᆷ 나토샨'이란 해독은 그 논거가 부실하여 성립하기 어려움을 알 수 있다. '지난 젊은 날 잘 생긴 (죽지랑의 모습)'이라는

---

53 김완진(1980)이 '찬기파랑가'의 제2구를 '이슬 발갼 ᄃᆞ라리'라고 '이슬 로(露)', '밝을 효(曉)'로 훈독 중심으로 간 까닭이 여기에 있을 것이다.

54 김완진(1980:60)에서는 'ᄆᆞᄃᆞᆷ'이라 해독하였다. '阿(아)'의 의미를 '阿(아), 邸也(저야)'에 求(구)하고 중세어(中世語)에 문증(文證)된 'ᄆᆞᄅᆞᆷ'과 연결시킨다고 하고 주(注)에서 이두(吏讀)의 '舍音=ᄆᆞᄅᆞᆷ', '월인석보[(月印釋譜), 1459년 간행]'(21:92)에서 '장(莊)'을 'ᄆᆞᄅᆞᆷ'이라 한 것을 들고 있다. 요컨대 '전각' 같은 것을 염두에 두었던 것이다.

55 김완진(1980)에서는 'ᄇᆞᆰ히시온'으로 보았다. '호'가 '좋아하-'의 뜻이고 현대 한국어에서 '좋아하-'를 '밝히-'로 표현하는 경우가 있는 것을 원용하였다. 여기서의 의미는 '阿冬音乃叱'과 합칠 때 '전각만을 (환하게) 밝히신[明] 정도의 의미이다.

내용이 노래 속에 없는 것이다. 노래 속에 있는 것은, '두던ᄃᆞᄅᆞᆷ곳 됴ᄒᆞ샨' 정도로 해독할 수 있는 난해한 시행 하나뿐이다. 이제 이 노래가 '죽지랑 생시'에 지어졌는지 '사후'에 지어졌는지는 미궁에 빠지고 말았다.

(제4구) 皃史年數就音墮支行齊

a. 짓 年數 닐움에 뻐러뎌 녀져

b. 즈ᅀᅵ 살쯤 디니져

c. 즈ᅀᅵ ᄒᆡ 혜나삼 헐니져(1980)

제4구 a에서 '皃[얼굴 모]'는 '짓'으로 훈독되고 '史'는 /ㅅ/을 적은 것으로 보았다. '년수(年數)'는 한자어로 그대로 두었고 '취음(就音)'은 '닐움[성취]'의 뜻으로 본 것 같아 '훈독+음독'한 것이다. '타복(墮支)'은 '뻐러뎌-'로 훈독하고 '행제(行齊)'는 '녀져'로 훈독+음독하였다. '모습이 햇수를 이룸에 떨어져 가져' 정도로 해석된다. '뻐러디-[落]'가 핵심인데 '사람의 모습이 세월이 흐름에 따라 떨어진다'는 것이 문맥상으로 의미를 갖기가 어렵다.

b의 'ᄌᆞᅀᅵ'는 주격형인 'ᄌᆞᇫ+ㅣ'로 적절한 해독이라 할 수 있다. 이 문장의 주어이다. '살쯤[年數]'은 '년수(年數)'가 나이를 나타내는 것으로 보아 한 살, 두 살의 '살'로 훈독하고 '취음(就音)'을 음독하여 '쯤'으로 읽어서 '살쯤'이 나온 것이다. '주름살'을 뜻한다고 설명하였으나 납득하기 어렵다. '墮支行齊[디니져]'는 '支'을 제외하고 '墮'를 '디-'로 훈독하고, '行'을 '니-'로 읽어 '디니-[디닐 持]'라는 하나의 동사를 적었다고 보았다.[56] 그런데 여기서도 공교롭게 '支'자를 읽지 않았다. 이를 살려 넣어 해독하면 '墮支行齊'는 '디지니져' 비슷하게 될 것이다. 그러

면 '디니-'라는 동사가 사라지고 만다. 이제 이 시행에서 '주름살'과 '디니다', 즉, '주름살을 지니셨구려'라는 구절의 목적어 '주름살'과 동사 '디니-'는 가공의 것으로 실재하지 않는 것이 된다. '젊은 날 아름답던 모습'이 '주름살을 지닌 노쇠한 모습'으로 바뀌었음을 그리고 있다는 b 해독의 '죽지랑 생시 창작설'은 성립할 수 없는 가설임이 드러났다.

c는 '年'을 'ᄒᆡ'로 훈독하고 '數'를 훈독하여 '혜-'로 읽었다. '就[나ᅀᅡ갈 취]'를 훈독하여 '나ᅀᅡ가-'로 보고 '音'을 음독하여 '-ㅁ'으로 읽었다. 'ᄒᆡ 혜 나ᅀᅡ감'이 된다. 지속태라 한 '-ㅁ'이 특이하다. '햇수를 세어 나아감에' 정도로 해석된다. '墮[헐 타]'는 지정문자 '支'의 지정에 따라 훈독하여 '헐-'로 보고 '行[닐 행]'은 '니-'로 보아 비통사적 합성동사 '헐니-'를 상정하여 '영정 속의 죽지 장군의 모습'이 '헐어가-'의 뜻으로 해석하였다. 이 '모습'은 2008년 해독에서 손대지 않았지만 '皆理米'와 '目煙廻於尸七史'가 '다 다ᄉᆞ리매'와 '눈ᄂᆡ 도롫 업시'로 바뀜으로써 이 '모습'도 '눈 감으면 떠오르는 돌아가신 그분의 모습'으로 해석된다.[57] 어미 '齊[-져]'는 현재의 국어학계의 지식으로는 해독할 수 없다. 다만 문맥의 의미상 청유형 어미 '-져'가 아닌 것은 확실하다.[58]

---

56 '찬기파랑가'의 제7구는 '디니-'라는 동사를 '持以支如賜烏隱[디니더시온]'으로 '持[지닐 지]'를 이용하여 적고 있다.

57 이 모습이 '영정(影幀) 속의 모습'이라는 것이 김완진(1979/1980, 1985) 해독의 특징이다. 그러나 사람의 모습을 꼭 영정 속에서만 찾을 것은 아니다. 산 자의 기억 속에 남은 죽은 자의 모습도 세월이 가면 흐려져서 어렴풋해지고 드디어는 잊혀지는 것, 저자는 오랫동안 '우리들 기억 속의 그 분의 모습이 흐려져 사라져간다.'를 생각하고 있었다. 이제 2008년의 새 해독은 이러한 해석으로 갈 수 있는 길을 열고 있다.

58 의미상으로 가장 적절한 것은 '-(은)ㄴ대'와 관련되는 접속 어미거나 '-리니' 정도의 어미이다. 감탄 의문형 어미 '-(으)ㄴ뎌'('-이지 않은가')도 좋은 후보의 하나이다. 저자는 의미상으로 '-(으)ㄴ대', '-(으)리니'라고 본다.

이제 이 노래 속에 ‘아름다움을 나타내셨던 모습이 주름살을 지니셨구려.’와 같은 내용은 없다. 이로써 ‘젊은 날 아름다움을 지녔던 모습’이 ‘주름살을 지닌 노쇠한 모습’으로 바뀌었음을 그리고 있다는 ‘죽지랑 생시’ 창작 가설은 성립할 수 없음이 드러났다. 향찰에 대한 정치한 해독은 제3구와 제4구의 두 시행(詩行)이 ‘○○이 좋으신 모습이 세월이 감에 따라 ○○ 가리니’ 정도로 이해되어야 함을 보여 주는 것이다.

(제5구) 目煙迴於尸七史伊衣

a. 目煙 멀 ᄉᆞᅀᅵ예

b. 눈 돌칠 ᄉᆞ이예

c. {누늬 도ᄅᆞᆰ(1980), 누ᇇᄂᆡ 도ᄅᆞᇙ(2008)} 업시 뎌옷(1980)

제5구 a에서 ‘目煙(목연)’은 정확하게 어떤 의미인지 알 수 없고, ‘멀’은 ‘迴[돌 회]’를 ‘逈[멀 형]’으로 읽은 것이다. ‘눈이 ᄂᆡ[눈물?]로 멀 사이’라고 이해한다면, 제6구 a의 ‘맛나오어 지ᅀᅳ오이리[만나 이루리라]’와 어울려서 ‘만나기’를 기약하므로, 득오가 ‘죽은 후에 저승에 가서 만나자.’고 한 것이 아닌 한, 죽지랑 생시에 지어진 것으로 해석된다. 그리고 제3구 a에서처럼 ‘어딘가를’ ‘좋아하신’으로 보면, 제4구 a의 ‘모습이 햇수가 닐움(?)에 떨어져 녀져’라고 함으로써 ‘젊은 날 이상향을 그리워하던 죽지랑의 모습이 노쇠해져서 떨어진 모습’으로 된 것을 묘사하였다고 볼 수 있다. 그렇지만 이 해독은 ‘멀’과 ‘ᄉᆞᅀᅵ’ 때문에 성립하기가 어렵다.

b는 ‘눈[目煙] 돌칠[迴於尸七] ᄉᆞ이예[史伊衣]’로 읽었다. 이 제5구 b를 제6구 b의 ‘맛보ᅀᆞᆸ디 지소리’와 연결시키면 ‘눈 깜짝할 사이에 만나 뵙기 이루겠습니다.’는 뜻이 된다. ‘煙[내 연]’은 ‘눈’의 말음 /ㄴ/을 적은

것으로 보았다. ‘廻[돌 회]’는 ‘도-ㄹ’로 훈독, ‘七[닐굽 칠]’은 음으로 읽었다. ‘눈 깜짝할 사이’처럼 짧은 순간을 뜻한다. 6번째 글자를 ‘七’로 보아 ‘돌칠[廻於尸七]’의 ‘칠’을 적은 것으로 보았다. ‘돌치-’라는 동사는 현대 한국어의 ‘돌이키-’와 관련되는 것으로 ‘회고(回顧)’를 의미하는데, 여기서는 ‘돌리-’의 뜻으로 해석되어야 하므로 ‘돌이키-’가 적절한 어형이라 하기 어렵다. ‘廻於尸七’은 ‘돌읈칠’이 된다. 관형형 어미 ‘-(으)ㅭ’을 적는 ‘시(尸)’가 먼저 나오고 ‘七’이 나오므로 이 ‘七’이 ‘돌치-’라는 동사의 일부를 적은 것으로 보기 어렵다. ‘돌칠’이 되려면 통사론적으로 ‘廻七於尸[돌치-오-ㅭ]로 적혀야 한다. ‘廻於尸七’이 ‘돌칠’을 적었다고 볼 수 없다. ‘사이’는 중세 한국어에서 ‘ᄉᆞᅀᅵ’이므로 신라 시대에 ‘ᄉᆞ이’이기 어렵다. /ㅿ/ 나아가 신라 시대에는 /ㅅ/이었을 수도 있는 음을 포함하는 ‘ᅀᅵ’를 ‘伊[그 이, 뎌 이]’로 적을 수는 없다. 결과적으로 이 노래 속에는 ‘눈 돌칠 사이예’가 없다. b 해독은 ‘아ᄅᆞᆷ, 나토샤, 살쯈, 디니-, 돌칠 사이, 맛보ᄋᆞᆸ디’ 등에 기대어 ‘연로한 죽지랑의 모습, 주름살 지녔는데, 눈 돌칠 사이에 만나기 이루겠다.’는 내용으로 해석하여 ‘죽지랑 생시의 노래’라 하였다. 그러나 이 중요한 핵심어들이 모두 해독상으로 상당한 문제점을 안고 있는 것이다.

c는 ‘눈 내(눈 안개) 두름 없이 저 분을’ 정도의 뜻이 된다.[59] ‘눈 내’는 ‘돌-ᄋᆞ-ㅭ’의 목적어가 된다. 저자는 이 해독의 의미를 ‘돌아가신 죽지

59 처음 해독(1980)에서는 ‘目[눈 목]煙[ᄂᆡ 연]’을 각각 훈독하여 ‘눈’과 연기를 뜻하는 ‘ᄂᆡ’로 해독하였다. ‘누늬’에서 ‘-의’는 관형절, 명사절의 주어가 속격 ‘-ᄋᆡ/의’로 실현되는 것이 일반적인, 중세 한국어의 통사 구조상의 특징이 고대 한국어에도 있었음을 보여준다고 하였다. ‘廻[머리를 돌릴 회]於[어조사 어]尸[주검 시]’를 ‘돌-아-ㅭ’로 하여 ‘동사-선어말 어미 ‘-아-’-어말 어미 ‘-(으)ㅭ’의 구조로 보고 관형형 어미가 명사적 용법을 지니기도 했던 중세 한국어의 통사적 특성을 살려 ‘눈의 도랋’로 해독하였다. 이 경우 ‘도랋’의 선어말 어미 ‘-아-’가 문제가 된다. 중세 한국어 어형으로라면 ‘돌-오-ㅭ’이 된다. 새 해독의 ‘ᄂᆡ내[煙]’은 명사이다.

장군의 모습을 눈을 감으며 떠올려 보는', 다시 말하여 '이미 저승으로 간 그대의 모습을 눈을 감고서 떠올리는 회상의 동작' 같은 것으로 파악한다. 주목되는 점은 '廻於尸七'의 해독이 1980년의 '돌-아-ㄹㆆ'로부터 2008년에는 '돌-ᄋᆞ-ㄹㆆ'로 수정된 점이다. 1980년의 해독은 '돌-아-ㄹㆆ'이 자동사가 되어 '눈이 스스로 돌아간다.'로 된다. 그러나 의미상으로는 '눈을 돌림 업시'로 해석되므로 '돌-'이 타동사가 되어야 한다. '돌-'을 타동사로 하기 위해서는 사동사화 접미사를 결합시켜 파생시키는 과정이 필요하다. 사동사화 접미사 가운데 '-ᄋᆞ-'는 '살-', '일-', '돌-' 등의 어근에 결합하여 '-이-'가 결합된 파생 동사와는 의미가 다른 사동사를 파생시킨다. '-이-'가 붙은 사동사가 간접 사동에 가깝다면 '-ᄋᆞ-'가 결합된 사동사는 직접 사동에 가깝다.[60] 이 수정으로 이 구절의 해독은 이제 문법적으로는 문제가 없는 해독이 되었다. 1980년 해독에서 6번째 글자를 '七(칠)'이 아닌 '无[없을 무](또는 亡[없을 무, 죽을 망])'으로 보아 '무사(无史 또는 亡史)'를 '업시'로 해독하였다. 문장 구조상으로는 여기까지가 부사어절이 되어 '뎌옷 맛보기'를 목적어로 하는 다음 구의 서술어 '엇디 일우아리'를 수식하는 구조가 된다. '伊[뎌 이]衣[옷 의]'를 대명사 '뎌'와 첨사 '-곳'의 변이 형태 '-옷[衣]'을 적은 것으로 보아 '뎌옷'으로 읽고 죽지 장군의 모습을 가리킨다고 보았다.

그런데 1980년 해독과 2008년 해독 사이에 상당한 의미상의 거리가 있다. 처음 해독이 '눈을 돌리지 않고는 저 분을 마주하기 어렵다.'는 의미를 가지는 데 비하여, 후의 해독은 '눈 안개를 두름 업시 저 분을

60 '살-이-'는 '어떤 곳에 살게 함', '살-ᄋᆞ-'는 '목숨을 살림'을 의미하고, '일-우-'는 성취를 '일-ᄋᆞ-'는 탑이나 집을 일으키는 것을 의미하였다. '돌-이-'와 '돌-ᄋᆞ-'의 관계도 그와 같아서 '돌-이-'는 '돌게 하는 것', '돌-ᄋᆞ-'는 '돌-리-' 정도의 의미를 지니는 것으로 보인다(이기문(1972:149~150)).

마주하기 어렵다.'가 된다. 전자에서는 '눈 앞에 있는 영정 속의 저 분을 차마 마주하기 어렵다.'는 의미가 나오는 데 비하여, 후자에서는 '눈 앞에 없는 저 분을 눈을 감으면서 떠올리는' 이미지가 형성된다. '눈 앞에 두고도 차마 마주 하지 못하는 저 분'과 '눈 앞에 없지만 눈 감으면 떠오르는 저 분'은 가까운 의미가 아니다. 대척적인 의미로 받아들일 수도 있는 표현이다.

이 시구가 탐욕이 부른 비운의 정치적 현실에서 불우한 만년을 보내고 쓸쓸히 이승을 떠나간 양장(良將) 죽지 장군을 추모하는 구절이라면, 그리고 그 모습을 '영정 속의 모습'이라고 묶어 두는 처음 해독[1980]에서라면 '눈을 돌리지 않고는 차마 마주 할 수 없다.'는 쪽이 더 시적이라는 느낌이 드는 것도 사실이다.

그러나 이제 '그 모습'은 '눈을 감으면 떠오르는 시적 화자의 기억 속의 모습'이 되었다. 2008년 해독에서는 눈 앞에 보이는 '영정 속의 모습'이 아니라, 보이지 않는 모습을 떠올리기 위하여 '망막에 눈 안개를 두르는 과정'이 상정되고 있다. 그 앞에는 '두덩이 좋으신 모습이 해를 헤아려 나아감에 따라 헐어져 가리니'라는 구절이 있는 것이다. '영정 속의 모습이 헐어져 가는 것'이 아니라면, 이제 '눈 앞에 없는 모습이 헐어져 간다.'는 것은 무엇을 의미할 것인가? 그것은 죽음 직후 지금은 '눈만 감으면' 생생히 떠오르는 그대의 모습이 '해를 헤아려 나아감에 따라 우리의 기억에서 흐릿하게 헐어져 가리라.'라는 추정의 세계로 우리를 이끌어 가고 있다.

(제6구) 逢烏支惡知作乎下是

a. 맛나오어 지스오이리

b. 맛보ᄋᆞᆸ디 지소리

c. 맛보기 엇디 일오아리(1980)

제6구 a는 '맛나오어 지ᅀᅳ오이리(만나 이루리라)'고 함으로써 살아 있는 죽지 장군과 만나는 것을 뜻하고 있다. '-오어'는 중세 한국어의 지식으로는 납득할 수 없는 어미 형식이다.

b의 '맛보ᄋᆞᆸ디(만나옵기)'는 '逢[맛보-]'을 훈독하고 그 외는 모두 음독한 것이다. '惡'으로 '-ᄋᆞᆸ-'을 적었다고 보았다. '-ᄋᆞᆸ-'의 변이 형태는 중세 한국어에서 '-ᄉᆞᆸ/ᅀᆞᆸ/ᄌᆞᆸ-'이 있다. 이 자리에는 '-ᅀᆞᆸ-'이 올 자리이고 근대 한국어에 들어와서 /ᅀ/이 사라진 뒤에야 '-ᄋᆞᆸ-'으로 적힌다. 신라시대에는 /ᅀ/이 /ㅅ/으로 발음되었을 가능성도 많으므로, 이 자리에 '-ᄋᆞᆸ-'이 나타나는 것은 불가능한 것이다.[61] 현대 한국어로는 '만나 뵈옵기 이루겠습니다.'의 뜻이 되는데 그러려면 죽지 장군은 살아 있어야 할 수밖에 없다. 이 해독이 성립하려면 죽지 장군이 부산성에 간 그날, 득오의 휴가가 익선에 의하여 허락되지 않아서 득오가 죽지 장군과 함께 서라벌로 오지 못했어야 한다. 그러나 익선이 진절의 기마(騎馬)와 안구(鞍具)를 받고는 득오의 휴가를 허락하였고 득오는 죽지 장군과 함께 서라벌로 돌아왔다. '눈 돌칠 사이에 찾아뵙기 이루겠습니다.'라는 말이 이 노래 속에 들어올 여지가 없다. 그리고 해독도 국어학적 관점에서 볼 때 여러 가지 문제를 지니고 있어서 상궤(常軌)를 벗어난

---

61 만약 '惡'이 '-ᄋᆞᆸ-'을 적은 것이라고 본다면 '-烏支-'가 선어말 어미일 수는 없다. 중세 한국어에서 '-ᄉᆞᆸ-'은 선어말 어미 가운데 어간에 가장 가까이 나타났다. 그러면 사동사화 접미사와 피동사화 접미사 가운데 하나일 수 있을까? '맛보-'는 그 앞에 목적어 '伊衣[뎌 옷]'가 있으므로 그 자체로서 타동사이지 피동사일 수는 없다. 피동사화 접미사는 아닌 것이다. 사동사화 접미사라면 사동의 통사적 의미가 나와야 하는데 이 문맥에서는 그러한 의미가 나오지 않는다. 중세 한국어 문법 질서로는 이 자리에 '-烏支-'로 적힐 만한 형태소가 없다.

성립하기 어려운 해독이다. 그러면 '생시의 노래'라는 가설도 성립할 수 없는 것이 된다.

c에서는 '逢烏'가 '맛보-'의 어간을 적은 것이고 '支'는 명사형 어미 '-기'를 적은 것이며, '惡知'는 '엇디'라는 의문사를 적은 것으로 파악하였다(제2장 참고). '作乎下是'는 '일오-아-리'를 적은 것이다. '作[지을, 일 작]'에 사동사화 접사 '-오-'를 접미시켜 '일오-'를 적고, '아래 하(下)'의 /ㅐ/ 대신에 '是[이 시]'의 /이/가 대체 첨기되어 '-아리'가 된다. 문장 구조는 '엇디 …… ᄒᆞ리(오)'와 같은 통사적 구성이 되고, '일오-아-리'는 앞에 '엇디[惡知]'라는 의문사가 있으므로 설명 의문문으로 해석된다. 시적 청자가 일반 인물로서 화자보다 높을 수도 있고 동등할 수도 있어서 선어말 어미 '-(으)리-' 뒤에는 설명 의문문에 나타나는 해라체 어미 '-고' 또는 /ㄱ/이 탈락한 변이 형태 '-오'가 생략되었거나, ᄒᆞ쇼셔체인 '-리잇고'에서 '-잇고'가 생략되었다고 할 수 있다. 2008년 해독에서는 그 앞에 '뎌옷'이 있고 '눈 안개 두름으로 맛보기 이룰' 수 있어 이제 '맛보-'의 목적어는 '눈 감으면 떠오르는 그대의 모습'이 된다.62 이제 '이승에 없는 기억 속의 그대의 모습을 맛본다.'는 내용이 노래 속에 마련되었다.

이렇게 별로 어렵지 않게 중세 한국어로 해독되는 시어(詩語) '逢烏支[맛보기]'는 현대 한국어로 바꿀 때 시적 감각, 시의 성격을 결정하는 데에 핵심 기능을 한다. '逢'자에 대한 중세 한국어 단어는 제2장에서

62 제5구 c, 제6구 c의 1980년 해독에서는 '뎌옷[죽지 장군]'이 있고 그 모습을 '눈을 돌려야만 마주할 수 있다'는 의미가 되어 '돌아가신 죽지 장군의 영정'을 염두에 두고 있었다. 어떤 큰 인물의 죽음이 있고, 그 영정 앞에 섰을 때 영정 속의 모습을 차마 눈을 바로 뜨고는 마주할 수 없는 아픔이 있다. 그리고 그 아픔을 '눈을 돌리지 않고서 어찌 저 분의 모습을 마주할 수 있으리오?'라고 표현하였다는 상상력이 필요하였다. 이 1980년 해독도 의구심을 품을 만한 것이었다.

보았듯이 '맛보-'이다. 이 '맛보-'는 '맞-[맞이할 邀, 맞을 迎]'과 '보-[볼 見]'으로 이루어졌다. 그런데 이 '맛보-'를 현대 한국어로 옮기려 하는 순간 망설임이 따라온다. '逢'을 현대의 한자 사전에서 찾으면 대부분 '만날 봉, 맞을 봉'으로 되어 있다.

외견상으로는 '만나-'로 하여도 그만일 것 같다. '만나-'는 '맞나-'의 후계형이다. '맞-나'의 '맞-'은 '迎(영)'인데 '나-'가 무엇인지 알 수가 없다. 추정으로는 '맞-나-'의 '나-'는 '出[날 출]'의 '나-'일 것 같다. '마조(마주)' '나가서[出]' '맞이한다[迎]'의 뜻이 된다. '맞나-'는 '맛나-'라는 이표기(異表記)로도 적히다가 15세기 후반부터 자음접변이 표기에 반영되어 '만나-'로 적히기도 한다.

'맞보-'는 '맞아 보-'인 것 같기도 하고, '마주 보-'인 것 같기도 하고, '만나-'인 것 같기도 하다. 그런데 '맞보-'를 '맞아 보-'와 '마주 보-'로 바꾸면 둘 사이에 약간의 미묘한 뉘앙스가 있는 것 같다. '맞아 보-'는 것과 '마주 보-'는 것 사이에는 미세한 의미 차이가 있는 것이다. '맞이하여 보-'는 것과 '마주 보-'고 서 있는 것은 다르다. 그러나 그 둘은 그런 대로 통하는 말이라 할 것이다.

그런데 '맞보-'를 '만나-'로 바꾸는 순간 '맞아 보-', '마주 보-'와 '만나-' 사이에는 뉘앙스 정도가 있는 것이 아니라 상당히 다른 뜻이 느껴진다. '맞아 보-', '마주 보-'와 '만나-'는 그렇게 쉽게 넘나들 수 있는 의미가 아닌 것이다. '맞보-'를 이 둘 가운데 어떤 뜻으로 이해할 것인가, 즉 '逢(봉)'을 [만날 逢]과 [맞을 逢] 사이에 어느 것으로 보는가가 이 노래의 의미 파악에 중요한 영향을 미친다. '마주 보-'와 '만나-' 사이에는 뉘앙스 정도가 있는 것이 아니라, 완전히 다른 의미를 가지는 별개의 말로 느껴질 정도의 의미 차이가 있는 것으로 인식된다.

'산 죽지랑'이라 해야 '만나-'의 목적어에 어울리고, '마주 보-'라고 해야 '이승을 떠난 죽지 장군의 모습'을 목적어로 가질 수 있다. '만나-'로 하면 살아 있는 죽지랑을 만나러 간다는 이미지가 떠오른다. '마주 한다'로 하면 '영정 속의 죽지 장군의 모습'이든 '산 자의 기억 속의 죽지 장군의 모습'이든 그것을 마주 한다는 의미가 느껴진다.

'맛보-'를 이 둘 가운데 어떤 뜻으로 이해할 것인가, 즉 '逢(봉)'을 '만날 逢'과 '맞을 逢' 사이에 어느 것으로 보는가가 이 노래의 의미 파악에 중요한 영향을 미친다. 그것은 죽지 장군이 살아 있을 때 득오가 이 노래를 지었는가, 아니면 이승을 떠난 뒤에 지었는가 하는 문제와 직결되기 때문이다. 이 글에서 '맛보-'를 '마주 보-'로 해석하는 것은 이러한 사정 때문이다.

이제 저자는 오래 전부터 추구하던 바대로 '돌아가신 분의 모습을 영정 속에서 찾을 것'이 아니라 '산 자의 기억 속에서 찾고', 이 구절을 '지금은 눈 감으면 생생히 떠오르는 그대의 잘 생긴 모습, 그 모습도 세월이 흘러감에 따라 점점 흐릿해지리라.'라고 해석하여, 이 노래가 서글픈 삶의 덧없음을 표현한다고 할 수 있게 되었다. 2008년 해독은 훨씬 더 사람의 실제 삶에 가까이 다가왔고, 이제 이 네 구는 (4)처럼 현대 한국어로 해석되어 허망한 순간적 일장춘몽에 지나지 않는 인간의 삶과 죽음에 대한 속절없는 안타까움을 노래한 것이 된다.[63]

---

63 이 네 구의 응집력(coherence)은 매우 탄탄하다. 어느 부분에서 나눌 수 없을 만큼 긴밀히 연계되어 있다. 이에 비하여 제1, 2구와 제3, 4구의 응집력은 느슨하다. 그리고 제7, 8구는 완전히 독립되어 있어 제5, 6구와 묶을 수가 없다. 그러면 이 노래의 형식은 '2구-4구-2구'의 구조를 갖는 것이 되어, (만약 있었다면) '4구-4구'로 되어 있다는 8구체 향가의 형식과 어그러진다. 저자가 서정목(2013a)에서 이 노래가 원래는 10구체 향가였는데 제3, 4구가 망실되었을 것이라는 주장을 하게 된 데는 이러한 노래의 내용 및 구조와 관계가 있다. '처용가'도 10구체일 가능성이 크므로 이제 우리 문학사에 8구체 향가는 없는 것이 된다.

(4) 두덩이 좋으신
모습이 해 헤아려 감에 따라 헐어져 가리니
눈 안개 두름 없이 저 분을
마주 보기 어찌 이룰 수 있으리잇고?

해독이 우선하고 해독의 논리에 충실하게 의미를 파악해야 한다는 이 책의 논리에 따라, '눈 안개 두름 업시 저 분의 모습을 어찌 마주 볼 수 있으리잇고?'라는 구절은 이제 앞의 구 '히 혜나삼 헐니져'와 함께 '눈을 감으면 떠오르는 저 분의 모습'도 '세월이 흐름에 따라 희미해져 가리라.'는 뜻으로 이해되어 전혀 새로운 경지로 들어가 버린 것이다.

(제7구) 郎也 慕理尸心未 行乎尸道尸
a. 郞이야 그릴 ᄆᆞᅀᆞᄆᆡ 녀올 길이
b. 郞이여 그릴 ᄆᆞᅀᆞ미 녀올 길
c. 郞여 그릴 ᄆᆞᅀᆞ미 (즐) 녀올 길

제7구에 관한 한 누구도 다른 안을 내어 놓을 수 없다. 거의 모든 해독이 일치한다. 다만 '郞也'라는 호격어는 그 조사에 약간의 주의가 필요하다. 호격 조사는 '-하', '-(이)여', '-아'가 존칭의 등급에 따라 구분되는 것이 중세 한국어의 문법 질서이다. '郞'이 상위자이면 '郞하'가 될 것이고 중간 등급이면 '郞이여', 그리고 화자와 동급이거나 그 이하이면 '郞아'가 될 것이다. 여기서는 상위자이어서 '郞하'가 가장 적절할 것인데 표기된 음차자 '也[입겿 야]'는 '-여'에 가깝다.

중세 한국어에서 호격 조사가 '-하'가 사용된 예는 (5)이고, '-이여'가 사용된 예는 (6)이며, '-아'가 사용된 예는 (7)이다.

(5) a. 님금하 아ᄅᆞ쇼셔 洛水예 山行 가 이셔 하나빌 미드니잇가[嗚呼嗣王監此 洛表遊畋 皇祖其恃] <龍歌10:52a>
b. 國王이 恭敬ᄒᆞᅀᆞ바 白氎眞珠網 펴ᅀᆞᆸ고 부텨하 드르쇼셔 ᄒᆞ니 <月曲70b>

(6) a. 그 ᄢᅴ 世尊이 ᄯᅩ 文殊師利ᄃᆞ려 니ᄅᆞ샤ᄃᆡ 文殊師利여[爾時世尊復告曼殊室利 童子言 曼殊室利] <釋詳9:11b>
b. 孔子ㅣ ᄀᆞᄅᆞ샤ᄃᆡ 이 詩 지ᅀᅳᆫ 사ᄅᆞᆷ이여 그 도리ᄅᆞᆯ 아ᄂᆞᆫ뎌[孔子曰爲此詩者其知道乎] <飜小6:1b>

(7) a. 부텨 니ᄅᆞ샤ᄃᆡ 大王아 네 일즉 업디 아니ᄒᆞ야셔 엇뎨 업수믈 아ᄂᆞᆫ다.[佛言大王 汝未曾滅 云何知滅] <楞嚴2:4b>
b. 그 ᄢᅴ 世尊이 이 ᄠᅳ들 다시 펴려 ᄒᆞ샤 偈ᄅᆞᆯ 니ᄅᆞ샤ᄃᆡ 彌勒아 네 반ᄃᆞ기 알라[今時世尊 欲重宣此義 而說偈言 彌勒汝當知] <圓覺下1-1:66b-67a>

'慕[그릴 모]理[다스릴 리]-'는 '그리-'를 훈차자 '慕'로 적고 마지막 음절의 '-리'를 음차자 '理'로 표기한 것이다. '心未'는 'ᄆᆞᅀᆞ미'인가 'ᄆᆞᅀᆞᄆᆡ'인가의 지엽적 차이가 있을 수 있다. 그러나 그 뒤에 따라오는 서술어가 '行乎尸[녀옰]'이 되어 관형형이므로, 관형절의 주어가 주로 속격으로 나타나는 중세 한국어의 특성을 감안하면 'ᄆᆞᅀᆞᄆᆡ'일 확률이 더 높다. 주격형일 때는 서실적 표현이고 속격형일 때는 관념적 표현이라는 서정목(1981)의 논의를 적용하여도, 이 절은 관념적 표현이므로 이 자리는 속격이 더 타당하다. 다만 한 글자가 빠진 듯이 보이는 빈자리가 있는 것이 눈을 끄는데, c의 해독은 이 자리에 '見[즈]'이 있었을 것으로 추정한 것이 특이하다. 저자는 '○-니-'로 된 합성동사의 앞

부분이 망실되었다고 본다. 쉽게 생각할 수 있는 가능한 대안은 '生-行-'으로 '살아가-'의 뜻을 지니는 '사-니-ㅭ'이다. '그릴 ᄆᆞᄉᆞᄆᆡ 사니옳 긼' 정도를 생각한다.

(제8구) 蓬次叱巷中宿尸夜音有叱下是

a. 쑥질 굴헝에 잘 밤이 잇이리(오)

b. 다봊 ᄆᆞᄉᆞᆯ희 잘 밤 이시리

c. 다보짓 굴헝희 잘 밤 이샤리

마지막 제8구는 '蓬[쑥 봉]'을 '쑥'으로 읽을 것인지 '다봊'으로 읽을 것인지의 선택이 필요하다. 음독자일 수밖에 없는 '次[버금 차]'를 고려하고 /ㅅ/을 적는 '叱[꾸짖을 질]'을 고려할 필요가 있다. '쑥'은 이 두 한자를 반영하기 어렵다. /ㅈ/이 들어가고 '-ㅅ'이 통합될 수 있는 어형으로는 '다봊'의 고대 한국어 어형으로 재구된 '다보지'가 최선책일 것이다.

'巷[거리 항]'은 '굴헝'으로 읽는 것이 일반적이다. '굴헝'은 중세 한국어에서 /ㅎ/ 종성 체언이 아니므로, 처격 '-아희/어희'를 적은 '中[가운데 중]'과 함께 '굴허어희'로 적는 것이 가장 가까운 해독이 될 것이다. 그런데 그 뜻을 '골짜기'로 볼 것인지 'ᄆᆞᄉᆞᆯ'로 볼 것인지의 문제가 있다. '巷'이 깊은 골짜기를 뜻하는 학(壑)과 같은 의미로 쓰였다면 '쑥대가 우거진 깊은 골짜기'의 이미지가 노래의 내용에 더 가깝다. 황폐화한 'ᄆᆞᄉᆞᆯ'에서나마 잠을 자기는커녕 심산유곡 인적이 없는 곳에서 살아가야 하는 모진 정치적 시련의 나날까지도 시적 화자는 각오하였을 것을 염두에 두기 때문이다. '굴헝[巷]'이 사용된 중세 한국어 예문으로는 (8)을 들 수 있다. (8a)는 골짜기의 뜻이다. (8b)는 'ᄆᆞᄉᆞᆯ'의 의미에 가깝다.

(8) a. 굴허에 ᄆᆞ롤 디내샤 도ᄌᆞ기 다 도라가니 半길 노ᄑᆡᆫ돌 년기 디나리잇가[深巷過馬賊皆回去雖半身高誰得能度] <龍歌 6:46b>

b. 기픈 굴허이 슬프고 車馬ㅣ 그츠니 書案ㅅ 그테 글 닑던 반되 ᄆᆞᆯ라 주겟도다.[窮巷悄然車馬絶案頭乾死讀書螢] <杜詩 21:41a>

'이샤리'의 뒤에 생략된 어미를 어떤 것으로 상정하는가에 따라 노래 전체의 의미가 달라진다. a, b처럼 의문문으로 보면 '이시리잇가/이시리오'가 설의법이 되어 '{쑥질, 다봊} 우거진 {굴헝, ᄆᆞᅀᆞᆯ}에 잘 밤이 있겠습니까?'로 '그런 밤은 없다.'는 뜻이 된다. c처럼 평서법으로 보면 '이시리이다'가 되어 '다보짓 우거진 굴헝에 잘 밤도 있을 것입니다.'의 뜻이 된다. a, b로 해독하면 '생시의 노래'라고 이해해야 하고, c로 해독하면 '사후의 노래'라는 해석에 더 어울린다. 중세 한국어 문헌에서, 그 중에서도 특히 운문에서는 선어말 어미 '-(으)리-'나 '-(으)니-'만으로 끝나는 문장이 평서법이나 의문법으로 실현된 예들이 있다. (9)는 평서법의 예이고 (10)은 의문법의 예이다(제2장 참고).

(9) a. 올모려 님금 오시며 姓 ᄀᆞᆯᄒᆡ야 員이 오니 오ᄂᆞᇗ 나래 내내 웃ᄇᆞ리[欲還以幸 擇姓以尹 當今之日 曷勝其哂] <龍歌3:15b>

b. 불휘 기픈 남ᄀᆞᆫ ᄇᆞᄅᆞ매 아니 뮐ᄊᆡ 곶 됴코 여름 하ᄂᆞ니[根深之木 風亦不扤 有灼其華 有蕡其實] <龍歌1:1b>

(10) a. 多助之室실ᄊᆡ 野人도 一誠이어니 國人 ᄠᅳ들 어느 다 ᄉᆞᆯᄫᆞ리[維其多助至 野人亦入侍 何論國人意] <龍歌10:47b>

b. 羅雲이 ᄀᆞᆯ외어시ᄂᆞᆯ 다시 設法ᄒᆞ시니 世尊ㅅ 慈心이 엇더ᄒᆞ시니 <月曲53b>

이상과 같이 논의의 여지가 있는 시행(詩行)이나 시구들의 해독을 면밀히 검토해 보면, '젊은 날 잘 생겼던 모습이 지금은 늙어서 주름살을 지니셨구려, 눈 돌칠 사이에 만나 뵈옵기를 이루겠습니다.'라는 해석, 즉 '죽지랑 생시의 연만하고 노쇠한 모습'에 대한 묘사와 '죽지랑에 대한 사모나 흠모의 표현'이라는 추정은 사상누각(沙上樓閣)에 지나지 않는다는 것을 알 수 있다.

해독의 원칙에 충실하게 따라가면 이 노래는 (11)과 같이 애잔하고 서글픈 추모, 그리고 그대에 대한 신의와 충정을 지키려 하는 비장한 마음가짐으로 해석되는 것이다.

(11) 간 봄(1980) 다 다스렸으므로(2008)
이 세상에 없어(1980) 울어마를(1985) 이 시름(1980)
두덩이 좋으신(1985)
모습이 해를 헤아려감에 따라 헐어져 가리니(1980)
눈 안개 두름(2008) 없이 저 분(1980)
맞보기 어찌 일우아리(1980)
낭이여 그릴 마음의 (즈ᇫ)(1980) [살아: 저자] 갈 길(1980)
다북쑥 우거진 구렁에서 자는 고초도 있으리이다(1980)

저자는 득오가 죽지 장군 사후에 이 노래를 지었다고 본다. 핵심 논거는 노래의 내용으로 그 대표적 시행은 '阿冬音乃叱好支賜烏隱[두던ᄯᆞ롬곳 됴ᄒᆞ샨(두덩이 좋으신)]'과 '皃史年數就音墮支行齊[즈ᅀᅵ 히혜나삼 허니져(모습이 해를 헤아려 나아감에 따라 헐어 가리니)]'라는 난해한 두 구이었다. 이 속에 '아름다움을 나타내셨던 젊은 날의 모습이 주름살을 지니셨구려.'와 같은 내용은 없다.

3. 관련 기록 검토

이 노래에 등장하는 죽지 장군은 살아 있는 사람일까, 아니면 이승을 떠난 사람일까? 득오는 산 죽지 장군을 그리워하는 것일까, 아니면 이 세상에 없는 죽지 장군을 추모하는 것일까? 기록을 검토하기로 한다.

1) '삼국유사' '효소왕대 죽지랑' 조

이제 '삼국유사' '기이편'의 '효소왕대 죽지랑' 조 전문을 (12)에서 보기로 한다.(번역은 저자가 하고 정요일 선생님이 확인하였다. 다른 한문 번역도 마찬가지이다.) 이 설화는 a. 익선의 죽지랑 모욕 사건 b. 죽지랑의 탄생 설화 c. 죽지 장군 일대기 d. 모죽지랑가로 이루어져 있다.[64]

(12) 효소왕대(孝昭王代) 죽지랑(竹旨郞)[죽만(竹曼[길게 끌 만])이라고도 하고 지관(智官)이라 부르기도 한다)[孝昭王代 竹旨郞(亦作竹曼亦名智官)]

a. 제32대 효소왕대에 죽만랑의 도(徒)에 득오(또는 곡(谷)이라고도 한다) 급간(級干, 관등 9위)이 있었는데 풍류황권에 이름이 속하

64 이 기록에서 가장 중심이 되는 내용은 무엇일까? '죽지랑의 탄생 설화'나 그의 '일대기'라 할 수 있는 문장 하나가 중심일 수는 없다. 향가 '모죽지랑가'도 이 기록의 중심일 수는 없다. 이 노래 덕분에 이 기록이 '삼국유사'에 실렸겠지만 이 설화에서 중심 소재는 '익선의 죽지 장군 모욕 사건'이다. 이 사건이 이 조의 맨 앞에 나오게 된 이유는 그것이 중심 소재이기 때문이다. 그러므로 '익선의 죽지 장군 모욕 사건'은 이 시대의 특징을 보여 주는 대표적 사건으로, 그리고 '모죽지랑가'는 시대의 아픔을 보여 주는 대표적 노래로, 효소왕 대의 모든 사건과 노래를 제치고 유일하게 '기이편'에 실려 있는 것이다. '삼국유사' 전체에서 효소왕 대의 일로 또 들 수 있는 것은 '신주편'의 '혜통(惠通) 항룡(降龍)' 조와 '탑상편'의 '백율사(栢栗寺)' 조이다.

여 날마다 나오더니 10여 일 동안 보이지 않았다. 낭이 그의 어머니를 불러 '그대 아들이 어디 있습니까?' 물으니 어머니가 '당전인 모량리 익선 아간[관등 6위]이 우리 아들을 부산성 창직으로 뽑아 배치하여 보내어 급히 가느라 낭에게 하직을 아뢸 겨를이 없었습니다.'고 말하였다. 낭이 '그대의 아들이 만약 사적인 일로 거기에 갔다면 꼭 찾아볼 필요는 없겠지만 지금 공사로 갔으니 꼭 가서 음식 대접이라도 해야 하겠습니다.' 하였다. 이에 떡 한 합과 술 한 항아리를 가지고 좌인[左人, 우리말로는 皆叱知(모돗지 또는 닷지)라 하는데 노복을 뜻한다]을 거느리고 가는데 낭도 137인이 역시 위의를 갖추고 모시고 따라갔다.[第三十二孝昭王代 竹曼郎之徒有得烏(一云谷)級干 隷名於風流黃卷 追日仕進 隔旬日不見 郎喚其母 問爾子何在 母曰 幢典牟梁益宣阿干 以我子差富山城倉直 馳去行急 未暇告辭於郎 郎曰 汝子若私事適彼 則不須尋訪 今以公事進去 須歸享矣 乃以舌餠一合酒一缸 率左人(鄕云皆叱知 言奴僕也)而行 郎徒百三十七人 亦具儀侍從.]

부산성에 도착하여 문지기에게 '득오실이 어디에 있는가?' 하고 물으니 그 사람이 말하기를 '지금 익선의 밭에 있는데 전례에 따라 부역을 하고 있습니다.'라고 하였다. 낭이 밭에 가서 가지고 간 술과 떡을 먹이고 익선에게 휴가를 청하여 함께 돌아가려 하였으나 익선이 굳이 금하고 허락하지 않았다. 그때 사리 간진이 추화군 능절조 30석을 징수, 관장하여 성 안으로 운반하던 중에, 낭의 사(士[선비, 병사])를 중히 여기는 풍미를 아름답게 여기고 익선의 꽉 막히어 통하지 않음을 비루하게 여기어, 거두어 가던 30석을 익선에게 주면서 청을 거들었으나 오히려 허락하지 않았다. 또 진절 사지가 기마와 안구를 주니

이에 승낙하였다.[到富山城 問閽人 得烏失奚在 人曰 今在益宣田 隨例赴役 郎歸田 以所將酒餠饗之 請暇於益宣 將欲偕還 益宣固禁不許 時有使吏侃珍 管收推火郡 能節租三十石 輸送城中 美郎之重士風味 鄙宣暗塞不通 乃以所領三十石 贈益宣助請 猶不許 又以珍節舍知騎馬鞍具貽之 乃許.]

조정 화주가 듣고 심부름꾼을 보내어 익선을 잡아오게 해서 그 때 끼고 더러운 것을 씻기려 하였으나 익선이 도망가 숨어서 그 맏아들을 잡아갔다. 때는 한 겨울 매우 추운 날이어서 성 안의 못 속에서 씻기다가 얼려 죽였다.[朝廷花主聞之 遣使取益宣 將洗浴其垢醜 宣逃隱 掠其長子而去 時仲冬極寒之日 浴洗於城內池中 仍令凍死.]

대왕이 듣고 칙령을 내려 모량리인으로 벼슬하는 자는 다 내쫓아서 다시는 관공서에 발붙이지 못하게 하고 승려도 되지 못하게 하였으며 만약 승려가 된 자는 종고사에 들지 못하게 하였다. 사(?)에 명하여 간진의 자손을 올려(?) 평정호손(?)으로 삼아 특별히 표창하였다. 이 때 원측법사는 바로 해동의 고덕이었으나 모량리인인 까닭으로 승직을 주지 않았다.[大王聞之 勅牟梁里人從官者 並合黜遣 更不接公署 不著黑衣 若爲僧者 不合入鐘鼓寺中 勅史(?)上(?)侃珍子孫 爲枰定戶孫(?) 標異之 時圓測法師 是海東高德 以牟梁里人 故不授僧職.]

b. <u>처음에</u> 술종공이 삭주 도독사가 되어 다스리는 곳으로 가려고 하는데, 이 때는 삼한에 전쟁이 나서 기병 3천으로 호위하여 가게 했다. 일행이 죽지령에 이르렀을 때 한 거사가 고갯길을 닦고 있었다. 공이 보고 좋게 여겼고 거사 또한 공의 위세가 매우 성함을 좋게 생각하여 서로 마음에 감동함이 있었다.[<u>初</u> 述宗公爲朔州都督使 將歸理所 時三韓兵亂 以騎兵三千護送之

行至竹旨嶺 有一居士平理其嶺路 公見之歎美 居士亦善公之威勢赫甚 相感於心.] 공이 주의 다스리는 곳에 부임하여 한 달 되었을 때 꿈에 거사가 방 안으로 들어오는 것을 보았다. 공의 아내도 남편과 같은 꿈을 꾸었다. 더욱 놀랍고 이상하게 여겨 이튿날 사람을 보내어 그 거사의 안부를 물었다. 사람들이 거사가 죽은 지 며칠이 되었다고 하였다. 심부름 간 사람이 돌아와 고했는데 그 죽음이 꿈꾼 날과 같았다. 공은 아마 거사가 우리 집에 태어날 것이라 하였다. 다시 군사들을 보내어 고개 위 북쪽 봉우리에 장사지내고 돌로 미륵불 한 구를 만들어 무덤 앞에 봉안하였다. 부인이 꿈꾼 날로부터 잉태하여 이윽고 태어나자 이로 인하여 이름을 죽지라 하였다.[公赴州理 隔一朔 夢見居士入于房中 室家同夢 驚怪尤甚 翌日使人問其居士安否 人曰 居士死有日矣 使來還告 其死與夢同日矣 公曰 殆居士誕於吾家爾 更發卒修葬於嶺上北峯 造石彌勒一軀 安於塚前 妻氏自夢之日有娠 旣誕 因名竹旨.][65]

c. 장성하여 벼슬길에 나아가 유신공과 더불어 부수가 되어 삼한을 통일하고, 진덕, 태종, 문무, 신문 4대에 걸쳐 총재(冢宰)가 되어 그 나라를 안정시켰다.[壯而出仕 與庾信公爲副帥 統三韓

65 이 탄생 설화는 김유신 장군의 그것과 흡사하다. '삼국유사' '기이편' '김유신' 조에는 고구려인 점쟁이 추남이 어미 쥐의 배 속에 든 새끼 쥐까지 포함하여 8마리의 쥐라고 하였다가 왕에게 억울한 죽음을 당하고, 그 원수를 갚기 위하여 신라에 김유신으로 태어났다고 한다. 죽령을 넘어 단양 적성에는 신라 적성비가 있다. 이 길 닦는 거사는 어쩐지 처음 신라가 죽령을 넘어 고구려 땅으로 정복해 갈 때 고구려를 배신하고 신라에 복속한 적성인 야이차(也尒次)를 연상시킨다. 길을 닦는다는 것은 군사들의 행군 루트를 안내한다는 것의 은유가 아닐까? 야이차는 그 당시의 고구려 을아단현(乙阿旦縣) 온달산성 성주였을 온달 장군으로부터 어떤 억울한 일을 당했기에 고구려를 배신하고 턱도 없이 약한 신라에 복속한 것일까? 역사의 물줄기가 크게 휘어지는 남한강 상류의 답사길 물 흐름이 적막하고 고요하기 그지 없었다.

眞德大(太)宗文武神文 四代爲冢宰 安定厥邦.]

d. 처음에 득오곡이 낭을 모(慕)하여 노래를 지었으니 왈 □□□□□□□□□□□□□□□□□ 간 봄 다 다ᄉ리매…… [初得烏谷慕郞而作歌曰 □□□□□□□□□□□□□□(14자 공백) 去隱春皆理米 ……]

저자는 '모죽지랑가'가 들어 있는 '효소왕대 죽지랑' 조가 '삼국유사'의 '기이편'에 실려 있다는 사실을 중시한다. 이 이야기가 '기이편'에 실린 까닭은 그것이 국가의 흥망성쇠와 관련되어 있기 때문이다. 그러면 나라가 새로 서는가? 흥하고 성하는가? 아니다. 여기서는 나라가 쇠하고 망하는 것과 관련되어 있다.

'흥성'의 시대는 진흥왕으로부터 시작하여, 태종무열왕과 문무왕에 이르는 시대이다. 그리고 이 시대의 핵심에 금관국(金官國)의 마지막 왕 구해왕(仇亥王)의 아들 김무력(金武力), 손자 김서현(金舒玄), 증손자 김유신(金庾信)으로 연결되는 멸망한 금관가야(金官伽倻) 왕실의 후예들이 자리 잡고 있다. 신주도 행군총관(新州道行軍摠管) 김무력 장군은 진흥왕의 사위로서, 그리고 소판 대량주 도독 김서현은 진흥왕의 동생 숙흘종의 사위로서, 특히 김유신 장군은 태종무열왕의 손위 처남이었다가 나중에는 사위로서, 그리고 문무왕의 외숙부이자 매형으로서, 금관가야 김씨 가문과 신라 왕실 김씨 가문을 피로써 맺은 혈맹의 관계로 이끌어가는 핵심 고리의 역할을 하였다.

이는 당연히 왕실의 출중한 리더십, 태종무열왕과 문무왕의 뛰어난 통치력과 아량이 뒷받침되어야 가능한 일이다. '삼국유사'는 '김유신' 조를 '기이편'에 두어 출생의 신비와 호국신의 보호를 받았음을 적고 있고, '삼국사기' '열전'은 '김유신 상, 중, 하'로 하여 그의 출중함,

멸사봉공의 자세, 그리고 활동 상황을 자세하게 기록하고 있다. 이 관계, 태종무열왕과 김유신 장군, 문무왕과 김유신 장군의 관계는 동서고금의 역사상 드물게 볼 수 있는 군신 사이의 신뢰 관계이다. 이들의 사이에는 신의 관계가 틀어진 흔적도 없고 서로의 신뢰를 의심해 본 흔적도 없으며 서로에게 섭섭함을 느낀 기척도 없다.

그런데 우리가 마주한 이 시대, 신문왕, 효소왕의 시대는 어떤 시대일까? 이 시대는 대(代)가 바뀌었다. 할아버지, 아버지와 김유신 장군의 관계는 이미 과거의 일이다. 거기에다 두 집안의 혼맥의 키 스톤(key stone) 문명왕후가 승하하였다. 이 시대는 그들의 아들, 손자, 사위, 며느리들의 시대이고 자의왕후, 신문왕, 김흠돌, 신목왕후 등이 '한 촌이 천리'인 강(江)을 넘은 뒤의 시대이다.

이 시기에 통일 신라도 어쩔 수 없이 삼대(三代) 수성(守成)의 난관에 부닥쳐 제 길을 잃고 쇠망의 길로 들어선다. 그것은 신문왕의 즉위 시[681년]에 그 빙부가 일으킨 '김흠돌의 모반'으로부터 출발한다. 그 모반으로 수많은 화랑도 출신 장군 귀족들이 죽임을 당하고 축출되는 비극이 있었다. 이때 주살당한 화랑도 출신 지도자들은 하나같이 김유신 장군과 함께 전쟁터를 누비며 삼국 통일을 위하여 헌신한 장군들이다. 심지어 문무왕 20년[680년]에 상대등(上大等)에 올랐고, 신문왕 즉위 시에 병부령이던 이찬[2등 관위] 김군관(金軍官)은 모반의 계획을 미리 알고도 조처를 취하지 않았다는 이유로 적자(嫡子) 1명과 함께 자진할 것을 명받았다.**66**

---

66 ('화랑세기'에는 김군관의 아들 김천관(金天官)이 김흠돌의 사위이다.) 사돈의 모반 계획을, 이 계획이 성공하였으면 왕위에서 축출되었을, 마음으로부터 우러나오는 충성을 바치기에는 너무나 용렬한 군주였을 신문왕에게 고변하기 어려웠던 그의 심정이 이해되고도 남는다. 누구라도 그리했을 것이고 그리해야 의로운 것이다. 왕은 하나의 사대부에 지나지

나라가 '흥성'하던 시기의 전쟁 영웅들을 용납하지 못하는 군주가 있었고, 군신 사이에 신뢰 관계가 형성되지 못하였으며, 왕을 돕고 있던 모후가 과거의 인연에 얽매여 미래를 생각하지 못하고 자파 세력의 확대에 혈안이 되었기 때문이다. 김유신 장군의 동생 문명왕후가 이승을 떠나고 외숙부 김유신 장군을 전적으로 신뢰하던 문무왕도 승하한 후에, 왕위에 오른 신문왕과 그 모후 자의왕후가 군림하는 시대가 되면서 그들의 적절하지 못한 처사에 반발하는 세력이 거세되어 가는 것이다. 그리고 그렇게 될 수밖에 없는 피할 수 없는 충분한 요인이 그 속에 들어 있었다.67

양주동(1942/1965/1981:69-118)은 득오가 이 노래를 죽지랑이 부산성(富山城)으로 자기를 찾아온 시점에 읊은 것으로 보고 있다. 죽지랑이 연만해서 '아ᄅᆞᆷ 나토샤온 즈ᅀᅵ 살쯈 디니져 눈 돌칠 ᄉᆞ이예 맛보ᄋᆸ디 지ᅀᅩ리'로 해독하여 '젊을 때의 아름다웠던 모습이 주름살을 많이 지닌 얼굴'로 나오고, '눈 돌릴 만한 시간만 지나면 곧 다시 만나기를 이룰 수 있으리라.'고 해석하기 때문이다. 이렇게 해석하면 이 노래는 낭도 득오가 '늙어는 가지만 살아는 있는' 죽지랑을 사모하고 흠모하는 노래가 된다.

그러나 이 노래와 관련된 여러 기록과 '삼국유사'의 기록 스타일, 설화 내용을 정밀 분석해 보면 이 노래는 이때 지어진 것이라 하기

않는다는 유교적 관념에 입각하면, 실정하고 있는 왕은 그 자리에서 쫓겨나는 것이 천명(天命)이니 더욱 그러하다. 그러나 왕실은 왕을 하나의 사대부로서의 왕이 아닌 절대자로서 신과 가까운 존재로 둔갑시키려 하는 것이다. 그리고 인류 역사상 그 최대의 비극은 일본의 천황제가 낳은 제2차 세계대전의 아비규환과 북의 수령제가 낳은 6.25동란이라는 민족 수난이다.

67 이는 정명태자와 왕비가 되기 전의 김흠운의 딸 사이에 효소왕, 보ㅅ도태자, 효명태자가 이미 태어나 있었던 사정을 가리키는 것이다. 이에 대해서는 서정목(2013b)에서 논의하였다.

어렵다. 득오가 익선(益宣)에 의하여 부산성으로 가 부역하고, 죽지랑이 득오를 찾아가서 휴가를 얻어 득오와 함께 오겠다는 청이 익선에게 거절당하는 수모를 겪는 '익선의 죽지 장군 모욕 사건'은 이 노래 창작의 직접적 동기가 될 수 없다. 연만한 과거의 상관이 초라한 모습으로 찾아와서 부역 중인 자신의 휴가를 청하다가 거절당하였다고, '곧 찾아뵙겠습니다.'라고 노래를 짓는다는 것은 뭔가 이상하다. 또 그런 노래 내용에 왜 '쑥대 우거진 굴헝에 잘 날 있으리.'와 같은 비장한 내용이 들어가는지도 설명하기가 어렵다. 그런 내용이라면 이 노래는 '삼국유사' '기이편'에 실리기에도 부적절하다.[68]

이 시기의 모든 사건은 '왕실'이라는 거대한 김씨 세력과 김유신 장군의 후예들이라 할 화랑도 출신 군부 귀족 세력 사이의 권력 투쟁의 관점에서 이해되어야 한다. '효소왕대 죽지랑' 조 바로 앞에는 신문왕대의 '만파식적(萬波息笛)' 조가 있다. 그 기록에 있는 대로 하면 이 두 세력이 합심하여 서로 손바닥을 마주칠 때 소리가 난다. 두 대나무가 합쳐야 만파식적도 소리를 내는 것이고, '나라도 흥성한다.'는 것이 이 시대 기록의 핵심이다. 그런데 이 두 세력이 합심할 수 없도록 만드는 요인이 있었고 그 책임은 바로 신문왕과 자의왕후 자신들에게 있었다. 어린 효소왕에게야 무슨 죄가 있겠는가? 그 결과 두 세력 사이의 다툼이 나라를 쇠망의 길로 내몰고 있는 것이 그 시대의 참모습이다.

'모죽지랑가'와 관련된 제반 사건도 그러한 시대적 맥락 속에서 이해하여야 한다. '삼국사기' 효소왕 9년[700년] 5월에는 '이찬 경영의

68 '삼국유사'의 '기이편'은 국가의 흥망성쇠와 관련된 기록이 들어 있는 부분이다. 그러므로 '기이편'에 들어 있는 향가는 모두 공통적으로 그 주제가 국가 흥망성쇠로 수렴되어야 한다. '모죽지랑가'도 '기이편'에 들어 있기 때문에 어떤 구체적인 국가적 흥망성쇠를 계기로 하여 지어졌는지 상세하게 해명되어야 한다.

모반'이 있었고 김순원이 이에 연좌되어 파면되었다. 그리고 '황복사 석탑 사리함' 명문에는 700년 6월 1일 신목왕후가 승하한 것으로 적혀 있고, '삼국유사' '대산 오만 진신' 조에 따르면 702년 32대 효소왕이 26세로 승하하고 오대산에 가 있던 22세의 효명태자가 돌아와서 33대 성덕왕으로 왕위에 오른다. 이 일련의 구체적 사건들이 국가 흥망성쇠와 관련되는 것이다. 통일 신라는 성덕왕을 거쳐 아들 34대 효성왕, 그 동생 35대 경덕왕, 그리고 그 아들 36대 혜공왕에 이르러 성덕왕의 외손자, 혜공왕의 고종사촌 김양상[37대 선덕왕]이 혜공왕을 시해하고 왕위를 찬탈함으로써 태종무열왕의 직계 진골왕들의 시대가 종말을 고하게 된다.

2) 익선의 죽지 장군 모욕 사건

'효소왕대 죽지랑' 조의 기록에서 가장 중심이 되는 사항은 '익선의 죽지 장군 모욕 사건'이다. '죽지랑의 탄생 설화'나 그의 '일대기' 또는 향가 '모죽지랑가'가 이 기록의 중심일 수는 없다. 이 사건이 이 조의 맨 앞에 나오게 된 이유는 그것이 중심 이야기이기 때문이다. '익선의 죽지 장군 모욕 사건' 속에는 몇 개의 작은 요소들이 들어 있다. 잘게 쪼개어 보면 다음과 같다.

(13) a. 득오가 익선에 의하여 부산성 창직으로 징발되어 갔다.

b. 죽지 장군이 부산성으로 득오를 찾아가서 익선의 밭에서 예에 따라 부역을 하고 있는 득오에게 가지고 간 음식을 대접하였다.

c. 익선에게 득오의 휴가를 청하여 같이 돌아가려 하였으나 불허하였다.

d. 간진이 능절조 30석을 주어도 불허했으나 진절이 기마와 안구

를 주자 휴가를 허락하였다.

e. 조정 화주가 익선의 장자를 잡아 와 때를 씻기다가 얼려 죽였다.

f. 대왕이 모량리인에게는 관직과 승직을 주지 않는다는 칙령을 내렸다.

g. 해동 고덕인 원측법사에게 모량리인인 까닭에 승직을 주지 않았다.

이 요소들 가운데 저자가 제일 큰 비중을 부여하는 것은 (13f) 모량리인 관직, 승직 불수여 칙령, 그에 연관되어 있는 (13g) 원측법사 승직 불수여와 (13e) 조정 화주 익선 장남 징벌 치사의 문제이다. (13f)의 일은 한 사람의 잘못으로 그와 출신이 같은 불특정 다수의 사람들이 연좌되어 피해를 본다는 면에서, 그리고 (13g)는 당연히 승직을 받을 수 있는 자격을 갖춘 사람이 승직을 받지 못하는 부당한 처우를 받는다는 면에서 대왕의 통치력에 심대한 손상을 끼칠 수 있는 일이기에 예삿일이 아닌 것이다. (13e)의 일은 이 사건이 한 젊은이의 생명을 뺏을 만큼 큰 것인가, 아버지의 때를 씻긴다는 말도 안 되는 이유로 찬 겨울에 못에서 아이를 씻기다 얼려 죽이는 이 모진 일을 하는 화주는 누구인가, 그리고 그에 대한 처벌은 없는가 하는 것들이 문제가 되는 것이다.

이 사건에 대한 '조정 화주의 조치'와 '대왕의 모량리인 징벌', 그리고 '원측법사의 승직 불수여'까지의 모든 사항이 '모죽지랑가'와 관련지어 합리적으로 설명되어야 한다. 이 기록이 '삼국유사'에 실린 까닭 중 하나는 '원측법사에게 승직을 주지 않았다.'는 사실 때문이다. 원측법사에게 승직을 주지 않은 이유는 그가 모량리인이기 때문이고 모량리인에게 승직이나 관직을 주지 못하는 이유는 '익선의 죽지 장군 모욕 사건' 때문이다. 따라서 원측법사에게 승직을 주지 않은 시점보다 더 앞에 '익선의 죽지 장군 모욕 사건'이 일어났어야 한다. 이제 원측법사에게 승직을 주지 않았던 시점이 핵심 쟁점이 된다.

역사학계에서 '효소왕대 죽지랑' 조를 주목한 업적은 이홍직(1960/1971)이다. 이 논문은 '익선의 죽지 장군 모욕 사건'이 죽지랑의 만년에 일어났다고 하였다. 이 논문은 연만한 죽지랑의 무력함과 당전 익선의 횡포는 삼국 통일 후 신라 사회에 나타난 어두운 그림자로 보았다. 그리고 이 논문은 화랑도가 전쟁기에는 용감한 전사단으로 소중하였지만 전쟁이 끝난 후에는 무용지물이 되어 소비적 존재로 바뀌었을 것이고, 화랑도 출신 귀족들은 실권이 없어지고 관료들이 실권을 쥐어 그 중에는 악행을 하는 자도 있었을 것이라고 추정하였다. 삼국 통일 후 추락한 화랑도 출신 귀족들의 정치적 위상과 악질 관리 익선 아간의 횡포가 우연히 충돌한 것으로 설명한 것이다. 이 노래도 만년의 죽지랑의 노쇠한 모습을 대상으로 하여 지어진 것으로 보았다.

국문학계에서는 일반적으로 양주동(1942/1965/1981)의 해독과 이홍직(1960/1971)의 역사학적 해석을 토대로 '익선의 죽지 장군 모욕 사건'의 시기와 '득오의 '모죽지랑가' 창작의 시기'가 일치하는 것으로 이해해 왔다.[69] 익선에 의하여 부산성(富山城) 창직으로 가서 부역하고 있는 왕년의 낭도 득오가 자신을 찾아온 '노화랑 죽지 장군의 노쇠한 모습'을 보고 '젊은 날을 그리워하며 그를 흠모하고 사모하는 마음'을 읊었다고 보는 것이다.

69 박노준(1982)가 심층적 분석을 하고 있으나 '죽지랑 생시의 노쇠한 모습'을 읊은 것으로 보고 있어 새 해독이 나온 뒤의 사정은 반영되어 있지 않다. 양희철(1997:69~126)은 창작 시기를 득오가 부산성 창직으로 있을 때라고 보고 작품의 의미를 '부정적인 시류의 견제를 호소하기와 죽지 장군을 흠모하는 마음의 영탄'으로 보고 있다. 그러나 이러한 해석이 가능한 근거가 노래 속에서 찾아질 가능성은 거의 없다.

이에 반하여 이종욱(1986:207~210)은 '익선의 죽지랑 모욕 사건'은 죽지랑과 득오가 15~17세의 화랑도 구성원으로 활동하던 진평왕대 말이나 또는 늦어야 선덕여왕대[632년 즉위] 초에 일어난 일이고, 득오가 노래를 지은 시기는 죽지 장군이 연로한 후인 효소왕대[692년 즉위]라고 분리하여 설명하였다. 이 논의에서 '익선의 죽지랑 모욕 사건'의 시점과 '득오의 노래 창작 시점'을 분리한 것은 앞으로 보듯이 타당한 일이다.

그러나 선덕여왕대 초로부터 잡아도 그들의 화랑도 활동 시기와 효소왕대 초 사이에는 60년의 시간 간격이 있다. 이 사건과 노래가 전혀 별개의 일처럼 되는 것이다. 노래의 내용은 나이 든 죽지 장군을 대상으로 하여 읊은 것이고, '익선의 죽지랑 모욕 사건' 때의 죽지랑은 화랑도의 일원 신분이었다고 보아야 하니 어쩔 수 없이 택할 수밖에 없는 설명법이었을 것이다. 그렇게 되면 이 사건은 15~17세에 화랑도의 일원으로 활동하던 죽지랑과 낭도 득오, 그리고 137인의 수행하였던 낭도 등의 어린 아이들과 6등 관위 관리 익선 아간 사이에 일어난 우연한 충돌이 된다.

만약 '익선의 죽지 장군 모욕 사건'이 진평왕대 후반이나 선덕여왕대 초에 일어난 일이라면, 그 사건으로 인하여 모량리인 승직 불수여 칙령이 내려지고, 거기에 의하여 승직을 받지 못한 원측법사는 그때 몇 살이나 되는 것일까? 이종욱(1986)은 원측법사가 15세에 당 나라로 유학 가서 평생 거기서 활동하였고 귀국하였을 가능성이 없다고 하였다.[70] 그러면 그때는 원측법사가 유학가기 전이라고 할 수밖에 없다.

---

70 조명기(1949)는 '삼국유사'를 보면 성업(成業) 후에 귀국하였을 가능성이 있으나 다시 거토(居土)로 돌아갔다고 하고 있다. 그러나 그 논문은 '원측법사는 귀국하지 않았고 그의 제자 도증(道證)이 귀국하였다.'는 사실에 대해서는 말하고 있지 않다.

15세에 유학 간 사람을 유학 가기 전에 해동 고덕이라고 했을 리는 없다. '원측법사의 승직 불수여' 문제에 대해서는 더 깊이 생각해야 할 필요가 있다.

더욱이 부산성은 '삼국사기'에 따르면 문무왕 3년[663년]에 축성되었다.[71] 그러면 득오가 부산성의 창직으로 차출되어 간 시점은 적어도 문무왕 3년 이후이어야 한다. 죽지 장군이 부산성으로 득오를 찾아간 시점도 그 이후여야 한다. 이 사건은 문무왕 3년 이후에 일어난 일일 수밖에 없다.

지금까지의 논의들이 '익선의 죽지 장군 모욕 사건'과 노래의 창작 시기를 유기적으로 관련지어 설명하는 데에까지 나아갔다고 하기는 어렵다. 생시의 노쇠한 죽지 장군을 묘사 대상으로 하였다고 본 것은 양주동(1942/1965/1981)의 해독에 의지하고 있기 때문이다. 그러나 이미 살펴본 노래 내용이나 앞으로 살펴볼 설화 내용을 감안하면 죽지 장군이 자신을 찾아온 그 날 득오가 노래를 지었을 가능성은 거의 없다. 그리고 '익선의 죽지 장군 모욕 사건'을 그들의 젊은 날로 더 앞으로 소급시키는 것은 원측법사의 승직 불수여 문제와 부산성 축성과 같은 여러 역사적 사실과 일치하지 않는다.

저자는 '익선의 죽지 장군 모욕 사건'은 신문왕 즉위[681년] 초의 김흠돌의 모반으로 화랑도 출신 장군들의 일부가 권력을 상실한 때로부터 11년 후인 효소왕대 초에 일어난 일이라고 본다. 원측법사의 일대기와 맞추어 보면 이 사건은 효소왕 즉위 후에 일어난 일이다. 아마도 신문왕이 승하하고 효소왕이 즉위하는 바로 그 해[692년]에 일어난

71 문무왕(文武王) 3年 "봄 정월에 남산 신성에 긴 창고를 짓고 부산성을 축성하였다.[春正月作長倉於南山新城 築富山城.]"이라 하였다. 그 앞에는 부산성에 관한 기록이 없으므로 이때의 축성이 신축임에 틀림없다.

일일 것이다. 나아가 익선의 장자 동사 사건을 고려하면 692년 겨울에 일어난 일이다.

이 사건은 '젊은 또는 어린 죽지랑'과 '익선 아간'의 우연한 충돌이 아니라, '권력으로부터 축출된 노장군 죽지'와 '익선 아간' 사이의 구조적이고 필연적인 충돌이다.[72] 사병(私兵)이나 은퇴한 군인들의 모임이 있었고, 그 일원인 득오가 익선에 의하여 부역에 징발되었는데, 그를 도우려고 죽지 장군이 나섰으나 그는 이미 당전인 모량 익선 아간이 무시할 정도의 처지에 있었다고 보는 것이다.

'익선의 죽지 장군 모욕 사건'이 효소왕 즉위년에 일어났다 하더라도 이 노래는 그때 지어진 것이 아니다. 저자는 이 노래가 효소왕대에 죽지 장군이 세상을 떠나고 난 뒤 초상 때나 소상 때, 또는 그 사이의 어느 추모 의식에서 만가로 지어진 것이라고 생각한다. 효소왕 즉위 후 7~8년 뒤에 이 노래가 지어졌다고 보는 것이다.

'익선의 죽지 장군 모욕 사건'은 효소왕 즉위[692년 7월] 초에 일어났고, '모죽지랑가'는 그로부터 약 8년 이내 신목왕후가 경영의 모반[700년 5월] 후 승하하는[700년 6월 1일] 시기 전후, 죽지 장군의 사후에 지어졌다. 죽지 장군의 죽음이 '경영의 모반'과 무슨 관련을 맺어야 이 추론이 정확하게 논증이 되는데 아직 그러한 기록은 찾지 못하였다. '삼국유사'에서는 진덕여왕-태종무열왕-문무왕-신문왕대까지 4대에

---

72 저자는 화랑도의 위상 추락의 직접적 원인이 김흠돌의 모반이라고 본다. 그리고 그러한 화랑도 출신 귀족들에 대한 왕실의 축출과 핍박이 일반 사회에 미친 영향이 상당히 컸다는 것의 한 사례로 '익선의 죽지 장군 모욕 사건'을 이해한다. 이 사건은 우연한 충돌이 아니라 그 시대, 그 사회의 구조적 요인에 의하여 필연적으로 촉발되게 되어 있는 일이다. 모반에 연루된 화랑도 출신 최상위 귀족 계층들이 주륙, 축출 당하고 그 낭도들이 병부로 소속이 변경되고 가족들이 노비 신분으로 전락되는 사회에서 중간 관리 층의 위세는 더욱 거세어질 수 있다. 지금 우리 눈 앞에서 벌어지는 제2인자의 숙청과 많이 다르지 않다.

걸쳐 총재까지 지내며 안정 궐방하였다는 죽지 장군이, '삼국사기'에서는 문무왕 11년[671년]의 기록을 끝으로 등장하지 않는다.[73] 그러다가 '삼국유사'의 효소왕대 초[692년]에 등장한다. 그 사이 21년간 죽지 장군은 어디서 무엇을 하였을까? 이 세월이 이 노래의 해석에 열쇠를 쥐고 있는 기간이다.

3) 원측법사 승직 불수여

'원측법사에 대한 승직 불수여'의 문제를 보기로 한다. 그때 원측법사는 해동 고덕이었으나 모량리인인 까닭으로 승직을 주지 않았다. 기록은 (14)에서 보듯이 승직을 주지 않았다.[불수(不授)]로 되어 있다.

> (14) 이때 원측법사는 바로 해동의 고덕이었으나 모량리인인 까닭으로 승직을 주지 않았다.[時圓測法師 是海東高德 以牟梁里人 故不授僧職.]

이 기록은 생각해 보면 매우 이상한 기록이다. 당 나라에 유학 가서 학덕 높은 스님이 되어 여황제(女皇帝) 역할을 하는 측천무후(則天武后)로부터 여불존숭(如佛尊崇)을 받고 있는 스님에게 승직을 주지 않았다느니 어쨌다느니 하는 말이 왜 하필 여기에 기록되어 있는 것일까? 누군가가 외국에 있는 모국을 빛낸 원측법사에게 승직을 주자고 했는데 모량리인이기 때문에 주지 않은 것인가? 그것 외에는 달리 설명할

73 문무왕(文武王) 11年[671年] '6월 장군 죽지 등을 보내어 군사들을 거느리고 백제 가림성의 벼를 짓밟고 드디어 석성에서 당 나라 군사들과 싸워 5300급을 목 베고 백제 장군 2인과 당 나라 과의 6인을 사로잡았다.[六月 遣將軍竹旨等 領兵踐百濟加林城禾 遂與唐兵戰於石城 斬首五千三百級 獲百濟將軍二人 唐果毅六人.]'라고 되어 있다.

방법이 없다.

(14)에서 주절의 주어가 원측법사이고, 그가 승직을 받기를 원했으나 모량리인이라서 안 되었다면, '받지 못했다.[不受.]'가 정상적인 표현이다. '주지 않았다, 주지 못했다.[不授.]'는 주어가 왕이고 왕이 승직을 주고 싶었으나 '모량리인이라서 {주지 않았다, 줄 수 없었다}.'로 읽는 것이 정상적이다. 앞의 원측법사는 종속절의 주어이다. 중간에 주어 교체가 있어 주절의 주어는 왕이다. 이미 80세가 넘은 해동 고덕으로서 측천무후로부터 여불존숭을 받았던 원측법사가 무슨 신라 승직 따위에 연연했겠는가? 그는 생각도 없는데 주지 못해 안달했던 것은 신문왕이고 안달하고 있는 것은 신목왕후와 효소왕이라고 보아야 올바른 독해라 할 것이다.

그렇다면 원측법사는 누구인가? (15)는 조명기(1949:137~140)을 요약한 것이다.

(15) a. 원측법사는 신라의 왕손(王孫)으로 진평왕 34년[612년]에 출생하여 3살에 출가하고 15살[627년]에 당 나라에 유학 가서 ……
b. 유식학(唯識學)을 공부하여 마침내 (당 태종의) 칙령을 봉하고 서명사(西明寺) 대덕이 되었다.
c. 측천무후(則天武后)로부터 여불존숭(如佛尊崇)의 총애를 입은 그를, 신문왕이 여러 차례 표를 보내어 귀국을 요청하였지만 측천무후는 귀국을 허락하지 않았다. 인도에서 오는 고승들을 응대하고 그들이 범어를 중국어로 번역할 때 자문에 응해야 하는 막중한 책무를 수행하고 있었기 때문이다.
d. 효소왕 5년[696년]에 세상을 떠났으니 84세의 수를 누렸다.[74]

74 원측법사의 일생(진평왕 34년[612년]~효소왕 5년[696년])은, 저자가 추정하는 죽지 장군

e. 용문(龍門) 향산사(香山寺) 북쪽 골짜기에 다비(茶毘)하여 사리(舍利) 49립(粒)을 얻어 백탑(白塔)을 건립하였다가 문제(門弟) 서명사주(西明寺主) 자선법사 대천복사 대덕 승장법사 등이 그 사리를 나누어 종남산(終南山) 풍덕사(豊德寺)의 동령에 입탑하고 ……

이제 원측법사가 언제 귀국하여 승직을 받을 위치에 있었으나 받지 못하였는지가 쟁점이 된다. 만약 '익선의 죽지랑 모욕 사건'이 진평왕대[579~632년]나 선덕여왕대[632~647년]에, 즉, 죽지랑이 15~17세의 젊은 화랑도 일원으로 활동하던 시기에 일어났다면 원측법사도 어린 나이에 승직을 받지 못하였다고 보아야 한다. 당 나라 유학을 가기[627년] 전이라 할 것이다. 그런 사람을 해동 고덕이라 할 리는 없다. 그런데 그는 효소왕 5년[696년]에 입적하였다. 그러면 그 전에 귀국하여야 한다. 언제일까?

신문왕의 거듭된 요청에도 측천무후의 허락이 없어 귀국하지 못했던 그에게, 신문왕 치세 말기나 효소왕의 즉위 후에 측천무후의 특별한 배려로 귀국하는 기회가 주어졌을 수 있다. 그런 원측법사에게 신라 조정은 당연히 승직을 수여했어야 하는데 수여하지 못하는 그러한 사정이 이 사건의 핵심인 것이다. 승직을 주지 않았다는 기록은, 당연히 승직을 주었어야 하는데 '모량리인 승직 수여 금지'라는 큰 원칙에 저촉되어 승직을 주지 못하였다는 뜻으로 이해해야 하는 것이다.

의 일생과 시기가 거의 일치한다. 죽지 장군도 진평왕 35년[613년]쯤에 출생하여 효소왕 9년[700년]쯤에 이 세상을 떠나 87세 정도의 수를 누린 것으로 추정된다. 이종욱(1986: 209)도 죽지 장군이 진평왕 17년[595년]생인 김유신 장군보다 10여살 정도 아래일 것으로 보고 있다.

측천무후의 특별한 배려로 원측법사에게 귀국할 기회가 주어진 것은 언제일까? 그 기회는 아마도 나라에 큰 일이 있었을 때일 것이다. 원측법사가 해동의 고덕으로 기록될 정도의 나이가 되었을 때에 일어난 나라의 큰 일은 무엇이었을까? 그것은 바로 신문왕의 승하이다. 신문왕은 692년에 승하하였다. 원측법사가 81세가 되었을 때이다. 승하하기 전에 그렇게도 원측법사의 귀국을 요청하였던 신문왕이 승하하였다는 소식을 듣고, 측천무후는 승하한 신문왕을 위하여 최고, 최적의 조위 인물로 원측법사를 보내려 하지 않았을까? 원측법사는 아마도 측천무후의 조위 전달 임무를 띠고 귀국할 기회를 얻었을 것이다.[75]

75 측천무후는 신문왕과 왜 가까운 사이인가? 그것은 태종무열왕, 문무왕과 관련되어 있다. 이로 보면 측천무후와 신목왕후의 관계도 어느 정도 짐작이 된다. 태종무열왕이 백제, 고구려를 정벌하기 위하여 648년 당 나라에 가서 만났던 당 태종의 후궁이었고, 백제가 멸망한 때[660년]과 고구려가 멸망한 때[668년], 신문왕 즉위 시[681년]을 거쳐 682년까지 당 나라를 다스린 고종의 황후로서 막후에서 고종을 조종한 사람이 측천무후였다. 그러다가 드디어 682년 고종의 사망 후부터 중종(中宗)을 세워 다스리다 그를 폐하고 705년까지 23년간 무주(武周)의 여자 황제로서의 지위를 누리다가 승하하면서 중종을 다시 세워 당 나라 황후로 복귀한다. 신문왕과 효소왕 치세[681년~702년]은 대략 당 나라의 측천무후의 통치 시기[682년~705년]과 일치한다. 측천무후는 태종무열왕, 문무왕, 김인문과도 친밀한 관계를 맺었을 것이고, 태종무열왕의 손자인 신문왕과 외손녀인 신목왕후까지도, 나아가 신목왕후의 어머니인 태종무열왕의 딸 김흠운의 부인까지도 잘 알고 있었다고 보아야 한다. 그리고 그 중간에는 원측법사가 있었던 것으로 보인다. 이로부터 10년 후인 702년 '효소왕의 승하' 소식을 듣고 측천무후가 이틀이나 정사를 보지 않았다고 하는 '삼국사기' '신라 본기' 성덕왕 즉위년의 기록은 효소왕과 측천무후를 연결하는 어떤 사슬이 있었다고 추측하게 한다. 그리고 그 사슬의 고리 한 축이 원측법사가 아닐까 하는 생각을 하게 한다. 측천무후는 효소왕이 승하한 것을 큰 슬픔으로 여겼고, 그의 아우이며 신문왕과 신목왕후의 또 다른 아들인 성덕왕이 왕위에 오르는 것에까지 간여하였을 가능성이 있다. 여기서 저자는 원측법사의 힘만으로 과연 이것이 가능했을까 하는 생각을 한다. 그 당시의 국제 관계를 더 자세히 알아야 할 필요를 느낀다. 신라와 당 나라의 관계는 좀 특별한 면이 있다. 정말로 수수께끼의 인물은 신목왕후의 어머니인 태종무열왕의 딸, 김흠운의 부인이라는 여인이다. 이 여인은 딸 신목왕후가 있고, 신목왕후의 아버지 김흠운이 태종무열왕의 사위라는 기록이 있으니, 태종무열왕의 딸로 존재하는 투명 인간 같은 사람이다. 사서의 기록에는 실체가 드러나지 않는다. 태종무열왕의 첫딸 고타소와는

'삼국사기'의 '신라 본기' 효소왕 즉위년[692년]의 기록 (16)을 논거로 들 수 있다.

(16) a. 692년 효소왕이 즉위하였다. 왕의 이름은 이홍(또는 이공이라고도 한다)으로 신문왕의 태자이며 그 어머니의 성은 김씨로 신목왕후인데 일길찬 김흠운의 딸이다.[孝昭王立 諱理洪(一作恭)神文王太子 母姓金氏神穆王后 一吉湌金欽運(一云雲)女也.] <u>당의 측천무후는 사신을 보내어 조문하고 제사를 모시고 이어 왕을 신라왕 …… 으로 책봉하였다.</u>[唐則天 遣使弔祭 仍冊王爲新羅王 ……]

b. 원년[692년] 8월 대아찬 원선을 중시로 삼았다.[元年八月 以大阿湌元宣爲中侍.] 고승 <u>도증(道證)이 당으로부터 돌아와서 천문도(天文圖)를 올렸다.</u>[高僧道證自唐廻上天文圖.]

(16a)에서 보듯이 이렇게 조위를 전하고 제사를 모시는 사절단의 일원으로 원측법사가 귀국하였을 가능성이 없는 것은 아니다. 그러나 그는 이미 81세의 고령이다. 먼 귀국 길을 감당할 수 없었다. 직접 갈 수 없으니 자신의 역할을 대신할 수 있는 사람을 보낼 수밖에 없었을 것이다. 누가 가장 적임자일까? 신라 출신으로 자신의 유식학을

어떤 관계인지, 문명왕후가 정처가 된 뒤에 낳은 문무왕의 친동생인지 알 수가 없다. 원효대사(617년~686년)와의 사이에 설총(655년?~?)을 둔 요석공주(瑤石公主)가 바로 이 사람이었을 가능성이 있다. 홀로 된 요석궁의 공주에게서 나라를 고일 기둥을 얻은 원효대사의 시절에 공주일 수 있는 사람은 태종무열왕의 딸일 수밖에 없다. 진평왕(567년?~632년)의 딸이라면 선덕여왕의 뒤를 이었을 것이고, 선덕여왕, 진덕여왕의 딸이 있었다면 왕위 계승자가 되었을 것이기 때문이다. 김흠운이 655년 2월에 전사하였으므로, 신목왕후의 어머니와 요석공주를 동일시하려면 설총의 출생년도가 655년 말 이후여야 한다는 조건만 남는다. 요석공주는 문명왕후의 언니 보희 소생이라는 설이 있다.

가장 잘 이해하는 제자를 골라 대신 보내었을 것이다.

(16b)에는 692년 8월의 기사 뒤에 월일(月日)이 없이 도증(道證)이 귀국하여 천문도를 바친 것을 적고 있다. 이 시기는 언제일까? 도증은 정확하게 신문왕 승하(7월) 후에 '삼국사기'에 등장하는 것이다. 왜 하필 효소왕 즉위년의 8월 이후에 도증이 귀국한 것일까? 우연의 일치일까? 그 당시 당 나라와 신라 사이에 오가는 배편은 흔했을까? '원측법사보다 13살 적은 의상대사(625~702년)가 당 나라로 가다가 고구려에 붙잡혀서 첩자로 의심받아 고생하고 661년[문무왕 1년]에 당 나라 사신의 배편을 빌려 타고 건너간' 일을 생각하면 도증의 귀국은 (16a)의 당 나라 사신이 타고 오는 배와 무관하다고 할 수는 없을 것이다.[76]

원측법사는 연로하여 귀국하지 않고 도증이 사절단의 일원으로 와서 천문도와 원측법사의 학문을 전했던 것이다. 도증의 귀국은 사절단의 일원으로 측천무후의 조위를 전하는 것이 1차적 목적이고 부수적으로 천문도를 전하고 유식학을 전했을 가능성이 크다. 그것은 여하튼 692년 8월 이후에 원측법사의 제자 도증이 귀국한 것은 사실이고, 그가 천문도를 바치기 위하여 효소왕을 만난 것도 사실이다.

'글로벌 세계 대백과사전' '원측' 항목에는 (17)과 같이 기록되어 있다.

> (17) 당시 중국 불교계는 법상종과 천태학 등 계파에 따라 날카롭게 대립하고 있었는데, 원측은 법상종 계열이면서도 양자의 융합을 주장하여, 법상종의 정통파를 자처하던 자은파로부터 이단 취급

76 692년[효소왕 원년]에 중국 화엄종의 제3조 현수(賢首)는 승전(勝詮)이 귀국할 때 그의 저술 '화엄경탐현기'와 그 비판을 구하는 서신을 의상대사(義湘大師)에게 보냈는데 그 친필이 오늘날까지 전해지고 있다 한다. 이들은 우연히 같은 해에 귀국한 것일까?

> 을 받았다. 그러나 일본 승려 엔지의 기록에도 나오듯이, 당에 많이 와 있던 신라 출신 승려들이 원측의 사상을 계승하여 하나의 계파를 이루어 그의 사상을 계속 이어나갔고, 원측의 제자 도증(道證)은 692년[효소왕 1년]에 신라로 귀국하여 원측의 유식학(唯識學)을 신라에 전했다.

신문왕이 배움을 얻기를 바라던 원측법사, 그의 제자 도증(道證)이 귀국했을 때 신목왕후와 효소왕은 그를 통하여 원측법사에게 최대의 선물을 하고 싶었으리라. 당 나라 측천무후로부터 산부처로 존숭을 받는 원측법사에게 신라 최고의 승직을 주고 싶었을 것이다. 그러나 그 바로 전에 '익선의 죽지 장군 모욕 사건'으로 효소왕은 모량리인들에게 관직, 승직을 주지 않겠다는 칙령을 내려놓았다. 이 칙령에 자승자박되어 효소왕은 원측법사에게 어떠한 승직도 주지 못했을 것이다. 이것이 '삼국유사'의 '효소왕대 죽지랑' 조에 '익선의 죽지 장군 모욕 사건'에 원인을 두는 '모량리인 관직, 승직 불수여'와 관련되어 '원측법사의 승직 불수여 사건'이 함께 적혀 있는 진정한 이유이다. 그리고 원측법사는 효소왕 5년[696년] 7월 22일 속세의 나이 85세로 입적하게 된다.

이로 보면 '익선의 죽지 장군 모욕 사건'은 정확하게 신문왕이 승하하고 효소왕이 즉위한 해[692년]에 일어난 것이다. 신문왕이 승하하여 승하 부고가 당 나라에 전해지고 당 나라 측천무후가 조위를 표하기 위한 사절단과 함께 도증을 보내어 그가 신라로 오는 시기의 사이[약 4개월 정도 소요되는 여정이다]에 '익선의 죽지 장군 모욕 사건'이 위치하는 것이다.[77] '익선의 죽지 장군 모욕 사건'은 효소왕 즉위[692년

77 태종무열왕 8년[661년] 6월 이후 왕이 승하한 뒤에, '고종이 부음을 듣고 낙성문에서 애도식을 거행하였다.[高宗聞訃擧哀於洛城門.]'라 되어 있다. 문무왕 즉위년[661년] 전장

7월] 후, 692년 12월(?)의 도증의 귀국보다는 앞서 일어난 일이다. 이렇게 해석해야 '효소왕대 죽지랑' 조에 이 사건이 기록되고, 또 '모량리인 관직, 승직 불수여'와 '원측법사 승직 불수여'가 함께 적혀 있는 까닭이 이해되는 것이다.

4) 도(徒)와 유(遊)의 의미

'익선의 죽지 장군 모욕 사건'이 일어났을 때 죽지와 득오는 몇 살이나 되었을까? 그들은 정말 젊은 화랑도의 수련원들이었을까? 그러면 '모량리인 관직, 승직 불수'의 칙령을 내린 대왕도 진평왕이나 선덕여왕이다. 원측법사에게 승직을 주지 않은 것도 이 때이다. 그리되면 "원측법사는 15살 이전에 해동 고덕이었으나 승직을 받지 못하여 당 나라로 유학을 갔다."가 된다. 뭔가 이상하다.

저자는 '삼국유사'의 이 기록의 첫 머리 (18)에 주목한다. '죽만랑의 도에 득오 급간이 있었다.[竹曼郎之徒 有得烏級干.]'는 무엇을 뜻하는 말일까?

> (18) 제32대 효소왕대에 죽만랑의 도에 득오(또는 곡(谷)이라고도 한다) 급간이 있었는데 풍류황권에 이름이 속하여 날마다 나오더니 10여 일 동안 보이지 않았다.[第三十二代孝昭王代 竹曼郎之徒有得烏(一云 谷)級干 隷名於風流黃卷 追日仕進 隔旬日不見.]

에 있던 문무왕은 10월 29일에 당 나라 황제의 조위 사신이 도착하였다는 소식을 듣고 전장에서 서울로 온다. 그리고 사신이 조위를 표하고 제사를 올린다. 이로 보면 부음을 듣고 당 나라에서 서라벌에 조위 사신이 오는 데에 4개월 정도 소요된다. 효소왕 즉위년 [692년] 7월에 신문왕이 승하하였으니 도증이 서라벌에 온 것도 692년 12월 이후 겨울이었을 것이다.

'죽만랑지도'가 무엇일까? 흔히 이를 '죽만랑의 무리', '죽만랑의 낭도' 등으로 번역한다.[78] '죽만랑의 무리'는 정확한 번역이지만 '무리'라고 함으로써 집단의 조직력, 응집력 등이 느껴지지 않는 그냥 무리로 느껴진다. '죽만랑의 낭도'는 잘못된 번역이다. 만약 그런 뜻이라면 '죽만랑지낭도(竹曼郞之郞徒)'가 되어야 할 것이다. 여기서의 도(徒)는 단순한 무리도 아니고, 낭도(郞徒)는 더욱 아니다. 이 徒(도)에는 중요한 뜻이 들어 있다.

여기서 저자는 화랑[풍월주] 김유신의 '용화향도(龍華香徒)'를 떠올린다.[79] '용화향도'는 15세에 화랑이 된 김유신이 거느리던 한 그룹의 젊은이들의 단체 이름이다. 그들이 장성하여 군인이 되었을 때는 '용화향도'가 김유신 장군 직할 부대 명칭이었을 수도 있다. '용화'는 '용화수'로서 미륵신앙에서 내세불인 미륵불이 도솔천에서 용화수 아래로 내려와 3번 설법한다는 것에서 나왔다. 화랑을 미륵으로 보고 그를 따르는 낭도들을 향도라고 불렀던 것으로 이해할 수 있다.

젊어서 화랑도 활동을 함께 했던 사람들은 나이 들어서도 일정한 세력을 형성하여 사병(私兵) 같은 집단을 이루고 있었거나, 적어도 선후배들이나 상하간의 동문회 비슷한 조직을 유지하고 있었을 것이다.[80]

78 죽지랑과 죽만랑이 동일 인물인지 다른 인물인지 생각할 필요가 있다. '삼국유사' '효소왕대 죽지랑' 조에 죽지랑에 대하여 '또는 죽만이라고도 한다.[亦作 竹曼] 또는 지관이라고도 이름하였다.[亦名 智官]'이라 하였다. '죽지'의 이름이 '죽만'도 되고 '지관'도 된다는 뜻이다. 각 이름의 첫 글자가 '죽지[竹智]'인 것도 흥미롭다. 현재로서는 동일 인물로 볼 수밖에 없다. 그러나 다른 인물이라 해도 '죽만랑'의 '도(徒)'에 속한 득오가 죽지 장군을 추모하는 노래를 지었다고 함으로써 해결할 수 있다.

79 '삼국사기' '열전' '김유신 상'에는 "공[김유신]은 15세에 화랑이 되었는데 당시 사람들이 기쁘게 복종하여 '용화향도'라고 불렀다.[公年十五歲爲花郞 時人洽然服從 號龍華香徒.]"라고 되어 있다.

80 화랑도의 조직, 낭도와 화랑의 관계 등에 대해서 깊이 생각할 필요가 있다. 조범환(2008)이 화랑과 낭도의 관계, 화랑의 나이와 낭도의 나이 문제 등에 대하여 중요한 정보를

삼국 통일 전쟁에 참전한 장군들의 부대 구성도 젊은 날의 화랑도 활동 단위와 무관하지 않을 것이다. '삼국사기' '열전' '김흠운' 조의 기록 (19)에서는 이 徒(도)를 해석하는 데 필요한 결정적인 정보를 볼 수 있다. (19a)의 유(遊), (19b)의 도중(徒衆), (19c)의 동문승(同門僧)이 모두 중요한 정보를 담고 있다.

(19) a. 흠운이 젊어서 화랑 문노의 문에서 유하였다.[歆運少遊花郎文努之門.]

b. 이때 도의 무리들이 아무개가 전사하여 이름이 지금까지 남았다고 하면[時徒衆言及某戰死留名至今], 흠운은 감개하여 눈물을 흘리면서 스스로 결려하며 생각을 가다듬는 (그런 사람처럼 되려는) 모습이 있었다.[歆運慨然流涕有激勵思齊之貌.]

c. 동문의 승려 전밀이 이 사람이 만약 적진으로 나가면 반드시 돌아오지 않을 것이라고 말하였다.[同門僧轉密曰 此人若赴敵必不還也.]

(19a)에서는 '遊[놀 유]'자가 특이하다. 그냥 '놀다'로 번역하기 어렵다. '遊'자를 특수한 의미로 쓰고 있는 것이다. '遊'는 소년들이 모여서 함께 공부하고 수련하는 오늘날의 보이스카웃 활동 비슷한 이미지를 떠올리게 한다. (19b)의 '徒衆(도중)'은 그냥 '무리'를 뜻하는 것이 아니다. 당연히 '낭도의 무리'라는 뜻도 아니다. 이는 '도의 무리'라고 할 수밖에 없다. '도를 이루고 있는' 일군의 젊은이들이 떠오른다. (19c)의

담고 있다. 특히 화랑과 낭도의 관계가 카리스마적 관계가 아니라 공동체이거나 이해집단의 성격을 가진다고 파악한 점이 주목된다. 특히 관직을 가진 낭도들은 화랑의 도에 이름을 얹어 놓고도 맡은 직책에 따라 다른 사람의 휘하에 들어갈 수 있음을 알 수 있다.

'동문의 승려' 전밀(轉密)은 화랑도 속에 승려들이 들어와 있었음을 보여 준다.[81] 오늘날의 군종 신부와 군종 스님을 연상시킨다. '徒'는 상당한 조직력을 갖춘 '遊'하는 단체를 뜻하는 것이다. 그리고 한 그룹의 젊은이들의 모임을 '門(문)'으로 부르고 있다.

이와 똑 같은 용법으로 사용된 '遊(유)'자를 (20a)에서도 볼 수 있다. (20a)는 '삼국사기' '열전' '김유신 중'의 기록이다. 문무왕 2년[662년] 정월 23일 칠중하[연천군 장남면 원당리 호로고루 옆 임진강]을 건너 평양성에 군량을 수송하던 김유신 장군이 보기감(步騎監) 열기(裂起)를 불러 평양성을 공격 중인 소정방에게 서신을 보내는 장면이다.

(20) a. 이에 보기감 열기를 불러, '내 어릴 때부터 너와 함께 遊(유)하였으므로 너의 지조와 절개를 잘 안다. 지금 나의 뜻을 소 장군에게 전하고자 하나 그만한 사람을 얻기가 어렵다. 네가 가히 가 주지 않겠는가?' 하니[乃喚步騎監裂起曰 吾小與爾遊知爾志節 今欲致意蘇將軍而難其人 汝可行否], 열기가 '제가 비록 불초하나 외람되게 중군의 직책을 맡았고 하물며 장군의 명령을 받았으니 비록 죽는 날이라도 살아 있는 해와 같이 여기겠습니다.' 하고 드디어 장사 구근 등 15인과 더불어 평양으로 가서 소 장군을 보고 말하기를 …… [裂起曰 吾雖不肖 濫中軍職 況辱將軍使令 雖死之日 猶生之年 遂與壯士仇近等十五人 詣平壤見蘇將軍曰 ……]

b. (대왕은) 이에 태대서발한의 관직과 식읍 5백호를 주고 아울러 여장을 하사하여 궁궐에서도 거리낌 없이 사용하게 하고, 여러 도와주는 막료들에게도 각각 관위를 1급씩 올려 주었다.[於是

81 화랑도 내의 승려들의 활동에 대한 종합적인 고찰은 조범환(2012)를 참고하기 바란다.

授太大舒發翰之職 食邑五百戶 仍賜輿杖 上殿不趨 其諸寮佐各賜位一級.]

어릴 때부터 김유신 장군과 함께 유(遊)하면서[82] 지낸 중군이라는 직책의 열기라는 군인이 백제가 멸망한 후에까지 김유신 장군 부대에 종군하고 있었음을 보여 준다. 그가 화랑도 출신이라면 그는 '용화향도' 시절부터 내내 김유신 장군을 따라다닌 그 부대의 핵심 요원이었을 것이다.[83]

(20b)는 '삼국사기' '열전' '김유신 하'의 기록이다. 문무왕 8년[668년] 왕은 고구려를 멸망시키고 김유신 장군에게 상을 주는데, '그를 도와주는 다른 막료들'에게도 상을 주고 있다. 이로 보면 김유신 장군에 속한 별도의 막료들을 상정해야 한다.

이렇게 화랑도 출신 장군들이 나중에 관리가 되고 정치인이 되어 조정에서 일할 때에도 젊은 날 화랑도 활동을 통하여 이루어진 조직과 부대 구성원들이 함께 일하고 있었다고 보아야 한다. 이들도 포괄적으로 화랑도라 불린 것으로 보인다.[84]

82 '遊[놀 유]', 이 '遊'는 많은 것을 암시한다. 소년들이 조직된 '徒(도)'를 이루어 함께 수련하고 명산대천을 유람하였을 활동이 '遊'라는 말 속에 들어 있다. 오늘날 중국어 '旅游(여유)'는 관광여행을 의미한다.

83 고대의 군대는 오늘날처럼 지휘관이 임기가 차면 전근가고, 병사들이 제대하고 나면 신병이 들어오고, 우연히 국가의 명에 의하여 한 부대에 배치된 사람들끼리 지휘관이 되고 참모가 되는 식으로 운영되지 않았을 것이다. 장군은 자기 고유 부대를 가지고 있고 그 부대의 참모들은 평생을 그 장군을 보좌하며 함께 운명 공동체를 이루었을 것이다. 병사의 보충도 자기의 근거지로부터 장정을 징발해 오는 식으로 운영되었을 것이다. 신라 하대의 장보고의 청해진 부대나 김우징을 신무왕으로 세우는 김양의 부대들은 거의 사병의 성격을 지닌다. 구성원들 사이의 관계가 오래 되고 긴밀하여 강력한 군대가 될 가능성도 크지만, 아름아름으로 부패할 가능성도 있다.

84 (그러지 않으면 '화랑세기'가 말하는 '김흠돌의 모반'으로 화랑도를 폐지하였다는 말이

이와 같이 여기서의 '죽만랑지도'는 죽지 장군이 거느리던 한 그룹의 화랑도 출신들의 단체명일 것이다. 죽지 장군은 이 '죽만랑지도'를 거느리고 백제, 고구려와의 전쟁에 참전하였을 것이고, 당 나라에 대한 투쟁에까지 이 부대는 활동하였을 것이다. '죽만랑지도' 출신들도 죽지 장군이 집사부 중시, 총재 등의 중책을 맡았을 때에 그를 보필하고 있었을 것이다. 그 후는 어떻게 되었을까? 신문왕 즉위 시[681년]까지는 화랑도가 해체되지 않았다 하니 이 부대도 그 때까지는 아마도 70여 세가 되었을 죽지 장군과 함께 그 조직을 유지하고 있었을 것이다.[85]

이렇게 폐지했던 화랑도를 다시 부활시켰다는 것은 일종의 타협이 이루어졌음을 의미한다. 모반에 가담한 화랑도 출신 군대는 풍월주 출신들이 다 죽고 낭도들도 분산되었다. 모반 가능성이 있는 세력들은 다 진압되었다. '삼국사기' 신문왕 즉위시의 기록에는 이 모반의 진압에 3-4일이 걸렸다고 적고 있다.[86] 모반에 가담하지 않은 화랑도 부대들은 어느 정도 그 전의 제도를 유지하여 수도 생활을 하는 것은 허용한 것으로 이해되는 것이다.

이해가 되지 않는다. '화랑도를 해체하였다'는 것은 무엇을 의미하겠는가? 자의왕후의 화랑도 해체가 젊은이들의 수련 단체를 해체하였다는 말은 아닐 것이다. 그것은 김흠돌, 흥원, 진공 등과 함께 활동하였던 화랑도 풍월주 출신이 거느린 군의 사조직(私組織), 또는 사병(私兵)을 해체하였다는 말로 이해해야 한다.)

85 ('화랑세기'에는 신문왕 즉위년 김흠돌의 모반으로 화랑도가 해체되고 많은 낭도들이 병부 소속으로 바뀌었다고 되어 있다.) 이들은 아마 반란군에 속했던 화랑도 출신 군사들이었을 것이다. 그들은 어차피 풍월주 출신 우두머리들이 죽었으니 함께 죽었거나 살아남았다면 나라의 군대가 되었을 것이다. 자의왕후는 풍월주 출신 장군이 많은 사병(私兵)을 거느리고 왕권에 모반하는 것을 막기 위하여, 풍월주를 없애고 국선으로 이름을 바꾸어 도를 닦는 것만 허용하여 무사 집단, 인재 배출 창구로서의 화랑도의 성격을 바꾼 것이다.

86 ('화랑세기'의 32세 풍월주 '신공' 조에 '중신들이 오래 된 제도를 갑자기 바꾸면 안 된다고 생각하였다. 자의왕후가 이에 득도하여 국선이 되는 것을 허락하였다.'고 되어 있다.)

김흠돌의 모반이 진압된 후 죽지 장군의 부대는 어떻게 되었을까? '죽만랑지도'는 유지되었을까? 죽지 장군은 모반에 가담한 흔적이 없다. '죽만랑지도'도 681년의 김흠돌의 모반으로 많은 화랑도들이 해체될 때 일단 해체되었다가 다시 부활된 화랑도의 한 도일 것이다. 죽지 장군 부대 출신들은 과거의 제도를 유지하면서 풍류황권을 작성하여 활동하고 있었고 은퇴한 노화랑 죽지의 주변에 있는 득오 같은 옛 부하 낭도들이 이런 저런 공적인 일에 차출되어 노역을 제공하는 상황이 되었을 것이다.[87] 그리하여 '효소왕대 죽지랑' 조의 '죽만랑지도'에 '득오 급간이 있었다'는 말은 효소왕 시대에 죽지 장군의 '죽만랑지도'가 있었고 젊은 시절부터 그 부대에 소속된 득오가 그 부대의 명부에 이름을 올린 것으로 이해된다.[88]

'익선의 죽지 장군 모욕 사건'이 일어났을 때 죽지랑과 득오가 15~17살의 어린 나이이라는 추정은 성립하기 어렵다. 기록 (12a)에서 죽지랑과 득오가 어린 화랑도의 일원으로 활동하고 있다는 근거가 없다. 죽지를 '낭'이라 한 것이 있기는 하다. 그러나 그것이 죽지가 그 당시 어린 화랑단원이라는 것을 보장하는 것은 아니다. 낭이란 죽지랑의 '랑'인 것이지 화랑의 '랑'은 아니다. 득오를 '낭도'라고 부른 것도 없다. 137

---

87 나중에 보는 바대로 '삼국사기' '열전' '열기' 조에는 김유신 장군의 부하였던 구근(仇近)이 원정공(元貞公)의 수하로 서원(西原)의 술성(述城)을 쌓는 데 가서 부역하고 있다. 이도 득오가 익선의 밭에 거서 부역하는 것과 비슷한 경우로 보인다.

88 이렇게 볼 때 풀리지 않는 한 가지 문제는 득오 어머니의 연령이다. 죽지 장군은 득오의 어머니를 불러 '그대의 아들이 어디에 있습니까?' 라고 물었다. 아내가 아니라 어머니를 불렀다는 것이 이상한 것이다. 혼인하였으면 득오 50대, 어머니 70대, 죽지 장군 80대로 상정할 수 있고, 그러면 아내를 불러야 했을 것이다. 혼인하지 않았다면 득오 10대, 어머니 30대, 죽지 장군 10대로 상정해야 하는가? 죽지 80대, 득오 50대 득오 모 70대의 연령으로 상정할 수 있는 묘책이 없다. 득오가 홀아비였을까? 이 문제는 앞으로 이 설화와 노래에 대하여 새로운 해석을 낳을 여지를 안고 있다.

인의 낭도라 한 것은 과거에 죽지 장군을 따르던 조직원들을 그 때의 지칭어로 부른 것이다.

저자는 무엇보다 (12a)에 나오는 죽지 장군이 어린 화랑이 아닌 원숙한 노신사의 이미지를 지니고 있음을 주목한다. '공적인 일과 사적인 일의 구분', '떡과 술을 준비하여 면회를 갔다.'는 일들이 노숙한 분위기를 풍기고 있다. 특히 '휴가를 청하여 함께 돌아가려 했다.'는 것은 '원상 복귀를 하려는 것'이 아니고 이미 주어진 상황, 득오가 익선에게 부역해야 하는 상황을 받아들이고 있는 노쇠한, 거세된, 어느 정도 체념한 80여세 된 노장군의 쓸쓸함을 풍기면서 또한 세상 일에 달관한 원로의 멋있는 풍모를 보이고 있는 것으로 느껴진다. 절대로 15~17세의 팔팔하고 패기만만한 잘못 없는 젊은 화랑단 일원이 보여 줄 수 있는 풍모가 아니다. 또 '세금 거두어 가던 간진은 왜 30석을 내어놓으며, 진절은 기마와 안구를 무엇을 보고 주었겠는가?' 다 어른들 사이의 일이지 아이들과 어른 사이의 일이 아니다.

효소왕대에 득오가 이름을 올린 풍류황권(風流黃卷)은 '죽만랑지도'의 은퇴자들이나 사병들의 명단일 것이다. 그러니 죽지랑과 함께 부산성에 간 137인의 낭도와 죽지랑이 화랑도의 어린 소년들이라고 생각해야 할 필연적인 이유는 없다. 그들은 김흠돌의 모반으로 인하여 이미 해체되었다가 겨우 수도 생활만 허락된 예비역 화랑도 단원들이거나 명맥만 유지하여 수도를 하는 단체의 일원인 것이다. 그러나 죽지 장군도 김유신 장군의 직속 부하였고 김흠돌 등과 나란히 전쟁을 수행하고 벼슬에 올라 함께 국사를 논의한 문무왕대까지의 중심인물이었다. 그도 '죽만랑지도'를 유지하기는 하였지만 예전의 부하들 가운데에는 득오처럼 다른 부대에 징발되어 가서 늙은 몸으로 창고지기라도 해야 하는 거세된 입장에 놓여있었던 것이다.

5) 급간 득오의 관위

득오의 관등이 급간[9등 관위]으로 나오는 것도 이 사건이 그가 나이 든 후에 일어난 일이라는 것을 말해 준다. 급간은 득오의 최종 직급일 것이기 때문이다. 어떤 사람이 소판으로 적히는 것은 죽은 후나 은퇴한 후의 최종 관등이 소판이기 때문이다.[89]

젊은 나이의 화랑도 낭도인 득오가 급간의 관등을 받는 것은 이상한 일이다. 김흠운은 태종무열왕의 사위였으나 전사한 뒤에 일길찬[7등 관위]을 추증 받았다. 그리고 내내 그 딸이 왕비가 되는 시점의 기록에도 일길찬 김흠운으로 기록된다. 관창도 전사한 뒤에 급찬[=간]을 받았다. 산 득오가 젊은 날 급간을 받았다는 것은 납득이 되지 않는다. 급간은 득오의 최종 관등이고 그는 관직에서 물러난 뒤에도 급간이며 죽은 뒤에도 급간이다.

신라의 관등이 충분한 심사숙고 없이 쉽게 주어지는 것이 아니라는 점을 보여 주는 좋은 일화가 있다. (20a)에서 본, 평양성을 포위하고 고구려를 공격하고 있는 소정방에게 군량을 수송하는 김유신 장군이 3만여보 떨어져 있는 소정방에게 자신의 부대가 칠중하(七重河)[=호로하(瓠瀘河)]를 건넜음을 전하는 군사 기밀 서한을 열기(裂起)를 통하여 전한 뒤의 장면이다. '삼국사기' '열전' '열기' 조의 기록이다.

(21) a. 열기는 역사가 성을 잃어버렸는데[裂起 史失族姓], 문무왕 원년에 당 나라 황제가 소정방을 보내어 고구려를 토벌하며 평양성

89 조선 시대 기록에서 이조판서 아무개라고 할 때, 첫째는 그 사건 당시의 그의 직책을 말하는 것이고, 둘째는 사후나 은퇴 후에 그의 최종 직책이 이조판서에 이르렀다는 말이다. 이조판서를 거쳐 나중에 우의정, 좌의정까지 지낸 사람을 사후 기록이 이조판서라고 적지는 않는다.

을 포위하고 함자도총관 유덕민이 왕에게 전하기를 군자를 평양으로 보내 달라고 하였다.[文武王元年 唐皇帝遣蘇定方討高句麗 圍平壤城 含資道摠管劉德敏傳宣國王 送軍資平壤.] 왕은 대각간 김유신 장군에게 쌀 4000석과 조 22,250석을 수송하라고 명하였다.[王命大角干金庾信 輸米四千石 租二萬二千二百五十石.] 장새에 도착했을 때 바람과 눈이 매우 추웠는데 사람과 말이 많이 동사하였다.[到獐塞 風雪沍寒 人馬多凍死.] 고구려 군인들이 (신라) 병사들이 지친 줄을 알고 공격하려 하였다.[麗人知兵疲 欲要擊之.] 당 나라 군영은 3만여보 떨어졌으나 전진할 수가 없었다.[距唐營三萬餘步 而不能前.] 서신을 보내고자 하였으나 그만한 사람 구하기가 어려웠다.[欲移書而難其人.] 이때 열기가 보기감으로 있었는데 보행하여 나아가 말하기를 제가 비록 늙고 막혔지만 갈 사람 수인을 마련해 보겠습니다.[時裂起以步騎監輔行 進而言曰 某雖駑蹇 願備行人之數] 하였다. 드디어 군사[90] 구근 등 15인이 활과 검을 지니고 말을 달려갔다.[遂與軍師仇近等十五人 持弓劍走馬.] 고구려 군인들이 바라만 보고 막지 못 하였다.[麗人望之 不能遮閼.] 무릇 2일간 말을 달려 소 장군에게 치명하였더니 당인들이 듣고 기뻐하며 위로하고 답서를 주었다. 열기는 또 2일 동안 달려 돌아왔다.[凡兩日致命於蘇將軍 唐人聞之 喜慰廻書 裂起又兩日廻.] 김유신 장군은 그 용기를 가상히 여겨 급찬 위[9등 관위]를 주었다.[庾信嘉其勇 與級湌位.] 군대가 돌아와 김유신 장군이 왕에게 아뢰기를 '열기, 구근은 천하의 용사라 신이 편의상 급찬 위를 허하였으나 그 공로에 미치지 못합니다. 원컨대 사찬[8등 관위]으로

90 壯士(장사)의 잘못으로 보인다. '삼국사기' '열전' '김유신 중'에는 군사(軍師)가 아니고 장사(壯士) 구근(仇近)으로 되어 있다.

위를 더해 주소서.[及軍還 庾信告王曰 裂起仇近 天下之勇士也 臣以便宜許位級湌 而未副功勞 願加位沙湌.]' 하였다. 왕이 말하기를 '사찬의 높이는 역시 과하지 않은가.[王曰 沙湌之秩不亦過乎.]' 하였다. 김유신 장군이 재배하여 아뢰기를 '작록은 공기입니다. 세운 공으로써 할 바입니다. 어찌 과하다 하겠습니까?[庾信再拜曰 爵祿公器 所以酬功 何謂過乎.]' 하였다. 왕이 허락하였다.[王允之.]

b. 후에 김유신 장군의 아들 삼광이 정권을 잡았을 때 열기가 나아가 군수를 구하였으나 불허하였다.[後庾信之子三光執政 裂起就求郡守 不許.] 열기가 기원사 승려 순경과 더불어 말하기를, 나의 공이 큰데 군수를 청하였으나 얻지 못하였다. 삼광이 부친이 돌아가신 뒤로 거의 나를 잊어버렸는가 보다.[裂起與祇園寺僧順憬曰 我之功大 請郡不得 三光殆以父死而忘我乎.] 순경이 삼광을 설득하여 삼광이 이에 삼년산군의 태수를 주었다.[順憬說三光 三光授以三年山郡太守.] 구근은 원정공을 따라 서원 술성을 건축하였는데 원정공이 남의 말을 듣고 일에 태만하다고 하여 매를 때렸다.[仇近從元貞公 築西原述城 元貞公聞人言 謂怠於事 杖之.] 구근이 말하기를 내가 일찍이 열기와 더불어 예측불가능한 땅에 들어가서 대각간의 명을 욕되이 하지 않았거늘 대각간이 나로써 무능하다 하지 않고 나라의 선비로써 대우하였다.[91] 이제 떠도는 말로써 죄를 주니 평생의 욕이 이보다 더한 것은 없다. 원정이 듣고 죽을 때까지 부끄러

91 이 사(士)도 의미심장한 말이다. '효소왕대 죽지랑' 조에는 '공(公)이 사(士)를 중히 여기는 풍모'라는 말이 나온다. 이 사(士)는 우리의 관념 속에 들어 있는 조선 시대의 선비가 아니다. 득오나 구근 등 士(사), 또는 국사(國士)로 나오는 이 말이 어쩐지 무사를 가리키는 일본말 '사무라이'를 연상시킨다. 그들도 칼잡이이면서 서류를 만지는 문사의 기능도 하고 있었을 것이다.

워하고 뉘우쳤다.[仇近曰 僕嘗與裂起入不測之地 不辱大角干之命 大角干不以僕爲無能 待以國士 今以浮言罪之 平生之辱無大此焉 元貞聞之 終身羞悔.]

(21a)는 김유신 장군과 문무왕이 한 등급 차이의 벼슬을 주면서 의견 충돌을 빚고 있는 장면을 보여 준다. 김유신 장군은 전장에서 편의상 열기(裂起)에게 급간[9등 관위]를 주었다가 왕에게 정식으로 한 등급 올려 사찬[8등 관위]를 주기를 청하였다. 문무왕이 사찬은 너무 높지 않은가 하고 결재를 하지 않으니, 장군은 그 세운 공이 사찬이 될 만하다고 자신의 의견을 관철시키고 있다. 급간(찬)[9등], 사찬[8등], 일길찬[7등], 아간(찬)[6등] 등의 중간 계급 관위를 얻는 것이 결코 쉬운 일이 아니다. '죽만랑지도'의 소년 낭도인 득오가 어렸을 때 급간이라는 관위에 있다는 말은 성립하기 어려운 말이다.[92]

(21b)는 좀 더 묘한 정보를 주고 있다. 열기는 후에 김유신 장군의 아들 김삼광(金三光)에게 군수 자리를 청탁하였다. 김삼광은 불허하였다가 순경 스님에게 설득되어 삼년산군의 태수 직을 주었다. 김유신 장군의 옛 부하들이 장군의 후광을 등에 업고 그 시절의 공을 내세우며 계속 치근대듯이 관직을 탐한 것일까? 삼광은 왜 허락하지 않았다가 허락했을까? 설득한 순경은 누구일까? 그러나 분명한 것은 목숨을 걸고 고구려 진영을 돌파하여 김유신 장군의 서한을 동맹군 사령관에게 전하고 답서를 받아온 열기도 급찬으로부터 사찬으로 올리는 데에 문무왕이 견제를 할 정도였고, 더 나이 든 후에 태수 자리 하나도 얻기

92 화랑[풍월주]는 젊고 낭도는 나이가 든 경우도 있을 수 있다. 죽지랑과 득오의 경우도 그럴 가능성이 배제되지는 않는다. 그러나 이 사건에서 젊은 죽지랑 나이든 득오, 득오의 어머니로 설정하기는 어려울 것 같다.

어려울 만큼 신라 관위가 쉽게 오가는 것이 아닌 것은 분명하다.

열기와 함께 고구려 진영을 뚫고 평양에 간 구근(仇近)은 왜 또 원정공에게 배속되어 서원(西原) 술성(述城)을 쌓는 데 부역 갔으며, 거기서 태만하다는 무고를 입고 매를 맞는가? 떠도는 말이라고 하여 누명을 벗고, 원정공이 뉘우쳤다고 하지만 한때 김유신 장군의 '용화향도'의 일원이었을 것으로 보이는 구근이 다른 사람의 지휘 아래 성을 쌓고 있는 것은, '죽만랑지도'의 일원이었던 득오가 익선의 밭에 가서 부역하는 것과 겹쳐서 여러 가지 상상을 하게 만든다. 삼국 통일 후 화랑도는 어떻게 되었으며 그 구성원들은 나이 든 후에 어떤 대우를 받으며 만년을 보내었을까? 구근은 주변인들에게서 모함을 받을 만큼 오만하거나 과거의 공을 내세워 맡은 일을 소홀히 하고 으스대었을까?

열기와 구근의 이야기는 삼국 통일 후 김유신 장군의 사후에 그 후예들의 처신과 그들이 처했던 운명에 대하여 어떤 암시를 주는 것만은 틀림없다. 그들은 어느 정도 안하무인이었을 것이며, 말끝마다 왕년에 내가 태대각간을 모시고 백제와 고구려를 정복할 때 운운했을 것이며, 소소한 일을 하게 되는 공적인 위치에서 '내가 누군데……' 하며 태만히 했을 수 있을 것이다. 그리고 그러한 태도는 주변의 동료들로부터 경원시되고 시샘 당하여, 궁극적으로는 자의왕후와 신목왕후의 어머니 같은 신라 왕실 직계의 심기를 건드려 김흠돌의 모반이라는 최악의 결과를 초래하게 되었을 수 있다. 그들도 사람인지라 극기복례(克己復禮)해야 할 겸양지덕을 잃고 넘어서는 안 되는 선을 넘어서는 인간의 한계, 약점을 극복하지 못했던 것이리라.

급간이 득오의 최종 관위였고 그것은 장년에 공을 세운 뒤에 받았을 것이다. 후세인인 일연선사는 그 관위를 어린 시절 화랑 활동을 할 때에로 소급하여 득오 급간이라고 부를 수도 있을 것이다. 그러나 이 문맥은 (22)와 같이 추일사진(追日仕進)했다고 되어 있기 때문에 매일 출근하던 당시의 관위가 급간이라고 보아야 한다.

(22) 죽만랑지도에 득오 급간이 있어 이름이 풍류황권에 소속되어 매일 출근하다가 열흘 동안 보이지 않았다.[竹曼郎之徒有得烏級干隷名於風流黃卷 追日仕進 隔旬日不見.]

그러므로 득오의 관위가 급간인 것은 '익선의 죽지 장군 모욕 사건'이 죽지 장군이 연만한 효소왕대 초에 일어난 일이라는 것을 보여주는 증거이다.

6) 조정 화주의 정체

이 기록에서 아주 이상한 사건은 '조정 화주의 익선 장자 징벌 치사 사건'이다. 이러한 일을 할 수 있는 사람은 누구일까? 과거에는 이 '화주(花主)[곶니림/곶님]'이 어떤 직책의 인물인지 알 수 없었다. 조정에서 화랑도와 관련된 업무를 하는 관리 정도로 설명하고 있었다. 그러나 어떤 관리가 아버지의 추함을 씻긴다는 어이없는 이유로 그 아들을 엄동설한에 못 속에서 씻기다가 얼려 죽이는 무모한 짓을 한단 말인가? 대왕은 거기에 대해서는 문책하지 않고 오히려 익선과 같은 모량리인들을 관직에서 쫓아내고 관직에 등용하지도 않고 승직도 주지 않기로 결정하였다. 상식을 뛰어넘는 과도한 징벌이라 할 수밖에 없다.[93]

93 ('화랑세기'에서 화주는 풍월주의 부인이다. '화랑세기'의 진위 여부를 떠나서 화주가 풍월주의 부인이라는 것은 아마도 진실일 것이다. 화주를 풍월주의 부인이라고 보는 것이 이 사건에서는 가장 큰 설명력을 가진다. 앞으로 혹시 다른 기록에 화주가 나오더라도 그것은 풍월주의 부인을 뜻하는 것으로 보아야 합리적 설명이 가능할 것이다.)

'화주'를 풍월주의 부인이라고 보아도, 효소왕 시대는 김흠돌의 모반으로 자의왕후가 화랑도를 해체했다가 부활한 이후다. 이미 풍월주는 없어지고 국선으로 대치되었다. 국선의 부인도 화주라 했는지 궁금하다. 그러나 국선의 부인을 '조정 화주'라고 지칭했을 리는 없다. '조정 화주'는 조정에 있거나 조정과 아주 가까워 강력한 영향력을 지닌 인물일 가능성이 크다. 아마도 신목왕후나 신목왕후의 어머니에 버금가는 권력을 가진 인물일 것이다.

혹시 지금도 장관을 지낸 사람을 퇴임한 후에도 내내 '장관'이라고 부르듯이, 또 조선 시대에도 한번 '정이품, 종이품'이 된 분의 부인을 '정부인'으로 부르면 내내 '정부인'으로 부르듯이, 신라 시대에도 한번 화주였던 여성을 내내 '화주'라고 부르는 관습이 있었던 것은 아닐까? 만약 이 가정이 성립한다면 자연히 그 인물은 과거의 풍월주의 부인으로서 남편이 풍월주일 때 화주라는 칭호를 얻어서 이때까지 그 칭호로 불릴 수 있는 사람이어야 한다.

그런 사람이 있을 것인가? 있다. 27세 풍월주 김흠돌의 모반으로 26세 진공부터 32세 신공까지 거의 모든 풍월주가 주륙되었다. 그 부인들도 죽거나 천인이 되는 등 비참한 처지로 전락하였을 것이다.[94] 23세 풍월주 김군관은 적자(嫡子) 1명과 함께 자진할 것을 명 받았다. 김흠돌의 모반으로 32세 풍월주 신공에서 화랑도가 폐지되기 전까지의 풍월주로서 김흠돌계가 다 축출된 이후에도 살아남아 있었을 반김흠돌계 풍월주는 28세 풍월주 김오기[김대문의 부(父)]이다. 그의 부인 운명이 이 화주일 것이다.[95] 김오기의 부인인 화주 운명은 이때까지도 건재하

94 '삼국사기' '신라 본기' 문무왕 13년[673년] 7월에 아찬(阿飡) 대토(大吐)가 모반하여 당(唐)에 붙으려 한 사실이 발각되어 죽이고 그 처자들은 천인으로 만들었다는 기록으로 보아 이때에도 모반한 자의 집안은 멸문되었을 것이다.

였을 것이다. 거의 권력 서열 제3~4위의 최고위 권력층이라 할 것이다. 그가 한 일은 신목왕후의 어머니가 한 일처럼 권위 있는 일이고, 그를 제어할 수 있는 사람은 신목왕후의 어머니뿐이었을 것이다.[96] 자의왕후의 며느리인 신목왕후나 손자 효소왕의 통제를 넘어선 인물이다. 그의 지나친 징벌이 문제가 되지 않은 이유가 이런 데 있다.

그러면 '화주' 운명은 왜 익선의 아들에게 지나친 징벌을 가했을까? 나아가 대왕은 더 범위를 넓혀 모량리인 전체에게 관직, 승직 불수여라는 과도한 징벌을 하였을까? 이에 대한 답은 술종공, 죽지 장군으로 이어지는 가계와 익선의 출신 신분이 전혀 다른 데서 찾아야 할 것이다. 술종공, 죽지 장군으로 이어지는 왕실 방계였을 이 집안과 모량리인 익선은 출신 신분이 근본적으로 달랐을 것이다.

이 사건에 대한 조정 화주와 대왕의 조치는 '왕실이 화랑도 출신 귀족들을 축출하고 박대한다고 하여, 다른 중간 계급까지도 그렇게

95 ('화랑세기'에 따르면 운명은 자의왕후의 동생이다. 언니 자의왕후가 효소왕의 할머니이니 그는 왕의 이모할머니이다. 그의 남편 김오기는 김흠돌의 모반을 진압한 호성장군이었다. 김오기는 신문왕 원년[681년] 北原[원주]의 군대를 이끌고 경주로 와서 김흠돌의 모반을 진압하였다. 자의왕후의 명에 의해서라고 한다. 그때 호성장군은 모반의 삼간으로 몰려 주륙된 진공(眞功)이다. 그 김오기의 부인인 운명이 이 화주일 수밖에 없다.) 원주에서 경주까지 아무리 빨리 가도 사흘은 걸렸을 것이다. 원주-섬강-남한강-단양-낙동강-현풍까지의 수로도 그렇고 육로로 가면 더 힘들었을 것이다. 김흠돌이 난을 일으킨 후에 출동했다면 이미 진압이 불가능할 정도로 늦었을 것이다. 김흠돌은 난을 일으킨 것이 아니라 신문왕의 즉위와 관련하여 이홍(理洪)이 왕위를 잇는 일, 즉 자신과 그 일파에게는 최악의 상황이 일어나는 것을 막으려 했을 것이다. 그것은 자의왕후, 신문왕, 신목왕후의 어머니인 효소왕의 외할머니 처지에서 보면 대역무도한 일이다.

96 김흠돌의 모반을 진압한 후에 자의왕후(?~681년)는 이 세상을 떠났다. 그도 탐욕으로 인한 싸움에 휘말려 스스로 명을 재촉한 것이다. 허망한 일이다. 그러므로 자의왕후의 사후에 왕실의 실질적인 어른으로서 신문왕과 신목왕후, 그리고 신문왕 사후의 효소왕을 도울 수 있었던 사람은, 효소왕의 외조모와 ('화랑세기'에 따르면 효소왕의 이모 할머니 운명)이었을 수 있다.

해서는 아니 된다. 그것은 용납할 수 없다.'는 경고 조치 또는 강력한 응징이다. 화랑도의 풍월주 김오기의 부인인 운명은 과거의 화주로서 자신들과 함께 화랑도 출신 귀족으로 분류되는 죽지 장군을 무례하게 대우한 것을 경계한 것이다. 특히 죽지 장군의 경우는 김흠돌의 모반에 직접적으로 연루되지 않았으므로 멸시되어서는 안 된다는 것을 보여 준 것이다. 이는 화랑도 출신 귀족들에 대한 핍박이 사회 질서를 혼란시키는 원인이 될 수도 있음을 경계한 것일 수 있다. 왕실이 화랑도 출신 귀족들을 주륙하고 축출하자 중간 관리 계층도 화랑도 출신 귀족들을 가볍게 보는 풍조가 있었을 것이다. 김흠돌의 모반으로 인한 왕실의 축출과 핍박이 있었지만 그 모반에 직접 연루되지 않은 화랑도 출신 귀족들에 대해서는 업신여겨서는 안 된다는 선을 분명하게 그은 것이다. 화랑도 출신 귀족들의 축출이 사회 기본 질서를 흔들 수도 있다는 한 사례로 '익선의 죽지 장군 모욕 사건'을 이해해야 하는 것이다.97

저자는 화랑도 출신의 위상 추락의 직접적 원인이 김흠돌의 모반이라고 본다. '익선의 죽지 장군 모욕 사건'으로부터 11년 전, 김흠돌의 모반에 직접 연루된 화랑도는 많은 희생자가 났고 그 사건 후 그들은 사병(私兵) 성격의 집단을 유지할 수 없게 되었다. 그러나 축출된 다른 화랑도 출신 장군 귀족들에 대한 처우와 죽지 장군에 대한 처우가 다를

97 ('화랑세기'는 이를 '진골정통'(김흠돌 계)과 '대원신통'(김오기 계)이라는 양대 파벌의 대립으로 파악하고 있다.) 그 책이 진서(眞書)를 필사한 것인지, 보고 베낀 것이 아니라 사서들을 보고 지어 낸 것인지의 여부를 떠나, 통일 신라 시대에 왕실 출신 세력과 공을 세운 비왕실 세력이 있었음은 틀림없는 일이다. 부는 김달복으로 왕실 출신이지만 모가 김유신 장군 누이인 김흠돌과, 부는 김유신 장군이지지만 법적인 모는 왕실 출신인 김삼광이 서로 다른 길을 가고 있는 것은 이 세력 형성의 근간이 모계 혈통을 따르는 것이었음을 시사한다. 김유신 장군은 어머니와 할머니가 왕실 출신이었다. 이로 보면 이 시대 중요 혈연 끈의 하나가 모계 사회적 요인에 의하여 이루어지고 있음을 알 수 있다.

수 있다. 김유신 장군, 김흠돌 등과 함께 전쟁에 참여하고 더불어 고위 관직을 역임했지만 죽지 장군은 그들[흠돌, 흥원, 진공의 삼간(三奸)]이 난을 짓는 데에 직접 관련되지는 않았다. 더욱이 그들은 대부분 김군관처럼 김흠돌과 혼맥으로 맺어진 인척이었지만, 술종공과 죽지 장군은 그들과 혼인으로 이어진 인척 관계라는 흔적이 보이지 않는다. 사서(史書)에서 죽지 장군의 아들이 누구인지, 사위가 누구인지도 파악되지 않는다. 어쩌면 죽지 장군은, 마음을 멀리 두고 외롭고 깨끗하게 패거리 짓지 않고, 고고히 선비의 본 모습을 지키면서 살다 간 아름다운 사람일지도 모를 일이다.

7) 정리

원측법사의 승직 불수여도, '죽만랑지도'도, 득오 급간의 급간도, '조정 화주'도 모든 기록은 '익선의 죽지 장군 모욕 사건'이 효소왕이 즉위한 692년 후반기에 일어난 일이었음을 보여 준다. 이 시기는 김흠돌의 모반으로 화랑도 출신 일부 귀족들이 주륙, 축출된 681년으로부터 11년 정도 지난 시점이다. 이때엔 죽지 장군도 권세를 상실하여 옛 부하 낭도를 다른 관리에게 징발 당하기도 하고, 징발 당해 간 옛 부하의 휴가마저 뜻대로 하지 못하는 처지에 있었다. 이 일이 죽지 장군의 만년에 있었던 일이었음을 보여 준다.

4. 노래가 적힌 기록 검토

이 노래는 언제 지어졌을까? 양주동(1942/1965/1981)의 해독을 따르는 대부분의 연구들은, 이 노래가 부산성으로 징발되어 가서 부역을 하고 있는 득오를 죽지 장군이 찾아갔을 때, 즉 '익선의 죽지 장군 모욕 사건'이 있던 죽지 장군 생시에 지어진 것이라고 추정하고 있다. 우리는 이미 앞에서 노래 내용과 관련 사항들의 검토를 통하여 이 추정의 부당성을 보았다. 여기서는 노래가 적혀 있는 직접적인 기록을 살펴보기로 한다.

'죽지랑 생시 창작설'은 지나치게 '익선의 죽지 장군 모욕 사건'에 비중을 크게 두고 있다. 다시 이 설화 전체의 의미를 되새겨 보기로 한다. 전체적인 이야기는, '죽지 장군과 득오는 신의 있는 화랑도 출신의 인물들이었다. 죽지 장군은 김흠돌의 모반으로 화랑도가 폐지되고 많은 화랑 출신 고위 인물들이 조정에서 축출될 때 그에 휩쓸려 불우한 처지에 놓였다. 그런 가운데 효소왕 즉위 후 어느 날 죽지 장군은 어려운 처지의 득오를 돌보아 주려고 애썼고, 득오도 그런 죽지 장군에 대하여 신의를 지켰다. 그 얼마 후 죽지 장군이 죽고 초상 때 장례 의식이나 1년 후 소상 때 추모 의식에서 득오가 죽은 이를 애도(哀悼)하는 노래[輓歌] 한 수를 지었는데 그 노래가 만가로서 유명하다.'가 되는 것이다.[98]

98 유교적 장례에서는 돌아가신[初喪] 지 만 1년 되는 날을 소상(小祥), 또는 소기(小朞)라 하고 만 2년 되는 날을 대상(大祥) 또는 대기(大朞)라고 하였다. 대상 날까지는 빈소(殯所)를 유지하고 영정(影幀)을 모셔 두며 삭망전(朔望奠)을 지냈고 이 날이 되면 탈상(脫喪) 또는 해상(解喪)을 하였다. 부모님의 3년상은 이를 가리킨다. 신라 사회에도 이미 유교적 관념, 관습이 곳곳에 보이고 있다. 임신서기석(壬申誓記石), 진흥왕 37년[576년] 조에 적힌 화랑도의 성격을 설명하는 후세의 최치원이 쓴 난랑비(鸞郎碑) 서문 "우리나

만약 이 사건으로 말미암아 이 노래가 지어졌다면, '익선의 죽지 장군 모욕 사건'의 끝에, 정확하게는 죽지 장군이 득오를 찾아왔으나 익선이 휴가 요청을 거절한 때쯤에, 이때 득오가 죽지랑을 흠모하는 노래를 지었으니 '曰 去隱春皆理米 …… ' 하고 나와야 하는 것이 '삼국유사'에 향가가 실려 있는 일반적인 모습이다.

그러나 이 노래는 이 대목에 실려 있지 않다. '익선의 죽지 장군 모욕 사건'이 끝나고 바로 이어서 (23a)의 '죽지랑 탄생 설화와 일대기'가 나온 후 맨 끝에 (23b)처럼 '모죽지랑가'가 실려 있는 것이다.

(23) a. <u>처음에</u> 술종공이 삭주 도독사가 되어 다스리는 곳으로 가게 되었는데, 이때는 삼한에 병란이 있어[<u>初</u>述宗公 爲朔州都督使 將歸理所 時三韓兵亂] …… 장성하여 출사하여 유신공과 더불어 부수가 되어 삼한을 통일하고[壯而出仕 與庾信公爲副帥統三韓] …… 진덕, 태종, 문무, 신문 4대에 걸쳐 총재가 되어 나라를 안정시켰다.[眞德太宗文武神文四代 爲冢宰安定厥邦.]

b. <u>처음에</u> 득오곡이 낭을 모하여 노래를 지었으니 왈 [14자 들어갈 만한 공백을 두고, 면(面)과 행(行)을 바꾸어 새 면에] 간 봄 다 다ㅅ리매 …… [<u>初</u>得烏谷慕郞作歌曰 □□□□□□□□□□□□□□ 去隱春皆理米 ……]

이로 인하여 (23a)의 '처음에[初(초)]'를 '익선의 죽지 장군 모욕 사

라에는 현묘한 도가 있다. 이를 풍류(風流)라 하는데 이 교를 설치한 근원은 선사(仙史)에 상세히 실려 있거니와 실로 이는 삼교(三教)를 포함하는 것으로 …… 노(魯) 나라 사구(司寇)[공자]의 취지이며 …… 축건태자(竺乾太子)의 교화라", 진덕왕 2년조 김춘추의 석전(釋奠)과 경전 강독 참관, 성덕왕 16년[717년] 태감(太監) 김수충(金守忠)이 공부자(孔夫子)와 십철(十哲) 및 72 제자(弟子)의 영정을 가져온 일, 경덕왕대 '안민가' 등을 그 증거로 들 수 있다.

건'보다 거슬러 올라가서 그보다 앞선 시기로 잡아야 하는 일이 생겼다. 그것이 무의식중에 (23b)의 '初'도 '죽지 장군의 탄생 설화'를 거슬러 올라가서 어느 시기인가를 가리킬 것이라는 생각을 하게 한 것이다.

이 '初'는 무엇을 뜻하는 것인가? '처음에'는 어떤 것보다 처음인가? 태초가 아니라면, 세상의 태초는 아니므로 언젠가보다는 뒤이고, 또 어느 때인가보다는 앞서는 어느 시기일 수밖에 없다.

(23a)의 '初'는 '익선의 죽지 장군 모욕 사건'의 이전으로 거슬러 올라간다는 말일 수도 있다. 일반적으로 그렇게 해석한다(1안). 그러나 또 하나의 가능성은 막연히 '처음에, 이전에'의 뜻일 수도 있다. 이때의 '처음에, 이전에'는 어느 시점을 기준으로 하여 그 앞이라고 한 것인가? 그것은 이 기록이 이루어지는 시점으로부터 '처음에, 이전에'라는 말일 것이다(2안).

이제 문제는 (23b)의 '初'가 언제를 기준으로 한 '처음에, 이전에'인가 하는 점이다. (23b)의 '初'는 무엇을 거슬러 올라가는가? (1안)과 같이 추정해 가면 어떤 결과가 되는가? '죽지랑 탄생 설화'와 '일대기'를 거슬러 올라가서 '익선의 죽지 장군 모욕 사건'의 어느 부분이다. 그 부분은 어디인가?

대왕이 익선이 죽지 장군을 모욕한 것을 듣고 익선과 같은 모량부 출신을 관서와 종고사(鐘鼓寺)에서 쫓아낸 일보다는 앞설 것이다. 그 다음 익선이 죽지 장군을 모욕한 것을 조정 화주가 듣고 익선의 장자를 잡아와서 성 안의 연못에서 씻기다가 얼려 죽인 일을 앞설 것이다. 그것을 또 거슬러 올라가서 죽지 장군이 찾아왔으나 익선이 휴가를 주지 않아 같이 돌아가지 못하고 난처한 입장에 놓인 시점, 이 시점이 바로 (23b)의 '初'가 가리키는 시점이다. 이 시점이 양주동(1942/1965/1981)의 해독이 이 노래의 창작 시기로 잡은 시점인 것이다.

(23b)의 '初'는 '죽지랑 탄생 설화'와 '일대기'를 거슬러 올라가서 '익선의 죽지 장군 모욕 사건' 속의 어느 시점으로 거슬러 올라간다는 말일 수도 있다. 일반적으로 그렇게 해석한다(1안). 그러나 또 하나의 가능성은 막연히 '처음에, 이전에'의 뜻일 수도 있다. 이때의 '처음에, 이전에'는 어느 시점을 기준으로 하여 그 앞이라고 한 것인가? 그것은 이 기록이 이루어지는 시점으로부터 '처음에, 이전에'라는 말일 것이다(2안).

여기서 따져야 할 문제는 득오가 휴가를 받아 죽지 장군과 함께 돌아왔는가, 아니면 끝까지 익선이 휴가를 허락하지 않아 함께 돌아오지 못하였는가 하는 문제이다. 만약 결국 휴가를 받아 함께 오게 되었다면 '곧 찾아뵙겠습니다.'라는 내용이 포함되는 '눈 돌칠 ᄉᆞ이예 맛보읍디지소리'와 같은 노래가 지어질 시간적 여유가 없다. 휴가가 허락되지 않아 득오는 부산성에 억류되고 죽지 장군만 돌아오게 되었을 때 이 '初'가 이 노래의 창작 시기로 유효할 것이다. 그러나 우여곡절 끝에 '(익선이) 이에 허락하였다.[乃許]'가 (24)의 기록이 보여 주는 바이다.

(24) 그때 사리 간진이 추화군 능절조 30석을 징수, 관장하여 성 안으로 운반하던 중에, 낭의 사(士[선비, 병사])를 중히 여기는 풍미를 아름답게 여기고 익선의 꽉 막히어 통하지 않음을 비루하게 여기어 거두어 가던 30석을 익선에게 주면서 청을 거들었으나 오히려 허락하지 않았다. 또 진절 사지가 기마와 안구를 주니 이에 승낙하였다.[時有使吏侃珍 管收推火郡 能節租三十石 輸送城中 美郎之重士風味 鄙宣暗塞不通 乃以所領三十石 贈益宣助請 猶不許 又以珍節舍知騎馬鞍具貽之 乃許.]

득오의 휴가는 허락되었고 득오는 죽지 장군과 함께 부산성을 떠나 서라벌로 돌아온 것이다. 노래를 짓고 부르고 할 시간적 여유가 거기에는 없다. 허구 위에 다시 허구를 짠 것이 '아름 나토샤온 즈ᅀ 살쯈 디니져'라는 해독이고, '죽지랑 생시 면회 온 옛 상관을 만나보고 득오가 흠모하고 사모하는 노래를 지었다.'는 창작 시기 추정이며, 신라 시대 화랑들이 '서로를 연모할 정도의 사랑'을 나눈 집단이고, 이 노래는 '흠모하고 사모하는 내 주인, 애인을 그리워하는 노래'이라는 해석이다.

일연선사는 '初'를 이렇게 엄밀하게 따진 후에 사용한 것일까? 그렇지 않을 수도 있다. 양주동 선생은 이 기록을 정밀하게 분석한 후 창작 시기를 추정하고 해독을 그 방향으로 이끌어 간 것일까? 아닐 수도 있다. 오구라 신페이[小倉進平](1929)를 평양의 숭실전문학교 도서관에서 보고 '민족 최고(最古)의 고전 해독을 일본인(日本人) 학자가 최초로 하다니,' 하고는 향가 연구에 착수하여 12년이 흐른 1942년에 전체 향가를 해독한 호한(豪悍)한 거작 '고가연구(古歌硏究)'를 펴낸 것이다.

(2안)과 같이 생각해 보자. 그것은 막연히 '처음에, 이전에'의 뜻일 수 있다. 이때의 '처음에, 이전에'는 이 기록이 이루어지는 시점, 즉 일연선사의 시점보다 앞서거나 또는 일연선사가 보고 옮겨온 어떤 기록이 이루어질 때의 시점보다 앞서는 시기이다.[99] 그렇다면 '처음에'는

---

99 '삼국유사'는 일연선사가 이야기들을 기억하여 편찬한 것이 아니다. '위서운(魏書云) ……, 고기운(古記云) ……, 당 배구전 운(唐裵矩傳云) ……', 그 외의 수많은 인용 사서에서 보듯이 여러 책을 보고 추려 내어 실을 만한 가치가 있다고 판단되는 이야기를 주제에 따라 나누어 편찬한 책이다. 저자가 서강에 왔던 1980대 초의 어느 날 인문과학연구소 집담회에서 이기백 선생님께서는 '삼국유사가 인용한 고문헌들에 대하여'라는 내용의 강연을 하셨다. 그러나 30대 초반의 나이에 50대 후반의 원로 선생님의 강연을 듣고서도 기억에 남은 것이 별로 없는 것을 보면 그때만 해도 나는 내가 이런 일에 얽혀 들 것이라고는 꿈에도 생각하지 못했던 듯하다. 머리속은 온통 WH-이동과 '-고', '-가', '-노', '-나'

(1안)처럼 해석하여 꼭 무엇을 거슬러 올라가서 '익선의 죽지 장군 모욕 사건' 안의 어느 시점을 뜻하는 것이 아니라, 그냥 기록하는 시점보다 이전 어느 시기인 '처음에, 이전에'를 나타낸다고 볼 수도 있다.

이 노래에 대한 김완진(1979/1980, 1985, 2008) 해독의 노래 내용 파악과, 오구라 신페이[小倉進平](1929)나 양주동(1942/1965/1981) 해독, 특히 후자에 의지하는 대부분의 연구자들과 해독자들의 노래 내용 파악의 결정적인 차이는 '득오는 이 노래를 죽지 장군이 살아 있을 때 지었는가, 아니면 죽지 장군이 이승을 떠난 뒤에 지었는가?' 하는 것이다. 이 노래의 창작 시기를 언제로 보는가 하는 문제와 노래의 내용 파악이 밀접한 관련을 맺는다.

김완진(1979/1980, 1985, 2008)의 해독은 이 노래를 추모가로 파악하고 있다. 죽지 장군이 이 세상을 떠난 후 득오가 죽지 장군의 영정을 보며(1980년 및 1985년 해독), 또는 '눈 감으면 떠오르는, 세월이 감에 따라 흐려져 갈 그대의 모습(2008년 해독)'을 떠올리며 그를 추모하는 애절한 심정을 읊었다고 보는 것이다.[100] 저자는 이 해석에 좌단(左袒)하여 이

에 대한 생각으로만 그득했을 것이었으니까. 그러나 사람이 어찌 그것으로만 평생을 보낼 수 있었겠는가? 너무 늦게 철이 들었음을 아쉬워한다.

100 저자는 오랫동안 초상 때와 대상 때를 두고 망설이고 망설이다가, 서정목(2013a)에서는 사후 2년 되는 대상(大祥) 날의 탈상재 때라 하고, 서정목(2013b)에서는 초상 때 장례 의식에서거나 대상 날 탈상재 때거나, 또는 비슷한 추모 의식이 있는 날이었다고 하였다. 그 가장 주된 요인은 김완진(1980)의 해독 내용이었다. 김완진(2000:124)를 직접 인용하면, "그러나 저자는 아직도 이것은 현실의 죽지랑(竹旨郞) 자신의 모습이 아니라 화폭에 담긴 그의 모습의 묘사라는 생각을 유지한다. 제4행에서의 '헐어간다'라는 표현이 화폭에 적합한 표현이며, 만약 현실의 죽지랑의 용모의 쇠잔을 말하는 것이라면 '됴ᄒᆞ시온' 아닌 '됴ᄒᆞ시던'이라야 할 것이라고 판단하기 때문이다. 그리고 무엇보다도 이 노래 후반은 이 세상에 있지 않은 죽지랑을 사모하여 헤매는 것이니, 현실의 죽지랑의 모습을 여기 등장시킬 수 없는 '모죽지랑가'라는 점을 다시 상기시켜 두고 싶다."이다. '됴ᄒᆞ시던(둏-ᄋᆞ시-더-ㄴ)'은 '둏더샨(둏-더-시-아-ㄴ)'의 착오로 생각된다. 저자의 원래 원고에는 여기에 ""헐어 가는 영정 속 죽지랑의 모습'도 '희미해져 가는 산 자의 기억 속 죽지랑의

노래가 초상 때나 소상 때, 또는 그 사이의 어느 추모 의식 때 지어진 노래로 본다.[101] 물론 대상 날 탈상재에서 불리어졌을 수도 있다.

노래의 내용을 검토해 보아도 이 노래는 돌아가신 죽지 장군을 추모하는 노래임에 틀림없다. 노래가, 시가 아무 때나 지어지겠는가? 어떤 계기가 있어야 시를 짓고 노래를 부르는 것 아닌가? 저자는 '익선의 죽지 장군 모욕 사건'은 죽지 장군과 득오가 남달리 돈독한 관계에 있었음을 보여 주는 예화라고 본다. 이 돈독한 관계에 인연하여 득오는 죽지 장군과 관련된 특별한 행사에 특별히 노래를 지어 부르는 역할을 맡았을 것이다. 그리고 그 노래가 절창(絶唱)이 되어 서라벌 나아가 통일 신라 강역에 유행하였을 것이다.[102] 이 노래가 민심의 호응을 얻

모습'으로 해석될 수 있는 길을 열어둘 필요가 있다."가 있었다. 그러나 2013년 9월 18일 밤, 김완진(2008)을 확인하고는 '아, 선생님께서 이미 그 경지로 가셨는데, 이제야 뒷북을 치다니 ……'. 만시지탄하고 자신의 게을음을 한탄하며 수정하지 않을 수 없었다. 이 책에서는 초상 때 장례 의식에서 불리어진 만가라는 것을 1순위로 하며, 소상 때 추모 의식에서 부른 노래라는 것을 2순위로 하고, 3순위로 그 사이의 어느 추모 의식 때로 수정한다. 2008년 새로 해독된 이 노래 내용에 이제는 '영정 속의 모습이 헐어져 간다'와 같은 내용은 들어 있지 않기 때문이다. '모죽지랑가'는 이제 '지금은 눈 안개 두르면 생생하게 마주 할 수 있는 저 분의 모습도, 해를 헤아려 나아감에 따라 우리의 기억 속에서 희미하게 사라져 가리라.'는 애잔하고 서글픈 인생의 허망함을 담고 있는 노래로 다가오기 시작하였다. 그리고 그것은 1300여 년 전에 이 땅에 살았던 우리의 선조들도 이 아프고 무거운 사람 삶의 짐을 지고 노고하며 힘들게 살아간 존재들일 뿐이었다는 것을 깨닫게 하고, 거기에서 조금이나마 아픈 현실을 위안할 수 있는 숨구멍을 찾을 수 있게 해 주는 노래가 되고 있는 것이다. 그들도 사람이라 사람의 한계를 넘을 수는 없는 일이었다.

101 불교 의식인 사십구일재(四十九日齋)를 오랫동안 생각해 왔다. 그러나 신라 왕실의 장례도 유언에 의하여 불교식으로 진행하라고 한 문무왕의 경우에는 특별히 '삼국사기'에 기록되어 있다. 일반적으로는 전통적인 장례 절차를 따랐을 것으로 본다. 전통적인 장례에서 노래는 필수적이었다. 상두가를 비롯하여 개인에 대한 추모의 노래까지 다양하게 불리어졌을 가능성이 있다. 작사 작곡가 이호섭 선생은 진도의 '다시래기'라는 장례날의 연희를 알려 주고 그 연희에서 불리어지는 노래를 불러 주며 여러 가지 조언을 해 주었다.

어 유행하게 되는 이면에 존재하는 정치적 모순이 국가의 흥망성쇠에 영향을 미쳤다고 파악하고 일연선사는 이 노래를 '삼국유사' 그것도 '기이편'에 실어 두었을 것이다. 국가 흥망성쇠와 관련하여 의미가 있는 특별한 노래가 아니라면 '삼국유사'의 '기이편'에 실릴 수 없다고 저자는 생각한다.

그 까닭은 이 노래의 내용이 '간 봄 다 다ᄉᆞ리매'로 초상 당시의 사정을 돌아보고, '모ᄃᆞᆯ 기ᅀᅳ샤 울ᄆᆞᄅᆞᆯ 이 시름'이라고 하여 돌아가신 분의 부재로 인한 슬픔에 잠겨, '두던ᄯᆞᄅᆞᆷ곳 됴ᄒᆞ시온 즈ᅀᅵ ᄒᆡ 혜나삼 헐니져'라고 잘 생긴 얼굴의 모습이 세월이 흐름에 따라 희미해져 갈 것을 안타까워하며, 'ᄂᆞᇌᄂᆡ 도ᄅᆞᇝ 업시 뎌옷 맛보기 엇디 일오아리'라고 하여, 지금은 '눈 감고 망막에 안개를 두름으로써 생생하게 떠올릴 수 있는 저 분의 모습'이 '세월이 흘러감에 따라 희미해져 가리라.'라고 죽은 자에 대한 산 자의 회한을 노래하고 있기 때문이다.

그리고 이렇게 그들이 처한 지금의 처지, 억울한 희생을 감수할 수밖에 없었던 엄혹한 정치적 상황을 둘러보면서, 두 눈에 가득 눈물을 머금고 눈을 감으면 떠오르는 그대의 모습, 그 모습도 세월이 가면 속절없이 우리의 기억에서 희미하게 흐려져 갈 것이라는, 억울함을 품고 이승을 떠난 분에 대한 산 자의 회한을 토해내고 나서, 마지막 두 구를 통하여 '낭(郞)이여 그릴 ᄆᆞᅀᆞᄆᆡ (ᅀᆞᆷ) 녀올 길'이라고 과거의 신의를 저버리지 않고 그대의 뜻을 따르고자 하는 앞으로의 나의 삶이 '다보짓 굴헝에 잘 밤 이샤리'로 비유될 만큼 험난할지라도 그 삶을

102 '안민가'의 배경 설화에 경덕왕이 충담사에게 "짐이 일찍이 듣기에 대사께서 기파랑을 찬양한 사뇌가가 그 뜻이 매우 높다고 하는데 이것이 과연 그러합니까?[朕嘗聞 師讚耆婆郎詞腦歌 其意甚高 是其果乎.]" "대답하기를 그러합니다.[對曰 然.]"이라는 내용과 관련된다.

살아가겠다는 결연한 의지를 표현하고 있는 것이라고 이 노래의 진가(眞價)를 파악하기 때문이다.

이 노래는 죽지 장군이 이 세상을 떠난 후 초상 때 지어졌을 가능성이 크다. 장례 의식에서 만가를 지어서 만장(輓章)을 만드는 계기를 맞아 득오가 지은 노래일 가능성이 가장 큰 것이다. '간 봄 다 다스리매'의 '간 봄'을 어느 정도의 시간이 흐른 뒤로 보는가 하는 해석의 차이에 따라 달라질 수 있다. 물론 소상 때나 그 사이 어느 추모 의식 때도 불리어졌을 수 있다. 어떻든 이 노래는 죽지 장군 사후에 지어진 노래이지 생시에 지어진 노래가 아니다. 득오가 부산성 창직으로 있을 때 죽지 장군이 그를 찾아온 시점 직후에 지어진 것은 더더욱 아니다. 그 학설은 절대로 용납되어서는 안 되는 학설이다.

신라 시대에 관한 기록으로 장례 의식에서 노래가 불리어졌음을 증언하는 세 가지 사례를 다음에 들어 둔다. 모두 '삼국사기' '열전'에서 가져 온 것이다.

(25) a. 해론은 모량인이다. 그 아버지 찬덕은 용맹스러운 뜻과 영특한 절개가 있어 이름이 한 때 높았다.[奚論 牟梁人也 其父讚德有勇志英節 名高一時.] …… 백제가 듣고는 군사를 일으켜 쳐들어오므로 해론 등이 이를 맞았는데 군사들이 서로 싸울 때 해론은 모든 장병들에게 지난 날 우리 아버지가 운명한 곳이 바로 이곳이다. 나도 지금 또한 백제 사람과 여기서 싸우게 되었으니 오늘은 내가 죽을 날이다 하고 드디어 혼자서 적진으로 뛰어들어 몇 명을 죽이고 전사하였다.[百濟聞之 擧兵來 奚論等逆之 兵旣相交 奚論謂諸將曰 昔吾父殞身於此 我今亦與百濟人戰於此 是我死日也 遂以單兵赴敵殺數人而死.] 왕이 듣고는 눈물을 흘리면서 그 가족에게 매우 후한 상을 주어 구휼하였는데 그때

사람들이 애도하지 않는 자가 없었고 긴 노래를 지어 조위를 표하였다.[王聞之爲流涕 贈卹其家甚厚 時人無不哀悼 爲作長歌弔之.]

b. 흠운이 검을 뽑아 휘두르며 적과 싸워 수 명을 죽인 후 죽었는데 …… 그때 사람들이 듣고 양산가를 지어 써 슬퍼하였다.[歆運拔劒揮之 與賊鬪殺數人而死 …… 時人聞之 作陽山歌以傷之.]

c. 가을 7월 1일에 이르러 사제의 정침에서 세상을 떠났으니 그 누린 나이가 79세였다. 대왕은 부음을 듣고 천둥치듯 통곡하시며 …… 북 치고 피리 부는 군악대 100명을 내어 주어 금산원에 장사 지내게 하고 …… [至秋七月一日 薨于私弟之正寢 享年七十有九 大王聞訃震慟－給軍樂鼓吹一百人 出葬于金山原…….]

(25a)를 보면 진평왕대에 해론(奚論)이 전사하였을 때 당시 사람들이 장가(長歌)를 지어 조위를 표하고 그 슬픔을 노래하였음을 알 수 있다.

(25b)는 태종무열왕의 둘째 사위, 신목왕후의 아버지 김흠운(金歆運)이 양산 아래에서 백제군의 야습을 받아 전사했을 때, 당시 사람들이 '양산가'를 지어서 부름으로써 슬퍼하였음을 증언하고 있다. '양산가'도 만가이었을 것이다.

(25c)는 '삼국사기' '열전' '김유신 하'에서 김유신 장군이 돌아가신 후의 일을 적은 것이다. 문무왕은 이 직전에 병석에 누운 김유신 장군을 친히 찾아보고 위문하고 유언을 들었다.[103] 그가 평생을 의지하였던 외숙부 김유신 장군의 부음을 듣는 그 망극한 상황에서 천둥 치듯이

103 이때 문무왕은 아마도 통일 전쟁과 그 후의 백제 부흥 세력과의 전쟁에 몰두하여 집안을 잘 못 다스린 결과 앞으로 나라와 집안에 닥칠 우환을 예측하면서 만감이 교차하는 서글픈 심정에 잠겼을 수도 있다.

울부짖으며 장례 의식에 군악대를 백 명씩이나 보내고 있는 것이다. 역시 음악이 장례와 함께 했음을 알 수 있다.

죽지 장군 사후에도 그의 후배, 부하들은 노래 지어 부르고 북 치고 피리 불며 슬픔을 극복하면서 장례를 치른 것으로 저자는 판단한다. 물론 그 노래들 가운데 하나가 '모죽지랑가'일 것이다. '간 봄 다 다ᄉᆞ리매'의 '간 봄'과 노래가 불리어진 시기를 단축할 수만 있다면 초상에서든 소상에서든 이 노래는 불리어질 수 있는 것이다. 연면히 흐르는 전통은 오늘 날에도 장례를 치르는 마당에 노래하고 춤추며 한바탕의 놀이를 벌이는 '진도 다시래기'와 같은 박제화된 민속놀이로 남아 있다(제2장 참고).

5. 요약

이 노래에 대한 기존의 연구들은 대부분 이 노래가 '죽지랑 생시'에 지어졌다고 하는 견해를 보이고 있다. 죽지랑 생시의 노래라는 주장의 근거가 되는 제3구 '阿冬音乃叱好支賜烏隱[아ᄅᆞᆷ 나토샤온(아름다움을 나타내신)]'과 제4구 '皃史年數就音墮支行齊[즈ᅀᅵ 살쯈 디니져(모습이 주름살을 지녔구려)]'의 해독은 여러 가지 문제를 포함하고 있어서 성립하기 어려운 해독이다. 이 해독이 성립하지 않는다고 하면 '살아있는 노쇠한 죽지랑의 모습'을 읊었다는 가설은 무너진다. 관련 기록과 '삼국유사'의 기록에 대한 정밀한 검토도 '죽지랑 생시의 노래'라는 주장과 부합하지 않는다.

저자는 득오가 '죽지 장군 사후'에 이 노래를 지었다고 보고 그것을 논증하는 데에 초점을 맞추었다.

이 추정의 제1차적 논거는 노래의 내용이었다. 구체적으로는 제3구와 제4구를 '두던ᄃᆞᄅᆞᆷ곳 됴ᄒᆞ샨[두덩이 좋으신](1985)'과 '즈ᅀᅵ ᄒᆡ 혜나삼 허니져[모습이 해를 헤아려 나아갈수록 헐어가는데](1980)'로 해독해야 합리적이라는 것인데, 이 해독은 김완진(1980, 1985)을 따른 것이다. 그 밖에 김완진(2008) 해독에서 '간 봄 다 다ᄉᆞ리매[간 봄 다 장례 치루었으매]'와 'ᄂᆞᇈᄂᆡ 도ᄅᆞᇙ 업시[눈 안개 두름 업시]'로의 해독의 수정이 있었다. 이 수정으로 인하여 이제 '간 봄 못 오리매'와 '누늬 도라ᇙ 업시'가 폐기되면서 '영정 속의 그대의 모습'도 없어졌다.

남은 것은 '장례 치른 뒤, 안 계셔서 울어마를 이 시름, 잘 생긴 그대의 모습, 세월이 흘러감에 따라 흐려져 가리니, 눈 안개 두름 없이 저 분을 마주 보기 어찌 이루리오. 그대를 그리워하는 마음이 갈 길, 쑥대 우거진 골짜기에서 잘 밤 있을 것입니다.'라는 초상 때 장례 의식이나 소상 때 추모 의식에서 부른 만가 한 수가 있는 것이다.

제2차적 논거는 관련 기록들로서, 특히 모량리인이라는 이유로 승직을 주지 않았다는 당 나라에 있던 해동 고덕 원측법사에 관한 기록을 중시하였다. 이 기록은 신문왕의 사후 조위 사절단의 일원으로 당 나라에서 귀국한 원측법사의 제자 도증(道證)이 효소왕에게 천문도를 바치는 기록과 관련하여 해명된다. 이 기록으로부터 신문왕 승하 후 효소왕 즉위 초인 692년 후반기에 '익선의 죽지 장군 모욕 사건'이 있었고, 그로 인하여 모량리 출신에게 승직을 주지 않는다는 칙령이 내렸으며, 도증이 12월 이후 귀국했을 때 도증을 통하여 원측법사에게 승직을 주자는 의견이 있었지만 앞의 칙령으로 승직을 줄 수 없었던 사정이 있었음을 알 수 있다. 이로 보면 '익선의 죽지 장군 모욕 사건'의 주인공 죽지 장군은 이때까지는 생존해 있었다. 그러나 효소왕 9년[700년]

경영의 모반으로 신목왕후가 승하하고 702년 효소왕이 승하하는 시점 이전에는 죽지 장군도 이승을 떠났어야 이 설화가 효소왕대에 기록된 점이 이해된다. 이 노래가 '삼국유사' '기이편'에 실려 있는 까닭은 국가 흥망성쇠와 관련이 있기 때문이다. 저자는 직관적으로 700년의 '경영의 모반'이 이 노래와 관련이 있을 것으로 보고 이 반란 전후에 죽지 장군이 이승을 떠난 것으로 추정하였다.

'도(徒)'와 '유(遊)'는 어릴 때 함께 화랑도 활동을 한 사람들이 나이 들어서도 함께 군 조직이나 통치 조직에 속해 있음을 보여 주는 증거이다. 득오의 관위 급간도 득오가 만년에 이 노래를 지었음을 보여 준다. 조정 화주는 김오기의 부인인 운명이다. 그는 효소왕의 이모 할머니로서 효소왕의 외할머니 요석공주와 함께 강력한 궁중 여성 파워를 행사한 사람으로 보인다. 이러한 논증에는 원측법사와 관련하여 당 나라와 밀접한 연관을 맺고 있는 신라 시대의 국제 관계 구도에 대한 고려도 필요하였다.

제3차적 논거는 '효소왕대 죽지랑' 조의 정밀한 검토이다. (12b)의 '初'와 (12d)의 '初'에 대한 해석이 핵심이었다. (12b)의 '初'는 (12a)를 거슬러 올라간다고 볼 수 있다. 그러나 그냥 '처음에, 예전에'일 수도 있다. 그러나 (12d)의 '초'는 무엇을 거슬러 올라갈 수가 없다. 거슬러 올라가서 익선이 득오의 휴가를 허락하지 않은 시점으로 가고 싶지만, 처음 간진의 능절조 30석을 받고도 하락하지 않던 익선은 곧 진절이 기마와 안구를 주자 허락하여 득오는 죽지 장군과 함께 휴가를 오게 되었다. 이 기록 속에는 득오가 노래를 지을 만한 시점이 없다. '눈 돌칠 사이에 만나뵙기 이루겠습니다.'라는 내용의 노래가 지어지지 않은 것이다. 그러면 당연히 '죽지랑 생시 창작설'은 성립할 수 없다.

이 노래가 초상 때 장례 의식이나 소상 때 추모 의식에서 불리어졌을 것이라는 추론에는 신라 시대 몇몇 초상의 장례 의식에서 노래를 불러 조위를 표하고 죽음을 애도하였다는 기록과 김유신 장군의 장례에 군악대가 동원되는 것도 중요 논거로 들었다. 이로부터 '모죽지랑가'도 죽지 장군의 사망과 관련된 노래일 것이라고 추정하는 것이다. 그리고 현대의 박제화된 문화재로 남은 '진도 다시래기' 류의 초상 때의 연희와 노래도 방증 논거로 사용하였다.

이 노래의 정치적, 역사적 배경은 삼국 통일 후 용렬한 군주와 그를 둘러싼 여인들에 의하여 전쟁 영웅 화랑도 출신 군부 귀족들이 주살, 축출되고 핍박받는 불행한 현실적 상황이다. 토사구팽(兎死狗烹)되는 그들의 서글픈 만년과 그것이 백성들에게 끼친 영향력도 이 추정에 간접적으로 작용하였다. 저자는 특히 이 '효소왕대 죽지랑' 조가 '삼국유사' '기이편'에 실려 있음을 중시하였다. 죽지 장군, 득오, 익선, 조정 화주, 효소왕, 원측법사 등이 등장하는 이 이야기가 '삼국유사' '기이편'에 실린 까닭은 그것이 국가의 흥망성쇠와 관련되어 있기 때문이다. '모죽지랑가'의 시대는 거시적으로는 681년 신문왕 즉위 시의 '김흠돌의 모반'으로 인한 왕실의 화랑도 출신 귀족들에 대한 주륙, 축출이 신라 귀족 사회 분열의 원인이 되어 나라가 쇠락해 가서, 혜공왕이 고종 사촌 선덕왕에게 시해되는 시점까지의 통일 신라 몰락 과정을 포괄한다. 이러한 사건에 직접, 간접적으로 죽지 장군의 죽음과 '모죽지랑가'가 영향을 미쳤다고 해석하는 것이 이 노래가 '삼국유사' '기이편'에 실려 있는 이유를 해명하는 데에 도움이 될 것이다. 이에 대한 구체적인 논증이 보강되어야 한다. 그러나 미시적으로 이 시기에 일어난 사건으로 국가 흥망성쇠와 관련지을 만한 구체적 사건은, 700년 5월 '이찬 경영의 모반'과 6월 1일의 신목왕후의 승하, 그로부터 2년 후 702년에 26세의 효소왕이 승하하고 오대산에 가 있던 효명태자가

22세의 나이로 새로 왕위에 오르는 일이다. 이 불행한 사건이 이 설화와 관련될 것이다. 저자는 죽지 장군이 이승을 떠난 시점이 신목왕후가 사망하는 시점과 거의 같을 것으로 본다. '삼국사기' '신라 본기'에 나타나는 죽지 장군의 전체 활동 상황으로 보아 돌아가실 때 죽지 장군의 나이는 87세쯤 되었을 것이다.

제4장
'모죽지랑가'의 앞 부분은 왜 비어 있는가?

제4장
'모죽지랑가'의 앞 부분은 왜 비어 있는가?

1. '동사+인성 명사+가'의 노래

'모죽지랑가'는 '처용가(處容歌)'와 더불어 많은 연구들에서 8구체 향가로 분류되어 왔다. '처용가'는 다음에서 보는 여러 가지 논거를 토대로 10구체 향가였는데 마지막 두 구가 망실되어 전하지 않는 것으로 추정된다. 만약 그렇다면 8구체 향가는 '모죽지랑가'가 유일하다. 그런데 과연 8구체 향가가 존재할 수 있을 것인가? '제망매가(祭亡妹歌)', '도천수관음가(禱千手觀音歌)', '원왕생가(願往生歌)', '우적가(遇賊歌)', 가장 가깝게는 '찬기파랑가(讚耆婆郎歌)' 등 이 유형의 찬인물가, 기원가, 찬불가가 모두 10구체인데 같은 유형의 내용으로 보이는 '모죽지랑가'만 특이하게 8구체여야 할 이유가 있겠는가? 우리의 의문은 여기에서 출발한다.

신충(信忠)의 '원가(怨歌)'는 8구만 실려 있지만 끝에 '후구망(後句亡)'이라고 적어 두어 원래 10구체였음을 알려 주고 있다.[104] '원가'의 '후구망'을 통하여 우리는 향가에는 구가 망실된 경우도 있음을 알 수 있다. 그렇다면 '모죽지랑가'가 8구체인 것처럼 적혀 있는 것도 망실된 구가 있기 때문이 아닐까? 아무튼 여러 가지 정황으로 보아 현전 '모죽지랑가'가 완전한 노래가 아님은 어느 정도 짐작할 수 있는 일이다.

'처용가'도 8구체인 것처럼 적혀 있지만 이것도 '후구'가 망실된 경우일 것이다. 특히 현전 '처용가'의 구조가 '4구-4구'로 정확하게 두 개의 의미 단락으로 나누어지고, 단락이 나누어지는 곳에 문장 종결어미로 끝난 '가ᄅᆞ리 네히러라', '아ᅀᅡ늘 엇디ᄒᆞ리고'라는 구가 나타나 있으며, 1, 3, 7구가 대체로 6음절 내외로서 향가의 기본 율격인 '삼구육명(三句六名)'의 음수율을 지키고 있다.[105] 그리고 이 노래의 후신이라 할 고려 가요 '처용가'의 마지막 두 구의 첫 머리에 '山이여 뫼히여'라는 부르는 말로 된 감탄구와 '아으'라는 감탄사가 있다. 이러한 논거들로 미루어 보아 '처용가'가 원래 10구체 향가였다는 것은 입증 가능한 가설로 보인다.[106]

104 오구라 신페이[小倉進平](1929:222~230)은 '신충백수가(信忠栢樹歌)'라고 이름 붙인 이 노래에 대하여 본문에서 결자(缺字)가 난 6구의 '行尸浪'의 뒤, 8구의 '世理都'의 뒤에서 나누어서 설명 항목을 (10)항으로 하고 있다. '모죽지랑가'의 결자 자리인 '心未' 뒤에서도 설명 항목을 나누어 (9)항으로 설명하고 있다.

105 김완진(1977)은 '균여전'의 '삼구육명'을 10구체 향가의 기본 음수율로 해석하고, 해독한 우리말 가사의 1구, 3구, 7구가 6음절(2-2-2음절, 또는 3-3음절)로 되어 있음을 뜻한다고 논증하였다. 이에 대해서는 뒤에서 자세히 논의할 것이다.

106 '삼국유사' '기이편' '처용랑 망해사' 조의 '처용가'의 원문과 해독은 다음과 같다. '東京明期月良[東京 ᄇᆞᆯ기 다ᄅᆞ라라]/ 夜入伊遊行如可[밤 드리 노니다가]/ 入良沙寢矣見昆[드러ᅀᅡ 자ᄅᆡ 보곤]/ 脚烏伊四是良羅[가ᄅᆞ리 네히러라]/ 二肸隱吾下於叱古[두ᄫᅳᆯ흔 내해엇고]/ 二肸隱誰支下焉古[두ᄫᅳᆯ흔 누기핸고]/ 本矣吾下是如馬於隱[본ᄃᆡ 내해다마ᄅᆞᄂᆞᆫ]/ 奪叱良乙何如爲理古[아ᅀᅡ늘 엇디ᄒᆞ리고]/. 참고로 고려가요 '처용가(處容歌)'의 관련된 부분은 다음과 같다. '東京ᄇᆞᆯ근ᄃᆞ래/ 새도록노니다가/ 드러내자리ᄅᆞᆯ보니/ 가ᄅᆞ리네히로새라/ 아으둘흔내해어니와/ 둘흔뉘해어니오/ 이런저긔處容아비옷보시면/ 熱病大神이아膾ㅅ가시로다/ (千金을주리여處容아바 七寶를주리여處容아바/ 千金七寶도마오熱病神을

저자는 '모죽지랑가'도 원래는 '동사-인성 명사-가'라는 스타일의 이름을 가진 대부분의 향가처럼 10구체였는데 두 개의 구가 망실된 것으로 생각한다. 그 근거는 시의 내용, 형식, 그리고 음수율 등 작품 내적인 요소를 주된 논거로 하고, 노래가 실려 있는 기록의 외적 상황이나 전통 시대 우리 선조들이 목판을 새겨서 책을 만드는 과정에 대한 서지학적 기본 상식을 부수적 논거로 한다. '모죽지랑가'에서 망실된 그 두 개의 구는 어느 어느 구이며, 왜, 어떤 과정을 거쳐서 망실되었을까? 그리고 그곳에 가장 적합한 내용은 무엇일까? 이제 이에 대한 답을 추구해 보기로 한다.[107]

2. 得烏(득오)라는 이름이 주는 암시

'得烏(득오)'라는 이름에 관하여 '삼국유사'는 '一云(일운) 谷(곡)'이라고 주를 달기도 하였고, '得烏失(득오실)', '得烏谷(득오곡)'과 같이 적기도 하였다. 불과 두 장, 세 면에 그치는 이야기를 쓰면서, 그리고 그 끝에 노래 하나를 덧붙이면서, 일연선사(一然禪師)는 무엇이 부족하여 '득오'를 달리는 '谷(곡)'이라고도 한다는 주를 붙이고, 또 금방 '得烏(득오)'라고 적고 주까지 붙였는데 그 면에서 '得烏失(득오실)'로도 적고,

날자바주쇼셔/) 山이여뫼히여 千里外예處容아비를어여녀거져/ 아으 熱病大神의發願이샷다'. (　) 부분은 후세에 첨가된 내용으로 보인다.

107 '삼국유사'의 다른 판본이 발견되어 '모죽지랑가'가, 상실한 두 개의 구가 온전히 적혀 있는 모습으로 나타날 가능성이 배제되지 않는다. 그리고 그 유지되어 있는 두 개의 구에 의하여 노래의 내용이 풍부해지는 날이 올 것을 예감한다. 그때는 저자의 이 생각이 옳거나 그르다는 명백한 판정을 받을 것이다.

다음다음 면에서 노래를 옮겨 올 때는 또 '得烏谷(득오곡)'으로도 적었겠는가? 제목의 竹旨郞(죽지랑)에도 '亦作竹曼(역작죽만) 亦名智官(역명지관)'이라고 주가 붙어 있다.

저자는 일연선사가 아무 이유 없이 '一云(일운) 谷(곡)'이라는 주를 붙이지 않았을 것이라고 믿는다. 그리고 그 분이 그 시대 최고의 학자로서 매우 세심하고 글자 하나에도 소홀하지 않았으며 박람 강기(博覽强記)의 뛰어난 기억력으로 '앞면에서 뭐라고 쓰고 뒷면에서 뭐라고 썼다.'를 훤히 다 외고 있었을 분이라고 생각한다. 그런 분이 하나의 스토리에 등장하는 한 인물의 이름을 이렇게 여러 가지로 적어서 남긴 것은 후세의 독자들에게 무엇을 암시하는 것일까?

'谷(곡)'의 옛 훈(訓)은 '실'이었다. 현대 한국어 '골'('골-짝', '골-짝-이', '골짜구니'의 '골')에 해당하는 고유어가 '실'이었다(이기문 1989/1991:356~357). 관련된 연구의 결과를 요약하면 (1)과 같다.

(1) a. '삼국유사' 권4의 '絲浦 今蔚州谷浦也[사(실)포는 지금 울주 곡(실)포이다]'는 '실 絲(사)'의 훈과 '실 谷(곡)'의 훈이 관련되어 있음을 보여 준다.[108]

---

108 이기문(1989/1991:114)에 따르면 권덕규(1929)에서 '谷(곡)'의 훈(訓)이 '실'이어서 '실(失)'의 음(音)과 같고 '絲(사)'의 훈 '실'과 같으므로 '谷(곡)'의 훈이 '실'임을 밝혔다고 한다. 또 권덕규(1929)에서는 '得烏 一云 谷'을 '得烏失 一云 谷'으로 교정하여 '一云 谷'이 '失'을 주한 것으로 보아 음차자 '失', 훈차자 '谷'을 밝혔다고 한다. 그러면 권덕규(1929)는 이 이름을 '득오실'로 읽었다는 것이 된다. 양주동(1942/1965/1981:72)는 "遺事에 '得烏, 一云 谷'이라 하였음은 '得烏, 一云 谷烏'이니, '一云 谷'은 '得' 밑의 括弧用法에 該當한다. 대개 '得'의 訓 '실'과 '谷'의 古訓 '실'이 同一하기 때문이다. 遺事 上揭文中에 '得烏'를 또 '得烏失'이라 書하엿음은 實은 '得(失)烏'이다."와 같이 하여 이 이름을 '실오'로 보고 있다.

b. 고유어 지명들 가운데에도 '밤실[栗谷], 범실[虎谷], 버드실[柳谷], 닭실[酉谷]' 등에 '실'이 남아 있다.[109] 이는 신라 계통의 말일 것이다.

c. '시내[溪]'는 '실[谷]+내[川]'이다.

d. 지방에 따라 '단'으로 나타나기도 하는데 고구려 지역 지명은 '谷(곡)'이 '旦(단), 頓(돈), 呑(탄)'으로 적혀(水谷城縣(수곡성현) 一云(달리는) 買旦忽(매탄홀)[현재의 수원(水原], 十谷縣(십곡현) 一云(달리는) 德頓忽(덕돈홀), 於支呑(어지탄) 一云(달리는) 翼谷(익곡), 康谷縣(경곡현) 一云(달리는) 首乙呑(수을탄)), 그 훈(訓)이 '단'일 가능성이 크다(이기문 1991:307~308). 일본어에서 '谷'은 훈(訓)으로는 'tani'로 읽힌다.

그러므로 '谷(곡)'은 훈 '실'을 빌려 우리말 '실'을 적은 훈차자이고 '失(실)'은 음을 빌려 우리말 '실'을 적은 음차자이다. '得(득)'의 훈도 '실을 득'이므로 '得(득)'도 훈차자이다. 이 사람의 이름은 '실오'일 가능성이 가장 크다(양주동 1942/1965/1981:72 참고). '실오실'로 읽힐 표기인 '得烏-失', '得烏-谷'은 후세에 음차, 훈차의 원리를 상실한 시대의 중복 표기일 가능성이 있다. 저자는 이 사람의 이름이 '실오'인데 '得烏[실오]', '谷[실]', '失(실)' 등으로도 적힌다는 뜻으로 이해한다. 한 사람의 이름이 한 책의 앞 뒷장에서 이렇게 세 가지로 적혔다는 것은 여러 가지 시사점을 던진다.

첫째는 일연선사가 보고 있었던 전해 내려온 사료들이 여러 개였을 가능성이다. '고기(古記)'도 있고, '삼국사(三國史)'도 있고, '해동승전(海

109 이기문(1989/1991:114)에 따르면 이희승(1932)에서 이 '실'이 '밤실[栗谷]', '돌실[石谷]'과 같이 속지명에 널리 존재함을 밝혔다고 한다.

東僧傳)'도 있고, '효사본전(曉師本傳)'도 있고, '욱면비(郁面婢) 염불서승(念佛西昇)' 조에는 '향전(鄕傳)'도 있고, '승전(僧傳)'도 있고, 향중(鄕中)의 '고전(古傳)'도 있고 '본전(本傳)'도 있다. 아마 '화랑세기(花郞世紀)'도 있었을 것이다.

둘째는 이런저런 사료 여러 곳에 득오가 지은 이 '모죽지랑가'가 실려 있었을 가능성이다. 이름만 전하는 '삼대목(三代目)'(신라 상대 · 중대 · 하대의 노래 모음) 같은 책에 들어 있었을 것이다. 저자는 어쩌면 신라 시대의 '만가 집성(輓歌集成)' 같은 책이라도 전해 오지 않았을까, 그리고 그 속에 대표적인 만가로 '모죽지랑가'가 있지 않았을까 하는 상상을 한다.110

셋째는 죽지랑과 득오의 관계는 대표적인 상하 사이의 신의의 미담으로 널리 알려져 있었을 가능성이 크다. '손순 매아(孫順 埋兒)' 설화가 효도의 상징으로 '김현 감호(金現 感虎)' 설화가 자연과의 교감의 상징으로 적혀 있는 것이라면, 상관의 부하 사랑과 부하의 상관에 대한 신의의 대표적 사례로 '득오 죽지랑' 이야기가 실려 있었을 가능성이 있는 것이다.

넷째는 어쩌면 설화만 적힌 기록도 있고 노래만 적힌 기록도 있었을 것이다. 노래는 노래 책 '삼대목(三代目)' 같은 책에, 만가는 만가를 모은 책에, 이야기는 이야기책에, 죽지랑의 탄생 설화와 일대기마저도 나누어져서 탄생 설화는 이야기 책 속에, 일대기는 전기 속에 실려 있었을 가능성도 있는 것이다.

---

110 어릴 때 삼일장의 둘째 날 저녁이 되면 어른들은 만장을 펴 놓고 거기에 적힌 만사나 만시를 한지를 묶어 만든 책에 옮겨 적어 보관하고 그 다음날 봉분을 다 만든 후에 만장들을 모아 무덤 옆 공터에서 태웠다. 그 만사, 만시를 적은 책들은 조문록과 함께 오랫동안 사랑채에 보관되어 있었다.

그 여러 책이 '실오'의 이름을 훈차자로도 적고 음차자로도 적었을 것이다. 일연선사는 그 이름을 오늘날처럼 하나로 억지로 일률적으로 통일하여 적지 않고 원전(原典)에 적힌 대로, 또 달리 적힌 이름의 주도 붙이면서 자연스럽게 객관적인 태도로 역사 기술을 해 가고 있었던 것이라고 생각한다.

그 여러 가지 기록을 보고 핵심 내용을 모아서 일연선사는 '효소왕대 죽지랑'이라는 하나의 조로 재구성한 것이다. 그렇다면 일연선사가 재구성한 '효소왕대 죽지랑' 조는 적어도 세 가지 이상의 사료에서 '익선의 죽지 장군 모욕 사건'과 '죽지랑 탄생 설화', '죽지랑의 일대기', '모죽지랑가'가 따로따로 있는 것을 모았을 가능성이 크다. 죽지 장군의 이야기가 '삼국유사'에 실린 이유는 노래가 절창이었기 때문이다. '익선의 죽지 장군 모욕 사건'이나 '죽지랑 탄생 설화와 일대기' 때문에 이 조가 '삼국유사'에 실린 것은 아닐 것이다. 그런 이야기는 통일 신라 시기에 흔하디 흔했을 것이다. 이 이야기가 실려 남은 것은 노래 때문이다.[111] 남는 것은 노래뿐이다. 향가도, 고려 가요도, '용비어천가'도, 시조도, 가사도 모두 노래이다.[112]

그러니까 제3장에서 논의한 대로 '初(초)'라는 말이 '효소왕대 죽지랑' 조의 기록 속에서 엄밀하게 앞의 어디를 말하는 것으로 해석되지 않는 것을 이해할 수 있다. '初(초)'는 이 기록 저 기록을 옮겨 적어 올 때 따라온 것일 수도 있고, 그렇게 여기저기서 모아 놓으니 편찬자

111 '효소왕대 죽지랑' 조의 중심 이야기는 '익선의 죽지 장군 모욕 사건'이다. 그러나 그 사건이 '삼국유사'에 실린 이유는 노래와 원측법사 이야기 때문이다. 노래가 아니었으면 설화도 실려 전하기 어려웠을 것이다.

112 우리 시대의 노래는 어떤 것일까? 1000년 뒤에 우리 후손들은 20~21세기 한국어 연구 자료로 어떤 것을 이용할까? 신문도, 책도 이용할 것이다. 그러나 그 가운데 꼭 들어 있을 중요한 자료는 '대중가요'일 것이다.

자신의 기준에서 그 옛날에, 처음에의 뜻으로 단락의 앞에 적은 것일 수도 있다. 우리는 한문 구절에서 '昔(석)……'으로 시작되는 문구를 '……보다 예전에……' 식으로 해석하지 않는다. 그냥 '예전에'일 뿐이다. '初(초)'도 이와 같아서 '……보다 처음에 ……가' 아니라 그냥 '처음에'일 수도 있다.

그렇다면 이 노래는 무엇 때문에 그렇게 여러 사료에 실릴 만큼 널리 알려진 노래가 되었을까? 죽지 장군과 득오의 이야기는 왜 그렇게 여러 사람의 입에 회자(膾炙)하는 이야기가 되었을까? 이 질문에 대한 답은 20세기 후반 한국에서 왜 '님을 위한 행진곡'이 문제의 노래가 되었는가에 대한 답과 멀지 않을 것이다.

3. 노래의 내용 검토

망실된 구를 찾기 위한 작업은 무엇보다 먼저 노래의 내용 파악으로부터 시작해야 한다. 그러기 위해서는 이 노래의 성격에 대하여 확실하게 이해하고 현재 남은 노래가 그 성격을 드러내기에 충분한가 충분하지 않은가, 충분하지 않다면 부족한 것은 어떤 내용인가, 그리고 그 내용은 어디에 위치하는 것이 가장 합리적인가를 추구해야 한다. 그 결과 저자는 '망실된 두 구는 제3-4구일 가능성이 가장 크다.'고 보고, 그 동안 강의에서 이 노래가 원래 10구체 향가였을 가능성을 시사해 왔다. 그 이유는 다음과 같이 정리된다.

(2)에서 보듯이 현재의 제3-6구는 하나의 의미 단락을 이루는 데에 아무런 손색이 없다(현대 한국어로의 풀이는 저자가 하였다).

(2) 두덩따름 좋으신
모습이 해를 헤아려 나아감에 따라 헐어 가리니
눈 안개 두름 없이 저 분을
마주 보기 어찌 이루리(오)

阿冬音乃叱好<u>支</u>賜烏隱	두던ᄃᆞᄅᆞᆷ곳 됴ᄒᆞ시온
皃史年數就音墮<u>支</u>行齊	ᄌᆞᅀᅵ ᄒᆡ 혜나삼 헐니져
目煙廻於尸七史伊衣	누ᇇᄂᆡ 도ᄅᆞᆶ 업시 뎌옷
逢烏<u>支</u>惡知作乎下是	맛보기 엇디 일오아리

묘사 대상은 '두덩이 잘 생긴 모습'이고/ 그 모습은 세월이 감에 따라 헐어갈 것인데/ 눈 안개 두름 없이 저 분을/ 마주 보기 어찌 이룰 수 있겠는가?' 하고 노래하고 있다. 돌아가신 죽지 장군의 모습(산 자의 기억 속의 모습)이 세월이 감에 따라 희미해져 갈 것인데, 눈 안개 두름 없이는 저 분을/ 마주 할 수 없을 것이라는, '……없이, 어찌 ……할 수 있으리오?'라는 '부정과 수사 의문문'의 전형적인 표현을 통하여 '……할 때마다 ……가 있어야 한다'는 내용을 강조하여 표현하고 있다.

1980년의 해독에서 '目煙廻於尸七史伊衣'는 '누늬 도랋 업시 뎌옷' 이어서 '눈의 돌림 없이 저 분을'의 의미를 지닌다. 그리하여 '왜 죽지랑의 모습[영정의 모습]을 눈을 돌리지 않고는 바로, 마주 볼 수 없었을까?'라는 의문을 던진다.

그에 대한 답은 다음과 같은 것일 수 있다. 정상적인 자연사가 아니어서 숨을 죽인 채 애도해야 하는 억울한 죽음이라면 그럴 수 있을 것이다. 죽지랑은 신문왕 원년의 김흠돌의 모반 때에 죽음을 맞이한 것은 아니다. 김흠돌의 모반으로부터 11년 뒤에 즉위한 효소왕 때까지의 신문왕대를, 해체되어 병부에 소속되었다가 부활되어 국선으로 변질된 화랑도의 잔재 속에서 살아왔다고 봐야 한다. 그 신문왕 치세 11년간을 견디고, 효소왕의 치세 초반까지 생존해 있은 것은 '삼국유사'의 '진덕, 태종, 문무, 신문 4대에 걸쳐 총재를 지내며……'라는 기록이나 '익선의 죽지 장군 모욕 사건'으로 확인된다. 그 모습을 바로, 마주 볼 수 없는 사연 속에는 그들이 통일 신라 시기의 정치권력에서 축출되는 과정이 들어 있을 수 있다. 문명왕후도 이승을 떠나고, 문무왕도 승하하여 신문왕이 즉위한 해, 김흠돌의 모반으로 말미암아 주륙당하고 남은 화랑도 출신 군부 귀족들에게는 '그 반란을 반란으로만 받아들이고 수긍하기에는 너무나 억울한 사연들이 있었을' 것이다.

그러나 2008년 해독, '눈 안개 두름 없이 저 분을 맞보기 어찌 이루리오.'는 '눈 감으면 생생히 떠오르는 저 분' 정도의 의미를 가진다. 그리고 그 앞에는 '세월이 흘러감에 따라 그 모습은 기억 속에 희미해져 가리니'라는 뜻을 가진다.

그런데 여기서 '헐니져'의 어미가 문제된다. 제2장에서 논의한 대로 '제(齊)'는 거의 해독이 불가능한 어미이다. 종결 어미라고 보면 감탄의 '-(으)ㄴ뎌'에 가까운데, '-(으)ㄴ뎌'는 한문 구결에서 '군자(君子)-ㅣ-ㄴ뎌'라고 하면 '군자이라고나 할까?' 정도의 감탄 의문 어조사로 주로 쓰이는 것이다. 그러면 '헐-니-져'의 뜻이 '헐어간다고나 할까?'가 되어 이상한 의미가 된다. 이 '-(으)ㄴ뎌'는 동사 뒤에서는 '가-ᄂᆞ-ㄴ뎌', '오-ᄂᆞ-뎌'처럼 '-ᄂᆞ-'를 앞세우고, 형용사, 계사 뒤에서는 '높-ᄋᆞㄴ뎌', 'ᄀᆞᄅᆞᆷ-ㅣ-ㄴ뎌'처럼 현재 인식의 '-ᄂᆞ-'를 앞세우지 않는다. 여기서는 동사 뒤이므로 '헐-니-ᄂᆞ-ㄴ뎌'가 되어야 하는데 '齊(제)'의 음이 '-ᄂᆞ-ㄴ뎌'와는 거리가 있다.

접속 어미라고 보아도 '-오/우ᄃᆡ'는 의미상으로 거리가 있고, '-(으)ㄴ

대'는 '齊(제)' 앞에 /ㄴ/이 없다는 것이 결점이다. 그리고 이 '-(으)ㄴ대'는 동사 뒤에서는 '가-ᄂᆞ-ㄴ대', '오-ᄂᆞ-ㄴ대'처럼 '-ᄂᆞ-'를 앞세우고, 형용사, 계사 뒤에서는 '높-ᄋᆞᆫ대', 'ᄀᆞᄅᆞ미-ㄴ-대'처럼 '-ᄂᆞ-'를 앞세우지 않는다. 여기서는 동사 뒤이므로 '헐니-ᄂᆞ-ᄋᆞᆫ대'가 되어야 하는데 '제(齊)'의 음이 '-ᄂᆞᆫ대'와는 거리가 있다. 이 책에서는 접속 어미 '-(으)ㄴ대'를 후보로 생각하고 미결로 남긴다. 의미상으로는 '헐니져'는 '헐어가리니' 정도에 가장 가깝다.

(2)의 제3-6구를 현대 한국어로 바꿀 때 시적 감각, 시의 성격과 가장 관련이 깊은 시어(詩語)는 '逢(봉)'을 해독한 '맛보기'이다. '逢'을 현대의 한자 사전에서 찾으면 대부분 '만날 봉, 맞을 봉'으로 되어 있다. '逢'자에 대한 중세 한국어 단어는 제2장에서 보았듯이 '맛보-'이다. 이 '맛보-'는 '맞-(맞이할 邀(요), 맞을 迎(영))'과 '보-(볼 見(견))'으로 이루어졌다. 그런데 이 '맛보-' 대신에 '맞-'만으로도 비슷한 뜻을 나타내어, '마조'와 '나아', '맞-'이 함께 쓰인 예도 있다. 그리고 '마조보-'가 '만나-'의 뜻으로 사용되기도 한다.

이로 보면 '맛보-'는 일단 '맞-보-'로서 '맞이하여 본다'는 의미이다. 그리하여 '逢'자에 대한 해독은 어려움 없이 해결된 것으로 보인다. 향찰을 중세 한국어로 해독하는 것은 일단 이 정도로 완성되는 것이다.

이에 비하여 해독하여 도달한 이 '맛보기'를 현대 한국어로 옮길 때에는 주의가 필요하다. 외견상으로는 '만나-'로 하여도 될 것 같다. '만나-'는 '맞나-'의 후계형이다. '맞-나'의 '맞-'은 '迎(영)'인데 '나-'가 무엇인지 알 수가 없다. 추정으로는 '맞-나-'의 '나-'는 '날 出'의 '나-'일 것 같은데 '마조(마주)' '나가서(出)' '맞이한다(迎)'의 뜻이 된다. '맞나-'는 '맛나-'라는 이표기(異表記)로도 적힌다. 그러다가 15세기 후반부터 자음접변이 표기에 반영되어 '만나-'로 적히기도 한다.

'맛보-'는 '맞아 보-'인 것 같기도 하고, '마주 보-'인 것 같기도 하고, '만나-'인 것 같기도 하다. 그런데 '맛보-'를 '맞아 보-'와 '마주 보-'로 바꾸면 둘 사이에 약간의 미묘한 뉘앙스가 있는 것 같다. '맞아 보-'는 것과 '마주 보-'는 것 사이에는 미세한 의미 차이가 있는 것이다. '맞이하여 보는' 것은 움직임이 있는 동적인 표현이고, '마주 보고 있는' 것은 가만히 있는 정적인 표현이다. 둘은 서로 다른 말이다. 그러나 둘은 뜻이 통하는 말이라고도 할 수 있다.

그런데 '맛보-'를 '만나-'로 바꾸는 순간 '맞아 보-', '마주 보-'와 '만나-' 사이에는 뉘앙스가 있는 정도가 아니라 다른 뜻이 느껴진다. '맛보-'는 '맞아 보-'로 이해해도 좋고 '마주 보-'로 이해해도 좋다. 그러나 '맞아 보-', '마주 보-'를 '만나-'로 바꾸는 것은 쉽지 않다. 그 의미 차이는 그렇게 쉽게 넘나들 수 있는 차이가 아니다. '맛보-'를 이 둘 가운데 어떤 뜻으로 이해할 것인가, 즉 '逢'을 '만날 逢'과 '맞을 逢' 사이에 어느 것으로 보는가가 이 노래의 의미 파악에 중요한 영향을 미친다.

'산 죽지랑'이라고 해야 '만나-'의 목적어에 어울리고, '마주 보-'라고 해야 '이승에 없는 죽지랑의 모습'을 목적어로 할 수 있다. '만나-'로 하면 당연히 살아 있는 죽지랑을 만나러 간다는 이미지가 떠오른다. '마주 하-'로 하면 '영정 속의 죽지랑의 모습'이든 '산 자의 기억 속의 죽지랑의 모습'이든 그 모습을 마주 대하는 의미로 해석된다.

'맛보-'를 이 둘 가운데 어떤 뜻으로 이해할 것인가, 즉 '逢'을 '만날 逢'과 '맞을 逢' 사이에 어느 것으로 보는가가 이 노래의 의미 파악에 중요한 영향을 미친다. 어느 것이 이 노래의 원뜻에 더 가깝게 다가가는 표현일까? 이 노래를 죽지랑 생시의 사모가로 보는 사람들은 '만나-'로 할 수밖에 없다. 사후의 추모가로 보는 사람들은 '마주 보-'로 할 수밖에 없다.

이 책에서는 '마주 보-'라는 현대 한국어 표현이 이 '맛보-'에 더 가까울 것으로 보아 '만나-' 대신에 '마주 보-'를 선택하였다. 이제 '마주 보-'와 '만나-'는 완전히 서로 다른 의미를 가지는 별개의 말인 것으로 인식된다. 이 책에서 '마주 보-'라고 하는 것은 이런 특별한 의미를 지닌다(제3장을 참조하기 바란다).

이러한 논의를 거쳐 현재의 제3-6구는 하나의 의미 단락을 이루는 데에 큰 문제가 없다. 달리 말하면 현재의 제3-6구는 나누기 어려운 내용을 가진 하나의 단락이다.

그러면 이제 현재의 제1-4구와 제5-8구가 각각 하나의 의미 단락을 이루기에 적절한가, 적절하지 않은가? 현재의 제3-6구가 하나의 의미 단락을 이루어서 묶여 버린다면 앞에 있는 2개의 구와 뒤에 있는 2개의 구가 각각 하나씩의 단락을 이루는 수밖에 없게 된다. 그러면 그것은 향가의 일반적인 구조와는 아주 다른 형식인 2구-4구-2구로 분절한다는 말이 된다. 무엇인가 문제가 있다.

그러면 현재의 제5-8구는 제대로 하나의 의미 단락을 이룰 수 있을까?

(3) 눈 안개 두름 없이 저 분을
마주 보기 어찌 이루오리(오)
낭이여 그리워할 마음의 갈 길
쑥대 우거진 구렁에서 잘 밤도 있으리(이다)

目煙廻於尸亡史伊衣	눉ᄂᆡ 도ᄅᆞᇙ 업시 뎌옷
逢烏支惡知作乎下是	맛보기 엇디 일오아리
郞也 慕理尸心未 行乎尸道尸	郞이여 그릴 ᄆᆞᄉᆞᄆᆡ (즛) 녀올 길[113]

蓬次叱巷中宿尸夜音有叱下是　다보짓 굴허에 잘 밤 이샤리

(3)에 보인 제5-8구는 앞 두 구와 뒷 두 구가 각각 ‘뎌옷 맛보기 이룰 수 없다.’와 ‘그릴 ᄆᆞᅀᆞᆷ의 녀올 길 굴헝에 잘 밤 있으리이다.’가 되어 별개의 의미 단락으로 확연히 나누어짐을 알 수 있다. 제5-8구는 하나의 의미 단락으로 묶이기가 어려운 것이다. 문법적 관점에서 말한다면 ‘엇디 일오아리(오)?’와 같은 종결된 문장은 의미 단락을 나누는 통사적 징표가 된다고 할 수 있다.

그러면 현재의 제1-4구인 (4)는 하나의 의미 단락을 이루는가? 그렇지 않다. 앞 1구와 2구는 ‘이 시름’의 문제이고 뒤 3구와 4구는 ‘즈ᇫ’의 문제로서 둘로 나누어진다.

(4) 간 봄 다 다스렸으므로
못 계셔서 울어 마를 이 시름
두덩따름 좋으신
모습이 해를 헤아려 나아감에 따라 헐어가리니

去隱春皆理米　간 봄 다 다ᄉᆞ리매
毛冬居叱沙哭屋尸以憂音　모ᄃᆞᆯ 기ᅀᅳ샤 울ᄆᆞᄅᆞᆯ 이 시름
阿冬音乃叱好支賜烏隱　두던ᄃᆞᄅᆞᆷ곳 됴ᄒᆞ시온
皃史年數就音墮支行齊　즈ᅀᅵ 히 혜나삼 헐니져

113 ‘마음의 모습이 갈 길’과 ‘마음의 갈 길’ 중에 어느 것이 더 시적 표현일까? 이 결자 자리에 ‘皃’가 있었을 것이라는 추측이 김완진(1980:65, 1985)의 해독의 특징이다. 현대 한국어로의 번역에서는 저자의 시적 감각을 따라 ‘마음의 갈 길’로 한다. 결자가 동사 어간과 관련될 가능성도 있다. ‘行[닐 행]’이 흔히 ‘건-니-’에서 ‘거닐-’이 나오는 것처럼, ‘살아가-’ 정도의 합성 동사를 만들 가능성이 있는 것이다.

통사적으로 ‘이 시름’처럼 명사구로 끝나는 구는 종결 어미가 오는 구보다는 단락 나눔의 기능이 약하다고 할 수 있다. 명사구 ‘이 시름’은 그 자체로 진술이 끝난 것이 아니라 뒤에 오는 구와 연결되어 그 구의 의미상의 주어나 목적어가 될 것을 암시한다. ‘이 시름’이 도입되었으면 그것이 다음 문장의 주어가 되든 목적어가 되든 해야 하는데 여기서는 그렇게 전개되지 않는 것이다. ‘두던ᄃᆞ름곳 됴ᄒᆞ시온 즈ᅀᅵ ᄒᆡ 혜나삼 헐니져.’까지는 ‘이 시름’과 연결되는 시상이라 하기보다는 별개의 대상인 ‘즈ᇫ’에 대한 묘사와 진술이라 할 수 있다.

만약 ‘헐니-져’를 앞에서 설명하였듯이 접속 어미로 끝났다고 보면, 접속 어미로 끝난 구절이 하나의 의미 단락을 종결짓는다는 것도 이상하다. 접속 어미는 말 그대로 진술이 이어지는 곳에 나타나지, 진술이 종결되어 의미 단락이 완결되는 자리에 나타나는 것은 아니다.

현재의 제1-4구는 하나의 의미 단락으로 묶을 수가 없다. 제1구와 제2구는 ‘이 시름’에서 끝나서 하나로 묶이면서 다음의 ‘즈ᇫ’을 묘사하고 진술하는 구들과 나누어진다. 그런데 형식상으로 명사구 ‘이 시름’으로 끝남으로써 거기서 완결되지 못하고 ‘이 시름’이, 그 뒤에 이어지는 문장의 주어나 목적어가 될 것 같은 여운을 남긴다. 그렇다고 하여 제1-2구가 제3-4구와 묶이지도 못한다. 묘사와 진술의 대상이 ‘시름’과 ‘즈ᇫ’으로 판연히 다르기 때문이다. 그리고 제4구에서 다음 구와 의미 단락이 나누어져야 함에도 불구하고, 마지막 단어 ‘헐니-져’가 접속 어미로 끝나서 의미 단락이 완결되지 못하는 이상한 모양을 가진 것이 된다.[114] 제1-4구는 둘로 나누어지는 내용을 가졌으면서도 형식상으로

114 ‘헐니-져’가 접속 어미로 끝난 것이 아니고 감탄 어미로 끝났다는 주장이 있을 수 있다. 가능성이 있다. 그러나 그곳에 감탄 어미가 오면 다음 두 구와의 연결이 적절하지 않아 노래 전체의 의미가 이상해진다. 그러나 이를 감탄으로 해석하면 이 문제는 해소될

제2구에서 끊어지지 못하고 있다. 그리고 또 제4구에서도 끊어지지 못하고 다음 구와 연결되는 것 같은 인상을 준다.

이를 해결하는 길은 무엇인가? 그것은 제2구의 마지막 '이 시름'과 시상이 이어지는 새로운 제3구와, 마지막 어절이 종결 어미로 끝나서 의미 단락이 완결되는 새로운 제4구가 '이 시름'과 '두던ᄃᆞ롬곳' 사이에 들어오는 길밖에 없다. 그리고 현재의 제3-4구는 앞에서 이미 본 대로 다음의 두 구와 함께 묶여서 이어지는 별개의 의미 단락을 이루는 것으로 처리하는 수밖에 없다.

이것이 저자가 현대 한국어로는 (5), 향찰과 고대 한국어로는 (6)과 같은 망실된 새 제3-4구를 상정하게 되었던 근본적인 이유였다. 현재의 제1-4구와 제5-8구가 각각 하나의 의미 단락을 이루기 어려운 반면에, (2)에서 본 현재의 제3-4-5-6구는 '즈'을 '맛보기 민망하다'로 하나의 의미 단락으로 묶일 가능성이 훨씬 커진다. 그리고 제7-8구는, 제5-6구와 떨어져 독자적으로 두 개의 구가 하나의 의미 단락을 이루는 데에 아무런 손색이 없다.

더욱이 현재의 제1-2구는 그 자체로서 완전한 하나의 의미 단락을 이룬다고 하기가 어렵다. '이 시름'이라는 명사구로는 하나의 의미 단락을 완결지을 수가 없다. '이 시름'과 연상되는 어떤 시상이 따라와야 할 자리이다.

나아가 현재의 제3구에서는 갑자기 '두덩따름 좋으신 모습'이 나온다. 어디에 이 '눈두덩 볼두덩 좋으신 모습'이 있는 것일까? 눈두덩, 볼두덩을 도입하기 위해서는 적어도 그 앞에 '얼굴'을 도입해야 하는 것 아닌가? 그러려면 이 앞 시구에 사람의 실물이든 영정이든, 기억

것이다.

속의 모습이든 뭔가가 있어야 할 것이다.

지금의 제3-4구 '두덩따름 좋으신 …… 헐니져'는 '이 시름'과는 조화를 이루지 못한다. '이 시름'이 나왔으면 그 다음에는 '이 시름'과 관련된 시적 전개가 이루어져야 할 것이다. 즉, '시름'과 관련하여 '시름을 어떻게 했다'거나 '시름이 어떻다'는 내용의 문장이 이어지는 것이 자연스럽다. '시름'이 많은 사람은 '시름을 지니지 않은 사람', '시름을 다 잊은 사람'이 연상되어 나오는 것이 정상적이다.

'지난 봄 장례 지냈으므로/ 계시지 않아서 나를 울어 마르게 하는 시름'은 어딘가 부족하다. '생사고락을 함께 한 그 분이 돌아가셨다/ 먼저 이승을 떠난 선배, 상관, 스승인 그분이 계시지 않아서 울어서 마를 지경의 시름.' 그 다음에 이어질 말은 너무나 뻔하지 않은가?

먼저 떠난 선배, 상관, 스승을 '모(慕)'한다면, 그리하여 이 '慕'를 먼저 저 세상으로 떠난 인물을 '추모(追慕)'하는 것으로 해석한다면, 적어도 '지난 시절의 온갖 기쁨과 슬픔을 다 잊고/ 이제는 영정 속의 모습으로만 남으셨구려' 정도의, 우리가 절친한 사람의 빈소에 비치된 영정 앞에서 영원한 이별의 슬픔을 입술을 깨물며 참으면서 속으로 되뇌는 '아! 그 시절, 그 아름답던, 그리고 그 힘들었던 시간들을 모두 다 잊고/ 어찌 이 영정 그림 한장으로만 남으셨습니까?' 정도의 시구가 있어야 하지 않겠는가? 이렇게 하여 앞에서 말한 '눈두덩, 볼두덩'을 도입하기 위한 '얼굴'이 노래 속에 들어왔다.[115] 이 '얼굴'은 빈소에 설치된 영정 속의 얼굴이라 하여도 좋을 것이다. 이어지는 'ᄌᆞᄉᆡ 히

115 이 '얼굴'을 서정목(2013a)에서도 '그림 속 얼굴'로 상정하였다. 여기서 상정하는 제3-4구의 '얼굴'은 영정 속의 얼굴이다. 2008년 해독 '눈ᄂᆡ 두름'에 의하여 망막에 떠오르는 그대의 '모습'은 기억 속의 모습이다. 이어지는 시행에서 'ᄌᆞᄉᆡ 히 헤나삼 헐니져'의 '모습'도 영정 속의 모습이 아니고 '기억 속의 모습'이다.

혜나삼 헐니져'의 'ᄌᆞᇫ'은 영정 속의 모습보다는 기억 속의 모습이 더 낫지만 이곳의 가상적 제3-4구의 '얼굴'은 영정 속의 얼굴이라고 하는 것이 더 적절하다.

이제 우리는, 이 자리에 (5)와 비슷한 새 제3-4구를 상상하여 넣고 이 노래를 10구체로 만들 수 있다.[116]

(5) 기쁨도 슬픔도 다 잊고
이 그림 하나로만 남으셨구려

더 나아가, 여기 이 백척간두(百尺竿頭)에서 위험한 일보를 더 내디디어 이 현대 한국어 구절을 한자의 음과 훈을 빌려 우리말을 적었던 향찰을 흉내 내어 적는다면 (6)과 비슷한 표기가 된다.

(6) 喜哀音皆忘遣 깃슬흠 다 닞고
此畵一等衣遺賜良有叱古尼良 이 그림 ᄒᆞᄃᆞᆫ옷 남으샷고녀

첫 구는 중세 한국어 동사 '깃- 희(喜)', '슳- 애(哀)'의 통사적 합성어 '깃슳-'을 한자의 훈을 이용하여 적었고 거기에 명사 파생 접미사 '-(으)

116 이 내용이 제1-2구가 되는 것이 더 좋다는 견해도 있을 수 있다. 현재 전해지는 기록의 외견상 특징으로는 그것이 더 나을 수도 있다. 저자는 망실된 구가 생기게 된 원인을 순서가 뒤바뀐 구를 깎아 내고 순서를 바로 잡아 새로 새기려 했는데, 앞 두 구를 깎아 내기만 하고, 뒷 두 구는 깎아 내지 않고 새로 새기는 작업도 하지 않은 채 인쇄가 진행된 데서 찾았기 때문에 이 두 구를 제3-4구에다 위치시킨다. 망실된 구가 제3-4구라고 보는 것이다. '거은(去隱)' 앞에 동사 어간 하나를 두는 것은 가능하다고 보지만, 더 이상 그 앞에 올 내용은 없다. 이 한 자 반 자 차이, '去'가 동사 어간 '가-'를 적은 것인가, 선어말 어미 '-거-'를 적은 것인가 하는 것이 국어학 본연의 일터이다. 작품 전체를 보고 시 세계를 살피는 것은 문학이 할 일이고, 시대적 배경을 밝히는 것은 역사학이 할 일이다. 저자는 남의 분야인 두 분야에 너무 깊숙이 들어온 것일까?

ㅁ’을 ‘소리 音’의 음을 이용하여 적었다. 그 다음은 ‘다 개(皆)’, ‘잊을 망(忘)’의 훈을 이용하고 연결 어미 ‘-고’를 적는 ‘견(遣)’을 이용하여 적었다.

둘째 구는 ‘이 차(此)’, ‘그림 화(畵)’, ‘一等’의 ‘한 일(一)’까지 훈차이고 ‘무리 등(等)’은 음차,[117] ‘의(衣)’는 그 훈 ‘옷’으로 중세 한국어에서 ‘-쑨, -만’의 뜻을 지니는 첨사 ‘-곳/옷, -봇/옷’을 적었다. 그 다음은 ‘끼칠, 남길 유(遺)’의 훈차, 존경법의 ‘-시-’를 적는 ‘사(賜)’, ‘-어/아, -러/라’를 적는 ‘어질 량(良)’, ‘있을 유(有)’의 훈차, ‘ㅅ’을 적는 ‘질(叱)’로 적고, 마지막 ‘-古尼良’은 중세 한국어의 감탄 어미 ‘-고녀’를 적은 것이다.

한자 차용 표기는, 한자의 초보적 음과 훈을 알고 향가 몇 수를 양주동(1942/1965/1981)을 통하여 읽어서 실사(어휘적 요소)는 훈으로 적고 허사(문법적 요소)는 음으로 적는다는 향찰의 기초 원리만 알면, 흉내 내어 적을 수 있는 표기법이다.[118]

---

117 수사 ‘하나’는 ‘제망매가’의 ‘一等隱[ᄒᆞᄃᆞᆫ]’, ‘도천수관음가’의 ‘一等[ᄒᆞᄃᆞᆫ]’이나 ‘계림유사(鷄林類事)’의 ‘一曰(일왈) 河屯(하둔)’ 등으로부터 ‘ᄒᆞᄃᆞᆫ’으로 재구된다. 일본어가 一에 대하여 현대어 /kats/, 고어 /katana/(김완진(1980:103))라는 훈을 가지고 있음이 주목된다.

118 공교육에서 한문을 전혀 배우지 않고 한자도 독학한 세대인 저자도 흉내는 내는데, 고도의 한문 지식을 가진 사람에게라면 향찰식 표기가 어려울 것이 하나도 없다. 필사본 ‘화랑세기’가 진서(眞書)를 필사한 것이라는 증거로 향가 비슷한 노래와 ‘구지(溝池)’를 드는 것을 볼 수 있다. 그러나 ‘화랑세기’의 향가 비슷한 노래는, 그 책이 진서를 보고 베낀 것이라는 논의의 증거가 될 수 없다. 박창화 선생 정도의 한문 실력을 갖춘 사람이라면 한자의 음과 훈을 이용하여 노래를 짓는 것, 그것은 하나도 어렵지 않은 일이다. 1990년대 서강대학교 어떤 동아리방의 칠판에는 ‘원전 판독’을 수강한 학생들을 중심으로 향찰로 친구들에게 약속 내용을 적는 것이 유행한 적이 있었다. 실사는 한자로 쓰고, 허사의 경우 주격 조사는 ‘是’로, 목적격 조사는 ‘肹’로, 특수 조사 ‘-(으)ㄴ’과 관형형 어미 ‘-(으)ㄴ’은 ‘隱’으로, 관형형 어미 ‘-(으)ㄹ’은 ‘尸’로 적는 법을 활용하여 ‘나는 순이를 만나러 돼지 식당에 간다’를 ‘吾隱 順伊肹 逢叱那良 豚食堂良中 去內如’와 같이

마지막 두 구는 (7)처럼 '그대를 그리워하고 추모하는 우리의 살아갈 길이/ 온갖 역경에 휘둘려 차갑고 험한 자리에서 잘 그러한 고통의 밤도 있으리이다.'로 끝맺음 하고 있다. 그럼으로써 비운의 정치적 상황[김흠돌의 모반]에 따라 불우한 처지에 놓였던 장군의 모습과 그 장군을 추종하는 젊은 날의 낭도들이 겪고 있는 어려움을 암시적으로 보여 주면서, 그 역경 속에서도 꿋꿋이 '쑥대 우거진 구렁에서 자면서도' 고통을 견디며 그대에 대한 의리와 충성과 믿음을 저버리지 않겠다는 마음가짐을 나타내고 있다.

적었다. 그 노래는 신라 시대 향찰 표기로 적힌 향가가 아니다. 그 노래 속의 '執音乎手乙[잡-음-오 소늘]'은 '헌화가(獻花歌)'의 관형형 어미 '-(으)ㄴ[隱]'이 빠져 있는 이상한 표기 '執音乎手[잡-음-오 손]'과 같다. 그리고 마지막 구절 '忍厤 等尸理良奴[차마 돌릴라노]'의 '奴(-노)'는 현대 경상도 방언 의문 어미로 향찰 표기에는 한 번도 나오지 않는다. '-良奴'도 '-선어말 어미-어말 어미'의 구성이 아니라 설명이 복잡한 '-라 ᄒᆞ노'의 복합문 구성으로 '돌릴라 하노'의 준말 '돌릴라노'를 적은 것으로 보아야 한다. 이는 현대 경상도 방언의 특징이다. 나아가 '구지(溝池)'도 특별한 증거라 할 수 없다. 이희승(1961) '국어대사전' 초판에는 표제어로 올라 있지 않던 '구지'가 이희승(1982) '국어대사전' 수정증보판에는 해자(垓字)를 의미하는 말로 표제어로 올라 있다. 사학계의 전문가에게 자문하여 원고가 작성되었기 때문에 수정증보판 원고가 집필되던 시기의 사학계에는 '구지'라는 단어가 알려져 있었다고 보아야 한다. 성 주변의 '도랑과 못'은 하나도 이상하지 않은 것이다. 서강대 중문화학과의 이정재 교수는 '한어대사전(漢語大辭典)'에서 '예기(禮記) 예운(禮運)'의 '대인세급이위례(大人世及以爲禮) 성곽구지이위고(城郭溝池以爲固)', '공영달소(孔穎達疏)'에서 '구지(溝池), 성지참(城之塹[구덩이])', 당(唐) 원진(元稹)의 '이광안가계제(李光顔加階制)'에서 '짐문유천하자(朕聞有天下者) 도덕인의이위리(道德仁義以爲理) 성곽구지이위고(城郭溝池以爲固)' 등을 찾아 주었다. 상명대 일본어과의 배덕희 교수의 조사에 의하면 일본어 사전에는 '도랑과 못'을 뜻하는 '구지'는 있지만 '해자'를 뜻하는 '구지'는 없다고 한다. 1940년대에 아무도 모르는 단어 '구지'가 '화랑세기'에만 있었다고 보아야 할 필연적인 이유가 없다. 박창화 선생은 '구지'라는 말을 그때 이미 알고 있었다고 보아야 한다.

(7) 낭이여, 그대를 그리워하는 마음의 갈 길
쑥대 우거진 구렁에서 잘 밤도 있으리(이다)

郎也 慕理尸心未 行乎尸道尸　郎이여 그릴 ᄆᆞᅀᆞᄆᆡ 녀올 길
蓬次叱巷中宿尸夜音有叱下是　다보짓 굴허에 잘 밤 이샤리

이를 모두 모아서 상상으로 추정한 망실되었을 것과 유사한 내용인 밑줄 그은 제3-4구를 보완해 넣으면 (8)처럼 된다.

(8) 간 봄 다 다스리매
못 계셔서 울어 마를 이 시름
기쁨 슬픔 다 잊고
이 그림 하나로만 남으셨구려

두덩따름 좋으신
모습이 해를 헤아려 나아감에 따라 헐어 가리니[119]
눈 안개 두름 없이 저 분을
마주 보기 어찌 이루리(오)

낭이여, 그리는 마음의 갈 길
쑥대 우거진 구렁에서 잘 밤도 있으리(이다)

119 이 '헐니-져'의 어미를 어떻게 읽는지에 따라 노래 전체의 의미가 달라질 수 있다. 저자는 현재로서는 '추정'으로 보기 때문에 '헐니-져'는 '헐어 가리니' 정도로 이해한다. 더 깊이 생각해야 할 것이다.

4. 노래 외형의 검토

'삼국유사'에 '모죽지랑가'가 실려 있는 모습은 다른 노래들이 실려 있는 모습과 아주 다르다. 아래의 사진에서 볼 수 있듯이 "처음에 득오곡이 죽지랑을 추모하여 노래를 지었으니, 이르기를[初得烏谷慕郎作歌曰]" 하고 나서, 한 칸 비운다면 그 다음부터 정확하게 14자가 들어갈 만큼 길게 비우고 다음 면에 가서 "去隱春皆理米[간 봄 다 다ᄉᆞ리매]"로 나오는 것이다. 다른 노래는 '曰' 다음에 한 칸 비우고 바로 노래 가사가 나오는 것이 일반적이다.[120]

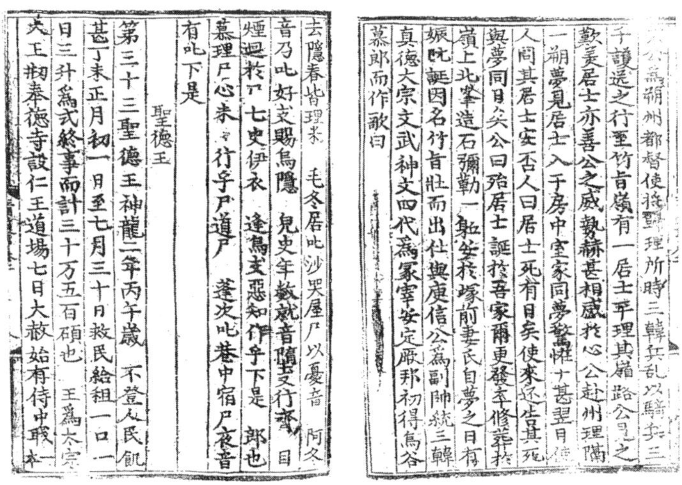
[illegible]公爲朔州都督使將[illegible]理所時三韓兵乱以騎兵三
千護送之行至竹旨嶺有一居士平理其嶺路公見之
歎美居士亦善公之威勢赫甚相感於心公赴州理隔
一朔夢見居士入于房中室家同夢驚怪尤甚翌日使
人問其居士安否人曰居士死有日矣使來還告其死
與夢同日矣公曰殆居士誕於吾家爾更發卒修葬於
嶺上北峯造石彌勒一軀安於塚前妻氏自夢之日有
娠旣誕因名竹旨壯而出仕與庾信公爲副帥統三韓
真德大宗文武神文四代爲冢宰安定厥邦初得烏谷
慕郎而作歌曰

去隱春皆理米 毛冬居叱沙哭屋尸以憂音 阿冬
音乃叱好支賜烏隱 皃史年數就音墮支行齊 目
煙廻於尸七史伊衣 逢烏支惡知作乎下是 郎也
慕理尸心未行乎尸道尸 蓬次叱巷中宿尸夜音
有叱下是

聖德王

第三十三聖德王神龍二年丙午歲 不登人民飢
甚丁未正月初一日至七月三十日救民給租一口一
日三升爲式終事而計三十万五百碩也 王爲太宗
大王刱奉德寺設仁王道場七日大赦始有侍中職一本

'삼국유사'의 '모죽지랑가' 모습

120 이에 대한 자세한 것은 안병희(1987/1992:167~168)을 참고하기 바란다. '찬기파랑가'도 제목 다음에 '曰'하고 한 자 띄우면 아래로 정확히 10자를 비우고 새 행에 "咽嗚爾處米[늣겨곰 ᄇᆞᄅᆞ매]"로 시작한다. 그러나 '안민가'가 끝난 뒤에 19자 정도 비우고, 새 행에서 4자 비운 뒤에 제목이 나오고 다시 10자를 비웠기 때문에 그 비운 내용은 '모죽지랑가'와는 차이가 난다.

외견상으로는 시작 부분의 길게 비운 여백에 있어야 하는 가사가 망실된 것처럼 보인다. 그러면 가능성은 다음과 같은 경우이다. 첫째, 1-2구가 망실되고 3구부터 적혀 있다. 둘째 1구가 망실되고 2구부터 적혀 있다. 그러면 전체가 9구가 되므로 구 분절이 달리 이루어져야 한다. 불가능한 일이다. 셋째, 1구와 2구의 앞부분이 망실되고 2구 중간부터 적혀 있다. 그러면 3구가 시작되는 곳이 어디인지에 따라 전체 노래의 분구를 재검토해야 한다. 그러나 그럴 가능성도 희박하다. 넷째, 1-2구와 3구의 앞부분이 망실되고 지금 보는 것은 3구의 뒷부분이다.

이것은 지금 적혀 있는 외견상의 모습에 따라 추리한 것으로 노래의 내용은 반영되어 있지 않다. 내용을 무시하고 겉모습만 본다면 이 경우 가장 가능성이 큰 것은 첫 번째 견해일 것이고, 그 다음이 네 번째 견해일 것이다. 첫 번째 견해는 대부분이 그렇게 보아 오듯이 '去隱春[간 봄]'이 한 구의 시작 부분이라고 해서 아무 문제가 없다. 네 번째 견해는 (9)의 밑줄 그은 것과 같은 중세 한국어의 "용언 어간+선어말어미 '-거-'+관형형 어미 '-(으)ㄴ'+표제 명사"와 같은 구성에 나타나는 '용언 어간-거-ㄴ 봄'으로 보아 앞에 '디날 과(過)' 정도의 한자를 하나 더 두어 '디나건 봄' 정도를 적은 것이라고 보면 그럴 듯해 보인다. 3구의 둘째 글자 정도부터 시작된 것이라고 보는 것이다. 가능성이 전혀 없다고 할 수는 없다. (10)은 중세 한국어의 수수께끼 같은 선어말어미 '-거-'를 보여 준다. 이 '-거-'는 주로 자동사 뒤에 나타난다. '-거-'와 같은 기능을 하는 변이 형태로는 주로 타동사 뒤에 나타나는 '-아/어-'와 동사 어간 '오-' 뒤에 나타나는 '-나-'가 있다.

(9) a. 네 디나건 녜 뉫 時節에 盟誓 發願ᄒᆞᆫ 이ᄅᆞᆯ 혜ᄂᆞᆫ다 모ᄅᆞᄂᆞᆫ다.[汝頗憶念往古世時誓願事不] <釋詳6:7b>

b. 디나건 오란 劫에 사ᄅᆞᄆᆡ 목수미 온 ᄒᆡᆺ 時節에 부톄 겨샤ᄃᆡ <月釋2:9a>

(10) a. 어듸ᅀᅡ 됴ᄒᆞᆫ ᄯᆞ리 양ᄌᆞ ᄀᆞᄌᆞ니 잇거뇨[誰有好女相貌備足] <釋詳6:13b>

b. 그에 精舍ㅣ 업거니 어드리 가료[彼無精舍云何得去] <釋詳6:22a>

c. 多助之室실ᄊᆡ 野人도 一誠이어니 國人 ᄠᅳ들 어느 다 ᄉᆞᆯᄫᆞ리[維其多助至 野人亦入侍 何論國人意] <龍歌10:47b>

그러나 이렇게 앞 부분이 망실되었다고 보는 것은 적절한 설명이라 할 수 없다. 앞 부분이 비었으니 앞 부분이 망실되었다는 말이야 삼척동자라도 할 수 있는 말이다. 왜 비었을까? 비운 이유는 무엇일까? 그냥 무심코 두 구를 비우고 제3구부터는 새로운 판목에 새겼을까? 아닐 것이다. 앞 부분이 왜 비었는가에 대한 추리가 필요하다. 저자가 상정하는 두 구가 망실된 까닭은 다음과 같다.

이 노래의 첫머리가 비어 있는 까닭은 이 부분이 뭔가가 잘못되어 판목을 깎아 내었기 때문이다. 왜 잘못되었는가? 그 자리에 들어가지 않아야 할 내용이 잘못 들어가 있었기 때문이다. 그러면 잘못 들어간 내용은 무엇일까? '경덕왕 충담사 표훈대덕(景德王 忠談師 表訓大德)' 조의 첫머리에 '德經等大王備禮受之(덕경등대왕비례수지)'이라는 효성왕대(孝成王代)의 기록이 잘못 끼어들어 와 있는 것처럼 되었던 것일까? 그렇게까지 먼 것은 아닐 것이다. 아주 가까운 데서 잘못 끼어들어 온 내용을 찾아야 할 것이다. 그러면 '찬기파랑가'의 현재의 제5구 '기랑(耆郞)ᄋᆡ 즈ᅀᅵ올시 수프리야[耆郞矣皃史是史藪邪]'와 제4구 '몰이 가ᄅᆞᆫ 믈서리여히[沙是八陵隱汀理也中]'가 뒤바뀌어 적힌 것처럼(안병희 1987/1992:169 참고) 여기서도 뒤에 놓여야 할 구가 앞으로 잘못 나와 있었을까? 그럴 것이다. 그것도 빈 자리가 14자가 들어가야 할 자리인 것으로 보아 하나의 구가 아니라 두 개의 구가 앞으로 잘못 나와 있었을 것이다.[121]

앞에서 득오의 이름을 논하는 데서 보았듯이 여러 사료에서 노래를 옮겨 쓸 경우 착오가 있어 앞 뒤 구절이 바뀌어 적혔을 수 있다. 원전 자체에 앞 뒤 구가 바뀌어 있는 경우도 있을 수 있다. 이 착오는 원고 작성 시의 오류로 원고에서 교정했으면 좋았을 것이다. 그러나 원고가 잘못 되었음을 판목을 새긴 후에 발견할 수도 있다. 또 다른 경우는 원고는 제대로 되었는데 각수(刻手)가 실수로 잘못하여 순서를 바꾸어 새겼을 수도 있다. 아무튼 뒤에 있어야 할 14자 정도의 내용이 착오에 의하여 앞에 와 있는 채로 판각이 완료된 것이다.

이를 뒤에 알게 된 교정 책임자는 앞 부분을 깎아 내고 그것을 뒷 부분에 넣으라고 지시하였을 것이다. 책을 잘 보면 그 자리는 판목에서 이 부분이 깎여 나간 것으로 보인다. 이 판목 교정 작업에서 불행히도 두 개의 구가 망실되었다고 저자는 생각한다. 왜 이 두 개의 구는 망실되었는가? 있을 수 있는 과정은 (11)과 같다.

(11) a. 뒤에 있어야 할 구들이 앞에 와 있는 잘못을 판단하고 그것을 뒤로 보낼 작정으로 <u>앞 부분을 깎았다</u>.
b. 그리고 <u>뒷 부분을 앞으로 옮겨와서 새기고</u>,
c. 그 뒷 부분에 <u>앞에 잘못 새겨진 구를 새로 새겨 넣으려 하였다</u>.

121 '논어(論語)' 안연(顏淵) 제12편의 '숭덕'장 끝에 있는 "誠不以富 亦祇以異"가 '논어(論語)' 책의 한참 뒷부분에 해당하는 계씨(季氏) 제16편 '천사'장의 "齊景公有馬千駟 死之日民無德而稱焉 伯夷叔齊餓于首陽之下 民到于今稱之 其斯之謂與"의 바로 앞부분에 있어야 하는 것과 같은 경우이다.

그러나 (11a) 작업만 완료하고 (11b), (11c) 두 과정의 작업을 하지 않은 채로 교정 작업이 끝나고 인쇄가 이루어진 것이 지금의 판본이다. 왜 가장 중요한 마지막 교정이 이루어지지 않았을까? 다 고쳤다고 허위보고를 했을까? 교정 책임자가 바뀌었을까? 아니면 앞 판목과 뒤 판목의 각수가 다른 사람일까? 답은 후 2자일 것이다. 사람은 누구나 그 자리에 있을 때 할 일을 다 해야 하고, 이어받는 사람에게 인계를 정확하게 해야 하는 법이다. 조선 중종(中宗) 7년[1512년, 정덕 7년]의 정덕본이 최고(最古)의 간본이니 그 전의 판목에 의하여 인출된 책이 발견되면 저간의 사정이 밝혀질 것이다.

그러면 망실된 구는, 뒷 부분에 들어갔어야 할 내용이 앞 부분에 잘못 들어갔던 그 두 구라고 보아야 한다. 불운하게 망실된 두 구는 어떤 구일까? 그것은 그 앞에 '과(過)'라는 한 글자 정도가 더 들어올 여지는 있다고 하더라도, 지금의 '去隱春皆理米[간 봄 몯 오리매]'를 첫 구로 보고 이어지는 내용을 검토한 앞에서의 논의에서처럼 추리할 수밖에 없다.

5. 노래의 형식 검토

노래의 형식면을 보면, (8)은 10구체 향가가 '4구-4구-2구'로 단락이 나누어진다는 기본적인 향가 형식론에 부합한다. 그리고 각 단락이 나누어지는 곳의 마지막 문장이 종결 어미나 그와 유사한 기능을 하는 선어말 어미로 끝나는 것에도 부합한다. 그리고 제9구의 맨 앞에 오는 감탄사도 '독립어'인 호격어 '낭이여'를 둠으로써 충족되었다.

마지막으로 '삼구육명(三句六名)'과는 어떤 조화를 이룰 것인가? 김완진(1977)은 '균여전(均如傳)'의 최행귀(崔行歸)의 발문에 나오는 '삼구육명'이 10구체 향가의 경우 '1-3-7'의 세 구가 우리말로 해독하였을 때 6음절로 되어 있다.'는 향가의 음수율을 나타내는 것이라고 논증하였다.[122] 그런데 현재의 3구인 (12)는 9음절로서 좀 많은 편이다.[123]

(12) 阿冬音乃叱好支賜烏隱　　　두던 ᄃᆞᄅᆞᆷ곳 됴ᄒᆞ시온(샨)

(13) 아름 나토샤온

---

122 홀수 구에 '3-3', 혹은 '2-2-2'식의 음수율을 가진 가사 '속미인곡'과 사슬시조 '장진주사'를 예로 들어 논증한 것은 김완진(1977)이다. 그 뒤 1985년쯤 어느 해 국어학회 공동연구회에서는 돌궐 비문(突厥 碑文)이 홀수행 3-3조의 6음절 운율로 되어 있음을 발표하기도 하셨다. 그때쯤 어느 날 선생님께서는 서강대학교 도서관에 Handbuch der Orientalistik, Fünfter Band Altaistik, Erster Abschnitt Turkologie라는 책이 있으니 그 책을 복사하여 보내달라는 메모를 보내오셨다. 책을 대출해 보니 그 책은 독일 책들의 예대로 책갈피가 잘라져 있지 않은 아무도 안 본 책이었다. 이 책은 선생님께서 구입 신청을 하시고 동숭동으로 옮기셔서 일별하지도 못하신 책일 것이다. 그때 언젠가 필요하려나 하는 생각으로 두 권을 복사하여 한 권을 연구실에 두었는데, 얼마 전 연구실의 복사 책들을 정리하다가 그 복사본을 보고 그 시절 선생님의 치열했던 연구 활동과 '서 선생, 복사비……' 하시던 자상함을 떠올리며 눈시울이 뜨거워짐을 느꼈다. '삼구육명'에 대하여 성호경(1981/2008:141~162)은 향가가 3구로 된 것과 6음절로 된 것이 있다고 해석하고, 10구체 향가는 3구로 되어 있고 4구체 향가는 각 행이 6음절로 되어 있다는 설명을 하고 있다. "시를 짬은 당 나라 말로 오언칠자로 다듬고, 노래의 배열은 우리말로 삼구육명으로 다듬는다.[詩搆唐辭磨琢於五言七字 歌排鄕語切磋於三句六名]"를 '오언 또는 칠자', '삼구 또는 육명'으로 풀이한 것이다. 한시가 '5언 또는 7언'이니 향가도 '3구 또는 6명'이라는 것인데 형식 논리상으로 수긍할 수 있기는 하다. 한시는 음수율을 논의하여 5언, 7언 했는데 향가는 '10구체는 句가 셋이다(4구-4구-2구를 말함)' 하고 '4구체는 각 행이 6음절이다'라고 함으로써 내용 논리상으로 구와 음절을 대비하고 있다. 대안이 없는 저자는 선생님의 학설을 따를 수밖에 없다. 그래도 '3구가 6음절'이라는 것과 '5언 또는 7언'이 대응되지 않는 것이 마음에 걸린다. 구(句)가 무엇을 뜻하는지 명(名)이 무엇을 뜻하는지 논의가 필요하다.

123 8구체 향가에 왜 삼구육명을 따지는가 하고 의아해 할 수도 있다. 옳은 말이다. 그러나 저자와 같이 이 노래를 10구체 향가로 보는 순간 그때는 제1-3-7구에 우리말로 해독했을 때 6음절이 와야 한다는 삼구육명의 음수율은 절대적 가치로 대두된다.

(13)에 적은 양주동(1942/1965/1981)의 해독이 오히려 6음절이다. 그런데 이 해독에 들어 있는 특이한 점을 지적하면 (14)와 같다.

(14) a. '아름답-'의 어근 '아름'을 적었다고 본 '阿冬音'이 모두 음독되어 있다. 실사를 적은 글자 모두의 음독은 문제가 될 수 있다. 이 중에 훈독이 하나라도 들어오면 '아름'은 무너진다.

b. 자동사 '낟-'을 적었다고 하는 '乃叱'의 실사 부분이 음독인 것이 이상하고, 그 동사의 마지막 음소를 적기 위하여 /ㄷ/이 아니고 /ㅅ/을 적는 '叱'을 쓴 것이 이상한 일이다. 여기에 '好'를 사동화 접미사 '-호-'를 적은 글자로 보기는 어려움이 있으며, '-호-'의 /ㅎ/과 그 앞의 /ㅅ/이 중화된 /ㄷ/이 만나서 /ㅌ/이 된다는 것도 곤란하다. 그리고 그 뒤의 '攴'자가 빠졌는데, 모든 '攴'자를 '支'로 보아 후세인들이 '지, 기, 디, 히 등'으로 읽게 만든 이 글자를 살려 넣으면 '乃叱好攴賜烏隱'은 '낫호기샤온'이 된다. 여기서 자동사 '낫-'에 사동 접미사 '-호'를 붙여 타동사 '낫호-'를 파생시키고, 다시 이 '낫호-'를 어근으로 하여 피동 접미사 '-기'를 붙여 피동사로 만들어 그것을 자동사로 사용하였다는 어려운 문법 설명이 따라오게 된다.[124]

124 '乃叱好攴賜烏隱'이 '나토샨'을 적었다는 것은 이상하다. '찬기파랑가'에는 양주동(1942/1965/1981)의 해독을 따를 때 같은 동사라고 본 '나토얀'을 '露曉邪隱'으로 적고 있다. 하나의 동사를 '露[이슬, 드러낼 노]'처럼 한자의 훈을 빌려 적기도 하고 '乃叱-[낟-]'처럼 음을 빌려 적기도 한다는 면에서 가능하기는 한 일이다. 이 '낟-호-이-아-ㄴ'은 '낟(어근, 자동사 出)-호(사동 접미사)-이(피동 접미사)-아(선어말 어미 '-오/우-'의 변이 형태-ㄴ(관형형 어미)'이 될 것인데, 자동사를 타동사로 파생시키고, 다시 타동사를 피동사로 파생시켜 자동사적 용법으로 쓴다는 것이 한국어 문법에서 없는 것은 아니지만('날-→날-리-→날-리-이-'), 이러한 논리가 '낟-→낟-호-→낟-호-이-'에도 적용될지 의심스럽다. 그 해독을 따른다고 할 경우, '(구름을) 열치며 나타난 달이'로 해석되는 그 구절의 '나토얀'은 자동사 '날 出' 하나로 충분한 '난 달'로 끝날 자리이지 이렇게 어려운 문법 절차가

비록 6음절이라 하더라도 해독 자체가 이런 특이한 점을 안게 되면 한 음절 한 음절을 헤아리는 음수율은 논의하기 어렵다.

오구라 신페이[小倉進平](1929)도 '어듸매나ᄅᆞᆯ 됴화ᄒᆞ샨'으로 9음절이다. 이 해독에서는 '어듸매나'가 성립하기 어렵다.

따라서 현재의 제3구인 (12)는 음수율 상으로 '삼구육명'을 벗어나 있다. 이를 억지로 조절하여 6음절로 만들려는 시도는 성공할 수 없다. 더 줄일 곳이 없기 때문이다. 그런데 새로운 제3-4구를 되살려서 넣으면 어떤 현상이 일어나는가? 새 제3-4구를 앞에 넣으면 이제 원래의 제3구인 이 구는 당연히 제5구가 될 것이고 제5구는 1-3-7의 세 구가 6음절이라는 '삼구육명'의 관할 범위를 벗어난다.

그리하여 이제 (15)가 제7구가 되는데 (15)는 8음절이다. 그런데 여기에는 구 분절의 문제가 있다. '맛보기'의 목적어인 '뎌옷[伊衣]'은 '업시[亡史]'로부터 떼어 내어 뒷구 '맛보기[逢烏支]'와 함께 읽는 것이 더 낫다. 그러면 제8구가 '뎌옷 맛보기 엇디 일오아리'가 된다. 그렇게 보면 제7구가 되는 (15)의 '누ᇈᄂᆡ 도로ᇗ 업시'는 정확하게 6음절로 '삼구육명'의 기준을 충족시킨다.

(15) 目煙廻於尸七史/ 伊衣 　　　누ᇈᄂᆡ 도로ᇗ 업시/ 뎌옷

그러면 이제 새로 기워 넣는 제3구가 6음절이 될 만한 내용인가? 우리의 기워 넣은 새로운 제3구는 다듬으면 (16)과 같아진다.

(16) 喜哀音皆忘遣 　　　ᄶᅥ슳음 다 닞고

적용될 자리가 아니다. 김완진(1980)이 '찬기파랑가'의 제2구를 '이슬 발갼 ᄃᆞ라리'라고 [이슬 露(로)], [밝을 曉(효)]로 훈독 중심으로 간 까닭이 여기에 있을 것이다.

'깃-'은 '깃-브-'의 어근인 동사 '깃-'이고 '슳-'도 '슳-브-'의 어근인 동사인데 이 둘이 중세 한국어에서 흔히 보이는 비통사적 합성어가 되어 '깃슳-'을 이룬 후에 '-(으)ㅁ'에 의하여 명사로 파생되어 '깃슳음'이 되었다고 보는 것이다. 한 음절 정도의 넘나듦을 허용한다면 (17)처럼 될 것이다. 혹은 '-브-'에 의하여 형용사로 파생된 다음에 명사로 다시 파생되었다고 보아 '깃-브-ㅁ 슳-브-ㅁ 다 닞고'가 될 수도 있다.

(17) 喜音哀音皆忘遣　　깃금 슬흠 다 닞고/ (혹은) 깃븜 슬픔 다 닞고

이상과 같은 논의가 타당하다면, 새로운 '모죽지랑가'는 '4구-4구-2구'로 나누어지고, 나누어지는 곳에 문장이 종결되는 어형이 오며, 제9구의 맨 앞에 감탄의 호격어가 오고, 1-3-7구가 6음절이라는 신(그러나 오래 된) 학설인 '삼구육명'의 음수율에도 맞게 되어 형식상으로도 완전히 10구체 향가의 모습을 지니게 된다.

6. 요약

흔히 국문학사에서 8구체 향가로 다루는 '모죽지랑가'는 사실은 10구체 향가였을 것이다. 제3-4구의 두 구가 망실되고 현재는 여덟 개의 구만 남아 있다. 기록을 옮겨올 때 오류가 생겨서 원고에서 시행의 순서가 바뀌었거나 복잡한 원고를 각수가 잘못 읽어 판각할 때 순서를 바꾸는 오류를 범했을 수 있다. "초득오곡모랑이작가왈(初得烏谷慕郞而作歌曰) □□□□□□□□□□□□□□"에서 14자가 들어갈 만한 비어 있는 자리는 원래 제3-4구가 잘못 새겨졌던 자리이다. 판목

교정 단계에서 이 잘못이 발견되어 (a) 이 자리의 두 구를 깎아 내고 (b) 뒤에 있는 제1-2구를 여기에 옮겨 오고 (c) 지금의 제1-2구 자리에 빈자리에 새겨졌던 제3-4구를 새로 새기려 하였다. 그러나 (a) 작업, 깎아내기만 하고 (b)와 (c) 작업을 하지 않은 채 인쇄된 것이 현재의 판본이다. 그렇게 하여 제3-4구는 깎여나가 사라졌다.

이렇게 생각하면 노래의 내용이 논리적으로 읽히고, 형식·운율상의 특징이 모두 다른 10구체 향가들과 일치하게 된다. 먼저 노래의 내용이 상식으로 이해할 수 있는 논리적 흐름을 보이며 열 개의 구가 이 흐름에 잘 부합한다. 노래의 형식상으로도 다른 10구체 향가들과 마찬가지로 '4구-4구-2구'로 나누어지며, 나누어지는 곳이 종결 어미로 끝나고, 제9구의 첫머리에 호격어가 와서 감탄의 독립어가 오게 된다. 나아가 향가의 운율상의 유일한 규칙이라 할 수 있는 '세 구가 6음절'이라는 '삼구육명(三句六名)'의 음수율에도 어긋나지 않게 된다.

제5장
'모죽지랑가'가 지어진 시대는 어떤 시대인가?

제5장

‘모죽지랑가’가 지어진 시대는 어떤 시대인가?

1. 효소왕의 출생의 비밀

이 장은 ‘모죽지랑가’의 창작 동기와 시대적 배경에 대하여 논의하는 것을 목적으로 한다.[125] 서정목(2013b)에서 논의했던 내용을 보완하여 논리를 정밀화한다. 보완된 핵심 내용은 효소왕의 출생 연도의 혼란을 정리하는 논리의 개발이다. 논의하는 내용은 다음과 같다.

---

125 이 장은 서정목(2013b)의 “‘모죽지랑가’의 창작 동기와 정치적 배경”이라는 글, 2013년 11월 23일 서강대학교에서 열린 ‘한국고대사탐구학회’에서 “‘모죽지랑가’의 창작 동기와 시대적 배경 재론”이라는 제목으로 발표한 글의 일부를 “모죽지랑가의 시대적 배경 재론”이라는 이름으로 서정목(2013d)로 발표한 글, 2013년 12월 3일의 저자의 정년기념 고별강연 “사라진, 그리고 사라질 우리 언어재와 함께 한 세월”이라는 제목의 강연 원고 후반부에 넣어 발표하였던 글 등과 관련된다. 서정목(2013d)에서는 효소왕의 출생 시기에 대한 혼란스러운 논의를 새롭게 정리하여 ‘원자와 왕자의 구별’, ‘원자와 효소왕이 동일인이 아니라는 가설’을 세우고 이를 논증하였다.

'죽만랑지도(竹曼郎之徒)'의 낭도 득오가 이 노래를 지은 시기의 효소왕(孝昭王)은 16살에 왕위에 올라 26살에 승하하였다.[126] 여기에 관한 한 '삼국유사'의 기록이 정확하고 '삼국사기'의 기록은 오해하기 좋게 되어 있다. '삼국사기' 신문왕 조의 687년의 원자 출생과 691년의 왕자 이홍(理洪)의 태자 책봉 기록은 신중하게 검토할 필요가 있다. 이 원자와 태자 이홍을 동일시한 것이 그 동안의 모든 연구가 범한 오류이다. 물론 서정목(2013b)에서 저자도 이 오류에서 벗어나지 못하고, 효소왕이 16살에 즉위하여 26살에 승하하였다는 '삼국유사'의 기록이 올바르고, 6살에 즉위하여 16살에 승하한 것으로 해석되는 기록을 남긴 '삼국사기'의 신빙성이 떨어진다고 서술하는 오류를 범하였다. 역사의 연구에서 기록에 대한 존중과 기록의 해석에 대한 엄밀함이 얼마나 중요한지를 깨닫게 하는 교훈이 되었다. 그리하여 저자는 어쩔 수 없이 다 써 둔 원고를 새로 초(草)하지 않을 수 없는 처지에 놓였다.

687년에 출생한 원자는 691년에 태자로 봉해진 왕자 이홍(理洪)이 아니다. 왕자 이홍은, 정명태자와 김흠운의 딸 사이에서 그들의 혼인

---

126 '죽만랑지도'가, 김유신 장군의 '용화향도(龍華香徒)'처럼 죽지랑이 이끌던 화랑도의 한 '도(徒)'이었음을 논하고, '도'가 어렸을 때부터 함께 '유(遊)'하여 청년기에 군사 조직처럼 운용되고 출사(出仕)한 후에는 그 지도자 화랑을 따라 관직에 나아갔으며 이 '도(徒)'를 이루는 선후배 화랑과 낭도를 묶은 단위가 '문(門)'일 것이라는 논의는 서정목(2013c)를 참조하기 바란다. 그 논문을 2013년 10월 29일 서강대 언어정보연구소 월례발표회에서 발표한 후에 그 발표를 들은 조범환 교수로부터 조범환(2008)을 얻어 볼 수 있었다. 그 속에서 '화랑은 진골 출신이 맡았다. 낭도는 진골 낭도와 육두품, 평민 낭도로 나누어진다. 동시기에 여러 화랑도가 존재하였다. 낭도가 화랑을 선택하였다. 화랑과 낭도의 관계는 카리스마적 관계가 아니었다. 화랑도는 공동체나 이익집단 성격을 띤다. 등등'의 신라 중기 화랑도의 중요 사항들을 확인할 수 있었다. 막연히 '삼국사기', 특히 '열전'을 보면서 머릿속으로 그려 보았던 화랑제도의 조직이나 운영 등에 대한 상상이, 그 논문에 어느 정도는 구체적으로 밝혀져 있었다. 소속 화랑도와 달리 출신 영역에 따라 일정한 부역을 부과 받을 수도 있고, 은퇴 낭도들끼리 모여서 활동할 수 있는 여지까지 있으면 '익선의 죽지 장군 모욕 사건'은 더 사실에 가깝게 재생될 수 있을 것으로 보인다.

전인 677년에 태어났다. 김흠운의 딸은 정명태자가 왕위에 오른 뒤인 683년에 혼인하여 신목왕후가 되었다. '삼국유사'의 보ㅅ도태자[寶叱徒太子], 효명태자[=聖德王]에 대한 기록도 정확한 것으로 보인다.

'삼국사기' '신라 본기'에 신목왕후의 아버지로 기록된 일길찬 김흠운(一吉飡 金欽運)은 '삼국사기' '열전'의 김흠운(金歆運)과 동일인이다. 김흠운은 태종무열왕의 반자(半子[사위])로서 백제와의 양산(陽山[충북 옥천[助川城]으로 가는 길목]) 아래 전투에서 야습한 백제군의 공격을 받아 용감하게 싸우다가 전사하였다. 전사할 때 그는 어린 딸 하나를 남겼다. 이 어린 딸이 자라서 28살도 더 되었을 683년[신문왕 3년]에 왕비[신목왕후]가 되었는데, 그들에게는 혼인 전에 이미 이홍(理洪), 보ㅅ도태자[寶叱徒太子], 효명태자(孝明太子)의 세 아들이 있었다.

681년 문무왕이 승하하고 신문왕이 즉위할 때 일어난 신문왕의 빙부 김흠돌(金欽突)의 모반(謀叛)의 1차적 원인은 바로 이 왕자들이다. '삼국사기' '신라 본기' '신문왕 원년' 조에 의하면 태자비로 있는 동안 오랫동안 아들이 없는 왕비[김흠돌의 딸]과, 이미 세 아들을 두고 있는 김흠운의 딸[태종무열왕의 외손녀] 사이에 왕위 계승권을 둔 다툼이 있었을 것이다. 왕실은 이미 태어난 아들로 후사를 이을 방침을 세웠을 것이고 딸과 앞으로 태어날 외손자들의 미래를 걱정한 김흠돌은 이에 이의를 제기하였을 것이다. 여기서 왕실은 김흠돌을 모반으로 규정하고 그를 지지하는 많은 화랑도 화랑 출신 귀족들을 주륙(誅戮)하거나 아니면 권력으로부터 축출(逐出)하였다. 이 사건이 신라 귀족 사회 분열의 원인이 되어 이후 신라가 쇠락하는 데에 크게 영향을 미쳤다. 이 사건 후 권력은 태종무열왕의 아들들을 비롯한 소수 왕실 직계 후손들에게 집중되어, 신라라는 국가는 귀족 연합체 성격의 지도 체제가 퇴색하고, 혈연 중심의 소집단 특수 계층에 국가 운영이 독점되는 전제(專

制) 왕족(王族) 국가적 성격을 띠게 된다. 멸망의 길로 들어선 것이다.

죽지 장군(竹旨 將軍)은 함께 통일 전쟁에 참가하였던 많은 동료들이 죽임을 당하고 축출되는 불우한 정치적 상황에서 만년(晩年)을 보내고 효소왕 후반기에 이승을 떠났을 것이다. 화랑도 활동 시절 죽지랑과 돈독한 사이였던 '죽만랑지도'의 낭도(郎徒) 득오(得烏)는, 죽지 장군이 사망한 후에 초상(初喪) 때나 소상(小祥) 때, 또는 그 사이 어느 추모 의식에서 만가(輓歌)로 이 노래를 지었다. 이것이 나라의 흥망성쇠(興亡盛衰)를 교훈하는 '기이편(紀異篇)'에 이 설화와 노래가 실려 있는 까닭이다.

그러므로 이 노래의 창작 동기는 '죽지 장군의 사망을 애도하고 그 덕을 추모하는 것'이며, '젊었던 시절의 죽지랑과의 신의(信義)와 충정(衷情)을 지키겠다는 다짐'을 나타내는 것이다. 현재 대부분의 연구서에 보이는 '죽지랑 생시의 노쇠함을 안타까워하는 흠모와 사모의 노래'라는 해석은 노래의 내용과 동떨어져 있으므로 재고할 필요가 있다.

2. '모죽지랑가'의 배경 설화

'삼국유사(三國遺事)' '기이편(紀異篇)'의 '효소왕대(孝昭王代) 죽지랑(竹旨郎)' 조에는 (1)과 같은 내용의 기록이 있다.

(1) a. 부산성에 도착하여 문지기에게 '득오실이 어디에 있는가?' 하고 물으니 그 사람이 말하기를 '지금 익선의 밭에 있는데 전례에 따라 부역을 하고 있습니다.'라고 하였다. 낭이 밭에 가서 가지고 간 술과 떡을 먹이고 익선에게 휴가를 청하여 함께 돌아

가려 하였으나 익선이 굳이 금하고 허락하지 않았다. 그때 사리 간진이 추화군 능절조 30석을 징수, 관장하여 성 안으로 운반하던 중에, 낭의 사(士[선비, 병사])를 중히 여기는 풍미를 아름답게 여기고 익선의 꽉 막히어 통하지 않음을 비루하게 여기어, 거두어 가던 30석을 익선에게 주면서 청을 거들었으나 오히려 허락하지 않았다. 또 진절 사지가 기마와 안구를 주니 이에 승낙하였다.[到富山城 問閽人 得烏失奚在 人曰 今在益宣田 隨例赴役 郞歸田 以所將酒餠饗之 請暇於益宣 將欲偕還 益宣固禁不許 時有使吏侃珍 管收推火郡 能節租三十石 輸送城中 美郞之重士風味 鄙宣暗塞不通 乃以所領三十石 贈益宣助請 猶不許 又以珍節舍知騎馬鞍具貽之 乃許.]

b. 조정 화주가 듣고 심부름꾼을 보내어 익선을 잡아오게 해서 그 때 끼고 더러운 것을 씻기려 하였으나 익선이 도망가 숨어서 그 맏아들을 잡아갔다. 때는 한 겨울 매우 추운 날이어서 성 안의 못 속에서 씻기다가 얼려 죽였다.[朝廷花主聞之 遣使取益宣 將洗浴其垢醜 宣逃隱 掠其長子而去 時仲冬極寒之日 浴洗於城內池中 仍令凍死.]

c. 대왕이 듣고 모량리인으로서 관직에 있는 자는 모두 쫓아내고 다시는 관공서에 발붙이지 못하게 하고, 승려도 되지 못하게 하였으며 만약 승려가 된 자라면 종고사에 들어가지 못하게 하였다.[大王聞之 勅牟梁里人從官者 並合黜遣 更不接公署 不著黑衣 若爲僧者 不合(令)入鐘鼓寺中.]

d. 이 때 원측법사는 바로 해동의 고덕이었지만 모량리인인 까닭으로 승직을 주지 않았다.[時圓測法師是海東高德 以牟梁里人故不授僧職.]

e. 장성하여 벼슬길에 나아가 유신공과 더불어 부수가 되어 삼한

을 통일하고, 진덕, 태종, 문무, 신문 4대에 걸쳐 총재가 되어 그 나라를 안정시켰다.[壯而出仕 與庾信公爲副帥 統三韓 眞德大(太)宗文武神文 四代爲冢宰 安定厥邦.]

f. 처음에 득오곡이 낭을 모하여 노래를 지었으니, 왈 □□□□□□□□□□□□□□□[初得烏谷 慕郎而作歌曰 □□□□□□□□□□□□□□□(14자 공백)……]

'모죽지랑가'는 (1d)의 뒤에 죽지랑의 탄생설화가 나오고 (1e)의 일대기가 나온 뒤에 (1f)처럼 '처음에 득오곡이 낭을 모하여 노래를 지었으니, 왈' 한 뒤에 14자가 들어갈 만한 공백을 비우고 면을 바꾸어 (2)와 같이 실려 있다.[127]

(2)	去隱春皆理米	[간 봄(1980) 다 다ᄉᆞ리매(2008)]
	毛冬居叱沙哭屋尸以憂音	[모ᄃᆞᆯ 기ᅀᅳ샤(1980) 울ᄆᆞᄅᆞᆯ(1985) 이 시름(1980)]
	阿冬音乃叱好支賜烏隱	[두던ᄃᆞᄅᆞᆷ곳 됴ᄒᆞ시온(1985)]
	皃史年數就音墮支行齊	[즈ᅀᅵ ᄒᆡ 혜나삼 헐니져(1980)]
	目煙廻於尸亡史伊衣	[눉ᄂᆡ 도ᄅᆞᆶ(2008) 업시 뎌옷(1980)]
	逢烏支惡知作乎下是	[맛보기 엇디 일오아리(1980)]
	郎也 慕理尸心未 行乎尸道尸	[낭여 그릴 ᄆᆞᅀᆞᄆᆡ (즛) 녀올 길(1980)]
	蓬次叱巷中宿尸夜音有叱下是	[다보짓 굴헝ᄒᆡ 잘 밤 이샤리(이다)(1980)]

127 이 노래의 여러 해독과 그에 대한 논의, 그리고 빈 공백 14자는 원래 이 노래가 10구체였음을 뜻한다는 논제는 서정목(2013a)에서 논의하였다. 여기에 소개한 해독은 김완진(1979/1980, 1985, 2008)을 거쳐 발전해 온 해독의 내용을 그대로 수용한 것이다. 현대국어로의 해석은 이 해독을 토대로 저자가 정리한 것이다.

이 노래는 현대국어로 바꾸면 (3)과 같은 내용의 '서글프고 애잔한 애도와 추모, 그리고 그대에 대한 신의와 충정을 지키려 하는 비장한 마음가짐'을 나타낸 것으로 해석된다.

(3) 간 봄 다 지나갔으므로[우리 곁을 떠났으므로]/장례 치렀으므로[저자]
이 세상에 없어 울어마를 이 시름
두덩이 좋으신
모습이 해를 헤아려감에 따라 헐어져 가리니/모습이 해를 헤아려감에 따라 희미해져 가리니[저자]
눈 안개 두름 없이 저 분/눈 물 고임 없이 저 분을[저자]
맞보기 어찌 일우아리(오)/회상하여 떠올리기 어찌 이루리오[저자]
낭이여 그리워할 마음의 (모습) 갈 길
다봊쑥 우거진 구렁에서 자는 밤도 있을 것입니다.

이 설화에 등장하는 대왕이 바로 효소왕이다. 이 '익선의 죽지 장군 모욕 사건'은 효소왕이 왕위에 있을 동안 일어났고,[128] 죽지 장군도

128 '익선의 죽지 장군 모욕 사건'이 죽지랑과 득오가 화랑도 활동을 하던 어린 시절인 진평왕대 말이나 선덕여왕 초에 일어난 일이라는 학설이 있다(이종욱(1986)). 이 논문은 저자에게 '모죽지랑가'를 유심히 들여다보게 한 가장 강한 자극이 되었던 논문이다. 그러나 이 사건은 효소왕 때 일어난 일이지 진평왕대나 선덕여왕대에 일어난 일이 아니다. 저자는 서정목(2013c)에서 두 가지 논거를 들었다. 첫째로 원측법사의 나이이다. 원측법사는 15살에 당 나라에 유학 가서 효소왕 5년[696년]에 85세로 입적하였다. 만약 이 사건이 선덕여왕 초[632년 즉위]에 일어났다면, 원측법사의 사망 시기로부터 64년 전에 21살의 젊은 그를 해동 고덕이라고 불렀다고 보아야 한다. 그것은 불가능한 일이다. 그리고 그때는 원측법사가 당 나라에 가 있을 때이다. 이 사건으로 당 나라에 가 있는 (해동 고덕인) 21살의 원측법사에게 승직을 안 주었다는 말이 성립되지 않는다. 둘째로, '삼국사기'를 보면 부산성은 문무왕 3년에 축성되었다. 득오가 부산성 창직으로 차출되어 간 시기는 무조건 문무왕 3년 이후의 일이어야 한다. 이 사건은 진평왕대나 선덕여왕대

효소왕대에 이승을 떠났고, '모죽지랑가'도 효소왕대에 지어졌다고 하는 것이 가장 기록과 부합할 것이다. 그러지 않으면 '효소왕대 죽지랑'이라는 설화의 제목 자체가 성립할 수 없다.

이 대목에서 저자의 머릿속에는 다음과 같은 의문들이 떠올랐다. 첫째, 효소왕 몇 년쯤에 (1a)의 '익선의 죽지 장군 모욕 사건'이 발생한 것일까? 둘째, (1b)의 조정 화주는 누구이기에 멀쩡한 젊은이를 얼려 죽이고도 아무 탈이 없는가? 셋째, 효소왕은 몇 살에 (1c)와 같은 큰 결정을 내렸을까? 넷째, (1d)의 원측법사는 어떤 분이기에 해동의 고덕이라 불렸으며, 승직을 받지 못했다면 무슨 일을 하면서 고덕의 지혜를 펼쳤을까?[129] 다섯째, (1e)에서 진덕, 태종, 문무, 신문왕 4대에 걸쳐 총재를 지낸 죽지 장군이 왜 효소왕대에는 아간[6등관위] 급의 익선에게 옛 부하의 휴가도 마련해 주지 못하는 수모를 당하는가? 여섯째, 도대체 문무왕대와 대비하여 신문왕, 효소왕대에는 무슨 일이 있었기에 최고위 권력층의 죽지 장군이 중간 계급일 아간 급에게도 영향력을 미치지 못하는가? 일곱째, 이 사건과 노래는 어떤 연관을 맺는 것일까?

에 일어난 일이 아니다. '삼국사기'의 기록이든 '삼국유사'의 기록이든 1차적으로는 기록을 그대로 존중해야 한다. 정녕 기록이 오류라고 논증이 되면 왜 그런 오류가 생겼는지까지 해명해 주어야 할 것이다.

129 모량리 출신 '익선 아간[6등 관위]의 죽지 장군 모욕 사건'을 조정은 상당히 큰 사건으로 취급하였음을 볼 수 있다. 원측법사는 당 나라에서 활약한 고승으로 측천무후(則天武后)로부터 여불존숭(如佛尊崇)을 받았다. 신문왕이 여러 번 표(表)를 올려 환국을 요청하였음에도 불구하고 측천무후는 귀국을 허락하지 않았으며, 효소왕 5년[696년]에 당 나라에서 세상을 떠났고 85세의 수를 누렸다(조명기(1949) 참고). 신문왕 승하 시[681년]에 당 나라 조위 사절단과 함께 원측법사를 대신하여 신라에 온 그의 제자 도증(道證)을 통하여 효소왕은 원측법사에게 승직을 주고 싶었다. 그러나 모량리인 승직 금지 칙령 때문에 원측법사에게까지도 승직을 줄 수 없었다. 그만큼 모량리인에 대한 승직 금지 원칙은 큰 원칙이었던 것이다. 비록 김흠돌의 모반으로 왕실이 화랑도 출신 귀족들을 핍박하였지만, 모량리인인 익선이, 아마도 왕실 출신이었을 술종공, 죽지 장군계의 세력을 핍박하는 것까지는 용인할 수 없었던 왕실 입장을 표명한 것이라고 생각한다.

이에 대한 저자의 의문은 40년도 더 된 참으로 오래 묵은 것이었다.[130]

이 장은 이 의문들 가운데 효소왕의 나이와 출생의 경위에 대하여 집중적으로 논의하고자 한다. 그리고 그의 출생의 비밀로부터 통일 신라의 모든 비극적 사건들을 설명하는 핵심 열쇠를 찾아내고자 한다. 효소왕은 10년 동안 재위하고 이승을 떠났고, 그의 아버지인 신문왕도 재위한 지 11년만에 세상을 버렸다. 효소왕이 왕위에 있은 10년 사이에 '익선의 죽지 장군 모욕 사건'이 일어나고 '모죽지랑가'가 지어졌어야 한다. 효소왕은 몇 살에 모량리 출신들을 모두 관직과 승직에서 축출하는 무시무시한 칙령을 내린 것일까?

그런데 '삼국사기'의 '신라 본기'를 살펴보니 놀랍게도 효소왕은 불과 6살에 왕위에 올라 16살에 이승을 떠나는 것처럼 파악되었다.[131] 그 어린 나이에 무엇을 안다고 모량리 출신들을 전원 관직에서 내쫓고 승직도 주지 않고 승려가 된 사람도 종고사(鍾鼓寺)에 들지 못하게 했을까? 누가 뒤에 있는 것일까? 모후(母后)인 신목왕후가 한 일이 아닐까? 신목왕후는 틀림없이 조정화주와 더불어 익선의 장남을 못에서 씻기

---

130 저자는 문학 작품으로서의 향가들을 1967년 고3 때 정재관 선생님께 처음 배운 뒤, 1969년 백영 정병욱 선생님께 다시 배웠다. 그리고 1970년 심악 이숭녕 선생님께 신라시대 표기법을 배웠고, 1970년대 중반부터 1980년대 초반 대학원을 마칠 때까지 김완진 선생님께 내내 향가에 대한 국어학적 해독에 대하여 배웠다. 그리고 30년 동안 서강대학교 국어국문학과에서 향가 해독과 배경 설화에 대하여 가르치는 '원전판독/고전문헌해독' 과목을 맡아 왔다. 향가 연구가 얼마나 오리무중에서 여러 학설이 난무하는 상태에 있는지를 절감할 수 있는 상황에 저자는 놓였던 것이다. 그 속에서 저자가 세운 목표는, 국어학적으로 타당한 해독을 토대로, 역사적 사실에 부합하는 내용의 가사를 놓고, 거기에 대하여 문학적으로 주제와 구조와 표현법을 설명하는 향가 해설서를 쓰는 것이었다.

131 '삼국사기(三國史記)'에는 신문왕 7년[687년]에 원자가 태어나고 11년[691년]에 왕자 이홍이 태자로 봉해졌으며, 12년[692년]에 효소왕이 즉위한 것으로 기록되어 있었다. 그런데 '삼국유사(三國遺事)'의 '대산 오만 진신(臺山五萬眞身)' 조에는 효소왕이 16살에 왕위에 올라 26살에 승하하였고, 동생인 오대산에 있던 22살의 효명태자[성덕왕]이 서라벌로 와서 효소왕을 이어 왕위에 올랐다고 되어 있었다.

다가 얼려 죽이는 일에 관련되었을 것이다.[132] 이런 상상들이 꼬리를 물고 이어졌다.

3. 신문왕의 즉위와 혼인

문무왕으로부터 신문왕, 효소왕으로 넘어오는 시기의 가장 큰 사건은 김흠돌의 모반이다. 문무왕이 승하한 직후, 신문왕의 빙부 김흠돌은 사위가 왕이 되고 딸이 왕비가 되는 바로 그 때, 반란을 일으켜서 통일 전쟁에서 생사를 함께 했던 동지들과 함께 주륙되었다. 다른 사람도 아닌 권력 실세, 왕의 빙부, 왕비의 아버지가 모반을 하다니, 이 일은 예삿일이 아니다. 거기에는 비상한, 특별한 문제가 들어 있을 것이다. 그 문제는 무엇이었을까?

그런데 죽지랑이 어떤 인물인가를 추적하는 가운데, 저자는 (4), (5)에서와 같이 '삼국사기' '신라 본기' 문무왕 시기의 기록에 죽지 장군과 김흠돌의 이름이 함께 나오고 있음을 볼 수 있었다.

(4) a. 문무왕 원년[661년] 가을 7월 17일 김유신을 대장군[秋七月十七日 以金庾信 爲大將軍], …… 김인문, 진주, 흠돌을 대당장군으로 삼고[仁問眞珠欽突 爲大幢將軍] …… 천존, 죽지, 천품을 귀당총관으로 삼고[天存竹旨天品 爲貴幢摠管] …… 군관, 수세, 고순을 남천주 총관으로 삼고[軍官藪世高純 爲南川州總觀] …… **133**

132 효소왕대에 신목왕후가 섭정하였으리라는 논의는 조범환(2010)을 참고하기 바란다.

b. 문무왕 3년[용삭 3년, 663년, 계해년]에 백제의 여러 성에 있는 무리들이 몰래 회복을 도모하여 그 거수는 두솔성에 웅거하여 왜국에 원병을 청하였다. 이에 대왕은 친히 유신, 인문, 천존, 죽지 등 장군을 거느리고 7월 17일에 토벌을 나서[龍朔三年癸亥 百濟諸城潛圖興復 其渠帥據豆率城 乞師於倭爲援助 大王親率庾信仁問天存竹旨等將軍 以七月十七日征討]

c. 문무왕 8년[668년] 6월 21일, 대각간 김유신을 대당대총관으로 삼고[八年六月二十一日 以大角干金庾信 大幢爲大摠管] …… 각간 김인문, 흠순, 천존, 문충과 잡찬 진복과 파진찬 지경과 대아찬 양도, 개원, 흠돌을 대당총관으로 삼고[角干金仁問欽純天存文忠 迊湌眞福 波珍湌智鏡 大阿湌良圖愷元欽突爲大幢摠管] 이찬 진순(또는 춘), 죽지를 경정총관으로 삼고[伊湌陳純(一作春)竹旨 爲京停摠管], 이찬 품일, 잡찬 문훈, 대아찬 천품을 귀당총관으로 삼고[伊湌品日 迊湌文訓 大阿湌天品 爲貴幢摠管], 이찬 인태를 비열도총관으로 삼고[伊湌仁泰 爲卑列道摠管], 잡찬 군관, 대아찬 도유, 아찬 용장을 한성주행군총관으로 삼고[迊湌軍官 大阿湌都儒 阿湌龍長 爲漢城州行軍摠管] …… 아찬 일원과 흥원을 계금당총관으로 삼았다.[阿湌日原興元 爲罽衿幢摠管.] …… 22일 …… 왕은 일길찬 진공을 파견하여 하례하였다.[王遣 一吉湌眞功 稱賀.] …… 6월 27일 왕은 서울을 출발하여 당의 군영으로 향하였는데, 6월 29일에는 제도총관이 모두 출발하였다.[二十七日 王發京赴唐兵 二十九日

133 '삼국사기' '열전' '김유신 중'에는 이때 백제의 여적을 토벌하러 간, 이찬 품일, 소판 문왕, 대아찬 양도 등의 군대가 이기지 못하므로[以伊湌品日蘇判文王大阿湌良圖等爲將軍往伐之不克], 또 이찬 흠순(또는 춘), 진흠, 천존, 소판 죽지 등을 보내어 군사를 구원하게 하였다.[又遣伊湌欽純(一作欽春)眞欽天存蘇判竹旨等濟師]고 하여 죽지 장군이 문무왕 원년[661년]에 이미 소판[3등 관위]에 올라 있음을 알려 준다.

諸道摠管發行.]

(5) a. 문무왕 10년[670년] 7월, …… 품일, 문충, 중신, 의관, 천관 등이 공격하여 63성을 취하고 그곳의 사람들을 내지로 옮기고 [品日文忠衆臣義官天官等攻取城六十三徙其人於內地], 천존, 죽지 등은 7성을 공취하여 2,000명을 참수하였고[天存竹知等取城七斬首二千], 군관, 문영은 12성을 공취하고 적병을 쳐서 7,000명을 참수하였는데 말과 병기구 등을 노획한 것이 심히 많았다.[軍官文潁取城十二擊狄兵斬首七千級獲戰馬兵械甚多.]

b. 문무왕 11년[671년] 6월, 장군 죽지 등을 파견하여 군사를 거느리고 백제 가림성의 벼를 밟아 버리고 드디어 당 나라 군사와 석성에서 싸워 5,300명의 목을 자르고 백제 장군 두 사람과 당의 과의 여섯 사람을 사로잡았다.[六月 遣將軍竹旨等領兵 踐百濟加林城禾 遂與唐兵戰於石城 斬首五千三百級 獲百濟將軍二人 唐果毅六人.]

특히 (4a)에서 백제를 멸한 후에 김흠돌과 죽지 장군이 나란히 김유신 장군의 부하로 승진 임명되는 것을 볼 수 있다. (4b)에서는 문무왕이 유신, 인문, 죽지 등을 거느리고 직접 전쟁에 나서고 있다. (4c)에서는 고구려 정벌에 나서는 부대 편성에 김흠돌과 죽지 장군이 나란히 출전하고 있는 것을 볼 수 있다. 그리고 이 명단 속에 있는 흥원(興元), 진공(眞功)은 김흠돌의 모반 때 삼간(三奸)으로 몰려서 복주(伏誅)되었으며, 군관(軍官)은 병부령이었으나 모반을 알고도 조치를 취하지 않았다고 하여 적자(嫡子) 1명과 함께 자진(自盡)할 것을 명 받았다.[134]

이들과 죽지 장군이 전우였던 것이다. 그리고 (5)처럼 문무왕 10년과

134 '삼국사기' 신문왕 원년의 기록을 참고하였다.

11년까지 기록에 나타난 죽지 장군은 그 뒤로는 주욱 등장하지 않다가 '삼국유사' '효소왕대 죽지랑' 조에 갑자기 등장한다. 이 사이에 있었던 일이 김흠돌의 모반이다.[135]

김흠돌의 모반으로 많은 화랑도 출신 장군들이 주륙 당하고 축출되는 정변이 벌어졌을 때, 죽지 장군도 권력으로부터 축출되었을 가능성이 크다. 이 김흠돌의 모반 사건은 죽지 장군의 지위에 큰 변화를 일으켜, 총재로부터 6등 관위인 아간에게도 무시당할 만큼의 쇠락한 처지에 놓이게 만들었다고 볼 수밖에 없다.[136]

신문왕은 빙부의 모반을 빌미로 그에 연좌시켜 왕비를 폐비시킨다. 그리고 신문왕은, 부왕 문무왕과 모후 자의왕후의 3년상이 끝난 후인, 즉위 3년[683년]에 김흠운(金欽運)의 딸을 새로 왕비로 맞이한다. 이 왕후가 신목왕후(神穆王后)이다. 이 혼인은 무엇이 특별하였던지 왕실에서 보낸 예물이 '삼국사기'에 (6)처럼 상세히 기록되어 있다.

(6) 신문왕 3년[683년] 봄 2월 순지를 중시로 삼고[三年春二月以順知爲中侍] …… 일길찬[7등 관위] 김흠운 소녀를[137] 들여 부인으로

135 죽지 장군은 문무왕 11년 이후 10여년 동안 조정의 중요 직책을 맡았을 것으로 추정된다. 그리고 김흠돌의 모반 때 축출되어 신문왕 12년 동안 조정을 떠나 은퇴한 화랑으로 보내다가 효소왕 초에 이 사건으로 다시 기록에 등장한 것이다.

136 죽지 장군은 김흠돌의 모반에 직접 연루되지는 않은 것 같다. 그것이 효소왕대까지 명을 유지할 수 있었던 이유이다. 그러나 김흠돌의 난에 직접 참여한 여러 장군들과 함께 전장에 나간 것은 틀림없는 사실이다. 김흠돌의 난에 직접 연루된 흥원, 진공, 군관 등 고위 장군들은 모두 문무왕 8년[668년]의 대고구려 전쟁에 김유신 장군의 휘하로 죽지 장군과 나란히 참전하였다. 신문왕 즉위에 반대했을 수도 있는 세력의 윤곽을 알 수 있다.

137 김흠운의 졸년 655년과 관련지으면 신문왕과 혼인한 683년에 28살 이상이어야 하는데 '삼국사기'는 왜 이 세 아이가 딸린 나이 많은 처녀를 '少女'라 했는지 후인들을 당혹스럽게 한다. 통일 신라 시기 폐비 사건의 기록을 보면 모든 왕비에 대하여 '妃는 ○○ ○○○

삼기로 하고, 먼저 이찬[2등 관위] 문영과 파진찬[4등 관위] 삼광을 보내 기일을 정하고,[138] 대아찬[5등 관위] 지상으로 하여금 납채를 보냈는데, 비단이 15수레이고 쌀, 술, 기름, 꿀, 간장, 된장, 말린고기, 젓갈이 135수레이고, 조곡이 150수레였다.[納一吉飡金欽運少女爲夫人 先差伊飡文穎波珍飡三光定期 以大阿飡智常納采 幣帛十五輿米酒油蜜醬鼓脯醢一百三十五輿租一百五十車.] ……
5월 7일에 이찬 문영과 개원을 그 집으로 파견하여 부인으로 책봉하고[139] 그 날 묘시에 파진찬 대상, 손문과 아찬[6등 관위] 좌야, 길숙 등을 파견하여 각기 그 처랑과 함께 급량부, 사량부 두 부의 부녀 30명씩으로 부인을 모셔오게 하였는데, 부인은 수레를 타고 좌우에서 시종하는 관인과 부녀자 등으로 아주 성황을 이루었다.[五月七日 遣伊飡文穎愷元抵其宅 冊爲夫人 其日卯時 遣波珍飡大常孫文阿飡坐耶吉叔等 各與妻娘及梁沙梁二部嫗各三十人迎來 夫人乘車 左右侍從官人及娘嫗甚盛.]

(7) a. 신문왕 7년[687년] 봄 2월, 원자가 탄생하였다. 이 날 날이 음침하고 어두우며 큰 우레와 번개가 쳤다.[七年 春二月 元子生 是日 陰沈昧暗 大雷電.]

b. 신문왕 11년[691년] 봄 3월 1일에 왕자 이홍(理洪)을 태자로 봉하고 13일에 죄수를 대사하였다.[十一年 春三月一日 封王子

之女'라고 적고 있는 관행을 볼 수 있다. 이 '少'자는 '之'자의 誤刻임이 틀림없다.

138 김흠돌의 모반에 연루된 화랑도의 파가 가야계라고 하기에는 좀 어려운 문제가 있다. 김유신 장군의 아들 김삼광이 김흠돌의 모반 뒤에도 건재하기 때문이다. 여기서도 김유신 장군의 아들 파진찬 김삼광이 날을 받으러 간다. 김삼광이 이 일을 맡은 이면에는 김유신 장군을 중심으로 김흠운, 김흠돌이 어떤 관련을 맺고 있음을 암시한다. 이 혼인의 중요한 연결 고리 하나가 김삼광이었음을 알 수 있다. 이는 김흠운 집안과 김삼광 집안 사이에도 모종의 관계가 있었음을 암시한다.

139 밑줄 그은 개원은 태종무열왕의 아들로 신문왕의 숙부이다. 전통 혼례에서 집안의 어른으로서 신부의 집으로 신랑과 함께 갔던 上客과 같은 역할을 하고 있다.

理洪爲太子· 十三日 大赦.]

(8) 신문왕 12년[692년] 가을 7월, 왕이 돌아가시므로 신문(神文)이라 시호하고 낭산(狼山) 동쪽에 장사지냈다.[秋七月 王薨諡曰神文葬狼山東.]

그리고 (7a)에서 보듯이 신문왕 7년[687년] 2월에 원자(元子)가 탄생하였고 (7b)처럼 신문왕 11년[691년]에 왕자(王子) 이홍(理洪)을 태자로 책봉하였다. 그러나 혼인한 해로부터 8년 후 (8)에서 보듯이 신문왕은 태자를 봉한 다음 해인 즉위 12년[692년]에 승하하였다. 이어서 태자 효소왕이 32대 왕으로 즉위하게 된다.

결혼식 내용은 지나치게 자세하고 불필요한 사항을 너무 많이 기록하였다.[140] 이에 반하여, 원자의 출생이나 그 어머니, 그의 형제들에 대한 기록은 너무 소략하다. 이 원자의 어머니가 신목왕후인지 아닌지조차 알 수 없다. 이 기록대로라면 신문왕은 외동아들 하나를 누구에게서인지 모르게 원자로 얻었다고 보아야 한다.

이 (7a, b)의 기록에 대해서 연구자들이 깊이 생각해 볼 여유가 없었던 것으로 보인다. (7b)의 기록은 아마도 실제와 같을 것이다. 신문왕이 그 다음 해에 승하할 정도의 처지였으면 서둘러 태자를 책봉해야 했을 것이다. 그렇다면 (7a)의 원자 탄생 기록은 (7b)를 위하여 꼭 필요한 기록이다. 탄생한 기록도 없이 왕자가 태자로 봉해질 수는 없는

140 조범환(2010:12~14)는 이 성대한 의식이 신라사에서 유례가 없는 일이라 하고 왕비 집안의 위상과 신장된 왕권을 드러내려는 의도가 내재해 있을 것이라고 해석하였다. 물론 그러한 뜻도 있을 것이다. 저자는 이미 아들을 셋이나 두고 있어 실질적인 왕비 행세를 하고 있던 태종무열왕의 외손녀를 맞이해 오는 과정이라고 본다. 이 예물들은 30여 년 전 전사한 김흠운의 미망인, 태종무열왕의 딸이자 문무왕의 누이인, 신목왕후의 어머니가 안방을 지키고 있었을 고모집에 신문왕이 하사한 특별한 예물인 것이다.

일이다. 일관되게 '삼국사기'는 효소왕의 나이에 대해서는 말하고 있지 않다.

4. '삼국사기': 효소왕 6살(?) 즉위 16살(?) 승하

효소왕이 즉위한 해는 692년이다. (7a)에서 본 대로 원자가 687년에 태어났으므로 이 원자가 효소왕이라면 6살에 즉위한 것이 된다. 효소왕이 6살에 즉위하였다고 '삼국사기'가 말하고 있는 것이 아니다. 다만 현대의 연구자들이 원자를 이홍으로 간주하고 이홍이 태자가 되고 이어서 효소왕이 되었다고 해석하였을 뿐이다. 이 원자가 이홍이라는 기록은 '삼국사기'에도 '삼국유사'에도 없다. '삼국사기' 효소왕대의 이 대목 기록은 (9)와 같다.

(9) 효소왕이 즉위하였다.[692년] 왕의 이름은 이홍(洪은 恭(공)이라고도 함)으로 신문왕의 태자이며 그 어머니의 성은 김씨로 신목왕후인데 일길찬 김흠운(運은 雲(운)이라고도 함)의 딸이다.[孝昭王立 諱理洪(一作恭) 神文王太子 母姓金氏 神穆王后 一吉湌金欽運(一云雲)女也.]

이 기록에서도 효소왕이 신문왕의 '태자'라고 하고 그 어머니가 신목왕후 김씨로 일길찬 김흠운의 딸이라고 하고 있다. '삼국사기'의 편찬자는 이러면 효소왕이 6살에 왕위에 오른 것이 된다는 것을 몰랐을까? 알았다면 좀 더 자세한 기록을 남겨야 하는 것 아닌가? 적어도 '나이가 너무 어려 모후가 섭정하였다.' 정도는 알려 주어야

할 것이다.[141]

> (10) 효소왕 9년[700년], …… 여름 5월에 이찬 경영(영은 현이라고도 한다)이 모반하다가 죽고 중시 순원이 이에 연좌되어 파면되었다. 6월에 세성[목성]이 달에 들어갔다.[九年 …… 夏五月 伊飡慶永(永一作玄)謀叛 伏誅 中侍順元緣坐罷免 六月 歲星入月.]

(10)을 보면 이때 '이찬[2등 관위] 경영의 모반' 사건이 있었다. 이 모반 사건은 자세히 밝혀져 있지 않지만 상당히 중요한 사건이다. 왜냐하면 1942년에 해체 복원된 황복사 석탑 속에서 발견된 '황복사 석탑 금동사리함기(皇福寺 石塔 金銅舍利函記)'에는 신목왕후(神睦王后[여기서는 穆 대신에 睦이 쓰였다])가 700년 6월 1일에 이승을 떠난 것으로 적혀 있기 때문이다. 6월 1일 날짜까지 밝혀진 이 명문(銘文)은 성덕왕 5년[706년]에 조성되었고 성덕왕의 어머니의 제삿날로 기록된 것으로 의심할 수 없는 날짜이다. 그렇다면 신목왕후는 700년 5월 29~30일쯤에 일어난 이 경영의 모반 사건에서 시해되었거나, 아니면 5월 하순쯤에 시작되어 며칠 간 계속된 이 모반 사건에서 다쳐서 며칠 후에 승하한 것으로 이해해야 한다.[142]

이 경영의 모반 사건에 중시 김순원이 연좌되어 그를 파면하였다. 김순원은 나중에 33대 성덕왕의 빙부, 34대 효성왕의 외조부 겸 빙부,

---

141 '삼국사기'의 혜공왕 즉위년의 '왕이 즉위하였다. 나이가 8살이어서 태후가 섭정하였다.[王卽位年八歲太后攝政'.]이라는 기록이 참고된다.

142 김순원은 모반에 연좌되었으나 죽임을 면하고 파면된 후에, 나중에 성덕왕 때 재등장한다. 김순원은 두 번씩이나 왕비를 폐비시키고 자신의 두 딸 성덕왕의 2비 소덕왕후와 효성왕의 2비 혜명왕후를 들이는 힘을 발휘한다. 그러나 경영과 순원이 김흠돌과 같은 세력권이라 하기는 어렵다.

35대 경덕왕의 외조부로서 오랫동안 권력을 전횡한다. 여기서 경영과 순원이 하나의 세력권을 형성하고 있었다는 가설이 도출된다. 이들은 신목왕후의 세력과 대립하였을 가능성이 크다. 그러나 그들이 무엇을 두고 대립하였는지 알 수 없다.

이 모반 사건으로 김순원이 파면되었다면, 이는 그 당시 왕실에 김순원을 견제할 만한 인물이 있었다는 것을 의미한다. 효소왕이 687년생이라면 700년에 그는 14살쯤 된다. 14살 어린 왕이 혼자서 김순원을 상대로 파면까지 한다는 것은 쉽게 이해되지 않는다. 신목왕후는 이 모반 뒤에 바로 승하하였으므로 경영의 모반 사건의 뒤처리, 김순원의 파면에까지 관여하지는 못했을 것이다. 그렇다면 14살쯤 된 어린 왕을 보필하여 이 난을 수습하는 인물은 누구일까? 그리고 14살이 아니라 좀 더 나이가 든 왕이 이 일을 주관하였을 가능성은 없을까? 이때의 상대등은 효소왕의 작은 할아버지인 개원(愷元)이다.

이 글의 주장은 효소왕이 14살 어린 나이에 김순원을 파면시킨 것이 아니라는 것이다. 후술하는 대로 그는 687년생이 아니라 10살이 더 많은 677년생이다. 그는 24살의 나이에 이 난의 뒤처리를 한 것으로 보인다. 그렇다 하더라도 24살 된 왕 혼자서 이 일을 감당할 수 있었을까? 할머니 자의왕후도, 어머니 신목왕후도 승하한 이 시점에 효소왕은 누구에 의지하여 이 경영의 모반과 김순원의 파면을 다스렸을까? 보이지 않는 강력한 권력의 소유자가 왕실에 있었을 것으로 볼 수밖에 없다. 그리고 그 사람은 바로 효소왕의 외할머니일 가능성이 크다는 것이 이 글의 기본 논지 가운데 하나이다. 효소왕의 외할머니, 신목왕후의 어머니가 누구인지가 관심의 대상이 되는 것이다.

이로부터 2년 후인 702년 7월에 (11)에서 보듯이 효소왕이 승하하였다. 사인이 밝혀져 있지 않지만 경영의 난의 후유증을 앓다가 승하하였을 가능성이 크다.

(11) 효소왕 11년[702년], 가을 7월에 왕이 돌아가셨다. 시호를 효소라 하고 망덕사의 동쪽에 장사지냈다. ('당서'를 보면 장안 2년(702년)에 이홍이 돌아갔다 하였고 여러 '고기'에는 이르기를 임인[702년] 7월 27일에 돌아갔다 하였다. 그런데 '통감'에 이르기를 대족 3년[703년]에 돌아갔다 하였으니 이는 곧 '통감'의 오류이다.)[十一年 秋七月 王薨 諡曰孝昭 葬于望德寺東(觀唐書云 長安二年 理洪卒 諸古記云 壬寅七月二十七日卒 而通鑑云 大足三年卒 則通鑑誤).]

'삼국유사'의 '탑상편(塔像篇)' '명주 오대산 보ㅅ도태자 전기(溟州五臺山寶叱徒太子傳記)' 조에는 효소왕이 왕위 쟁탈전에 휩싸여 승하한 것으로 기록되어 있다. 이 '왕위를 다툰' 일이 '경영의 모반 사건'과 관련이 있을 것이다(후술함).

효소왕의 뒤를 이어 33대 성덕왕이 즉위한 사정을 보여주는 '삼국사기'의 기록은 (12)와 같다.

(12) 성덕왕이 즉위하였다[702년], 왕의 이름은 흥광, …… 그는 신문왕의 둘째 아들이고 효소왕과 같은 어머니에서 난 아우이다. 효소왕이 승하하고 아들이 없으므로 나라 사람들이 (왕으로) 세웠다. 당의 측천무후는 효소왕이 승하했다는 말을 듣고는 그를 위하여 애도식을 거행하고 정사를 이틀 동안이나 그만두고 사신을 파견하여 조위하고, 왕을 신라왕으로 책봉하고 형의 장군도독 호를 이어받게 하였다.[聖德王立 諱興光 …… 神文王第二子 孝昭同母弟也 孝昭王薨 無子 國人立之 唐則天聞孝昭薨 爲之擧哀 輟朝二日 遣使弔慰 冊王爲新羅王 仍襲兄將軍都督之號.]

그렇다면 성덕왕의 즉위 시의 나이도 10~15살 정도에 불과하다. 그런데 성덕왕도 오대산에 가 있다가 효소왕이 승하한 후에 왔으므로 15살 이전에 왕위에 오를 정도로 어린 것으로 보이지 않는다. 성덕왕의 졸년은 '삼국사기'와 '삼국유사' 모두 737년으로 일치한다. 그러면 성덕왕은 많아야 15세에 즉위하여 35년간 재위하고 50세에 승하한 것으로 된다.[143]

5. '삼국유사': 효소왕 16살 즉위, 26살 승하

앞에서 본 대로 효소왕과 성덕왕의 출생 기록과 즉위에 관한 '삼국사기'의 기록은 매우 소략하고 오해하기 쉽게 되어 있다. 이에 비하여 '삼국유사'는 이 두 왕의 출생에 대하여 비교적 자세한 기록을 보이고 있다.

'삼국유사'의 '왕력편'에는 효소왕의 즉위 연대를 ○진년으로 기록하고 재위 10년이라 했고, 성덕왕의 즉위년이 임인[702년]로 되어 있으니 ○은 壬으로, 효소왕의 즉위년은 임인년보다 10년 전의 임진년[692년]임이 틀림없다. 이는 '삼국사기'의 기록과도 일치한다. 두 왕의 즉위 연대와 몰년은 두 사서(史書) 모두 일치한다. 다만, 불분명한 것은 두 왕이 언제 태어나 몇 살에 왕위에 올랐고, 몇 살에 승하하였는가 하는 것이다. 즉 나이가 문제인 것이다.

143 뒤에서 보듯이 실제로 그는 681년에 출생하였으므로 57세에 승하한 것이 된다. 성덕왕이 몇 살에 승하하였는지가 이 논의의 결론을 지을 중요한 요소가 된다. 아직 그러한 기록은 발견하지 못하였다.

그런데 '삼국사기'가 일관되게 기록하지 않고 있는 이 두 왕의 나이를, 신중하게 생각하여 기록하고 있는 것이 '삼국유사'이다. '삼국유사'의 '탑상편(塔像篇)' '대산 오만 진신(臺山五萬眞身)' 조에는 세주(細注) 속에 (13)과 같은 기록이 있다.

(13) 생각하건대 효조 또는 효소는 천수 3년 임진[692년]에 왕위에 올랐는데 그때 나이 16세였으며 장안 2년 임인[702년]에 세상을 떠났으니 누린 나이가 26살이었다. 성덕왕이 이 해에 왕위에 올랐으니 나이 22살이었다.[按孝照一作昭以天授三年壬辰卽位時年十六 長安二年壬寅崩壽二十六 聖德以是年卽位年二十二.]

(13)은 효소왕이 692년 16살에 즉위하여 10년 재위하고 702년 26살에 승하하였다고 명언하고 있다. 성덕왕도 702년 즉위하였는데 그때 나이가 22살이라고 명언하고 있는 것이다. 이 기록은 앞서의 '삼국사기'의 6살 즉위, 16살 승하와 비교할 때 10년이라는 나이 차를 보인다. 즉위 연도와 승하 연도는 두 사서 모두 동일하다.

(13)의 세주 바로 위에는 (13)의 주가 붙게 된 요인을 보여 주는 세주 (14)가 또 있다.

(14) 국사를 살펴보면, 신라에는 정신, 보천, 효명의 세 부자에 대해 명문이 없다.[按國史新羅無淨神寶川孝明三父子明文.] 그러나 이 기록의 다음 글에는 신룡 원년[705년]에 터를 닦고 절을 세웠다고 했다. 신룡이란 성덕왕이 왕위에 오른 지 4년 되는 을사이다. 왕의 이름은 흥광이고 본명은 융기로서 신문왕의 둘째 아들이다. 성덕왕의 형 효조의 이름은 이공인데, 이홍이라고도 하며 역시 신문왕의 아들이다.[然此記下文云神龍元年開土立寺 則神龍乃聖德王卽

位四年乙巳也 王名興光 本名隆基 神文之第二子也 聖德之兄孝照名理恭一作洪亦神文之子.] 신문왕 정명(政明)의 자는 일조이니 정신(淨神)은 아마도 정명(政明), 신문(神文)이 잘못 전해진 것 같다. 효명은 효조 또는 효소가 잘못 전해진 것이다. 기록에 효명이 왕위에 올라 신룡 연간에 터를 닦고 절을 세웠다고 한 것도 역시 분명치 못한 말이다. 신룡 연간에 절을 세운 이는 바로 성덕왕이다.[神文政明字日照則淨神恐政明神文之訛也 孝明乃孝照一作昭之訛也 記云孝明卽位 而神龍年開土立寺者云者 亦不細詳言之尒神龍年立寺者乃聖德王也.]

'삼국유사'의 편찬 시기에도 '국사' 등에 신문왕과 보천[=보ㅅ도]태자,[144] 성덕왕의 세 부자에 관한 기록이 드물다고 하여 사료에 문제가 있음을 보여 주고 있다.

신룡 원년[705년]이 702년에 즉위한 성덕왕의 즉위 4년이라는 것은 옳다. 성덕왕이 신문왕의 제2자라는 것은 옳지 않다. 오대산에 가 있은 왕자는 보천[=보ㅅ도]태자와 효명태자 두 사람이고 효명태자가 아우이다. 제1자 효소왕, 제2자 보ㅅ도태자, 제3자 성덕왕[=효명태자]로 보는 것이 옳다. 여기서 효소왕이 이홍/이공이고 성덕왕의 형으로서 신문왕의 아들이라고 한 것도 옳다. 아버지야 뻔한데 그 어머니를 밝혔으면 더 좋았을 것이다. 淨神은 아마도 政明, 神文이 잘못 전해진 것 같다는 기록은 이상하긴 하지만 이는 '삼국유사'의 잘못이 아니다. '此記下文'이라고 한 이 기록이 '정신'이라고 한 것이 문제인 것이다. 밑줄 그은 곳의 효명이 효조, 효소가 잘못 전해진 것이라는 것은 옳지 않다.

144 '보천(寶川)'은 '보ㅅ도(寶叱徒)'의 다른 표기이다. '내 川'과 '무리 徒'가 복수 접미사 '-네'를 통하여 연결된다면 이 왕자의 이름은 '보ㅅ내'일 가능성이 있다.

효명은 곧 성덕왕이다. 효명이 바로 성덕왕이기 때문에 효명이 신룡 연간에 절을 세운 것은 분명치 않은 말이 아니라 옳은 말이다.

이 세주는, '고기'라는 자료에 '성덕왕이 태화 원년[진덕여왕 원년]에 산으로 갔다.'고 하였으나 그 기록을 믿을 수 없다고 하고, 그 근거로 효소왕의 즉위 시, 승하 시의 연도와 나이, 성덕왕의 즉위 시의 연도와 나이를 제시한 것이다. 일연선사가 믿을 수 없다고 한 것은 두 왕의 즉위 시의 나이와 효소왕의 승하 시의 나이가 아니라, '고기'의 '태화 원년[진덕여왕 원년]에 왕이 산으로 갔다.'는 기록이다.

'대산 오만 진신' 조 모두를 불신할 것이 아니라 불신할 기록과 믿을 기록을 분별해야 한다. 믿을 수 없음의 대상이 된 기록 때문에, 그 기록의 믿을 수 없음을 증명하는 기준으로 제시한 나이에 관한 기록을 믿을 수 없다고 하는 것은 옳지 않다. 이 기록에서 이 두 왕의 나이는 다른 기록의 오류를 지적하는 기준이 되었다. 그러므로 이 나이에 관한 기록이야말로 오히려 가장 신빙성 있는 사실(史實) 중의 사실(事實)이라고 보아야 한다.

이 기록은 '고기'가 45년 차이가 나므로 믿을 수 없다고 하였지만, 그 45년 차이가 나는 기준이 되는 효소왕의 즉위 연대는 믿을 수 있다고 본 것이다. '생각하건대 효조 또는 효소는 천수 3년 임진[692년]에 왕위에 올랐는데 그때 나이 16세였으며 장안 2년 임인[702년]에 세상을 떠났으니 누린 나이가 26살이었다. 성덕왕이 이 해에 왕위에 올랐으니 나이 22살이었다.'라고 하였으므로, 일연선사 자신이 효소왕이 692년에 16살로 즉위하였다는 것에 의심을 표한 것이 아니다.

'고기'라는 자료에 '왕이 그보다 45년 전인 태화[진덕여왕 연호] 원년에 산으로 갔다.'라는 기록이 있는데 그 입산은 성덕왕의 입산과 관련된 연대가 아니라고 '고기'의 신빙성을 의심하고 있는 것이다. 이를 가지고 효소왕의 즉위 연대나 나이까지 의심하는 것은 옳지 않다. 저자가 검토한 '탑상편'의 세 기록에는 믿을 수 있는 자료도 있고 믿을 수 없는 자료도 있다.

(7a, b)와 (9)의 '삼국사기'의 기록과 (13)의 '삼국유사'의 기록은 왜 이렇게 서로 다를까? 이 모순적인 두 기록을 어떻게 보아야 하는가? 이에 대하여 두 가지 가능한 해석이 있을 수 있다.

하나는 '삼국사기'가 옳고 '삼국유사'가 효소왕의 나이를 10살 올렸다고 설명하는 것이다. 다른 하나는 '삼국유사'가 옳고 '삼국사기'가 효소왕의 출생년도를 10년 내렸다고 하는 것이다.[145]

6. 원자(元子)와 왕자(王子)

'삼국사기'는 원자가 687년에 태어났다고 기록하였다. 그에 따라 효소왕이 6살에 즉위하고 16살에 승하하였다는 계산이 나온 것이다. 이 기록이 옳고, '삼국유사'가 효소왕의 나이를 10살 올린 것이라고 하려면, 여기에는 원자가 태자가 되고 효소왕이 되었다는 전제가 있어야 한다. 이 전제가 부정되면, 즉 원자가 태자가 된 것도 아니고 효소왕이 된 것도 아니라면, 효소왕이 6살에 즉위하였다는 가설은 성립되지 않는다. '삼국사기'는 효소왕의 나이에 대해서는 일언반구도 언급하지

145 저자는 2013년 11월 15일 이전에는 여러 정황을 고려할 때 '삼국사기'가 효소왕의 나이를 10년 내렸다고 생각하였다. 이는 '삼국유사'의 '탑상편' '대산 오만 진신' 조의 기록이 '삼국사기' '신라 본기'의 기록보다 더 신뢰할 수 있는 기록이라는 것을 의미하는 것이었다. 그리고 그렇게 조절한 이유가 효소왕의 출생의 비밀을 숨기기 위한 장치였다고 보았다. 그러나 2013년 11월 15일 이후부터는 그것이 그른 생각이었음을 알았다.

않고 있다.

'삼국유사'에는 언제 태어났다는 기록은 없고, 깊이 생각하고 따져 본 뒤에 적은 것처럼 '살피건대, 생각하건대[按]'라고 한 뒤에 효소왕이 16살에 즉위하여 26살에 승하하였다고 하였다. 그렇다면 692년에 16살로 즉위한 효소왕은 677년생이고, 702년에 22살로 즉위한 성덕왕은 681년생이 된다. 이 기록이 옳고, '삼국사기'가 효소왕의 나이를 10살 낮추었다고 하려면, '삼국사기'에서 687년에 태어났다고 한 원자를 태자, 나아가 효소왕과 동일시해야 한다는 전제가 따른다.

'삼국사기'를 신뢰하든 '삼국유사'를 신뢰하든, 이 두 가지 가능성에 모두 들어 있는 전제는 '삼국사기'가 687년에 태어났다고 한 원자가, 691년에 태자로 책봉되어 692년에 즉위한 효소왕과 동일 인물이어야 한다는 것이다. 그러나 어디에도 이 전제를 충족시키는 근거는 없다. 정말로 이 두 사서의 기록은 서로 다른 것일까? 그리고 어느 한쪽이 그릇된 것일까?

효소왕이 직접 등장하는 다음의 세 설화는 아무리 '삼국유사'가 이야기를 적은 것이라 하더라도 효소왕의 나이에 대하여 심사숙고할 필요가 있음을 보여 준다.

'삼국유사' '기이편'의 '효소왕대 죽지랑' 조 바로 앞의 '만파식적(萬波息笛)' 조에는 (15)와 같은 이야기가 실려 있다. '삼국유사'에 의하면 이 일이 일어난 시기는 신문왕 즉위 이듬해인 682년이다.

(15) a. 이듬해 임오년[682년] 5월 초하루(어떤 책에는 천수 원년[690년]이라 하였으나 이는 잘못이다) 해관 파진찬[4등 관위] 박숙청이 아뢰기를, 동해에 작은 산이 있어 감은사로 향하여 떠 오는데 물결을 따라 왕래한다 하였다.[明年壬午五月朔(一本云 天授元

年 誤矣) 海官 波珍湌 朴夙淸 奏曰 東海中有小山, 浮來向感恩寺 隨波往來.] …… 성고가 지금 해룡이 되시어 삼한을 진호하시고 또 김공 유신은 삼십삼천의 한 아들로서 지금 내려와서 대신이 되었습니다. 두 분 성인이 덕을 함께 하여 성을 지키는 보물을 내리시려 하오니[聖考今爲海龍 鎭護三韓 抑又金公庾信 乃三十三天之一子 今降爲大臣 二聖同德 欲出守城之寶] …… 왕이 기뻐하여 그 달 7일에 이견대에 행차하시어 그 산을 바라보고 사람을 보내어 살펴보니 산세가 거북이 머리 같고 위에 한 그루 대나무가 있는데 낮에는 둘이 되고 밤에는 합하여 하나가 되는(혹은 산도 역시 밤낮에 따라 대나무처럼 개합하는) 것이었다. 사자가 돌아와 그대로 아뢰니 왕은 감은사에 가서 묵었다.[王喜 以其月七日 駕幸利見臺 望其山 遣使審之 山勢如龜頭 上有一竿竹 晝爲二 夜合一(一云 山亦晝夜開合如竹) 使來奏之 王御感恩寺宿.] …… 용이 아뢰기를 비유컨대 한 손으로 치면 소리가 없고 두 손으로 치면 소리가 나는 것과 같습니다. 이 대나무란 것은 합한 연후에 소리가 나는 것입니다. 성왕께서 소리로 천하를 다스릴 서징이오니 이 대나무를 가져다가 피리를 만들어 부시면 천하가 화평해질 것입니다. 지금 왕의 선고께서 바다 속의 큰 용이 되시고 김유신이 또 천신이 되어 두 성인이 마음을 같이 하여 값으로 칠 수 없는 큰 보물을 내어 저로 하여금 바치게 한 것입니다 하였다.[龍曰 比如一手拍之無聲 二手拍則有聲 此竹之爲物 合之然後有聲 聖王以聲理天下之瑞也 王取此竹 作笛吹之 天下和平 今王考爲海中大龍 庾信復爲天神 二聖同心 出此無價大寶 令我獻之.] ……

b. 왕이 감은사에서 자고 17일에 기림사 서쪽 시냇가에 수레를 멈추고 점심을 먹었다.[王宿感恩寺 十七日 到祇林寺西溪邊 留

駕 饍.] 태자 이공(즉 효소대왕)이 대궐을 지키다가 이 소식을 듣고 말을 달려와 천천히 살펴보고 아뢰기를 이 옥대에 달린 여러 개의 장식 쪽은 모두 진짜 용입니다 하였다.[太子理恭(卽孝昭大王) 守闕 聞此事 走馬來賀 徐察奏曰 此玉帶諸窠 皆眞龍也.] 왕이 말하기를 네가 어찌 그것을 아느냐?[王曰 汝何知之.] 태자가 아뢰기를 쪽 하나를 떼어내어 물에 넣어 보소서.[太子曰 摘一沈水示之.] 이에 왼편 두 번째 장식을 떼어 계곡 물에 담그니 즉시 용이 되어 하늘로 날아가고 그 땅은 못이 되었다. 이로 하여 그 못을 용연이라 부른다.[乃摘左邊第二 沈溪 卽成龍上天 其地成淵 因號龍淵.] …… 이 피리를 불면 적병이 물러가고 병도 나았으며 가뭄에는 비가 오고 비 올 때는 개이며 바람도 자고 물결도 평정해졌다. 이 피리를 만파식적이라 하고 국보로 삼았다.[吹此笛 則兵退病癒旱雨雨晴風定波平 號萬波息笛稱爲國寶.]

c. 효소왕대에 이르러 천수 4년 계사년[693년]에 실['부'의 오]례랑이 살아돌아온 기이한 일로 해서 다시 만만파파식적이라고 봉호하였다. 자세한 것은 그 전기에 보인다.[至孝昭大王代 天授四年癸巳 因失['夫'의 誤]禮郞生還之異更封號曰 萬萬波波息笛 詳見彼傳.]

(15b)는 매우 이상하다. '삼국사기' '신라 본기'에서는 신문왕 11년[691년] 3월 1일에 태자로 봉해졌다는 태자가, 태자로 봉해지기 10년 전인 682년 5월 17일에 이미 태자로서 말을 타고 월성에서 기림사(祇林寺)까지 달려와 옥대에 새겨진 장식 쪽[窠]의 용들을 진짜 용이라고 하는 신통한 지혜를 발휘한 것으로 '삼국유사'는 기록하고 있다. 만약 이 태자가 신문왕 7년[687년] 2월에 태어났다고 한 원자라면, 그는 태

어나기보다 5년 전인 682년에 이미 태자의 자격으로 말을 타고 서라벌에서 기림사까지 왔다는 말이 된다.

태자로 봉해지기 전의 이홍에게 태자라 지칭한 것은 후세의 관점에서 그렇게 부른 것이라 할 수 있다. 그러나 687년에 태어난 원자가 이 태자이라면 이 기록은 성립할 수 없다.

'만파식적'이 신문왕 2년[682년]에 얻어진 것이 사실이라면, 그리고 '만약' 그 태자가 687년에 태어난 원자이라면, '삼국사기'의 기록은 잘못된 것이다. 신문왕의 원자가 687년에 태어난 것이 사실이라면, 그리고 '만약' 그 원자가 태자이라면 682년의 '삼국유사'의 '만파식적' 조에 등장하는 태자[효소왕]는 잘못된 기록이 된다.

여기서 '만약'이라는 말이 매우 중요한 암시를 던진다. '만약' 이 원자가 효소왕이라면 양쪽 기록 가운데 하나가 신빙성이 떨어진다. 그렇지만 '만약' 이 원자가 효소왕이 아니고 다른 사람이라면, 양쪽 기록 다 아무 문제가 없다. 이 원자는 태자도 되지 않았고 효소왕도 되지 않았어야 한다. 그리고 태자가 되었고 효소왕이 된 왕자는 687년에 태어난 이 원자가 아닌 다른 사람이어야 한다.

'삼국유사'의 '신주편(神呪篇)' '혜통 항룡(惠通降龍)' 조에는 신문왕 승하 직후 효소왕이 왕위에 오른 해[692년]의 신문왕의 장례와 관련된 일을 보여 주고 있다. 이 설화 속에는 매우 중요한 정보들이 들어 있다. 이 설화를 요약하면 (16)과 같다.

(16) a. 스님 혜통은 성은 미상인데 속인일 때 집이 남산 서쪽 기슭의 은천동의 입구에 있었다. …… 당 나라에 건너가서 무외삼장을 뵙고 업을 청하니, (삼장이) 골짜기 오랑캐 사람이 어찌 법 담을 그릇이 되리오라고 하였다.[釋惠通 氏族未詳 白衣之時 家在南

山西麓銀川洞之口 …… 往唐謁無畏三藏請業 嵎夷之人豈堪法器.] …… 그때 당 나라 황실에서는 공주가 병이 들었는지라 고종이 삼장에게 구원을 청하니 …… 갑자기 교룡이 나와 달아나고 병이 드디어 나았다. 용은 혜통이 자기를 쫓아내었음을 원망하여 신라 문잉림에 와서 인명을 해하기를 더욱 독하게 하였다.[時唐室有公主疾病 高宗請救於三藏 …… 忽有蛟龍走出 疾遂瘳 龍怨通之逐己也 來本國文仍林 害命尤毒.] 이때 정공이 당 나라 사신으로 갔다가 혜통을 보고 말하기를 스님이 쫓은 독한 용이 본국에 와서 그 해가 심하니 속히 가서 없애 달라고 하였다.[是時鄭恭奉使於唐 見通而謂曰 師所逐毒龍 歸本國害甚 速去除之.] 이에 (혜통은) 정공과 함께 인덕 2년 을축년에 나라에 돌아와 (용을) 쫓아 버렸다. 용은 또 정공을 원망하여 이에 버드나무에 의탁하여 정씨의 문 밖에 태어났다. 정공은 이를 알지 못하고서 다만 그 무성한 것만 좋아하여 매우 사랑하였다.[乃與恭 以麟德二年乙丑 還國而黜之 龍又怨恭 乃托之柳 生鄭氏門外 恭不覺之 但賞其蔥密 酷愛之.]

b. 신문왕이 세상을 떠나고 효소왕이 즉위하여 산릉을 닦고 장례길을 만드는 데 이르러 정씨의 버드나무가 길을 가로막고 섰으므로 유사가 베어내려 하였다. 공이 말하기를, 차라리 내 목을 벨지언정 이 나무는 베지 말라 하였다.[及神文王崩 孝昭卽位 修山陵除葬路 鄭氏之柳當道 有司欲伐之 恭曰 寧斬我頭 莫伐此樹.] 유사가 들은 바를 아뢰니 왕이 크게 노하여 사구에게 명하기를, '정공이 왕화상의 신술을 믿고 장차 불손을 도모하려고 왕명을 모욕하여 거스르고는 제 목을 베라 하니 마땅히 그 좋아하는 대로 하리라.' 하고는 이에 베어 죽이고 그 집을 묻어 버렸다.[有司奏聞 王大怒命司寇曰 鄭恭恃王和尙神術 將謀不遜

侮逆王命 言斬我頭 宜從所好 乃誅之 坑其家.]

c. 조정에서 논의하기를 '왕화상은 정공과 매우 친하여 응당 기혐하는 바가 있을 것이라 먼저 도모함이 좋겠다.' 하여 이에 병사를 소집하여 그를 찾아서 잡게 하였다.[朝議王和尙 與恭甚厚 應有忌嫌 宜先圖之 乃徵甲尋捕.] …… 혜통이 또 호통치기를 '만약 병목을 자르면 응당 너희들의 목도 잘릴 것이다. 어떻게 하겠느냐?'[又呼曰 若斷甁項 應斷爾項 如何.] 하니, 병사들이 황망히 달아나 붉은 줄이 그어진 목을 한 채 왕 앞으로 나아가자 왕이 말하기를 '화상의 신통함을 어찌 사람의 힘으로 도모하겠는가?' 하고 내버려 두었다.[其徒奔走 以朱項赴王 王曰 和尙神通 豈人力所能圖 乃捨之.]

d. 왕녀가 갑자기 병이 들어 혜통을 불러 치료를 부탁하였더니 병이 나았다. 왕은 크게 기뻐하였다. 그러자 혜통이 말하기를, 정공은 독룡의 더러움을 입어 애매하게 나라의 벌을 받았습니다 하니, 왕은 이 말을 듣고 마음으로 뉘우쳐서 이에 정공의 처자가 죄를 면하게 하고 혜통을 제수하여 국사로 삼았다.[王女忽有疾 詔通治之 疾愈 王大悅 通因言 恭被毒龍之汚 濫膺國刑 王聞之心悔 乃免恭妻孥 拜通爲國師.]

(16)에서 효소왕은 어린이가 아니다. '노하여 정공(鄭恭)을 베어 죽이고 집을 파묻는 일'은 6살 어린 왕이 할 수 있는 일이 아니다. 어머니가 섭정하였다면 '태후가 어찌하였다.'로 기록될 만한 일이다. 그리고 이 설화 전체에서 6살에 갓 즉위한 효소왕이 금방 돌아가신 부왕 신문왕의 장례를 치른다는 느낌이 안 든다. 적어도 15세 이상 되어 어느 정도 철이 들어 사리 분별이 분명하여 왕릉을 짓는 데 방해가 되는 버드나무 한 그루 베는 일에 목숨을 걸고 반대하는 정공이라는 사람의 비합리적

행동에 대하여 분노하고 명쾌한 처결을 내릴 정도의 나이는 된다고 보아야 한다.

왕녀(王女)도 정상적으로는 왕의 딸일 터이다. 그런데 6살짜리 효소왕에게 딸이 있다는 것이 말이 안 된다. 효소왕은 어린 딸을 두었을 정도의 나이였다고 보아야 옳다. 이 '왕녀'에 대하여 왕의 어머니인 신목왕후를 지칭한 것이라고 보는 견해가 있다. 여기서의 '왕녀'라는 기록에 조금만 의아심이 갔어도, 일연선사는 '효소왕이 어려서 딸이 없으므로 이 왕녀는 왕후나 태후의 오(誤)일 것이다.' 하고 주를 붙였을 것이다. 일연선사는 이 '왕녀'에 대하여 추호의 의심도 없이 그냥 효소왕의 어린 딸로 받아들인 것이다. 그러므로 효소왕은 6살에 즉위한 것이 아니다. 15살 이상으로서 조그마한 젖먹이 공주 하나를 둔 꼬마 새 신랑 같은 왕인 것이다.[146]

이 (16) 설화의 끝 부분에 이어지는 이야기 (17)에서 신문왕은 전생에 신충(信忠)이라는 인물에 대하여 잘못 판결하여 그 보복을 당하고 있는 괴로운 인물로 묘사되어 있다. 이 괴로움도 자신이 저지른 잘못으로 인하여 생기는 것이다. 김흠돌의 모반으로 인하여 수많은 화랑도 출신 장군들이 죽임을 당하고 권력으로부터 축출되는 것 등으로 말미암아 생긴 원귀들이 서라벌 하늘을 가득 메우고 있다고 보는 것이 그 당시의 민심이었을 것이다. 민심은 지금처럼 그때도 김흠돌, 군관, 흥원, 진공 등에게 동정적이었을 것이다. 어떻든 신문왕, 효소왕 대를 증언하는 몇몇 기록은 음산한 구름이 짙게 드리운 암울한 서라벌의 어두운 하늘을 넌지시 보여 주고 있는 것이다.

---

146 손자가 읽는 그림 '삼국유사'에서는 이 왕을 수염이 하얀 할아버지 왕으로 그리고 있었다. 6살짜리 어린 왕이라고 생각할 여지가 없는 이야기인 것이다.

(17) 처음에 신문왕이 등창이 나서 혜통에게 보아 주기를 청하였다. 혜통이 가서 주문을 외우니 당장에 나았다. 이에 혜통이 말하기를, '폐하께서 전생에 재상의 몸으로서 양민 신충을 그릇 판결하여 종으로 삼았으므로 신충이 원망이 있어 환생할 때마다 보복하는 것입니다. 지금 이 나쁜 등창도 신충의 바라는 바이오니 마땅히 신충을 위하여 절을 세우고 명복을 빌어 원한을 풀게 하소서.' 하였다. 왕이 그 말을 옳게 여겨 절을 세우고 이름을 신충 봉성사라 하였다.[初神文王發疽背 請候於通 通至 呪之立活 乃曰 陛下昔爲宰官身 誤決臧人信忠爲隷 信忠有怨 生生作報 今玆惡疽亦信忠所祟 宜爲忠創伽藍 奉冥祐以解之 王深然之 創寺號信忠奉聖寺.] 절이 낙성되자 하늘에서 노래 소리가 들리기를, '왕이 절을 세워 주시어 고통에서 벗어나 하늘에 태어났으니 원이 이미 풀렸도다.' 하였다.[寺成 空中唱云 因王創寺 脫苦生天 怨已解矣.](어떤 책에는 이 사실이 '진표전' 안에 기재되어 있으나 잘못이다.[或本載此事於眞表傳中 誤.]) 그리하여 그 노래 들린 땅에 절원당을 세웠는데 당과 절은 지금도 남아 있다.[因其唱地 置折怨堂 堂與寺今存.]

이런 분위기에서 '모죽지랑가'는 탄생하는 것이다. 그러므로 이 노래의 문학적 해석에는 이 분위기와 이 민심이 필수적으로 반영되어 있어야 한다. 지금으로부터 1320년쯤 전에 지어졌을, 그리하여 1320년 이상의 세월을 견디면서 오늘날까지 우리에게 전해져 온 이 노래가 깊은 뜻을 지닌 의미 있는 노래가 아니라면 그 세월이 아깝다 할 것이다.

'삼국유사'의 '탑상편' '백률사' 조에서는 효소왕이 주인공으로 등장한다. 신문왕대인 682년에 얻은 만파식적은 그로부터 11년 뒤인 693년 적적(狄賊)에게 잡혀 간 부례랑(夫禮郎)을 데리고 오는 신통력을 발휘한다. 이에 '萬萬波波息◯'으로 책호했다. 이 설화 속에 등장하는 효소왕도 7살짜리 어린 왕이 아니다.

(18) a. 천수 3년 임진년[692년] 9월 7일 효소왕은 대현살찬의 아들 부례랑을 받들어 국선으로 삼으니 천도가 그를 따랐고 안상과 매우 친했다.[天授三年壬辰九月七日, 孝昭王奉大玄薩湌之子夫禮郎爲國仙 珠履千徒 親安常尤甚.]

b. 천수 4년(장수 2년) 계사년[693년] 늦봄에 도를 거느리고 금란에 유하였다가 북명의 경계에 갔을 때 적적에게 피랍되어 갔다. 문의 손들이 모두 모두 어쩔 줄 모르고 돌아왔으나 안상이 홀로 쫓아갔다. 이때가 3월 11일이었다.[天授四年(長壽二年)癸巳[693년]暮春之月 領徒遊金蘭 到北溟之境 被狄賊所掠而去. 門客皆失措而還 獨安常追迹之 是三月十一日也.]

c. 대왕이 듣고 놀라움을 이기지 못하고 말하기를, 선대 임금께서 신령스러운 피리를 얻어 짐에게 전하여 지금 가야금과 함께 궁중의 창고에 보관해 두었는데 어찌하여 국선이 갑자기 포로가 되었단 말인가? 이 일을 어찌하면 좋겠는가?(가야금과 피리 일은 별전에 자세히 기록되어 있다.) 이때 상서로운 구름이 천존고를 덮고 있었다. 왕이 또 두려워 떨면서 사람을 시켜 검사하니 천존고 안에 있던 가야금과 피리 두 보물이 없어졌다. 이에 말하기를 짐이 얼마나 불행하기에 어제는 국선을 잃고 또 가야금과 피리를 잃어버렸을꼬? …… 4월에는 나라 사람들은 모아 놓고 가야금과 피리를 찾아오는 사람에게는 1년치 세금을 상으로 주겠다 하였다.[大王聞之 驚駭不勝曰 先君得神笛 傳于朕躬 今與玄琴 藏在內庫 因何國仙忽爲賊俘 爲之奈何(琴笛事具載別傳). 時有瑞雲 覆天尊庫 王又震懼 使撿之 庫內失琴笛二寶 乃曰

朕何不予(弔[불쌍히 여길 조의 誤) 昨失國仙 又亡琴笛. …… 四月募於國曰 得琴笛者賞之一歲租.]

d. 5월 15일에 낭의 부모가 백률사의 대비상 앞에 나아가 여러 저녁 기도를 드리자 홀연히 향탁 위에서 가야금과 피리 두 보물을 얻었고 낭과 안상 두 사람도 대비상 뒤에 와 있었다. 양친이 넘어질 듯 기뻐하며 오게 된 사연을 물었다. …… 마침내 데리고 바다에 이르러 또 안상과 더불어 만나고 이에 피리를 둘로 쪼개어 둘에게 주면서 각기 한쪽씩 타고 자기는 가야금을 타고 둥실 떠서 돌아오는데 잠깐 동안에 이곳에 도착하였습니다 했다.[五月十五日 郞二親就柏(栢)栗寺大悲像前 祈累夕 忽香卓上得琴笛二寶 而郞常二人 來到於像後 二親顚喜 問其所由來 …… 遂率至海 又與安常會 乃批笛爲兩分 與二人 各乘一隻 自乘其琴 泛泛歸來 俄然至此矣.]

e. 이에 자세한 사정을 급히 알리자 왕이 크게 놀라 사람을 보내어 낭을 맞이하니 가야금과 피리도 따라 들어 왔다. …… 6월 12일에 혜성이 동쪽에 나타나더니 17일에는 또 서방에 나타나자 일관이 상주하여 아뢰기를 가야금과 피리의 상서로움에 대하여 봉작하지 않아 그렇다고 하여, 이에 신적을 만만파파식○으로 책호하자 혜성이 사라졌다.[於是具事馳聞 王大驚使迎郞 隨琴笛入內· …… 六月十二日有彗星于東方 十七日又于西方 日官奏曰 不封爵於琴笛之瑞 於是冊號神笛爲萬萬波波息○ 彗乃滅.]

692년 7월에 효소왕이 즉위하였으니 (18a)의 기록에서 9월 7일에 부례랑을 국선으로 삼았다고 하는 연대는 의심할 수 없다. (18b)의 부례랑이 적적(狄賊)에게 붙들려 간 693년 3월 11도 의심하기 어려운 연대이다. 이는 (15)에서 본 '만파식적' 조의 기록과 연대가 일치한다.

(18c)에서 효소왕이 '선대 임금께서 신령한 피리를 얻어 이 몸에게 전하여 지금도 가야금과 함께 내고에 보관되어 있다.'고 한 것도 '만파식적' 조에서 본 대로이다. 이 설화는 백률사 대비상(大悲像)의 [믿을 수 없는] 신통력을 말하는 설화이지만, 효소왕과 관련된 연대는 의심할 수 없는 것이다.

이 설화에 나오는 효소왕도 7살짜리 어린 아이는 아니다. 특히 (18c)에서 보듯이 천존고(天尊庫) 안의 가야금과 피리를 잃어버리고 '짐이 얼마나 불행하기에 어제는 국선을 잃고 또 가야금과 피리를 잃어버렸을꼬?'라고 말하는 왕을 7살짜리로 보는 것은 무리한 일이다. 4월에 국인들을 모아놓고 가야금과 피리를 찾아오는 사람에게는 1년치 세금을 상으로 주겠다는 현상금을 거는 왕이 7살이라 할 수는 없을 것이다. 이 설화의 사건 전개는 날짜가 정확하게 기록되면서 순차적으로 진행되고 있다. 그리고 그 순차적 사건 진행에 논리적인 하자가 없다. 사건에 대하여 정확하게 적고 있는 것이다.

'정공의 버드나무 절단 반대 사건'은 신문왕의 왕릉 조성과 관련되므로 무조건 신문왕 승하 후 효소왕이 즉위한 692년에 일어난 일이다. 모량리인이라는 이유로 원측법사에게 승직을 주지 못한 때가 692년 8월 이후인 원측법사의 제자 도증(道證)이 귀국한 뒤이므로[12월경이었을 것이다], '익선의 죽지 장군 모욕 사건'도 효소왕 즉위 후, 도증을 통한 원측법사 승직 수여 검토 이전에 일어났어야 한다.

이 두 사건은 신문왕 승하 후 효소왕이 즉위한 직후 692년의 후반기에 일어난 일이고, 그때 효소왕이 한 일은 6살의 어린 아이가 한 일이 아니라 16살쯤의 청년이라야 할 수 있는 일인 것이다. 이 두 사건은 다 공교롭게도 효소왕의 즉위 초에 일어나서 그의 왕위 계승의 정통성에 시비를 거는 듯한 인상을 주고 있다.

왜 신문왕 사후 효소왕 즉위 시에 이렇게 상식을 초월하는 일이 발생한 것일까? '익선의 죽지 장군 모욕 사건'이나 '정공의 버드나무 절단 반대 사건'의 공통점은 왕의 권위에 대한 무시라 할까, 정상적인 왕위 계승에서라면 있기 어려운 기이한 일이라는 점이다. 효소왕이 왕위를 승계할 적통 원자이라면 이런 일이 일어났을까? 왜 효소왕은 부군인 신문왕의 장례 절차까지 도움을 받지 못하는 처지에 놓였을까? 신문왕, 효소왕은 왕권의 정당성 면에서 심각한 결격 사유를 지니고 있었던 것으로 보인다.[147] 도대체 효소왕이 지닌 결격 사유는 어떤 것이었을까?

7. 효소왕: 원자 아닌 왕자

효소왕의 즉위 시의 나이는 6살보다는 더 되었어야 한다. 효소왕의

---

147 이와 관련하여 신문왕의 치세에 대하여 알려 주는 가장 적절한 사료는 '삼국사기' '열전' '설총(薛聰)' 조의 '화왕계(花王戒)'이다. '장미' 같은 간사하고 아첨하는 신하를 곁에 둘 것인가, '할미꽃' 같은 경험 많고 직언하는 신하를 곁에 둘 것인가? 이 말을 듣고 '쓸쓸하고도 근심스러운 표정'을 지으며 글로 써서 '왕 되는 자'를 경계하라는 말을 하는 신문왕의 아픈 마음이 짐작이 되고도 남는다. 이런 말을 왕에게 아무나 할 수 있을까? 불가능하다. 설총은 요석공(궁)주와 원효대사의 아들이다. 요석공주는 태종무열왕의 딸이다. 신목왕후의 어머니인 김흠운의 부인도 태종무열왕의 딸이다. 김흠운은 655년 2월 양산 아래 전투에서 전사하였다. 655년 경 원효대사는 '자루 빠진 도끼'를 구하였다. 설총은 655년 이후에 태어난 것으로 보인다. 태종무열왕의 두 딸이 거의 동시에 남편을 잃어 홀로 되었을까? 아닐 것이다. 신목왕후의 어머니와 설총의 어머니인 요석공주는 동일인일 가능성이 있다. 요석공주가 신목왕후의 어머니라면 신문왕과 설총은 자형과 손아래 처남 사이이다. 그리고 내외종간이다. 둘 사이에 무슨 말을 못하겠는가? 그러나 이 둘이 동일인이라는 가설은 입증되기 어렵다. 근거가 없다. 요석공주는 이 시대에 어떤 위치에서 무슨 일을 하면서 설총이라는 향찰(鄕札)의 정리자[속설로는 이두(吏讀)의 창시자]이며 '학문(學問)의 조종(祖宗)'이라고 불리는 걸출한 인물을 배출하였을까?

즉위 시와 승하 시의 나이에 관한 한 '삼국유사'의 기록이 옳다. 그렇다면 '삼국사기'가 효소왕의 출생 연대를 일부러 10년 늦추어 잡았다는 말인가? 그렇지 않다. '삼국사기'의 '원자 출생' 기록은 효소왕의 출생에 대하여 말한 것이 아닐 수도 있다.

여기서 저자는 지금까지 많은 연구자들이 빠져든 687년에 태어난 원자가 691년에 태자로 봉해지고 692년에 효소왕으로 즉위한다는 기존의 설명 틀을 벗어나야 한다는 생각에 이르렀다. 그리고 저자는 '삼국사기'의 이 두 조항을 다시 꼼꼼히 살펴보았다.

(19=7) a. 신문왕 7년[687년] 봄 2월, 원자가 출생하였다. 이 날 날이 음침하고 어두우며 큰 우레와 번개가 쳤다.[七年 春二月 元子生 是日 陰沈昧暗 大雷電.]

b. 신문왕 11년[691년] 봄 3월 1일에 왕자 이홍을 태자로 봉하고 13일에 죄수를 대사하였다.[十一年 春三月一日 封王子理洪爲太子 十三日 大赦.]

(20=8) 신문왕 12년[692년] 가을 7월, 왕이 돌아가시므로 신문이라 시호하고 낭산 동쪽에 장사지냈다.[秋七月 王薨諡曰神文葬狼山東.]

(21=9) 효소왕이 즉위하였다.[692년] 왕의 이름은 이홍(洪은 恭(공)이라고도 함)으로 신문왕의 태자이며 그 어머니의 성은 김씨로 신목왕후인데 일길찬 김흠운(運은 雲(운)이라고도 함)의 딸이다.[孝昭王立 諱理洪(一作恭) 神文王太子 母姓金氏 神穆王后 一吉飡金欽運(一云雲)女也.]

(19a, b)를 얼른 보면, 687년에 태어난 원자가 691년에 태자로 책봉되고, 이어서 (20)의 692년에 신문왕이 승하한 후에 왕위에 올라 효소왕

이 되었다고 보일 것이다. 그러하다면 효소왕은 6살에 즉위한 것이 된다.

그러나 자세히 보면 (19a)에서는 '元子(원자)'가 출생하였다고 하였다. 반면에 (19b)에서는 '王子(왕자)' 이홍(理洪)을 태자로 봉했다고 하였다. '元子(원자)' 이홍이라고 하지 않고 '王子(왕자)' 이홍이라고 하였다. 그리고 (21)에서도 '太子(태자)'라 하였다. 이홍은 691년에 태자로 봉해졌기 때문에 신문왕의 태자는 이홍, 즉 효소왕이 맞다. 그러면 '원자'는 '태자'에 봉해지지 않았다는 말일 수 있다.

'元子(원자)'란 태자로 책봉되기 전의 왕의 맏아들에 대한 지칭어라는 것이 국어사전의 뜻풀이이다. 여기서는 신문왕이 즉위한 후에 태어난 첫 번째 왕자라는 뜻으로 해석된다. 687년에 태어난 元子(원자)가 이홍[효소왕]이라는 보장이 없다.

이 (19a)는 일기의 불순함을 기록하고 있다. 이에 주목한 것은 조범환(2010)이다. 태어날 때 일기가 불순한 것이 태어난 사람의 팔자가 사나울 것을 예징(豫徵)하는 징조이라면, 이 원자의 팔자처럼 기구한 인생도 드물 것이다. 그는 정명태자가 왕이 된 뒤에 왕의 원자로 태어났다. 그렇지만 왕이 되기 전 태자이던 아버지가 태자비가 아닌 여인과의 사이에 둔 동부(同父)의 형에게 왕위를 내어 줄 수밖에 없었다. 이 일기의 불순은 이 원자의 앞날이 순탄하지 않을 것임을 예고한 것이다. 만약 이 원자가 왕위 계승의 1순위 권한을 가진다고 주장하는 사람들이 있으면 이 원자는 모반의 주동 인물로 몰려서 참혹한 죽음을 맞이할 수밖에 없을 것이다.

6살의 어린 왕자가 왕위에 올라 16살까지 재위하면서 모후의 섭정을 받았을 거라거나, 모후가 모왕(母王)의 역할을 했을 거라거나, '삼국유사'가 효소왕의 나이를 10살 올렸을 거라거나 하는 것은 모두, 현대의 연구자들이 스스로 元子(원자)와 태자, 효소왕이 동일인이라는 전제에 얽매였기 때문에 생긴 가설이다.

두 사서는 정확하게 사실(史實)을 기록하였을 따름이다. '삼국유사'는 나이를 확실하게 말하였다. '삼국사기'는 687년에 태어난 元子(원자)의 출생을 있은 그대로 기록한 것이고, 691년에 王子(왕자) 이홍이 太子(태자)로 책봉된 사실을 있은 그대로 기록하였을 뿐이다. 682년의 '만파식적(萬波息笛)' 조에 등장하는 태자는 691년에 태자로 봉해져서 692년에 효소왕이 되는 왕자이고, 687년에 태어난 원자는 신문왕이 왕위에 오른 후에 태어난 신문왕의 네 번째 아들이라는 가설이 성립할 수 있는 것이다.[148]

그러면 '삼국사기'는 이 시기의 왕자들과 관련된 기록에서 '元子(원자)'와 '王子(왕자)'를 분명하게 구분하여 사용하고 있는가? 저자의 조사에서는 '그렇지 않다.'는 결론이 나왔다. '삼국사기'가 신라 중기의 기록에서 원자와 왕자, 서자를 구분하여 기록하고 있는 것은 이 경우를 포함하여 두 번뿐이다.

'삼국사기' '신라 본기'에서 이 시기의 왕자 관련 기록을 뽑아 보면 (22)와 같다.

(22) a. 태종무열왕 2년 3월, <u>원자 법민을 세워 태자로 삼았다</u>. 서자 문왕을 이찬, 노차(차는 유사와 통감에는 단이라 함)를 해찬, 인태를 각찬, 지경과 개원을 각각 이찬으로 삼았다.[立元子法敏爲太子 庶子文王爲伊湌 老且(且 遺事及通鑑作 旦)爲海湌 仁

148 원자(元子)가 왕 신분의 아버지와 왕비 신분의 어머니 사이에서 태어난 아들을 말하는 것이라면 이 원자의 어머니는 신목왕후이다. 그러나 아버지만 왕 신분이고 어머니는 그렇지 않을 수도 있다면 이 원자의 어머니가 신목왕후라는 보장은 없다.

泰爲角湌 智鏡・愷元 各爲伊湌.]

b. 문무왕 5년, 왕자 정명을 태자로 세우고[立王子政明爲太子]

c. 성덕왕 13년[714년] 2월 상문사(직관지에는 師라 했다)를 고쳐 통문박사로 삼고 서와 표에 관한 일을 관장하게 하였다. 왕자 김수충을 당으로 보내어 숙위하게 하니 현종은 주택과 의복을 주고 총애하여 조당에서 연회를 베풀었다.[二月 改詳文司(職官志作師)爲通文博士 以掌書表事 遣王子金守忠入唐宿衛 玄宗賜宅及帛以寵之 賜宴于朝堂.]

d. 성덕왕 14년[715년] 12월, 왕자 중경을 봉하여 태자로 삼았다. [封王子重慶爲太子.]

16년[717년] 6월, 태자 중경이 죽으므로 시호를 효상이라 하였다.[六月 太子重慶卒 諡曰孝殤.] …… 가을 9월, 당으로 들어갔던 대감 수충이 돌아왔는데 문선왕[공자] 제자 10철과 72 제자도를 바쳐서 태학에 두었다.[秋九月 入唐大監守忠廻 獻文宣王十哲七十二弟子圖 卽置於大學.]

23년[724년] 봄, 왕자 승경을 세워 태자를 삼고 대사하였다.[立王子承慶爲太子 大赦.]

e. 효성왕 원년[737년] 2월, 효성왕이 즉위하였다. 이름은 승경으로 성덕왕의 둘째 아들이고 어머니는 소덕왕후이다.[孝成王立 諱承慶 聖德王第二子 母炤德王后.]

3년[739년] 5월, 파진찬 헌영을 봉하여 태자로 삼았다.[封波珍湌憲英爲太子.]

f. 경덕왕 원년[742년], 경덕왕이 즉위하였다. 왕의 이름은 헌영으로 효성왕의 동모 아우이다. 효성왕이 아들이 없으므로 헌영을 세워 태자로 삼았다. 고로 왕위를 이어받았다. 비는 이찬 순정의 딸이다.[景德王立 諱憲英 孝成王同母弟 孝成無子 立憲英爲

太子 故得嗣位 妃伊湌順貞之女也.]

17년[758년] 가을 7월 23일, 왕자가 출생하였다. 큰 벼락이 쳐서 절 16개소에 벼락이 떨어졌다.[王子生 大雷電 震佛寺十六所.]

19년[760년] 가을 7월, 왕자 건운을 봉하여 왕태자로 삼았다.[封王子乾運爲王太子.]

g. 혜공왕 원년[765년] 6월, 혜공왕이 즉위하였다. 왕의 이름은 건운으로 경덕왕의 적자이고 그 어머니 김씨 만월부인은 서불한 의충의 딸이다. 왕이 즉위할 때의 나이가 8세였으므로 태후가 섭정하였다.[惠恭王立 諱乾運 景德王之嫡子 母金氏滿月夫人舒弗邯義忠之女 王卽位年八歲 太后攝政]

h. 원성왕 원년[785년] 아들 인겸을 세워 왕태자로 삼고[立子仁謙王太子.]

태종무열왕 2년 3월의 문무왕이 태자로 봉해지던 때의 기록은 (22a)와 같다. 문무왕의 경우 태종무열왕이 즉위하기 전에 태어났지만 '삼국사기'는 태종무열왕 2년의 기사에서 '원자 법민을 세워 태자로 삼았다.[立元子法敏爲太子.]'라고 하여 그를 원자라고 부르고 있다. 그 밖의 아들들은 서자(庶子)라 부르고 있다.

신문왕의 경우는 '왕자(王子) 정명(政明)을 태자(太子)로 봉(封)했다.'고 하였다. 신문왕 이후 687년에 태어난 이 신문왕의 '원자(元子)'만 원자로 부르고 원성왕 때까지 그 외의 모든 경우에 원자라는 말이 사용되지 않았다. 혜공왕은 경덕왕의 외동아들이고 재위 중에 태어났지만 '왕자 생(王子生)'이라고 적고 있다. 왜 태종무열왕의 원자와 신문왕의 원자, 이 두 경우에만 '원자(元子)'라는 말을 사용했는지 알 수 없는 일이다.[149] 적어도 '삼국사기'가 원자라는 말을 엄밀하게 정의하여 사용하지 않은 것만은 틀림없다.

신문왕이 승하하기 직전인 691년에 태자를 정할 때 누구를 태자로 하는 것이 옳은가 하는 시비가 있었을 것이다. 이홍(理洪), 보ㅅ도태자(寶叱徒太子), 효명태자(孝明太子), 그리고 687년에 태어난 원자(元子) 네 사람 가운데 누구를 후계자로 할 것인가? 687년에 태어난 원자가 태자로 책봉되는 것이 옳다는 주장도 있었을 것이다. 그 원자를 제치고 왕자 이홍이 태자로 책봉되었다는 것이 이 기록의 원 뜻이라 할 수 있다.

왜 원자를 태자로 책봉하지 않았을까? 원자를 태자로 책봉하기에는 너무 어렸기 때문이었을까? 그는 겨우 5살인 것이다. 그러나 불가능한 것은 아니다. 여기에는 어떤 강력한 힘의 작용이 느껴진다. 그 힘은 어디에도 기록되어 있지 않지만 저자는 당연히 신목왕후의 어머니이었을 것으로 본다.[150] 신목왕후의 어머니는 누구일까? 태종무열왕의 딸로서 김흠운의 부인이 되었다가 젊어서 홀로 된 공주, 그리고 태종무열왕, 문무왕, 신문왕, 효소왕까지 4대를 아우를 수 있는 인물은 누구일까? 그는 나중에 신목왕후가 되는 딸 하나를 데리고 일찍 홀로 되어 원효대사를 만나 설총을 낳은 요석공주일 가능성이 가장 크다.[151]

149 이 '원자(元子)'라는 술어의 용례는 신라사 전체를 보아야 할 뿐더러, 고려 시대 김부식의 관념까지 고려해야 하는 측면이 있다. 자세한 논의는 다른 기회로 미룬다.

150 원자를 제치고 이홍이 태자로 책봉되는 데에는, 딸이 정명태자와 혼인 전에 낳은 불쌍한 첫 외손자 이홍에게 깊은 정이 든 신목왕후의 어머니의 힘이 작용하였을 수 있다.

151 '삼국사기' '열전' '설총' 조와 '삼국유사' '의해편' '원효 불기' 조를 참고하기 바란다. 원래 글의 이 자리에는 신목왕후의 어머니가 요석공주이라는 가설이 들어 있었다. 이 추정은 김흠운이 대왕의 반자(半子=사위)라는 '삼국사기' '열전' '김흠운' 조의 기록과 '삼국사기' '열전' '설총' 조의 '화왕계', 그리고 신문왕과 설총의 관계 등을 고려한 것이었다. 신목왕후의 어머니가 요석공주라는 인물 설정은 논거가 불충분한 것임에 틀림없다. 이 인물 설정은 상상력의 소산이므로 논거를 찾는 것은 앞으로의 과제로 삼겠다. 그러나 신목왕후의 어머니인 김흠운의 부인이 중요한 인물인 것은 틀림없다. 김흠운이 일길찬[7등 관위]이기 때문에 태종무열왕의 공주의 배필이 될 수 없다는 지적도 고려해

신문왕-효소왕-성덕왕 초반까지는 신목왕후의 어머니가 권력의 중심에 있었을 것이다. 그는 올케 자의왕후와 손잡고 김흠돌의 모반을 통하여 김흠돌의 세력을 거세하고 자신의 딸과의 사이에 아들을 셋이나 두고 있는 정명태자를 왕으로 즉위시켰다. 그 후 왕비 김흠돌의 딸을 폐비시키고 자신의 딸을 신목왕후로 들였고, 이홍을 태자로 삼아서 신문왕 승하 후에는 효소왕이 된 외손자의 후견인 역할을 하였을 것이다. 그러던 중 효소왕 9년[700년] 5월에 일어난 경영의 모반으로 딸 신목왕후가 700년 6월 1일에 승하한 후 순원을 파면시켰다.

효소왕이 702년에 승하하고 성덕왕이 즉위하는 과정, 성덕왕 3년[704년]에 성덕왕의 첫째 왕비 김원태(金元泰)의 딸 성정왕후(成貞王后)를 들이는 과정에도 효소왕의 외할머니는 힘을 발휘한 것으로 보인다. 그러면 성정왕후의 부친 김원태는 효소왕, 신목왕후, 효소왕의 외할머니와 같은 세력으로 분류된다.

그러나 성덕왕 15년[716년]에 성정왕후가 폐비되는 것과 성덕왕 19년[720년]에 순원의 딸 소덕왕후(炤德王后)가 둘째 왕비로 들어오는 것을 보면, 716년쯤에는 왕실에 중대한 변화가 있었음을 알 수 있다. 그로부터 5년 후에는 순원이 권력을 장악한 것으로 보인다.

'삼국사기'는 687년에 태어난 원자가 태자로 봉해져서 효소왕이 되는 것이 아니라는 것을 (19b)의 '왕자(王子) 이홍을 봉하여 태자로 삼았다.'의 '왕자(王子)'라는 말로써 다 표현하고 있는 것이다. 687년보다 10년 전인 677년, 신문왕이 정명태자이던 시절에 태어난 이홍이 태자로 봉해졌고 이어서 효소왕이 되었음을 명시하고 있는 것이다. 왕자 이홍은 신문왕이 태자이던 문무왕 17년[677년]에 태어났으므로 원손

야 할 요소라고 본다.

(遠孫)일 수는 있어도 원자(元子)일 수는 없다.

원자(元子)는 임금의 맏아들을 가리키는 말이라는 사전적 해석에 따르면 정명태자가 왕이 되기 전에 낳은 아들을 제치고 687년에 태어난 왕자를 원자라고 불러야 한다. 그러면 691년에 태자를 책봉할 때 5살밖에 되지 않은 이 원자를 제치고, 정명태자가 혼인 전에 김흠운의 딸과의 사이에서 낳은 15살의 맏아들 이홍을 태자로 책봉했다는 결과가 나온다. 이것이 '삼국사기'의 687년에 태어난 원자가 692년에 6살이었고, '삼국유사'의 효소왕의 즉위 시[692년]의 나이가 16살이라는 기록 사이에 10살 차이가 난 까닭이다. 692년의 효소왕의 즉위 시 나이는 16살이고, 687년에 태어난 원자는 이 때 6살인 것이다. 원자와 효소왕이 동일인이라고 오해하면 효소왕의 나이에 대하여 두 사서가 서로 다르게 기록하고 있다는 잘못된 인식에 도달한다.

태자로 봉해진 왕자 이홍은 이미 혼인 전의 김흠운의 딸이 정명태자와의 사이에서 낳은 그들의 첫째 아들이다. 원자는 정명태자가 왕이 되어 왕의 신분으로서 낳은 첫 번째 왕자이고 전체로는 네 번째 아들인 것이다. 687년에 태어난 원자가 효소왕이 아니라 신문왕의 네 번째 아들이라는 생각에 이르고 나서부터 저자는, '삼국사기'도 정확하고 '삼국유사'도 정확하다는 새삼스러울 것도 없는 당연한 결론에 도달하였다.[152]

저자는 오랫동안 '삼국사기'의 원자 출생 기록을 불신하였다. 그러나 이는 원자가 바로 태자이고 또 효소왕인 것으로 판단하고 있었던 오해로부터 비롯된 것이다. 687년에 태어난 원자는 효소왕이 아니다.

152 서정목(2013a, b, c)에서 일관되게 '삼국사기'의 신빙성을 지나치게 낮추어 보았던 저자의 단견을 반성하고 수정한다. 선조들이 남긴 기록을 존중해야 하며 후세인들의 해석을 조심스럽게 재검토하는 것이 옳다는 것을 알게 되었다.

효소왕은 687년에 태어난 것이 아니고, '삼국유사'의 증언대로 692년에 16살의 나이로 즉위하였으니 그로부터 환산하면 그는 677년에 태어난 것이다. 그는 6살의 아이 왕이 아니라 16살의 청년 왕이었으며 702년 승하할 때는 26살의 장년 왕이었다.

그러면 원자는 어떻게 되었을까? 알 수 없다. 다만, '삼국사기' 성덕왕 조의 (23a)에서 보듯이 성덕왕의 아우[王弟]가 있었고 그의 이름이 '종(宗)을 이어받았다.[嗣]'는 뜻의 '사종(嗣宗)'인 것을 보면,[153] 성덕왕이 신문왕의 막내아들이 아니라는 것을 알 수 있고, 혹시 '사종'이 그 원자일까 하는 추측을 할 수 있을 따름이다. '사종'이라는 이름은 아무에게나 붙일 수 있는 이름이 아니다. 그리고 (23b)에서 보듯이 성덕왕의 조카[王姪] '지렴(志廉)'이 있었다고 되어 있다. 성덕왕의 이 조카도 무자(無子)하였다는 효소왕의 아들일 리는 없고, 스님이 된 보ㅅ도태자의 아들도 아닐 것이다. 그는 사종(嗣宗)의 아들일 것이다. 성덕왕은 이 원자와 그 아들을 당 나라로 보낸 것이라 할 수 있다.[154]

153 신라 시대 인명은 우리말을 한자(漢字) 음(音)을 빌려 적은 것[이는 음차(音借)를 말한다.]으로 한자의 뜻으로 풀이하여 의미를 부여하는 것은 옳지 않다고 생각할 수 있다. 또 종(宗)으로 끝나는 이름이 많기도 하다. 荒宗[居柒夫], 苔宗[異斯夫]가 있고 立宗, 世宗도 있다. 그러나 우리말을 한자로 적는 데에는 훈차 표기(訓借 表記)와 음차 표기(音借 表記)가 있다. 居柒(夫), 異斯(夫) 등의 '夫'를 제외한 부분은 음차 표기로서 한자의 뜻과 연결시켜서는 안 된다. 그러나 荒[거칠 황]宗, 苔[잇 태]宗 등은 훈차이다. 훈차는 한자의 음과는 관계가 없고 의미와 직결된다. 사종(嗣宗)은 음차가 아니고 따라서 한자의 의미와 직결된다. 심지어 '월명사(月明師)', '희명(希明)', '광덕(廣德)', '충담(忠談)', '서동(薯童)' 등 향가 작가들의 이름은 설화의 내용과 이름 자(字)의 의미가 일치한다. '사종(嗣宗)'을 '종을 이어받았다'로 해석하지 못할 이유가 없다.

154 이 추정에 대하여 조범환 교수는 '그 시기에 당 나라에 보내는 사신은 실제로 왕의 친동생이 아닌 사촌이나 재종형제도 왕제(王弟)라고 하였으므로 적절한 추정이 아니다.' 고 지적하였다. 참고: 성덕왕 25년 4월 김충신을 당 나라에 보내어 하정(賀正)하고, 5월 왕제 김근(책부원구에는 흠이다)질을 보내어 입당하여 조공하였다. (당에서는) 낭장을 주었고 돌아왔다.[四月 遣金忠臣入唐賀正 五月 遣王弟金釿(冊府元龜作欽)質入唐朝貢

(23) a. 성덕왕 27년[728년] 7월, 왕의 아우 김사종을 당에 파견하여 방물을 바치고－(당 현종이) 사종에게 과의 벼슬을 주었다.[遣王弟金嗣宗入唐獻方物－授嗣宗果毅.]

b. 성덕왕 32년[733년] 12월, 왕의 조카 지렴을 당에 보내어 사은하였다.[遣王姪志廉朝唐謝恩.]

그런 원자가 있었다면 그도 효소왕 9년이면 14살이 되었고, 충분히 왕위 계승의 정당성에 시비를 걸 수 있는 빌미가 되었을 것이다. 여기에서 효소왕의 왕위 계승에 대한 정통성의 시비가 있을 수 있다. 그는 원자가 아닌 혼전 출생자로서 출생의 한계에 부딪힌 것이다.

8. 오대산 진여원 개창 기록 검토

이 원자와 관련하여 유심히 살펴보아야 하는 기록은 '성덕왕의 즉위'라는 역사적 사건을 소재로 한 '삼국유사'의 '탑상편'의 설화들이다. 이 설화들 전체에 대한 검토는 다른 자리에서 하기로 하고 여기서는 이 원자와 직결되는 사항에 대해서만 살펴보기로 한다. 앞에서 언급한

授郎將還之.] 저자도 그럴 가능성을 염두에 두고 있어서 '다만 …… 추측을 할 수 있을 따름이다.'고 표현하였다. 그러나 이 사람의 이름이 '사종(嗣宗)'이라는 것은 만만하게 볼 사항이 아니다. 종을 이어받았다는 이름을 아무나 쓸 수는 없는 일이다. 사종이 아들 지렴(志廉)을 서라벌에 두고 당 나라로 갈 때 그의 나이는 40세이다. 왕위에 대한 미련을 버릴 만한 나이이다. 45세쯤 된 733년에는 아들도 보고 싶어졌을 것이다. 모든 미련을 다 버리고 당 나라에서 아들과 함께 사는 것이 노년의 이 원자에게 남은 마지막 소원이었을지도 모른다. 성덕왕은 이 불쌍한 원자 동생을 위하여 아들을 당 나라로 보내어 준 것으로 이해된다.

'삼국유사' '탑상편'의 '대산 오만 진신' 조에는 (24)와 같은 기록이 있다.

(24) a. 두 공(寶川과 孝明)이 매일 동중의 물을 길어와 차를 달여 올리고 밤이 되면 각자 암자에서 수도하였다.[二公每汲洞中水 煎茶獻供 至夜各庵修道.]

b. <u>정신왕의 아우가 왕과 더불어 왕위를 다투었는데 나라 사람들이 폐하고</u> 장군 4명을 보내어 산에 가서 맞아오게 하였다.[淨神王之弟與王爭位 國人廢之 遣將軍四人到山迎之] 먼저 효명의 암자 앞에 이르러 만세를 부르니 이때 오색 구름이 7일 동안 드리워 덮여 있었다.[時有五色雲 七日垂覆.] 나라 사람들이 그 구름을 찾아 마침내 여기에 이르러 임금의 의장을 벌려서 열을 짓고 두 태자를 맞이하러 가니 보천이 울면서 이를 사양했다.[國人尋雲而畢至 排列鹵簿 將邀兩太子而歸 寶川哭泣以辭.]

c. 이에 효명을 받들어 모시고 돌아와서 왕위에 오르게 했다. 나라를 다스린 지 몇 해 뒤인(記에 이르기를 재위 20여년이라 했는데 대개 승하할 때 나이가 26세였다는 것이 잘못 전해진 것이다. 왕위에 있은 것은 단지 10년뿐이다. 또 신문왕의 아우가 왕위를 다툰 일은 '국사'에 없으므로 자세히 알 수 없다.) 신룡 원년(바로 당나라 중종이 복위한 해로서 성덕왕 즉위 4년 되는 해이다.) 을사 삼월 초나흘에 비로소 진여원을 고쳐 지었다.[乃奉孝明歸卽位 理國有年(記云 在位二十餘年 蓋崩年壽二十六之訛也 在位但十年尒 又神文之弟爭位事國史無文 未詳) 以神龍元年(乃唐中宗復位之年 聖德王卽位四年也)乙巳三月初四日始改創眞如院.]

(24a)는 보천, 효명 두 태자가 오대산에서 수도하는 모습을 보여 준

다. 이들이 하서부(河西府)에 와서 세헌(世獻) 각간(角干)의 집에 하루를 묵고 그 다음날 큰 고개를 넘어 각각 무리 천명을 거느리고 성오평(省烏坪)으로 가서 여러 날 유람하다가, 어느 날 저녁 형제가 속세를 떠날 생각을 하고 오대산으로 숨어든 이후의 모습이다.

(24b)의 밑줄 그은 내용은 '정신왕['정신'이 정명과 신문의 와전이라 치면, 신문왕이다]의 아우가 있었고 그가 신문왕과 왕위를 다투었다.'는 말이 된다. '삼국사기'나 '삼국유사'에는 신문왕의 아우가 있었다는 기록이 없다. 그러나 문무왕이 아들 하나만 두었다는 것은 그의 오랜 재위 기간과 활동의 왕성함에 비추어 상식에 어긋난 것으로 보인다. 만약 신문왕의 아우가 있었다면 '신문왕의 그 아우가 신문왕과 왕위를 다투었다.'가 되므로 이 기록은 신문왕의 즉위에 반대하는 세력이 있었음을 암시한다. 그것은 바로 김흠돌의 모반을 말한다. 김흠돌의 모반의 전모가 '삼국사기'와 '삼국유사'에는 정확하게 기록되어 있지 않지만, 김흠돌이 정명태자의 아우를 즉위시키려고 정명태자의 즉위에 맞서 다투었다는 추리가 가능하다.[155] 아니면 이 기록으로부터 그러한 가설이 도출되어 나온다.

그러나 뒤에 이어지는 기록은 장군 4명을 보내어 효명태자를 데려오는 이야기이니, 효소왕이 왕위에 오르는 내용이 아니라 성덕왕이 왕위에 오르는 내용이다. 그러므로 '정신왕[=신문왕]의 아우'가 왕과 왕위를 다투었다는 기록은 여기에 해당되지 않는다. 이 기록은 신빙성이

155 사위를 제치고 사위의 아우를 왕으로 즉위시키려 하는 빙부 김흠돌의 모반이 수긍이 되지 않을 것이다. 이 모반 사건은 매우 특이한 상황에서 일어났을 것이다. 아주 특별하게 사위를 미워할 요인이 없다면 상식적으로 이해할 수 없는 일이다. 왕비인 딸의 미래, 앞으로 태어날 외손자들의 운명 등을 고려한 극단적인 행위이거나, 아니면 반대파가 그러하리라는 빌미를 잡아 덮어씌운 억울한 '모반'이라고 볼 수밖에 없다.

떨어진다. 세주(細注)에서 정신왕의 아우가 왕위를 다툰 일이 '국사'에 없다고 한 것이 주목된다. '국사'에 없다고 실제로도 없었다는 것을 보장하지는 않는다. 그러나 신문왕 즉위 시의 일인 김흠돌의 난은 이 시기에 논의될 일이 아니므로, 이 구절이 여기에 와 있는 것은 이상한 일이다.

이 문장에는 오류나 오각이 있을 수 있다. 무엇이 오류일까? '정신왕의 아우가 왕과 왕위를 다투었는데 국인이 폐하다.'에서 잘못될 수 있는 것은 무엇일까? 잘못될 가능성이 있는 말은 '정신왕'과 '아우'뿐이다. '왕과 왕위를 다투었는데 국인이 폐하다.'는 전체가 오류일 수는 있지만 그 속 어느 요소가 오류일 수는 없다. '아우'는 '형'의 오류일 수 있다. 그러나 '삼국사기', '삼국유사'에서는 신문왕의 '형'의 흔적을 볼 수 없다.[156] '아우'가 오류라고 상정하기는 어렵다.

그러면 오류일 수 있는 것은 정신왕뿐이다. 이 정신왕이 잘못된 것이다. 그러면 정신왕이 아닌 다른 어떤 왕일까? 문무왕일 리는 없다. 그의 충직한 동생들, 김인문, 문왕, 노차, 개원 등이 반란을 일으켰다는 말은 없다. 그러면 성덕왕일까? 아니다. 성덕왕은 아직 즉위하지도 않았다. 성덕왕의 즉위 직전 왕이다. 그러면 효소왕밖에 없다.

이 정신왕이 효소왕의 오류(誤謬) 또는 오각(誤刻)일 가능성은 없을까? 아니 오류가 있다면 '정신왕'뿐이고 그것이 오류라면 그 자리에

156 ('화랑세기'에는 정명태자의 형으로 '소명전군(昭明殿君)'이 기록되어 있다. 태종무열왕의 명에 의하여 김흠운의 딸은 원래 이 소명전군과 혼인하게 되어 있었다. 그러나 소명전군이 조졸(早卒)하는 바람에 김흠운의 딸은 자청하여 소명제주가 되었고 소명궁에 거하였으며, 이 소명궁에 자의왕후를 따라 자주 출입하였던 정명태자와의 사이에 이공(理恭)전군[=효소왕]을 낳은 것으로 되어 있다.) 이런 기록이 '화랑세기'가 진서를 필사하였음을 논증하는 근거가 될 수도 있을 것이다. 좀 더 차분하게 이 필사본의 기록과 실제 있었을 사실(史實)들을 관련지어 진서인지 위서인지를 검토할 수 있었으면 한다.

들어갈 말은 '효소왕'밖에 없다. 이 '정신왕'이 '효소왕'의 오류라면 모든 문제는 해결된다. 효소왕의 아우가 효소왕과 왕위를 다투다가(효소왕이거나 그 아우가) 폐위되고, 효소왕의 '이 아우'가 아닌 다른 아우 효명태자가 오대산에서 와서 성덕왕으로 즉위하기 때문이다. 이것이 가장 정확한 역사 해석이다.

저자는 여기서의 '정신'을 '효소'의 誤謬로 본다. 원고 작성자가 혼란을 일으키고 있었거나 각수(刻手)가 오각(誤刻)하였을 수도 있다. 원전의 기록을 손대는 것은 큰 부담이다. 그러나 합리적 설명을 위해서는 피할 수 없는 일이다.

(24c)의 세주(細注)에서 말하는 '기(記)에 이르기를 재위 20여년이 붕어(崩御) 시 나이가 26세였다는 것의 와전이고, 재위는 10년뿐이라고 한 것'은 중요한 사료(史料)가 된다. 승하할 때 나이가 26세였던 왕은 효소왕이다. 그리고 그는 10년간만 재위하였다. 그러므로 이는 효소왕에 관한 정확한 자료이다. 다만, 이 대목이 성덕왕이 진여원(眞如院)을 세운 일을 기술하는 것이므로 이 세주에 효소왕의 나이와 재위 기간이 들어 있어서는 안 된다. <u>효소왕과 성덕왕[효명태자]를 혼동하고 있다는 것을 알 수 있다</u>. 저 앞의 (14)에서 본 細注에서 '<u>효명은 효조 또는 효소가 잘못 전해진 것</u>'이라 한 것과 같다. 신룡 원년[705년]이 성덕왕이 왕위에 오른 지 4년 되는 해라는 것은 정확한 기록이다. 그는 702년에 즉위하였다.

단지 '기(記)'에 재위 20여년이라는 것이 성덕왕의 재위 기간이 되어야 하는데, 그는 실제로는 35년간 재위하였으므로 이것은 이상한 기록이다. 그리고 성덕왕은 나라를 다스린 지 4년 뒤인 705년에 진여원을 세웠으므로 20여년이라는 수치는 여기에 들어올 필요가 없다. 앞의 세주에서 밝힌 대로 '고기(古記)'에 '태화 원년 무신[648년] 8월 초에 왕이 산중에 숨었다.'고 한 것이 크게 잘못된 것이듯이 여기서도 '기(記)'가 문제인 것이다. 그러므로 '고기'와 '기'의 기록은 신빙성이 떨어지지만 그 외의 모든 기록은 정확한 사실을 적고 있다. '삼국유사'가 문제가 아니라 '고기'가 문제인 것이다.

(24)에서 가장 중요한 것은 '정신왕[=신문왕]'은 여기에 들어와서는 안 된다는 것이다. 정신왕 자리에 들어와야 하는 왕은 효소왕이다. 효소왕은 아우와 왕위를 다투다가 승하하였을 가능성이 크다. '대산 오만 진신' 조의 주인공은 효명태자, 즉 성덕왕이다. 성덕왕은 형인 효소왕을 이어서 왕위에 올랐다. 신문왕은 효소왕과 성덕왕의 아버지이지만, 성덕왕이 즉위하기 10여년 전에 이미 승하하였다. 성덕왕이 오대산에서 형 보천태자[=보ㅅ도태자]와 수도 생활을 하다가 갑자기 장군들, 국인들에게 모셔져 와서 왕위에 오르는 그 시점에 신문왕이 등장하여서는 안 되는 것이다.[157]

그리고 '삼국유사' '탑상편' '명주 오대산(溟州 五臺山) 보ㅅ도태자(寶叱徒太子) 전기(傳記)'에는 (25)와 같은 기록이 있다. (25c)를 보면 이 기록도 효명태자가 오대산에서 와서 성덕왕으로 즉위하는 역사적 사건을 기술하고 있는 것이다.

(25) a. 신라 <u>정신왕의 태자 보ㅅ도가 그의 아우 효명태자와 함께 하서부에 있는 각간 세헌의 집에서 하룻밤을 자고</u> 이튿날 큰 재를 넘었다. 그들은 각기 1천명을 거느리고 성오평에 이르러 며칠을 유람하다가 <u>태화 원년 8월 5일에 형제가 함께 오대산에 숨어</u>

157 정신왕이 신문왕을 가리키는 것이 아니라 효소왕을 가리키는 말이라고 보는 것은 불가능하다. 다른 데서의 정신은 효소로 바꿀 수가 없다. 원고에서 오류가 났거나 오각이 있었다고 보는 것이 가장 타당하다.

들어 버렸다.[新羅淨神太子寶叱徒 與弟孝明太子 到河西府世獻角干家一宿 翌日踰大嶺 各領一千人 到省烏坪累日遊翫 大和元年八月五日兄弟同隱入五臺山.]

b. 정신 태자 아우 부군이 신라[=서라벌]에서 왕위를 다투다가 주멸되었다. 나라 사람들이 장군 4명을 보냈다. 오대산에 도착하여 효명태자 앞에서 만세를 부르니 즉시 오색구름이 오대산으로부터 신라[=서라벌]까지 7일 밤낮 빛이 떠 있었다.[淨神太子弟副君在新羅爭位誅滅 國人遣將軍四人 到五臺山孝明太子前呼萬歲 卽時有五色雲自五臺至新羅七日七夜浮光.]

c. 나라 사람들이 빛을 찾아 오대산에 이르러 두 태자를 모시고 나라[서울]로 돌아오려 했으나 보ㅅ도태자가 울면서 돌아가지 않으므로 효명태자를 모시고 나라로 돌아와 즉위하였다. 재위 20여년이었다. 신룡 원년 3월 8일에 진여원을 처음 세웠다.(라고 한다)[國人尋光到五臺 欲陪兩太子還國 寶叱徒太子涕泣不歸 陪孝明太子歸國卽位 在位二十餘年 神龍元年三月八日 始開眞如院(云云).]

(25a)는 (13)(14)에서 본 '대산 오만 진신' 조의 세주가 있는 본문의 내용과 정확하게 일치한다. 정신왕은 신문왕이고 그의 두 아들이 속세를 등지고 오대산에 들어간 것이다. '태화 원년 8월 5일에 형제가 오대산에 숨어들었다.'를 보면 (14)에서 '태화 원년[648년]의 연대가 45년 전이므로 잘못된 것'이라는 지적이 있었던 그 '고기'가 이 기록이었을 가능성이 크다.

(25b)의 첫 문장은 '弟'와 '副君'이 이상하게 사용되었다. 이 문장은 '淨神太子, 弟, 副君'의 세 명사구가 동격으로서 주어가 되는 것처럼 되어 있다. 그런데 (25c)에서 효명태자를 모시고 와서 왕위에 오르게

했으므로 이는 성덕왕 즉위 시의 상황을 말한 것이다. 그러면 그때 사망한 사람은 정신(명)태자[=신문왕]이 아니므로 '정신태자'는 '정신의 태자'가 되어야 한다. 그러면 신문왕의 태자인 효소왕을 가리키게 되고, 이제 '왕위를 다투다가' 사망한 사람은 효소왕이 된다. 이는 정확한 기록이다. 그런데 왜 '정신의 태자'인 효소왕을 '弟(제)'라 하고 또 '副君(부군)'이라 하여 동격으로 기술하였는지 모를 일이다. 이 문제점은 이 세 명사구를 동격으로 보는 데서 생긴 문제점일 가능성이 크다.

효소왕은 맏아들이므로 누구의 아우일 수 없다. 또 그는 왕이므로 왕에게 아들이 없을 때 아우를 부군으로 삼아 태자 역할을 하게 한 부군이 된 적도 없다. 그러므로 이 세 명사구를 동격으로 보는 것은 잘못이다. 동격으로 보지 않는 길을 찾아야 한다.

1990년대 중반까지 저자는 보ㅅ도태자와 효명태자가 전 왕비 김흠돌의 딸의 소생으로 효소왕의 이복형들이고, 이 '弟'는 성덕왕의 아우 효소왕을 가리키는 '제'라고 가르쳤다. 그리하여 이 사건을 '신목왕후와 효소왕 세력'이 경영의 모반으로 거세되고 효소왕 사후 전 왕비 김흠돌의 딸의 아들인 성덕왕이 와서 즉위하는 것으로 추리하였다.[158] 그러면 '경영과 순원은 김흠돌의 딸 편으로 김흠돌의 세력권'으로 분류된다.

그러나 1990년대 중반 이후에는 성덕왕을 효소왕의 동모제로 보는 것이 더 합리적이라고 가르치게 되었다. 그 이유는 첫째 '삼국사기'가 말한 정명태자의 태자비가 오랫동안 무자하였다는 기록을 존중하고, 둘째 '삼국사기'와 '삼국유사'가 명언하는 효소왕이 형이고 성덕왕이

---

158 2013년 여름 서정목(2013a, b)를 탈고한 뒤에서야 조범환 교수의 도움으로 신종원(1987)에 이와 비슷한 논지가 전개되어 있는 것을 보았다. 그러나 그 주장이 성립될 수 없음은 효소왕이 성덕왕의 동생이 아니라 형이라는 데서 명백히 드러난다.

아우이며 이들이 동모 형제라는 기록을 존중하며, 셋째 성덕왕이 성정왕후를 폐비시키고 순원의 딸인 소덕왕후를 새 왕비로 들이는 일을 원활하게 설명하기 위해서는 경영과 순원이 김흠돌의 세력권이 아니라, 원자 사종(嗣宗)을 지원한 세력으로 보아야 한다는 것 등이다.

김순원이 원자 사종을 지지한 세력이라는 것은 성덕왕 27년에 사종이 당 나라로 가는 것과도 밀접히 관련된다. 성덕왕은 성정왕후를 폐비시키고 순원의 사위가 되어 순원과 밀착하였다. 그러면 이제 순원은 더 이상 사종의 편이 될 수 없다. 이미 성덕왕의 편이 되어 사종을 배신한 것이 된다. 사종은 경영의 모반이나 성덕왕 즉위 시에는 순원의 지원을 받았겠지만, 이제 소덕왕후가 들어선 이후로는 성덕왕, 소덕왕후, 김순원과 서라벌 하늘 아래 함께 있는 것이 껄끄러운 관계가 되었을 것이다.

여기서의 '아우[弟]'는 이러한 설명을 하기 위해서는 꼭 극복하여야 할 대상이다. 저자는 혹시 (25b)를 (26)과 같이 달리 해석할 길이 없을지 조심스러운 물음을 던진다.

(26) 淨神太子弟副君在新羅爭位誅滅[정신왕의 태자가, 아우인 부군과 신라에서 왕위를 다투다 주멸되었다.]

'쟁(爭)'은 우리말로 '다투다, 싸우다'이다. 이 말은 자동사가 아니다. 그러므로 보충어가 있어야 한다. '누가 누구와 (무엇을) 다투다/싸우다.'가 되어야 한다. 그런데 (25b)의 번역에서 보면 이 문장에서 '태자'는 주어이고 '왕위를'은 목적어이다. '누구와'에 해당하는 말이 없다. 그 말이 될 만한 것은 '제, 부군'이다. '제, 부군'이 보충어인 구조가 되어야 한다. 정확하게는 (24b)에서 '왕(王)'의 앞에 '여(與)'가 있듯이 '제

(弟)'의 앞에도 '여(與)'가 있어야 하는 것이다. 즉 '정신왕의 태자, 제, 부군' 세 명사구가 모두 동격으로 주어가 되는 것이 아니라, '정신왕의 태자'만 주어가 되고, '제'와 '부군'은 주어가 아닌 '누구와'에 해당하는 보충어가 되어야 하는 것이다. '제'와 '부군'은 동격으로 보인다.

그러니까 이 기록에도 오류가 있다. 저자는 결자(缺字)가 있는 것으로 본다. '제(弟)' 자 앞에 '여(與)'자가 빠진 것이다. 이 '여(與)' 자만 있으면 모든 문제가 해결될 가능성이 있다. 이 논리에 따라 (26)와 같은 번역이 가능하다면 '신문왕의 태자인 효소왕이, 아우인 부군(副君)과 신라[서라벌]에서 왕위를 다투다가 주멸된 것'으로 이해할 수 있는 것이다.

이러한 해석은 (24b)의 내용과 정확하게 일치한다. (24b)의 정신왕이 효소왕의 오류라면, (24b)는 '효소왕의 아우가 효소왕과 왕위를 다투었는데'가 되므로 (26)의 '효소왕이 아우인 부군과 신라에서 왕위를 다투다 주멸되었다.'와 내용상으로 일치하게 되는 것이다.

(25b)는 효소왕이 승하하기 전에 왕위를 놓고 어떤 다툼이 있었음을 보여 준다. 효소왕의 승하와 관련된 난은 '경영의 모반'이다. 경영의 모반 후에 신목왕후와 효소왕이 사망한 것은 앞에서 본 바와 같다.

9. 경영의 모반과 효소왕의 외할머니

이제 이 경영의 모반의 본질이 밝혀질 수 있을 것이다. 이찬 경영과 중시 순원은 효소왕의 정통성에 시비를 건 것이다. 그러면 정통성을 가진 자는 누구일까? 그것은 효소왕과는 다른 출생 배경을 가진 사람이어야 한다. 효소왕은 아버지가 왕이 되기 전에 태자비도 아닌 여인[김흠운의 딸]에게서 태어났다. 보ㅅ도태자와 성덕왕도 마찬가지이다.

이들과 다른 출생 배경을 가진 사람, 그는 왕이 된 아버지에게서 687년에 태어난 원자일 수밖에 없다. 이 원자의 어머니가 누구인지는 아직 모른다. 그가 신목왕후일 가능성도 있지만 그렇지 않을 수도 있다.

효소왕과 왕위를 다툰 아우, 부군은 누구일까? 그 아우가 오대산에 가 있은 보ㅅ도태자와 효명태자일 리는 없다. 이 아우는 신문왕의 원자(元子)일 것이다. 정명태자와 김흠운의 딸이 혼인 밖에서 본 아들인 효소왕의 정통성에 이의를 제기하는 세력들이 있었다. 모반을 일으킨 사람들은 이 원자를 왕위에 올려야 한다는 견해를 가졌던 사람들이라 할 수 있다. 그들은 신문왕이 왕위에 오른 후에 낳은 원자가 왕위를 잇는 것이 정당하다고 주장하면서 신목왕후와 효소왕에 맞섰다고 추리할 수 있다.

이러한 추리가 가능하다면 (25b)는 '신문왕의 태자인 효소왕이, 아우인 부군(副君[원자])와 신라에서 왕위를 다투다가 주멸되었다.'로 이해할 수 있다. 효소왕이 아우인 원자(元子) 사종(嗣宗)에게 부군이라는 칭호를 주고 있었을까? 효소왕에게 아들이 없었던 것은 확실하다. 왕에게 아들이 없을 경우 그 아우가 부군으로 형을 보좌한다는 것을 받아들이면 충분히 가능한 일이다.**159** 효소왕이 아우인 부군['왕에게 아들이 없을 때 태자의 역할을 하는 왕의 아우']와 왕위를 다투다가 죽임을

159 성덕왕(聖德王)과 소덕왕후(炤德王后)의 아들인 효성왕(孝成王)은 즉위 2년 당 나라에서 왕비 박씨를 책봉하도록 하였는데, 3년 3월 외할아버지 순원의 딸인 이모 혜명왕후(惠明王后)를 맞이하자말자 아우[王弟]인 헌영(憲英[경덕왕])을 태자로 봉하였다. 혜명왕후는 효성왕이 부실하여 아들을 낳지 못할 것을 예측하고 아버지에게 또 다른 외손자인 경덕왕을 후사로 정할 것을 귀띔했다고 볼 수 있다.

당한 것이 되기 때문에 정확하게 사실(史實)과 일치한다.

신목왕후는 이 난에서 시해되었을 가능성이 크다. 그러면 그녀는 이들과 맞섰다는 말이 된다. 효소왕은 이 난으로부터 2년 후에 승하하였다. 결국 경영의 모반은 원자를 왕위에 올려야 한다는 견해를 가진 세력과 신문왕의 맏아들 이홍[=효소왕]을 왕위에 올려야 한다는 견해를 가진 세력 사이의 싸움이다.

전자를 대표한 것이 '경영과 순원'이고 후자를 대표한 사람은 '신목왕후'였을 것이다. 신목왕후가 승하한 후에 다시 원자가 옹립되지 못하고 원자의 셋째 형 효명태자가 성덕왕으로 즉위하는 것을 보면 왕실에 강력한 권위를 가진 누군가가 있었을 것으로 보인다. 경영을 복주(伏誅)하고 순원을 파면시킨 왕실은 효소왕과 이 원자 가운데 효소왕을 선택한 것이다. 효소왕 승하 후에는 또 오대산에 가 있던 보ㅅ도태자와 효명태자 가운데 누가 되어도 좋다고 하고, 끝까지 이 원자를 외면하였다. 그리하여 왕위에 오른 이가 성덕왕이다.

이 시기의 정권은 제도권에서는 상대등 개원, 문왕, 노차, 인태, 지경 등 태종무열왕의 아들들, 즉 효소왕, 성덕왕의 작은 할아버지 형제들이 장악하고 있었다. 그러나 이들이 원자를 제치고 효소왕, 성덕왕을 즉위시키는 데 적극적으로 나서야 할 이유를 발견하기 어렵다. 어차피 그들은 문무왕의 어느 손자가 왕위를 잇든 왕의 종조부인 것이다.

왕실 내부에서 보이지 않게 이들에게 영향력을 행사한 사람은 누구일까? 그 사람은 정명태자와 김흠운의 딸 사이에 태어난 효소왕, 성덕왕이 왕위를 계승하여야만 하는 절대적 이유를 가진 사람이어야 한다. 이 사람은 정명태자 쪽의 사람일 수가 없다. 그는 신목왕후 쪽의 사람이어야 한다. 원자가 왕위에 오르면 불이익을 받을 사람, 그리하여 보ㅅ도태자나 효명태자가 왕위를 이어야만 유익할 사람, 그는 누구일까?

저자의 머리에는 신목왕후의 어머니, 일찍 죽은 김흠운의 부인인 태종무열왕의 공주, 효소왕과 성덕왕의 외할머니 외의 그 누구도 떠오르지 않는다. 신목왕후의 어머니는, 친정 조카인 신문왕이 왕이 되기 전인 정명태자 시절에 고종사촌 여동생인 자신의 딸과의 사이에서 낳은 외손자들, 그들이 어렸을 때 자신이 기저귀를 갈았을 수도 있는 이 외손자들과, 아버지가 왕이 되고 나서 대궐에서 당당하게 태어난 원자 사이에서 전자를 선택한 것이다.160

이제 경영의 난으로 딸 신목왕후마저 이승을 떠난 뒤에 그녀는 더욱 강하게 자신의 외손자인 효명태자나 보ㅅ도태자를 데리고 오도록 한 것이다. 정이 우선하였다. 외할머니와 잔정을 나누기 어려웠을 원자는 정통성 있는 왕위 계승권을 갖고 있었지만 끝까지 외할머니의 선택을 받지 못한 것이다. 불쌍한 비운의 원자라 하지 않을 수 없다.

효소왕을 지지한 외할머니의 세력과 원자를 지지한 경영-순원 세력 사이의 갈등이 경영의 모반의 핵심이다. 여기에 바로 효소왕의 정통성 결여 문제가 있는 것이다. 그는 원자가 아닌 왕자였기 때문에 출생의 한계에 부딪혔던 것이다.

효소왕 승하 후 새로 성덕왕이 즉위하고 첫 왕비 승부령 소판 김원태의 딸 성정왕후(成貞王后)를 들이는 데까지는 신목왕후의 어머니 세력이 이 대결에서 우위를 점하고 있었다. 그러나 성덕왕 15년[716년]에 성정왕후를 내보내고 19년[720년]에 순원의 딸 소덕왕후(炤德王后)를

160 이 원자가 신목왕후 소생이 아닐 가능성도 매우 높다. 원자는 임금의 맏아들이면 되고, 어머니가 꼭 정비일 필요는 없다. 687년에 태어나서 5살이 된 원자를 691년에 태자로 봉하지 않고, 그의 형 이홍을 태자로 봉한 것을 보면 그럴 가능성도 있다. 그러면 효소왕의 외할머니는 당연히 딸 신목왕후가 낳은 외손자들을 우선시켰고, 자신의 핏줄이 닿지 않는 원자를 후순위로 돌렸다고 할 수 있다.

왕비로 들이는 것을 보면 이때쯤에 이 대결에서 순원이 우위를 점하였음을 알 수 있다.[161] 왕실에 어떤 큰 변화가 있었기 때문일 것이다. 그 변화는 무엇일까? 강력한 어떤 권위가 사라졌다고 볼 수밖에 없다. 그것은 순원과 대결하고 있던 성덕왕의 외할머니가 이승을 떠난 것과 관련될 것이다.

655년 2월 양산 아래 전투에서 남편 김흠운이 전사할 때에 효소왕의 외할머니가 20세 정도였다면 716년에는 81세쯤 되었을 것이다. 오랜 기간 왕실의 중심에 있었던 신목왕후의 어머니, 신문왕의 빙모도 자연의 흐름을 이기지 못하고 80세 전후의 나이로 이승을 떠난 것으로 보인다. 한 여걸이 사라진 것이다.[162]

성덕왕은 외할머니가 돌아가시고 난 뒤, 716년에 아마도 타의에 의하여 성정왕후를 폐비시키고, 4년 뒤 김순원의 딸 소덕왕후를 또 타의에 의하여(?) 새 왕비로 맞이하였을 것이다. 이제 시대는 권력이 성덕왕

161 성정왕후가 낳은 태자 중경(重慶)이 어머니가 폐비된 후에 사망하였다는 것도 주목할 만하다. 그 동생 수충(守忠)이 당 나라에 숙위 가서 현종(玄宗)의 총애를 받다가 이때 귀국한 일도 예사롭게 보이지 않는다. 그는 공자와 그 제자들의 초상화를 가져 왔다. 우연이겠지만 소덕왕후(炤德王后) 소생인 효성왕(孝成王)과 왕위를 다투어야 했을 그로서는 유교의 적장자 우선 원칙에라도 의지하고 싶은 간절함을 가졌던 것일까? 왕위 계승권을 향한 치열한 공방전이 벌어지고 있었음을 직감할 수 있다.

162 이 신목왕후의 어머니, 신문왕의 빙모, 효소왕의 외할머니를 저자는 요석공(궁)주로 비정하였다. 주된 근거는 설총의 '화왕계'이다. 신문왕에게 '장미꽃' 같은 간신배를 가까이 하지 말고 '할미꽃' 같은 바른 말 하는 노신을 가까이 하라는 직언을 하는 설총을 신문왕과 매우 가까운 인척으로 보았기 때문이었다. 설총의 어머니 요석공주가 신목왕후의 어머니이면 그들은 자형과 처남 사이가 되면서 내외종간이 된다. 그들 사이에 무슨 말을 못하겠는가? 더 이상의 논거는 없다. 제반 정황에 의하여 그렇게 되어야 모든 일들이 일목요연하게 설명된다. 설총의 어머니가 공주이라면, 어느 왕의 사위가 또 하나 일찍 이승을 떠났어야 하는데, 김흠운 외에 또 누가 왕의 사위로서 일찍 죽은 사람이 있을까? 설총의 활동 시기를 보면 '남편 전사 직후에 요석공주가 원효대사를 만났다.'가 된다는 점이 문제가 된다.

의 외할머니로부터 성덕왕의 빙부 김순원에게로 옮겨간 세상이 되었다. 이 세상은 효성왕, 경덕왕을 거쳐 혜공왕 시대에 이르러 최악의 비극인 신하에 의한 왕의 시해로 이어진다.

신문왕 2년의 '만파식적' 조에서의 태자는, 이 태자가 나중에 효소왕이 되므로 -5살이 아니라 6살 이상은 되어 나름대로 말도 탈 수 있고 아버지의 옥대에 새겨진 용 장식을 보고 이 용이 진짜 용이라는 재롱을 부릴 만한 나이는 되어야 할 것이다. 아니 딱 그 나이어야 한다. 3~4살은 말을 타기에 너무 어리고 8살 정도나 되어 지금의 초등학교 1학년쯤이 되면 이제 아버지 앞에서 재롱은커녕 어린애 티를 안 내려고 오히려 그런 재롱떠는 행동을 일부러라도 하지 않을 나이인 것이다. 딱 6~7살이어야 한다. 효소왕이 677년생이라면 신문왕이 만파식적을 얻은 때인 682년에는 6살 정도가 된다. 그 나이에 말을 타고 달려와서 신통한 지혜를 발휘할 수 있었을까에 대한 판단은 물론 논자에 따라 다를 수 있다. 저자는 어느 정도의 윤색은 있었겠지만 그 나이면 충분히 가능한 일이고, 또 옥대에 새겨진 장식용 용을 보고 '진짜 용 운운'하는 총기는 그 나이에나 있을 법한 일이라고 생각한다.

'정공의 버드나무 절단 반대 사건'에서의 왕녀(王女)는 왕의 딸을 가리키는 말이다. 효소왕에게는 이때 어린 딸이 있었을 것이다. 일연선사는 이 '왕녀'에 대하여 추호의 의심도 없이 그냥 효소왕의 어린 딸로 받아들인 것이다. 그러므로 효소왕은 6살에 즉위한 것이 아니다. 16살에 즉위하여 조그마한 젖먹이 공주 하나를 둔 청년 왕인 것이다.

요컨대, '삼국유사'의 허황한 것으로 보이는 이야기들이 역사의 대목 대목에서 역사의 진실을, 아니 실제로 있었던 현실 속의 일들을 사실에 가깝게 전달하고 있는 것이다. 이렇게 하여 저자가 앞서 제시한 의문들 가운데 효소왕의 출생에 관한 의문은 풀렸다. 16살에서 26살

사이에 왕위에 있었던 효소왕이라면, 이제 '삼국유사' '기이편' '효소왕대 죽지랑' 조의 '모죽지랑가'의 배경 설화 속에 들어 있는 '익선의 죽지 장군 모욕 사건'이나 '삼국유사' '신주편'의 '혜통 항룡' 조의 '정공의 버드나무 절단 반대 사건'을 처음부터 끝까지 어머니의 도움을 받아 관장할 수 있을 정도의 나이는 된다고 보아야 한다. 그리고 이 시기 왕실 관련 여러 일의 중요 결정권자는 이미 효소왕 3년[694년]에 이승을 떠난 김인문을 제외하고,[163] 태종무열왕의 아들들인 문왕, 노차, 인태, 지경, 개원 등, 기라성 같은 여러 형제들의 조력을 받는 효소왕의 외할머니, 신목왕후의 어머니, 김흠운의 미망인이었을 가능성이 크다.

10. 측천무후와 효소왕

제3장에서 이미 살펴본 대로 당 나라의 측천무후는 원측법사를 산 부처님처럼 존숭하고 신라 왕실에 대하여 특별한 관심을 가지고 있었다. 앞에서 본 '삼국사기' '신라 본기'의 성덕왕 즉위년[702년]의 기록을 다시 보기로 한다.

> (27) 성덕왕이 즉위하였다[702년]. …… 신문왕의 둘째 아들이고 효소왕과 같은 어머니에서 난 아우이다. 효소왕이 승하하고 아들이 없으므로 나라 사람들이 (왕으로) 세웠다. <u>당의 측천무후는 효소</u>

163 효소왕 3년 봄 정월 친히 신궁에 제사 지내고 대사하고 문영을 상대등으로 삼았다. 김인문이 당 나라에서 돌아가시니 나이 66세였다.[三年 春正月 親祀神宮 大赦 以文穎爲上大等 金仁問在唐卒 年六十六.]에서 보듯이 그는 694년 이승을 떠난 것이다.

왕이 승하하였다는 말을 듣고 위하여 애도식을 거행하고는 정사를 이틀 동안이나 그만두고 사신을 파견하여 조위하고, 왕을 신라왕으로 책봉하였다. 그리고 형의 장군도독의 호를 이어받게 하였다.[聖德王立 …… 神文王第二子 孝昭同母弟也 孝昭王薨 無子 國人立之 唐則天聞孝昭薨 爲之擧哀 輟朝二日 遣使弔慰 冊王爲新羅王 仍襲兄將軍都督之號.]

(27)에서 주목되는 중요한 사실은, '효소왕의 죽음을 듣고 당의 측천무후가 매우 슬퍼하고 이틀씩이나 정사를 그만 두었으며, 사신을 파견하여 조위하였다.'고 한 기록이다.[164] 효소왕이 어디가 특별해서 측천무후는 이렇게 깊이 조위를 표했을까? 또 이때 당 나라 조위 사신이 이끌고 서라벌로 온 조문단은 어떻게 구성되었을까? 이 속에 포함되었을 통역관과 안내인들 속에 신라인들이 있었을까? 그 신라인들은 누구이며 이들에 대한 신라 조정의 예우는 어떠해야 할까?

여기서 우리는 측천무후로부터 여불존숭(如佛尊崇)을 받은 원측법사(612~696년)를 떠올리지 않을 수 없다. 신문왕이 여러 차례 표(表)를 보내어 법사의 귀국을 요청하였지만 측천무후는 귀국을 허락하지 않았다.[165] 인도에서 오는 고승들을 응대하고 그들이 범어로 된 불경을 한

164 측천무후가 이틀씩 정사를 그만두고, 조위 사절단을 보낸 것이 특별한 일인지 범상한 일인지 알 수 없다. 다만 태종무열왕의 부음을 듣고 당 고종이 낙성문(洛城門)에서 애도식을 거행했다.[高宗聞訃 擧哀於洛城門]는 '삼국사기' '신라본기' '태종무열왕' 조의 마지막 기록이나. 조위 사절단이 온 것, 신문왕 사후 조위 사절단이 온 것 등에 대비해 보면 조위 사절단이 오는 것은 상례에 따른 것이고, 이틀씩이나 조회를 파했다는 것은 범상한 일이 아닌 것으로 보인다.

165 신문왕은 왜 원측법사를 모시고 싶어 했을까? 국가 통치 이념을 현세의 욕심을 버리고 내세의 지극한 즐거움을 비는 불교적인 사상으로 바꾸고 싶은 것 아니었을까? 김흠돌의 모반으로 축출된 화랑 출신들은 앙앙불락하고 있고, 민심은 김유신 장군으로 대표되는 영웅들의 후예에게 쏠려 있으며 뚜렷한 공도 없이 임금 자리에 앉아 힘에 의지하여

어로 번역할 때 자문에 응해야 하는 막중한 책무를 당 나라에서 수행하고 있었기 때문이다(조명기(1949:137~140)).

해동의 고덕으로 당 나라에서 존숭받던 원측법사가 81세가 되었을 신문왕 승하[692년] 시에 원측법사의 제자 도증(道證)이 귀국하여 천문도를 바치고 유식학을 전했다. 이는 '삼국사기' '신라 본기' 효소왕 원년[692년] 조에 기록되어 있다. 또 그 해에 당 나라 화엄종의 제3조 현수(賢首)는 제자 승전(勝詮)이 귀국할 때 그의 저술 '화엄경탐현기'와 그에 대한 비판을 구하는 서신을 의상(義湘)에게 보내었다. 이 두 사람은 무슨 배를 타고 왔을까? 왜 갑자기 원측법사의 제자와 화엄종의 제3조 현수의 제자가 함께 이 시기에 등장하는 것일까? 우연일 수도 있다. 서로 다른 배를 타고 각각 왔을까? 그러나 그들이 한 배를 타고 왔을 수도 있다. 그 배는 당 나라 조위 사절단이 타고 온 배일 것이다. 이들도 신라 유학승들의 대표로서 본국 왕의 장례에 조위를 표하고 가르침을 주려고 왔을 것이다.

효소왕은 당 나라 측천무후로부터 살아 있는 부처님 같은 존숭을 받는 원측법사에게 도증을 통하여 신라 최고의 승직을 주고 싶었을

왕권을 유지하고 있고, 고종 사촌과의 사이에 난 세 아들 가운데 둘은 오대산으로 숨어들어가 있는, 난마처럼 얽힌 정국을 현세의 욕심을 버리고 내세의 지극한 즐거움을 추구하는 아편 같은 종교로 수습해 보려는 현실도피적인 생각을 했던 것은 아닐까? 경덕왕 때 충담사의 '안민가(安民歌)'를 보면 결국은 유교적 현실 문제 해결이 정치의 요체임을 말하고 있다. 충담사는 이 시기 신라 왕실의 현세 초월적인 불교에의 지나친 의탁을 유교적인 통치 이념으로 넌지시 경계하고 있는 것일까? '이 땅을 버리고 어디로 가겠는가(이 싸ᄒᆞᆯ ᄇᆞ리곡 어드리 가ᄂᆞᆯ뎌[此地肹捨遣只於冬是去於丁])'를, 지금처럼 현실 세계에서 이 땅을 버리고 다른 땅으로 간다가 아니라, 현실 세계를 버리고 내세를 기약하는 것, 즉 현실 생활에 충실하지 않고 내세의 극락을 추구하는 불교적인 생활 태도의 문제점을 지적한 것으로 읽어야 하는 것도 이런 이유에서이다. 이미 백제, 고구려도 망하였기 때문에 도탄에 빠진 백성들은 배 타고 일본으로 가는 것 외에는 신라를 벗어나 다른 땅으로 갈 수도 없는 실정이었다.

것이다. 그러나 바로 직전에 자신이 내린 칙령, '익선의 죽지 장군 모욕 사건'으로 모량리인에게는 승직을 줄 수 없다는 칙령에 얽매여 어떠한 승직도 주지 못했을 것이다. '원측법사 승직 불수 사건'이 '삼국유사'의 '효소왕대 죽지랑' 조에 '익선의 죽지 장군 모욕 사건'의 끝에 함께 적혀 있는 이유이다.

이런 사연이 없었다면 '익선의 죽지 장군 모욕 사건'의 끝에 느닷없이 '원측법사 승직 불수 사건'이 적힐 리가 없다. 원측법사는 그 당시 당 나라에 있었고 이미 81세의 고령으로 측천무후로부터 부처님처럼 존숭 받고 있었다. '익선의 죽지 장군 모욕 사건' 따위와 함께 '삼국유사'에 적히기에는 격이 다른 분인 것이다. 그리고 원측법사는 효소왕 5년[696년] 7월 22일에 입적하게 된다. 그 뒤로는 이 분에게 승직을 드리느니 못 드리느니 그런 논란도 없어진 것이다. 이로 보면 '익선의 죽지 장군 모욕 사건'은 정확하게 신문왕이 승하하고 효소왕이 즉위한 해[692년]에 일어났다고 보아야 한다.

측천무후와 신목왕후는 어떤 관계였을까? 당 나라를 호령하고 있는 측천무후, 우여곡절을 겪고 김흠돌의 딸인 왕비를 밀어내고 새 왕후로 등장하여[166] 자의왕후도 이미 죽은 뒤의 신라 왕실에서 최고의 권력을 누렸을 것으로 보이는 신목왕후, 두 사람은 묘하게도 비슷한 운명을 타고난 여인들이다.

측천무후는 당 태종의 후궁이었지만 태종에게는 그렇게 총애를 받지 못하고 지내었다. 그러다가 고종이 황제의 위에 오르자 고종의 후궁

---

166 이 일 전체가 자의왕후와 왕비가 되기 전의 신목왕후의 힘만으로 이루어질 수 있었을까? 자의왕후와 신목왕후의 힘만으로도 가능했을 수 있다. 그러나 신목왕후의 뒤에 어떤 큰 힘이 있지 않고는 김흠돌을 꺾는 것이 그렇게 쉬운 일은 아니었을 것이다. 신목왕후의 어머니, 김흠운의 부인, 태종무열왕의 딸인 공주는 누구이며 무엇을 하고 있었을까?

이 되어 총애를 입어 황후를 밀어내고 결국 황후가 되어 당 나라를 좌지우지하는 권력을 휘어잡게 되었다. 태종무열왕이 백제, 고구려를 정벌하기 위하여 당 나라에 가서 만났던 당 태종의 후궁이었고, 백제, 고구려의 멸망을 거쳐 신문왕 2년[682년]까지 당 나라를 다스린 고종을 막후에서 조종한 사람이 측천무후였다. 그러다가 드디어 당 고종이 세상을 버리자 아들 중종을 세워 잠깐 태후로 군림하다가 곧 중종을 쫓아내고 683년부터 폐위시켰던 중종을 복위시키기까지[705년]까지 23년간 무주(武周)의 여자 황제로서의 지위를 누린 희대의 여걸 측천무후.

공교롭게도 당 고종이 이 세상을 떠난 683년은 신문왕 즉위 3년이다. 이 해에 신목왕후는 자의왕후의 삼년상을 끝낸 신문왕과 정식으로 혼례를 치르고 왕비로서 월성으로 입성하였다. 당 나라에서 측천무후가 집권하는 시기와 일치하는 것이다.

태종무열왕의 외손녀로 젊은 나이에 백제와의 싸움에서 용감하게 싸우다 아름다운 이름을 남기고 돌아가신 아버지의 후광을 업고 자의왕후의 보살핌을 받았을 문무왕의 생질녀 신목왕후. 그도 문무왕의 맏아들과 혼인이 예정되어 있었으나 그가 조졸하는 바람에 인연을 맺지 못하고 그의 아우 정명태자와 부부의 인연을 맺었다.

문명왕후가 세상을 떠나고, 문무왕이 승하하자마자 정명태자의 즉위와 동시에, 자의왕후는 바깥사돈 김흠돌과 그의 추종자들인 무장들을 모반하였다는 이유로 주살하고 축출하였다. 자의왕후 사후 신문왕 시기를 거쳐 어린 효소왕이 왕위에 오르자 태후로서 막강한 권세를 휘두르는 신목왕후와 측천무후 사이에 서로 오가는 동질감이 없었을까? 그런 신목왕후가 '경영의 모반'이 일어난 직후에 승하하고 그로부터 2년 뒤에 승하하게 되는 젊은 효소왕의 죽음에 대하여 측천무후는 한없는 안타까움을 나타내고 있는 것이다. 어쩌면 이 두 왕후는 서로

도와 가며 당 나라와 신라라는 동아시아 최고의 국가를 상부상조하여 이끌어왔는지도 모를 일이다.

측천무후는 태종무열왕, 문무왕과도 친밀한 관계를 맺었을 것이고, 태종무열왕의 손자인 신문왕과 외손녀인 신목왕후까지도, 나아가 신목왕후의 어머니인 태종무열왕의 딸 김흠운의 부인까지도 친숙하게 알고 있었다고 보아야 한다. 이렇게 당 나라 황실과 신라 조정 사이를 연결하는 사슬의 한 고리를 원측법사가 맡고 있었을 가능성이 있다. 그러므로 측천무후는 효소왕이 승하한 소식을 듣고 애도식을 거행하고 2일씩이나 조정 일을 보지 않았으며 곧 바로 그의 아우이며 신문왕과 신목왕후의 또 다른 아들인 성덕왕이 왕위에 오르는 것에까지 관여하였을 가능성이 있다.[167]

그런데 효소왕이 승하하기 2년 전에 이미 신목왕후는 '경영의 모반'으로 이 세상을 떠났다. 그러면 성덕왕을 다시 왕위에 올리고 당 나라로부터 즉각적인 책봉을 받을 수 있게 측천무후와 외교적으로 통하고 있는 인물은 누구일까? 왕실에는 이미 문무왕비 자의왕후도 없고, 신문왕비 신목왕후도 없다. 효소왕의 왕비는 누구인지 기록에 남아 있지도 않다. '왕녀'라고 기록된 아픈 딸이 있는 것으로 보아 왕비가 있었을 가능성도 있다. 그 왕비가 측천무후와 통할 수 있었을까? 불가능하다.

이제 이 역사적 장면에 한 거대한 인물이 있었음을 짐작할 수 있다. 그는 어떤 사람이어야 하는가? 통일 신라의 역사에서 적어도 우리가 이해하는 한, 이 사람은 태종무열왕과도 끈이 닿아야 하고, 문무왕과 자의왕후와도 가까워야 하며, 신문왕, 신목왕후와도 이해관계가 일치

167 이러한 내용이 당 나라 사서에 기록되어 있을 가능성도 있다. 이제 '모죽지랑가' 한 수를 제대로 이해하기 위해서 그 당시의 국제 관계까지 고려해야 할 상황에 이르렀다. 그러나 힘에 부치는 일이다. 여기서 멈춘다.

해야 하고, 효소왕, 성덕왕과도 생사를 같이 할 사람이어야 한다. 이 4대를 아우를 수 있는 사람은 누구인가? 그리고 당 나라 측천무후와도 교유하였음직한 걸출한 인물은 누구인가? 딱 한 사람이 있다. 그는 서기 655년[태종무열왕 2년] 2월 어느 한 밤중에 양산 아래에서 벌어진 백제와의 전투에서 남편 김흠운을 잃은 태종무열왕의 딸이다. 그 공주는 20세 정도인 655년에 홀로 되어 딸 신목왕후를 키워, 681년 46살쯤 되었을 때 왕비인 김흠돌의 딸을 쫓아내고, 683년 28살 이상 된 자신의 딸을 신문왕의 왕비로 만들고,[168] 692년 57살쯤 되었을 때 외손자 효소왕을 왕위에 올렸으며, 702년 67살쯤 되었을 때 다시 효소왕의 동생인 외손자 성덕왕을 왕위에 올린다. 그 공주는 누구일까?

11. 요약

이 장은 득오가 '죽지 장군 사후'에 이 노래를 지었다고 보는 것으로부터 논의를 시작하였다. 그 이유는 '모죽지랑가'에는 '아름다움을 나타내신 모습이 주름살을 지니셨구려'와 같은 내용이 없기 때문이다.

그 구절은 '阿冬音乃叱好支賜烏隱[두던ᄃᆞ롬곳 됴ᄒᆞ샨](1985)'과 '皃史年數就音墮支行齊[즈ᅀᅵ 히 혜나삼 허니져](1980)'인데, 이 해독은 김완진(1980, 1985)을 따른 것으로 '두덩이 좋으신 모습이 해를 헤아려 나아갈수록 희미해져 가리니' 정도로 해석된다. 그 밖에 김완진(2008)

168 신목왕후가 왕비가 되기 전에 후궁이었을 가능성도 있다. 그러나 정명태자가 태자로서 고종사촌 누이를 후궁으로 맞는다는 상황은 정상적인 것으로 보이지 않는다. 그러나 실질적으로는 그 관계가 후궁일 수밖에 없다.

에서 '간 봄 다 다ᄉᆞ리매'와 'ᄂᆞᇫᄂᆡ 도ᄅᆞᇙ 업시'로의 해독 수정이 있었다. 이 수정으로 인하여 이제 '간 봄 못 오리매'(1980)과 '누늬 도랋 업시'(1980)이 폐기되면서 '영정 속의 그대의 모습'도 없어졌다. 남은 것은 '지난 봄 장례 치른 뒤/ 안 계셔서 울어마를 이 시름/ 잘 생긴 그대의 모습/ 세월이 흘러감에 따라 흐릿해져 가리니/ 눈 안개 두름 없이 저 분을/ 마주 보기 어찌 이루리오/ 그대를 그리워하는 마음이 갈 길/ 쑥대 우거진 골짜기에서 잘 밤도 있을 것입니다.'라는 초상 때 장례 의식에서나 소상, 또는 그 사이의 추모 의식 때에 부른 만가 한 수가 있는 것이다.

이 '효소왕대 죽지랑' 조는 '삼국유사' '기이편'에 실려 있다. 이 노래는 국가 '흥망성쇠'와 관련된 것이다. '모죽지랑가' 시대의 흥망성쇠는 700년 5월의 '경영의 모반'과 관련되어 있다. 700년 6월 1일에 신목왕후가 사망하고 그로부터 2년 후에 효소왕이 승하하였다. 그 이후 성덕왕, 효성왕, 경덕왕을 거쳐 혜공왕이 고종사촌 선덕왕에게 시해됨으로써 통일 신라는 몰락하였다. 이러한 역사의 흐름에 직접, 간접적으로 김유신 장군, 죽지 장군 같은 인물의 죽음과 '모죽지랑가'라는 노래가 함의하고 있는 시대적 고뇌가 영향을 미쳤다고 해석하는 것이 이 노래가 '기이편'에 있는 까닭을 해명하는 열쇠가 된다.

'모죽지랑가'가 창작된 시기의 효소왕은 16살에 왕위에 올라 26살에 승하하였다. 여기에 관한 한 '삼국유사'의 '대산 오만 진신' 조의 기록이 명백한 증언을 하고 있다. '삼국사기'는 687년에 원자(元子)가 출생하였고, 691년에 왕자(王子) 이홍(理洪)을 태자(太子)로 책봉하였으며, 692년에 태자 이홍이 즉위하여 효소왕(孝昭王)이 되었다고 함으로써 효소왕의 나이에 관하여 아무런 언급을 하지 않았지만, 연구자들로 하여금 이 원자가 왕자 이홍이고 따라서 692년에 즉위한 효소왕이 6살

아이였을 것이라는 추론을 하게 하였다. 그러나 여기에는 원자가 왕자 이홍과 동일인이라는 오해가 들어 있었다.

687년에 태어난 원자는 태자가 된 이홍이 아니다. 그는 신문왕이 즉위한 뒤에 처음 태어난 아들이라는 뜻에서 원자로 적힌 것이다. 효소왕은 687년에 태어난 것이 아니다. 692년에 16살이었으니 그로부터 환산하면 그는 677년생이다. 687년에 태어난 원자는 '삼국사기' 성덕왕 27년 조에 성덕왕의 아우로서 당 나라에 사은사로 갔다고 기록된 '사종(嗣宗)'일 가능성이 크다. 성덕왕 32년 사신으로 당 나라에 간 왕의 조카 '지렴(志廉)'은 사종의 아들일 것이다.

효소왕은 태종무열왕의 손자인 신문왕과 외손녀인 신목왕후 사이에서 태어났다. 효소왕은 증조부와 외외증조부가 태종무열왕이다. 신목왕후의 아버지 김흠운은 '삼국사기' '열전'의 김흠운과 동일인이다. 그는 태종무열왕의 사위로서 655년 2월 양산 아래의 백제군과의 전투에서 전사하였다. 그는 이때 어린 딸 하나를 남겼다. 이 딸이 28살도 더 되었을 683년에 왕비가 되었으니 그가 신목왕후이다. 그런데 그 전에 정명태자와 그녀 사이에는 이홍(理洪), 보ㅅ도태자(寶叱徒太子), 효명태자(孝明太子)의 세 아들이 있었다.

신문왕이 왕위에 오를 때[681년]에 왕비의 아버지 김흠돌의 모반으로 화랑도 출신 장군, 귀족들인 좋은 신하들이 많이 주륙되거나 축출되는 역사적 사건이 있었다. 김흠운의 딸의 이 세 아들들이 신문왕의 빙부 김흠돌의 모반의 원인이었다. 문무왕 사후 정명태자가 왕위에 오르면서 왕비가 된 무자(無子)한 김흠돌의 딸과 이미 태자와의 사이에 5살, 3살, 1살의 세 아들을 두고 있는 김훈운의 딸, 태종무열왕의 외손녀 사이에 미래의 왕위 계승권을 둘러싼 쟁투가 있었을 것이다. 이 일이 왕실 출신과 화랑 출신으로 구성된 신라 귀족 사회의 분열을 일으켜 국가 흥망성쇠에 큰 영향을 미쳤다.

이 시기의 신라 왕실은 문명왕후의 승하, 문무왕의 승하에 이어 김흠돌의 모반 이후에 자의왕후까지 이승을 떠나는 상황이었다. 왕실의 어른 셋이 거의 같은 시기에 이 세상을 떠난 것이다. 신문왕과 신목왕후의 혼인이 신문왕 3년까지 늦추어진 것도 연속된 친상과 관련이 있을 것이다. 이 황망한 상황에서 신문왕은 여러 가지 안 좋은 요인을 안고서 인문, 문왕, 노차, 지경, 개원 등의 숙부들과 모후 자의왕후와 빙모 신목왕후의 어머니의 도움을 받아 강력한 무력을 가진 화랑도의 화랑 출신 귀족들과 권력을 다투는 어려운 싸움을 벌여야 하였다.

그것이 김흠돌의 모반의 실상이고, 그 모반의 원인은 바로 신문왕이 태자 시절 고종사촌 누이와의 사이에 둔 아들 효소왕과 그 두 아우이다. 그리고 이러한 역사의 흐름 막후에는 겉으로 드러나는 태종무열왕의 아들들과 드러나지 않는 안방 권력이 작용하고 있는 것으로 보인다. 그 안방 권력의 정상에는 젊은 나이에 전사한 김흠운의 부인이며 신목왕후의 어머니, 효소왕, 성덕왕의 외할머니가 어른거리고 있었다.

'모죽지랑가'는 김흠돌의 모반으로 권력으로부터 멀어진 죽지 장군의 죽만랑지도의 낭도 득오가 죽지 장군 사후 초상 때나 소상 때, 또는 그 사이의 어느 추모 의식에서 지은 만가(輓歌)이다. 이 노래 속에는 이 시대의 이 어두운 분위기가 반영되어 있다. 자의왕후와 신문왕의 개인적 사정으로 인하여 화랑도의 화랑 출신 귀족 세력의 우두머리인 국구 김흠돌을 주살하고 그 딸인 왕비를 폐비하는 불행한 일이 일어났다. 그 일은 출중한 지도력으로 국인의 추앙을 받던 신라의 이성(二聖) 문무왕과 김유신 장군의 후예들의 관계를 서로 미워하는 사이로 만들었다. 이 노래는 간접적으로 이러한 시대의 아픔을 드러내고 있다.

제6장

죽지 장군은 김흠돌의 모반과 어떤 관련이 있는가?

제6장
죽지 장군은 김흠돌의 모반과 어떤 관련이 있는가?

1. 죽지 장군의 흔적

제3장에서 자세히 본 대로 '삼국유사'에는 죽지랑의 탄생 설화가 실려 있다. 아버지 술종공(述宗公)이 삭주 도독사가 되어 춘천으로 부임하는 길에 죽지령(竹旨嶺)에 이르렀을 때 고개 마루에서 길을 닦고 있는 거사 한 사람을 만났다. 공이 보고 그 아름다움을 찬탄하고 거사도 또한 공의 위세가 매우 혁혁함을 좋게 여겨 서로 마음이 통하였다.[169]

169 영주에서 단양으로 오는 길, 죽령(竹嶺) 험한 고갯길을 넘어 고향을 다녀오던 긴 세월, 신라 적성비(赤城碑)[국보 제198호를 소개하는 안내문은 문장도 띄어쓰기도 엉망이었다]를 보러 오르던 길, 금관가야 마지막 왕 구해왕(仇亥王)의 아들 무력(武力) 장군이 참가한 죽령 이북 고구려 땅 점령 과정, 진흥왕이 그 곳 지역인인 '야이차(也尒次)'와 그 주변 인물의 복속을 칭찬하고 앞으로도 신라에 복속해 오는 고구려인에게는 대대로 후하게 대접하겠다는 내용을 새긴 비석. 무력 장군의 아들 소판 김서현, 김서현의 아들

술종공이 거사의 무덤 앞에 세운 돌 미륵불상, 죽지랑의 탄생과 진덕, 태종, 문무, 신문 4대에 걸쳐 총재(冢宰)를 역임하고 나라를 안정시킨 노재상, 화랑도 출신 죽지 장군.

그리고 그보다 앞서 '삼국유사'의 '진덕왕' 조에는 알천공, 임종공, 술종공, 호림공, 염장공, 유신공이 남산의 우지암(亐知巖)에 모여 국사를 의논할 때 호랑이가 나타나서 덤비는데 알천공이 꼬리를 붙잡아 땅에 메어쳐 죽였다는 설화가 있다. 힘은 알천공이 세었으나 모두 유신공의 위엄에 마음으로부터 복종하였다고 하였다. 이는 죽지랑이 이미 아버지 술종공 때부터 김유신 장군과 함께 나랏일을 논의한 명문 집안 출신임을 보여 준다.

신라사의 수수께끼, 신라 사회를 이해하기 어렵게 하던 역사적 사건 가운데, '모죽지랑가'와 관련된 사건은 김흠돌의 모반이다. 김흠돌과 '모죽지랑가'의 주인공 죽지랑은 어떤 관계인가? 이들은 화랑도 출신의 장군으로서 김유신 장군과 더불어 통일 전쟁을 수행한 사람들이다. '삼국사기' '신라 본기'와 '열전'에서 죽지 장군의 이름이 보이는 곳을 뽑으면 (1)~(3)과 같다.

(1) a. 진덕왕 3년[649년] 8월['삼국사기' '열전' '김유신 중(中)'에는 진덕왕 2년의 일로 기록], 백제 장군 은상이 군사를 거느리고

김유신 장군, 김유신 장군과 함께 국사를 논한 술종공, 술종공을 도와 길을 닦고 있는 거사(居士), 삭주[춘천] 도독사 술종공이 10여 일 후 꿈에 그 거사가 방 안으로 들어오는 것을 보았고 아내도 같은 꿈을 꾸었고, '그 거사가 우리 집안에 태어나려나 보다.'라는 태몽 해석, 죽지랑의 탄생, 거기서 북쪽으로 10여 킬로미터, 군간교(軍看橋) 너머 온달산성, 온달우물, 경덕왕이 자춘현(지금 영춘면 일대)으로 이름을 고치기 전의 고구려의 을아단현(乙阿旦縣), 10여 차례도 넘을 단양 답사를 통하여 나는 잡힐 듯, 잡힐 듯하는 죽지 장군의 단서를 찾아 고구려와 신라의 이 전쟁터를 방황하며, 소리 없이 북으로 흐르는 남한강을 오르내렸으나 아무 것도 얻지 못하였다.

와서[百濟將軍殷相率衆來] 석토 등 7성을 공격하여 함락시키므로[攻陷石吐等七城] 왕은 대장군 김유신, 장군 진춘, 죽지, 천존 등에게 명하여 나아가 적을 막게 하였다.[王命 大將軍庾信 將軍陳春竹旨天存出拒之.]

b. 진덕왕 5년[651년], …… 2월에 품주를 고쳐 집사부라 하고 그로 인하여 파진찬 죽지를 집사중시로 제수하여 기밀사무를 관장하게 하였다.[二月改稟主爲執事部 仍拜波珍湌竹旨爲執事中侍 以掌機密事務.] …… 파진찬 김인문을 당 나라로 파견하여 조공하고는 숙위하게 하였다.[遣波珍湌金仁問 入唐朝貢 仍留宿衛.]

c. 태종무열왕 8년[661년], …… 왕은 군이 패하였다는 말을 듣고 크게 놀라 장군 김순, 진흠, 천존, 죽지 등을 파견하여 이를 구원하게 하였는데 그들은 가시혜진에 이르러서 군이 후퇴하여 가소천에 이르렀다는 말을 듣고 돌아왔다.[王聞軍敗大驚 遣將軍金純眞欽天存竹旨 濟師救援 至加尸兮津 聞軍退至加召川來還.]

(2) a. 문무왕 원년[661년] 가을 7월 17일 김유신을 대장군[秋七月十七日 以金庾信 爲大將軍] …… 김인문, 진주, 흠돌을 대당장군으로 삼고[仁問眞珠欽突 爲大幢將軍] …… 천존, 죽지, 천품을 귀당총관으로 삼고[天存竹旨天品 爲貴幢摠管] …… 군관, 수세, 고순을 남천주 총관으로 삼고[軍官藪世高純 爲南川州總觀] …… **170**

170 '삼국사기' '열전' '김유신 중'에는 이때 백제의 여적을 토벌하러 간, 이찬 품일, 소판 문왕, 대아찬 양도 등의 군대가 이기지 못하므로[以伊湌品日蘇判文王大阿湌良圖等爲將軍往伐之不克], 또 이찬 흠순(또는 춘), 진흠, 천존, 소판 죽지 등을 보내어 군사를 구원하게 하였다.[又遣伊湌欽純(一作欽春)眞欽天存蘇判竹旨等濟師.]고 하여 죽지 장군이 문무왕 원년[661년]에 이미 소판[3등 관위]에 올라 있음을 알려 준다.

b. 문무왕 3년[용삭 3년, 663년, 계해년]에 백제의 여러 성에 있는 무리들이 몰래 회복을 도모하여 그 거수는 두솔성에 웅거하여 왜국에 원병을 청하였다. 이에 대왕은 친히 유신, 인문, 천존, 죽지 등 장군을 거느리고 7월 17일에 토벌을 나서[龍朔三年癸亥 百濟諸城潛圖興復 其渠帥據豆率城 乞師於倭爲援助 大王親率庾信仁問天存竹旨等將軍 以七月十七日征討]

c. 문무왕 8년[668년] 6월 21일, 대각간 김유신을 대당대총관으로 삼고[八年六月二十一日 以大角干金庾信 大幢爲大摠管] …… 각간 김인문, 흠순, 천존, 문충과 잡찬 진복과 파진찬 지경과 대아찬 양도, 개원, 흠돌을 대당총관으로 삼고[角干金仁問欽純天存文忠 迊湌眞福 波珍湌智鏡 大阿湌良圖愷元欽突爲大幢摠管] 이찬 진순(또는 춘), 죽지를 경정총관으로 삼고[伊湌陳純(一作春)竹旨 爲京停摠管], 이찬 품일, 잡찬 문훈, 대아찬 천품을 귀당총관으로 삼고[伊湌品日 迊湌文訓 大阿湌天品 爲貴幢摠管], 이찬 인태를 비열도총관으로 삼고[伊湌仁泰 爲卑列道摠管], 잡찬 군관, 대아찬 도유, 아찬 용장을 한성주행군총관으로 삼고[迊湌軍官 大阿湌都儒 阿湌龍長 爲漢城州行軍摠管] …… 아찬 일원과 흥원을 계금당총관으로 삼았다.[阿湌日原興元 爲罽衿幢摠管.] …… 22일 …… 왕은 일길찬 진공(眞功)을 파견하여 하례하였다.[王遣 一吉湌眞功 稱賀.] …… 27일 왕은 서울을 출발하여 당의 군영으로 향하였는데, 29일에는 제도총관이 모두 출발하였다.[二十七日 王發京赴唐兵 二十九日 諸道摠管發行.]

(3) a. 문무왕 10년[670년] 7월, …… 품일, 문충, 중신, 의관, 천관 등이 공격하여 63성을 취하고 그곳의 사람들을 내지로 옮기고 [品日文忠衆臣義官天官等攻取城六十三徙其人於內地], 천존,

죽지 등은 7성을 공취하여 2,000명을 참수하였고[天存竹知等取城七斬首二千], 군관, 문영은 12성을 공취하고 적병을 쳐서 7,000명을 참수하였는데 말과 병기구 등을 노획한 것이 심히 많았다.[軍官文潁取城十二擊狄兵斬首七千給獲戰馬兵械甚多.]

b. 문무왕 11년[671년] 6월, 장군 죽지 등을 파견하여 군사를 거느리고 백제 가림성의 벼를 밟아 버리고 드디어 당 나라 군사와 석성에서 싸워 5,300명의 목을 자르고 백제 장군 두 사람과 당의 과의 여섯 사람을 사로잡았다.[六月 遣將軍竹旨等領兵 踐百濟加林城禾 遂與唐兵戰於石城 斬首五千三百級 獲百濟將軍二人 唐果毅六人.]

(1a)에서 죽지 장군은 김유신 대장군과 함께 장군으로서 백제와의 전쟁에 참전하였다. (1b)에서는 파진찬 죽지 장군이 집사중시를 맡아 기밀 사무를 관장할 정도로 신임을 받고 있었음을 알 수 있다. (1c)에서는 죽지 장군이 백제의 잔적들과의 싸움에서 고전하고 있는 아군을 구원하러 출전하였다.

(2a)에서는 문무왕 원년[661년]에 김유신 장군, 김흠돌, 죽지 장군이 나란히 상하 관계로 임명되었음을 알 수 있다. 이때 죽지 장군은 앞에서 보았듯이 소판[3등 관위]이었다. (2b)에서는 죽지 장군이 문무왕, 김유신 장군과 함께 백제 부흥군 토벌에 나서고 있다. (2c)에서 문무왕 8년[668년]에 김유신 장군, 김흠돌, 이찬 죽지 장군이 함께 나란히 고구려 정벌 전쟁에 나섰음을 알 수 있다. 이때 죽지 장군은 이미 관위가 이찬[2등 관위]에 이르렀다.

(3a)에서는 죽지 장군이 큰 전공을 세웠음을 볼 수 있고, (3b)에서도 장군 죽지가 당 나라 군사와의 전쟁에 나서서 무려 5천 이상의 병력을

격파하고 장군들을 사로잡는 대승을 거둔 것을 볼 수 있다. 죽지 장군이 사령관으로 출정할 정도의 강력한 지위에 있었음을 보여준다.

그리고 앞에서 본 대로 '삼국유사'에는 죽지 장군이 진덕·태종·문무·신문왕의 4대에 걸쳐 총재(冢宰)[큰 재상]을 지내면서 삼국 통일과 국가의 안정에 기여한 사람으로 그려져 있다. 그런데 어떤 사서에도 신문왕 즉위 후에 그가 어떤 행보를 하였는지에 대한 기록이 없다. 문무왕 12년 이후의 행적도 잘 알 수 없다.

그런 그가 왜 만년인 효소왕대에 모량부 출신의 아간[6등 관위] 익선(益宣)에게 옛 부하 낭도였던 득오(得烏)를 징발당하고 휴가도 얻어 주지 못하는 수모를 입었는가? 신문왕 시대와 효소왕 시대 사이에는 무슨 사건이 있었기에 그 사건을 경계로 죽지 장군이라는 인물이 총재를 지내는 고위직으로부터 6등 관위인 아간 벼슬에게도 수모를 입을 정도의 쇠락한 모습으로 바뀌어 나타나는가?

그 사이에 존재하는 최대의 역사적 사건은 '김흠돌의 모반'이고 이로 인한 화랑도 폐지이다.[171] 신라사 최대의 비극적 수수께끼 가운데 하나, 신문왕의 빙부가 사위 정명태자가 왕위에 올라 태자비였던 딸이 왕비가 되는 그 순간에 난을 일으켜 주살되는 김흠돌의 모반, 그로 인한 폐비 사건을 '삼국사기'를 통하여 살펴보기로 한다.

171 박노준(1982:128~132)는, '삼국사기' '열전' '김유신 하'에 나오는 적손 김윤중이 성덕왕 때 대아찬이 되었을 때 왕의 친속으로부터 질시를 받은 일, 혜공왕 15년[779년]에 김유신 장군의 무덤에서 돌개바람이 일어나 미추왕릉으로 들어간 일과 '삼국유사'의 '미추왕 죽엽군' 조에서 아마도 김유신 장군의 후손일 김융이 모반 사건[혜공왕 6년, 770년]으로 주살된 일 등을 근거로 삼국 통일 직후부터 왕실은 화랑 출신, 특히 김유신 계를 거세하고 왕권을 강화하였으며, 그 와중에 죽지랑도 세력이 쇠락하여 익선 아간에게도 모욕을 당했다고 보았다. 또 박노준(1982:136~137)에서는 김흠돌의 모반이 그와 함께 고구려 정벌 전쟁에 나섰던 죽지랑에게도 영향을 미쳤을 것으로 보고 있다.

2. 신문왕의 폐비와 연속된 폐비 사건

저자는 향가를 가르칠 때마다 '삼국사기'의 (4)~(8)까지의 자료를 주고, 이를 토대로 상상의 나래를 펼쳐서 해마다 달라지는 허구(虛構, fiction)를 짜고, 역사 소설 감이라는 명분 아래 학생들에게도 창의력 신장을 위한 소설을 쓰게 하였다. 저자의 그 수 많았던 허구들 가운데 하나를 대략 소개하면 다음과 같다.

'모죽지랑가'는 신라가 당 나라와 연합하여 백제와 고구려를 멸망시킨 후 당 나라의 군대를 몰아내기 위한 대당 투쟁을 거치고 안정기에 접어든 시기의 작품이다. 그런데 그 작품에는 왜 전쟁이 끝난 후에 평화롭고 행복한 삶을 누리고 있어야 할 전쟁 영웅이 푸대접 받고 후배들에게 차마 눈 뜨고 볼 수 없는 서러움을 주는 모습으로 그려져 있는 것일까? 이 시기는 어떻게 특징지어져야 하는가?

모든 국가는 강력한 외부의 적과 맞서 있을 때 융성하고, 평화와 안정이 오래 지속되면 내부적 갈등에 의하여 쇠락의 길로 향하게 된다. 신라에도 통일 전쟁과 대당 투쟁에서 전 국민이 힘을 합쳐 화랑도와 같은 특별한 조직을 통하여 인재를 배출하고 국가 총력을 기울여 전쟁을 벌이던 시대가 있었다.[172] 김흠돌이 김유신 장군, 죽지랑 등과 함께

172 '삼국사기' '신라 본기' 문무왕 11[671년]년 7월 26일의 대당총관(大唐摠管) 설인귀(薛仁貴)의 서신에 대한 대왕의 답서에는, 용삭 2년[662년] 정월 김유신이 고구려와의 싸움에 동원된 당 나라 군대를 먹일 군량 수송을 끝내고 돌아오는 길에 호로하(瓠瀘河, 현재의 연천군 장남면 호로고루 일대의 임진강변)에서 고전하고, 또 한 달도 지나지 않아 구 백제 지역의 백제 부흥군 진압 작전을 하고 있는 당 나라 군사를 먹일 군량을 웅진 지역으로 수송하였다. 이로 인하여 신라의 국고에는 식량이 비어 백성들이 초근목피로 연명하는데 웅진성에는 오히려 군량이 남아돈다는 등의 사연이 있다. 당 나라 군대를 끌어들인 이 전쟁이 백성들에게 극심한 고통을 주었고, 온 나라의 총력을 동원한 일이었음을 암시하는 것이다.

대 고구려 전쟁에 참전하고 죽지랑이 대 당 전투에 출전하여 승전하는 '삼국사기'의 (2)~(3)의 기록은 바로 이 시대의 끝자락을 보여 준다.

(2c)에 나오는 흠돌(欽突), 흥원(興元), 진공(眞功)은 신문왕 즉위년[681년] 김흠돌의 모반 때 삼간(三奸)으로 지칭되어 주살 당하였고, 문무왕 때 상대등에 오르고 이 때 병부령이었던 군관(軍官)은 난의 모의를 미리 알고도 진압하지 않았다고 적자(嫡子) 1명과 함께 자진할 것을 강요받았다. 이들은 화랑도 출신의 강력한 동질감을 가진 동지들이고 생사고락을 함께 한 전우들이다.

전쟁이 끝나고, 평화가 도래하여 백성들이 생업에 종사하며 안정된 삶을 살 것이라는 김춘추가 꿈꾸었던 태평성대가 왔는가? 그 기대와는 달리 찾아온 것은 태평성대가 아니라 치열한 정치적 갈등이 표출되는 시대이다. 외부의 강한 적과 대치하여 전쟁을 벌일 때는 튼튼한 힘의 원천이 되었던 국가 조직과 체제, 인재 배출의 경로가 이제는 오히려 국인들을 분열시키고, 파벌 싸움의 근거가 되어 백성들의 비웃음을 사고 식자들에게 냉소적 오불관언의 태도를 지닐 수밖에 없게 만드는 비리와 우스꽝스러운 스캔들의 소용돌이 속으로 휘말려 드는 것이다. 그러한 시대는 (4)에서 볼 수 있는 두 영웅의 죽음과 함께 도래하는 모습을 드러낸다.

(4) a. 문무왕 13년[673년] 가을 7월 1일, 김유신 장군이 돌아가셨다. [十三年 秋七月一日 庾信卒.]

b. 문무왕 21년[681년] 가을 7월 1일, 왕이 돌아가시므로 시호를 문무라 하였다. 뭇 신하들은 그 유언에 따라 동해 어귀의 큰 바위 위에 장사 지냈다. 세상에 전하기를 왕이 용으로 화하여 (나라를 지킨다고 하여) 그 바위를 가리켜 대왕석이라 한다고

한다.[秋七月一日 王薨 謚曰文武 群臣以遺言葬東海口大石上 俗傳王化爲龍 仍指其石爲大王石.]

삼국 통일의 대업과 당 나라 군대를 몰아내기 위하여 내부적 결속을 공고히 하였던 두 기둥, 김유신 장군과 문무왕이 8년의 시차로 돌아가시고 신문왕 즉위 초에는 어떤 일이 일어났을까? 이 평화롭고 안정된, 축복받았어야 할 통일 시대에 신라 사회는 놀랍게도 모반이 연속되는 정치적 갈등에 휩싸이기 시작한다.

그 정치적 갈등은 전쟁에서 공을 세운 김유신 장군으로 대표되는 화랑도 출신 군부 귀족들과 왕족 출신 귀족들, 당 나라 유학을 거치거나 국내 교육을 거쳐 통치의 손발이 되는 문관 출신 귀족들의 권력 다툼으로 귀착될 수밖에 없다. 특히 첫째 세력과 둘째 세력의 갈등은 심각한 분열상을 빚으며 제로-섬(zero-sum) 게임을 벌일 수밖에 없는 상황에 놓이게 된다. 이 권력 다툼은 결국 '누가 왕이 되는가?'로 집중되게 되고 왕을 배출한 세력이 그렇지 않은 세력을 핍박하는 상황이 되며, 이들 사이에는 항상 차기 왕은 우리 세력이 배출해야 한다는 경쟁이 벌어졌다. 그리고 그 경쟁 속에는 장기적 음모와 계략이 얽혀 있었고, 각 세력의 지파들은 합종연횡에 휘말리지 않을 수 없었을 것이다.

(5) 문무왕 5년[665년], 왕자 <u>정명(政明)을 세워 태자(太子)로 삼고</u> 죄수들을 대사하였다.[立王子政明爲太子 大赦.]

(5)는 문무왕 5년[665년]에 왕자 정명을 태자로 세웠음을 보여 준다. 정명태자는 문무왕 21년[681년]까지 무려 16년간 태자 자리에 있었음

을 알 수 있다. 이후 '삼국사기' 문무왕 시대의 기록에는 태자 정명의 역할에 대한 기록이 거의 없다. 아버지 법민이 태자 시절 당 나라에 가서 외교 활동을 벌이고 외숙부 김유신 장군과 함께 대 백제, 대 고구려 전쟁에 종군하여 화랑도 출신 장군들과 함께 전우가 되었음에 비하여, 대 고구려 전쟁, 백제 부흥군과의 전투, 대 당 투쟁 등에 정명태자가 나선 일이 거의 기록되어 있지 않다. 이 사람은 도대체 그 위중한 역사적 전환기에 무엇을 하고 지냈을까? 태자와 관련된 기록은 (6)이 유일하다.

(6) 문무왕 19년[679년] …… 가을 8월 …… 동궁을 창건하였다.[十九年 …… 秋八月 …… 創造東宮.]

신문왕과 관련된 '삼국유사'의 '만파식적(萬波息笛)' 조나 감은사(感恩寺)의 동해용 설화,173 이견대(利見臺) 등도 보기에 따라서는 허황된 힘에 의지하려는 나약한 모습으로 보이기도 한다. 왕이 의(義)를 기치(旗幟)로 하여 사회 통합을 추구해 나가야 하지, 이(利)를 가져다 줄 용이나 찾아다니다니, '맹자(孟子)'의 '양혜왕장구(梁惠王章句)'가 부끄러울 일이다. '만파식적(萬波息笛)' 설화에서 용이 한 말, "낮에는 둘이

173 처음에(1983년) 우리가 서강에 함께 부임했을 때 홍승기 선생님은 여름방학 때 우리 두 가족을 데리고 여기를 답사하였다. 1999년쯤에 교수 세미나 차 경주에 갔다가 문과대학 교수들은 고 정두희 교수, 이종욱 교수를 모시고 남산 일원을 등산하였고, 2009년 4월인가 나는 다시 사학과 답사 시에 이종욱 교수, 윤병남 교수, 최기영 교수, 성호경 교수와 함께 경주를 답사하는 행운을 누렸다. 이 세 번의 답사는, 스무 번도 더 갔을 나의 경주 여행에서 얻은 신라 유적과 역사에 대한 이해를 다 합친 것보다 더 많은 것을 알려 주었다. 여행에서는 아는 것만큼 보인다는 말이 옳다. 그러나 경주 여행이나 답사에서 내내 내 머릿속을 떠나지 않은 것은 '모죽지랑가'와 '원가', '찬기파랑가', '안민가'였고, 그것은 오히려 아는 것만큼 더 보이지 않는 미궁의 경지였다.

고 밤에는 하나로 합치는 대나무, 두 대나무가 합쳐야 소리가 날 수 있으며, 문무왕과 김유신 장군이 뜻을 합쳐 저로 하여금 대왕께 바치게 하였다."는 말도 예사롭게 들리지 않는다. 그 대나무로 피리를 만들어 부니 왜군이 물러갔다는 말은 무슨 뜻일까?

왕은 누가 낳는가? 왕을 세우는 데에 가장 강력한 힘을 발휘하는 사람은 누구인가? 돌아가신 선왕의 왕비이다. 혹은 그 앞에 돌아가신 조부왕의 왕비일 수도 있다. 이 절대적 위치에 있는 왕비를 둘러싸고 이 시대에는 이상한 일들이 많이 일어난다. 통일 신라에는 신문, 성덕, 효성, 경덕, 혜공 5대에 걸쳐 놀랍게도 다섯 번의 폐비 사건이 있었다. 혼인 여부가 불투명한 효소왕을 빼면 모든 왕이 왕비를 쫓아내었다. '삼국사기'를 따라 차례대로 나열하면 (7)과 같다.

(7) a. 신문왕 원년[681년], 왕비는 김씨로 소판 흠돌의 딸이다. …… 뒤에 그 부친이 난을 짓는 데 연좌되어 출궁되었다.[妃金氏蘇判欽突之女 …… 後坐父作亂出宮.] …… 3년[683년]에 일길찬 김흠운의 딸을 들여 부인으로 맞이하였다.[納一吉湌金欽運<u>少</u>女爲夫人.][174]

b. 성덕왕 3년[704년] 봄에 왕비로 들였던 승부령 소판 김원태의 딸[納乘府令蘇判金元泰之女爲妃] 성정(成貞)[嚴貞이라고도 함] 왕후를 성덕왕 15년[716년]에 내보내고[出成貞王后](이때 무슨

174 이 '少女(소녀)'의 '少(소)'자는 '之(지)'자의 오각(誤刻)이다. 왕비들의 부(父)를 밝히는 기록은 모두 'ㅇㅇ(관명) (이름)의 딸'이라는 뜻으로 'ㅇㅇ ㅇㅇㅇ之女' 또는 'ㅇㅇ ㅇㅇㅇ女'라고 적고 있다. 이를 '少(소)'로 보아 '어린 딸, 작은 딸, 막내 딸, 둘째 딸' 등으로 해석할 여지가 없다. 김흠운의 딸이 둘 이상이라는 근거도 없다. 둘 이상이어도 다른 모든 경우에 몇째 딸이라는 것을 밝히지 않는다. 그냥 '一吉湌 金歆運<u>之</u>女'의 잘못이라고 함으로써 끝나는 일이다.

까닭인지 채단 500필, 전지 200결, 租 10000석, 가택 1구를 사서 주었다), 19년[721년] 3월에 이찬 순원의 딸을 들여 왕비[소덕왕후(炤德王后)]로 삼았다.[納伊湌順元之女爲王妃.]

c. 효성왕 2년[738년]에 당에서는 사신을 파견하여 왕비 박씨를 책봉하도록 하였다.[唐遣使 詔冊王妃朴氏.] 효성왕 3년[739년] 3월에 이찬 순원의 딸 혜명을 들여 비로 삼았다(박씨 왕비의 폐비 여부는 알 수 없다)[三年 …… 三月 納伊湌順元女惠明爲妃.]

d. 경덕왕 즉위 시[742년]에 왕비는 이찬 순정의 딸이었는데[妃伊湌順貞之女也], 2년[743년] 여름 4월에 서불한 김의충의 딸을 들여 왕비로 삼았다.[二年 …… 夏四月 納舒弗邯金義忠女爲王妃.][175]

e. 혜공왕 16년[780년] 마지막 기록, 원비 신보왕후는 이찬 유성의 딸이고 차비는 이찬 김장의 딸인데 그 입궁 연월은 역사가 잃어버렸다.[元妃新寶王后伊湌維誠之女次妃伊湌金璋之女史失入宮 歲月.] (폐비인지 사망인지 불분명)

왜 폐비 사건이 일어났을까? 왜 이미 있던 왕비를 내보내고 새 왕비를 들이는가? 그 이유가 명시되어 있는 경우는 다섯 번의 폐비 사건 중, '삼국유사'의 기록을 보조적으로 사용할 때 '무자(無子)하여'라고 한 경덕왕의 경우뿐이다. 그런데 이 폐비 사건들에는 순원(順元)이라는 이름이 두 번 등장한다. 한 번은 성덕왕의 원비 김원태의 딸 성정왕후(成貞王后)를 내보내고 순원의 딸 소덕왕후(炤德王后)를 왕후로 들였다.

175 이것은 '삼국유사' '경덕왕 충담사 표훈대덕' 조의 '왕은 옥경의 길이가 8(촌)이었는데 아들이 없어 폐하고 사량부인으로 봉하였다. 후비 만월부인은 시호가 경수태후인데 의충 각간의 딸이다'와 동일한 내용이다. '삼국사기'와 '삼국유사'의 기록이 내용상으로는 일치한다.

두 번째는 효성왕의 원비 박씨가 2년에 왕비로 책봉되었는데 3년 3월에 또 순원의 딸 혜명왕후(惠明王后)를 왕비로 들였다.

저자는 여기서 '김원태 대 김순원'이라는 대립 구도를 설정하고 많은 문제를 이 틀을 이용하여 설명하였다. 폐비 사건은 권력 구도와 밀접한 관련을 맺고 있고 그 핵심은 누가 자기의 딸을 왕비로 들여 그 딸이 낳은 외손자가 태자로 책봉되고 다음 왕위 계승권을 가지는가로 집중되고 있었다.

그러므로, 김흠돌의 모반은 단순한 난이 아니다. 난(亂)이 다 그렇지만 이것은 왕위 계승권을 둘러싼 치열한 정쟁이 빚어낸 갈등이다. 딸을 왕비로 들인 사람은 외손자가 왕이 되는 꿈을 품고 그 날을 기다리며 사는 것이고, 외손자가 태자가 되는 데에 목숨을 거는 것이며, 그것을 방해하는 사람이 있을 때 물불을 가리지 않고 싸울 수밖에 없는 운명을 지니고 있다. 그러나 이러한 비원(悲願)이 행복한 결말로 이어지는 경우는 극히 드물었으니 이도 하늘의 뜻이런가.[176]

김흠돌의 모반과 관련된 '삼국사기'의 기록은 (8)과 같다. 번잡하지만 상황을 파악하기 좋게 길게 인용하였다.

(8) a. 신문왕이 즉위하였다[681년]. 그 이름은 정명(政明)[명지(明之)라고도 함, 자는 일초]으로 문문왕의 장자며 어머니는 자의왕

176 조선조, 원경왕후 집안은 세종으로 성공하였으나 민무구, 민무질 형제는 불행하였고, 소헌왕후 집안도 문종으로 성공하였지만 심온은 불행한 죽음을 맞았다. 인목왕후의 친정 아버지 김제남은 영창대군 사건으로 화를 입었다. 영조의 정성왕후는 무자하여 서오릉의 홍릉에 홀로 누웠고 집안은 훗날 갑신정변에서 서광범, 서재필로 인하여 멸문(滅門)에 가까운 화를 입었다. 가장 비극적인 것은 예종 원비, 성종 원비 두 딸을 왕비로 들인 상당군의 경우로 세조도 그의 총신인 한명회의 외손자가 왕위를 잇는 음덕을 베풀 수는 없었다.

후(慈儀王后)다. 비는 김씨(金氏)로서 소판(蘇判)[3등 관위] 흠돌의 딸이다. 왕이 태자로 있을 때 비로 맞았으나 오래도록 아들이 없었고, 뒤에 그의 부친이 난을 일으키는 데에 연좌되어 궁에서 쫓아냈다. 왕은 문무왕 5년에 태자가 되었다가 이때 이르러 왕위를 계승하니 …… [神文王立 諱政明(明之 字日怊) 文武大王長子也 母慈儀(一作義)王后 妃金氏 蘇判欽突之女 王爲太子時納之 久而無子 後坐父作亂 出宮 文武王五年立爲太子 至是繼位.]

b. 신문왕 원년[681년] 8월 서불한 진복을 제수하여 상대등으로 삼았다. 8일, 소판 김흠돌, 파진찬[4등 관위] 흥원, 대아찬[5등 관위] 진공 등이 모반하므로 죽였다.[元年 八月 拜舒弗邯眞福爲上大等 八日 蘇判金欽突波珍飡興元大阿飡眞功等 謀叛伏誅.] 16일 하교하되 …… 적수 흠돌과 흥원, 진공 등은 그 지위가 재능으로 오른 것도 아니고, 그 직위는 실은 선왕의 은총으로 올라간 것이지만[十六日 下敎口 …… 賊首欽突興元眞功等 位非才進 職實恩升] …… 악한 무리들이 서로 도와 기일을 정한 후 난역을 하려 하였다.[同惡相資 剋日定期 欲行亂逆.] …… 3~4일 동안에 죄수들은 탕진되었다.[三四日間 囚首蕩盡.] 병부령 이찬[2등 관위] 군관은[兵部令伊飡軍官] …… 마침내 적신 흠돌 등과 더불어 교섭하여[乃與賊臣欽突等交涉] …… 군관 및 적자 1명을 자진하게 한다.[軍官及嫡子一人 可令自盡.]

(8a)에서는 신문왕이 문무왕과 자의왕후의 장자이며 그 비는 김흠돌의 딸임을 보여 준다. 왕비가 태자비이던 시절 오래도록 아들이 없었다. 그러다가 부친이 난을 일으키는 데에 (왕비가) 연좌되었기 때문에 폐비되었다. 난이 먼저 있고 폐비된 것이지 폐비가 되고 난을 일으킨

것이 아니다. 그러므로 아들이 없다고 폐비되고 그에 반발하여 난을 일으킨 것으로 볼 수는 없다. 김흠돌의 모반의 원인은 밝혀져 있지 않다.

(8b)를 보면 김흠돌이 난을 일으킨 원인이 막연하고 추상적으로 기술되어 있다. 김유신 장군이 죽은 지 8년, 사위가 왕위에 오르자마자 김흠돌은 흥원과 진공을 데리고 모반하다가 죽었다. 왕의 하교를 보면 '적수(敵首) 흠돌과 흥원과 진공 등은 그 지위가 재능으로 오른 것도 아니고, 그 직위는 실은 선왕의 은총으로 올라간 것이지만 …… '이라 하여 이들이 문무왕의 특별한 은혜를 입었음을 알 수 있다. 문무왕의 외척, 즉 문명왕후의 친정, 김유신 장군 집안과 관련되었을 것으로 추리할 수 있다. 김흠돌은 김유신 장군, 죽지 장군과 함께 대 고구려 전쟁에 참전한 화랑도 출신 장군이다. 그는 김유신 장군의 부하로서 문명왕후의 각별한 총애를 받은 군부 출신 귀족으로 강력한 세력을 형성하고 있었다.[177]

---

177 죽지 장군은 김흠돌의 모반에 직접 연루되지는 않은 것 같다. 그러나 김흠돌의 모반에 직접 참여한 여러 장군들과 함께 전장에 나간 것은 틀림없는 사실이다. 김흠돌의 모반에 직접 연루된 고위 장군들은 대체로 김흠돌과 친인척 관계로 묶여 있는 것으로 보인다. 진공, 흥원, 군관(軍官), 이들은 모두 (2c)에서 본 대로 문무왕 8년[668년]의 대 고구려 전쟁에 김유신 장군의 휘하로 나란히 참전하였다. 신문왕 즉위에 반대했을 수도 있는 세력의 윤곽을 알 수 있다. 자의왕후는 역대 풍월주를 역임하여 병권을 쥐고 있는 강력한 화랑 출신 군부 세력을 그대로 두고서는 아들인 새 왕이 제대로 된 왕 구실을 할 수 없다는 것을 알고 문명왕후와 문무왕이 세상을 뜨자 말자 이들을 제거하였을 것이다. 일연선사는 이 사건이 국가 흥망성쇠와 관련되어 있다고 본 것이고, 그 사정을 잘 보여주는 사건이 '익선의 죽지 장군 모욕 사건'이며, 그 사건으로 죽지랑과 돈독한 인연을 맺은 득오가 죽지랑 사후에 지은 만가 '모죽지랑가'가 그 시대의 민심에 크게 울림을 주었다고 말하고 있는 것이다. (이들이 맺고 있는 인간 관계의 대략을 '화랑세기'에서 뽑아 보면 다음과 같다. 652년에 26세 풍월주에 오른 진공은 흠돌의 누이인 흠신을 처로 삼았다. 풍월주가 되자 흠신을 화주로 삼았고 처남인 흠돌을 부제로 삼았다. 흠돌은 656년에 27세 풍월주가 되었다. 흥원은 흠돌의 둘째 부인인 언원의 오빠로서 흠돌과

도대체 김흠돌은 왜 반란을 일으킨 것일까? 새로 왕이 되는 신문왕이 사위이고 앞으로 태어날 외손자가 태자가 되어 후계 왕이 될 것인데 무엇 때문에 평지풍파를 일으켜 자신도 죽고 가문도 문을 닫고 딸마저 왕비 지위에서 쫓겨나게 만들었단 말인가?

아마도 김흠돌은 신문왕 즉위 초 앞으로 태어날 자신의 외손자가 태자로 책봉되기 어려운 정치적 상황에 놓였을 것이다. 무엇이 정비(正妃)가 낳을 왕자를 태자가 되지 못하게 막은 것인가? 그 한 가능성은 신문왕이 태자 시절에 태자비가 아닌 다른 여자에게서 아들을 낳았다고 상정하는 것일 수 있다. 아니, 그것 외에는 앞으로 태어날 왕자의 앞날을 막는 결정적 요인이 있을 수 없다. 김흠돌은 어쩌면 조선 선조 시 장성한 임해군과 광해군이 있는데 새로 계비로 들어간 인목왕후가 뒤늦게 영창대군을 낳아 집안이 풍비박산이 난 김제남이 처했던 것과 같은 상황에 놓였을는지도 모른다. 그런데 저자의 이 추리는 정확히 들어맞고 있었다.

3. 신목왕후: 태종무열왕의 외손녀

김흠돌에게서 외손자가 왕위에 오를 수 있는 기회를 빼앗아 갈 만한

언원의 자인 674년에 31세 풍월주에 오른 흠언의 외숙이자 빙부이다. 흠돌과 흥원은 처남 매부 사이이자 사돈이다. 병부령 군관(軍官)은 흠돌의 사돈이다. 군관의 아들 천관(天官)이 667년부터 8년간 30세 풍월주에 있었는데 천관이 흠돌의 사위이다. 아버지 군관과 함께 자진을 강요당한 적자(嫡子) 1명은 아마도 천관일 것이다. 더욱이 흠돌은 처녀 시절의 자의왕후를 첩으로 삼으려 하였고, 문명왕후와 의논하여 흠돌의 처제인 신광을 태자비로 들여 자의가 태자비가 되는 길을 막으려 한 인물이었다.)

적대적 위치에 설 수 있는 사람은 누구일까? 제1 후보로는 적어도 김흠돌의 딸을 이어 왕비가 되는 신목왕후의 아버지인 김흠운(金欽運)을 떠올릴 수밖에 없다. 최소한 김흠운은 김흠돌과 반대되는 위치에 설 만한 세력이다.

김흠운은 누구인가? 김흠운은 '삼국사기'의 '열전'에 나온다. '열전'에 나오는 그 김흠운(金歆運)이 신목왕후의 아버지 김흠운이라면 '김흠돌의 모반'이 제기하는 이상한 문제가 해결된다. (9)는 '삼국사기'의 '열전' '김흠운(金歆運)' 조에서 관련된 부분을 인용한 것이다.[178]

(9) a. 김흠운은 신라 내밀왕(내물왕)의 8세손으로 그 부친은 잡찬 달복이다.[金歆運 奈密王八世孫也 父達福迊湌.]

b. 김흠운은 어려서 화랑 문노의 문에서 놀았는데[歆運少遊花郎文努之門]

c. 태종대왕 2년[655년]에 왕은 백제가 고구려와 함께 변경을 침범하는 것을 분히 여기고 이의 토벌을 도모하여 군사를 일으키기에 미쳐서는 김흠운을 낭당대감으로 삼으니 ……양산 아래 진을 치고 조천성[현재의 옥천]으로 나가 치려고 하였는데 백제군은 밤을 이용하여 빠르게 달려와서 동이 틀 무렵까지 숨어 있다가 갑자기 쳐들어오므로[永徽六年 太宗大王憤百濟與高句麗梗邊 謀伐之 及出師 以歆運爲郎幢大監 …… 營陽山下 欲進攻助川城 百濟人乘夜疾驅 黎明緣壘而入] …… 흠운은 말 위에 앉아 창을 거머쥐고 적을 기다렸다.[歆運橫馬握槊待敵.] …… 대사 전지가, 지금 적들은 어두운 속에서 일어나 …… 황차

178 '삼국사기' '신라 본기' '태종무열왕' 조에는 김흠운에 대한 기록이 없다. 그러나 태종무열왕 2년[655년]에 '고구려가 백제, 말갈 등과 더불어 …… 쳐들어 와서 …… '라는 기록은 있다. 이 전쟁에서 김흠운이 전사한 것이다.

공은 신라의 귀골이며 대왕의 사위이므로 만약 적병의 손에 죽는다면 백제는 이를 자랑으로 여길 것이니 우리로서는 큰 부끄러움이 될 것입니다 하니[大舍詮知說曰 今賊起暗中 …… 況公新羅之貴骨 大王之半子 若死賊人手 則百濟所誇詑 而吾人之所深羞者矣], 흠운이 말하기를, 대장부가 이미 몸을 나라에 맡겼거늘 사람들이 알든 말든 한 가지다. 어찌 감히 이름을 구하리오 하며[歆運曰 大丈夫旣以身許國 人知之與不如一也 豈敢求名乎], 꿋꿋이 그 자리에 서서 움직이지 않고 시종하는 사람들이 말고삐를 잡고 돌아가기를 권하였으나 흠운은 칼을 뽑아 휘두르며 적과 더불어 싸우다가 몇 명을 죽이고 자기도 전사하였다.[强立不動 從者握轡勸還 歆運拔劍揮之 與賊鬪 殺數人而死.] 이 때 대감 예파와 소감 적득도 함께 전사하였다.[於是大監穢破 少監狄得 相與戰死.] 보기당주 보용나는 흠운이 죽었다는 말을 듣고 그는 출신 뼈가 귀하고 세도도 영화로우므로 사람들이 사랑하고 아끼는데도 오히려 설개를 지켜 죽었는데[步騎幢主寶用那聞歆運死曰 彼骨貴而勢榮 人所愛惜 而猶守節以死] 황차 보용나야 살아도 이로움이 없고 죽어도 손상이 없는 몸이 아니냐 하고 드디어 적진으로 달려들어 수삼 인을 죽이고 전사하였다.[況寶用那生而無益 死而無損乎 遂赴敵 殺三數人而死.]

d. 대왕은 이 말을 듣고 슬퍼하며 흠운, 예파에게는 일길찬을 추증하고 보용나, 적득은 대내마를 추증하였다.[大王聞之傷慟 贈歆運穢破位一吉湌 寶用那狄得位大奈麻.]

e. 이 때 사람들은 듣고 양산가를 지어 부르며 슬퍼하였다.[時人聞之 作陽山歌以傷之.]

f. 논하건대, 신라 사람들은 사람 알아볼 길이 없는 것을 염려하여 많이 모여 지내게 하여 그 의를 행함을 살펴본 후에 뽑아 쓰려

고 하였다.[論曰 羅人患無以知人 欲使類聚羣遊 以觀其行義 然後擧用之.] 드디어 미모의 남자를 취하여 꾸며서 화랑이라 이름하여 받들었다.[遂取美貌男子 粧飾之 名花郎以奉之.] 많은 무리들이 구름같이 모여들어 혹은 서로 도의를 연마하고 혹은 서로 가락을 즐기며 산수를 찾아다니고 즐겨 놀면서 먼 곳까지 이르지 않는 곳이 없었다.[徒衆雲集 或相磨以道義 或相悅以歌樂 遊娛山水 無遠不至.] 이로 인하여 그 사악한지 바른지를 알아서 인재를 뽑아 조정에 천거하였다.[因此知其邪正 擇而薦之於朝.] 그러므로 김대문이 말하기를, '어진 재상과 충성스러운 신하가 여기에서 뽑혀 나오고 훌륭한 장수와 용감한 군사가 이로부터 생겨 나온다'고 한 것이, 곧 이를 말하는 것이다.[故大問曰 賢佐忠臣 從此而秀 良將勇卒 由是而生者 此也.] 삼대[상대, 중대, 하대]의 화랑이 무려 2백여 인이나 되고 그 아름다운 이름과 사적은 전기에 갖추어져 있는 바와 같다.[三代花郎 無慮二百餘人 而芳名美事 具如傳記.] 흠운과 같은 사람도 또한 낭도로서 능히 목숨을 나라 일에 바쳤으니 가히 그 이름을 욕되게 하지 않은 사람이라고 할 것이다.[若歆運者 亦郎徒也 能致命於王事 可謂不辱其名者也.]

(9a)에서 김흠운을 내물왕의 8세손이라고 했으니 그는 왕실의 먼 친척이다. 그 아버지가 잡찬 달복이라 한 점이 특히 주목된다.[179] 대왕

179 이 '삼국사기' '열전'에는 김흠운의 부가 달복(達福)이다. ('화랑세기'에는 달복이 김유신 장군의 누나인 정희의 남편이고 그 아들이 김흠돌이라 하였다. 김흠운과 김흠돌은 형제이면서 김유신 장군의 생질이다. 나아가 김흠운은 태종무열왕의 사위가 되었고, 김흠돌은 김유신 장군의 사위가 되었다. 김흠운은 처가는 왕실이고 외가만 김유신 장군 집안이지만, 김흠돌은 처가도 외가도 김유신 장군 집안이다. 하나는 왕실로 장가들고, 다른 하나는 김유신 장군 집안으로 장가들어 그 딸들이 권력 투쟁의 핵이 된 것이 김흠돌계

의 사위[半子]라고 했으니 그는 태종무열왕의 사위이다. (9b)에서는 김흠운이 문노의 문하에서 함께 지낸 화랑도의 일원이었음을 보여 준다. (9c)에서는 그가 대왕의 사위로서 백제군의 야습에 주위에서 피할 것을 권하였지만 뿌리치고 용감하게 싸우다 전사하였음을 볼 수 있다.

(9d)에서 보듯이 태종무열왕은 김흠운의 죽음을 슬퍼하여 흠운에게 일길찬(一吉飡)의 벼슬을 추증하였다. 신목왕후 부친 김흠운의 관등이 일길찬인 것으로 보아도 이 김흠운과 신목왕후의 아버지 김흠운은 동일인이다.

(9e)에서는 김흠운의 죽음을 슬퍼하여 당시 사람들이 양산가를 지어 불렀다고 하였다. 이 양산가는 향가이었을 것이다. '모흠운랑가'라고 불러도 좋을 향가이다. 이 노래가 죽음을 애도하는 노래라는 것이 주목된다. 사람이 죽고, 그것도 새파랗게 젊은 사람이 나라를 위하여 전쟁에서 적군과 싸우다가 죽었는데, 그 죽음을 슬퍼하는 노래에는 당연히 그의 행적을 찬양하는 내용도 들어 있었을 것이다. 사람이 죽으면 그 사람의 생시의 행적을 칭송하고 그 공덕을 기리며 저승에 가서라도 명복을 누리기를 비는 그런 관습이 있었다고 보아야 할 것이다. 그런 노래가 만가이고, 시가 만시이며, 글이 만사이다. 오늘날은 사라져 버린 민족 고유의 가락이라고 할 수 있을 것이다.[180]

화랑도 출신 귀족들의 운명을 가르는 분기점이 되었다. 싸움은 김흠운의 부인인 태종무열왕의 공주와 김흠돌의 부인인 김유신 장군의 딸 사이에서 무장들을 내세운 대리전으로 벌어졌을 가능성이 크다. 공주가 내세운 세력은 자의왕후와 그 제부 김오기이고, 김유신 장군의 딸 진광(혹은 김흠돌의 둘째 부인)이 내세운 세력은 남편 김흠돌과 그 사위 천관(군관의 아들), 그 외에 혼맥으로 맺어진 흥원, 진공 등이다. 누가 이길지가 이미 정해져 있는 싸움이다. 당연히 공주와 자의왕후가 이기게 되어 있다. 이 대립을 일률적으로 '왕실이다, 가야계이다' 할 수 없는 이유가 여기 있다.) 신라사의 중요 모반 사건은 큰 파벌로 접근할 것이 아니라, 사적인 친소관계나 혼맥 관계를 더 중요하게 고려하면서 접근하여야 할 것으로 보인다.

(9f)는 화랑도의 본질과 성격을 가장 잘 보여 주는 기록이라 할 수 있다. 이 기록이 김흠운 조의 뒤에 길게 붙어 있는 것은 무엇을 뜻할까? 그가 화랑의 전형을 보여 주기 때문일까? 젊은, 아니 15살 관창(官昌)과 같은 어린 소년들을 비분강개하게 하여 죽음을 무릅쓰고 적진으로 돌진하여 처참한 죽음을 당하게 하고, 그 용감하게 죽은 어린 소년들의 시신을 보며 용기와 분노를 내어 평소 때 없던 젖 먹던 힘까지 짜내어 싸우게 만드는 김유신 장군의 전술에 가장 부합하는 사례라 할 것이다.

이 해에 태종무열왕은 문명왕후 소생(?)인 원자 법민을 태자로 삼았다. 그리고 태종무열왕은 어린 왕녀 지조(智照)를 외숙부인 연만한 대각간 김유신 장군에게 시집보냈다. 정국은 김유신 장군을 중심으로 누이인 문명왕후, 생질인 태자 법민, 동생인 흠순, 아들인 삼광, 그리고 사위인 김흠돌 등이 이루고 있는 강력한 김유신 장군 집안이 장악하고 있었을 것으로 짐작된다.

태종무열왕의 사위인 김흠운, 그러면 그의 아내는 공주이다. 그리고 김흠운과 공주 사이에 태어난 신목왕후, 그 신목왕후는 태종무열왕의 외손녀이다. 그 공주는 문무왕의 여동생이다. 그러면 문무왕의 아들인 신문왕에게는 그 공주가 고모가 되고, 신문왕과 신목왕후는 내외종간이 된다. 김흠운은 신문왕의 고모부이다. 그런데 그런 김흠운이 새파랗게 젊은 공주 아내와 어린 딸, 나중의 신목왕후를 남겨 두고 전사한 것이다.

태종무열왕은 큰 사위 김품석과 딸 고타소를 대야성에서 잃었다. 김흠운의 전사로부터 13년 전인 선덕여왕 11년[642년], 딸 고타소와

180 이 '양산가' 즉, '모흠운랑가'가 또 하나의 '모죽지랑가'로서 장례를 지내면서 부른 만가일 가능성이 매우 높다.

사위 김품석이 대야성에서 모척(毛尺)과 검일(黔日)의 배반으로 죽었을 때 "기둥에 의지하여 서서 종일토록 눈도 깜빡이지 않고 사람이나 사물이 앞을 지나가도 알지 못하더니[倚柱而立 終日不瞬 人物過前而不之省]", "슬프도다. 대장부로서 어찌 백제를 능히 삼키지 못하겠느냐[嗟乎大丈夫豈不能呑百濟乎]?" 하고 고구려에 군사를 빌리러 몸소 찾아갔던 그였다.

딸과 큰 사위를 잃고 아껴 마지않았을 작은 사위 김흠운, 젊은 나이에 전사한 사위, 그 사위의 아내인 청상에 홀로 된 딸, 그 불쌍한 딸이 데리고 있는 외손녀[신목왕후]에 대한 태종무열왕의 애끊는 듯한 절절한 사랑이 손에 잡힐 듯이 눈앞에 다가왔다. 태종무열왕은 줄 수 있는 모든 사랑을 이 외손녀에게 주었을 가능성이 크다. 태종무열왕은 백제와의 전쟁에서 두 사위와 딸 하나를 잃고, 또 하나의 청상이 된 딸이 젓먹이 외손녀를 기르고 있는 참혹한 현실과 마주하였던 것이다.

그런 태종무열왕이 돌아가시고 그 후는 어떻게 되었을까? 이 조실부한 외손녀의 외로운 처지를 가슴 아파한 태종무열왕은 그 외손녀를 특별히 배려하였을 것이고 자신 사후의 일을 아들 문무왕에게 신신당부하였을 것이다. 저자에게는 태종무열왕이 문무왕에게 저 아이를, 네 누이의 저 불쌍한 딸을, 네 딸 같이 대우하라는 말이라도 했을 것 같다. 문무왕이 아버지의 그 뜻을 이어 받는 길은 무엇일까? 며느리로라도 들여야 할 수밖에 없는 것 아닌가?

이렇게 태종무열왕 김춘추가 아꼈던 외손녀라면 문무왕도 누나이거나 여동생의 딸인 이 생질녀[신목왕후]를 특별 관리하지 않을 수 없었을 것이다. 자연스럽게 그 관리 책임은 문무왕비인 자의왕후에게 맡겨졌을 것이다.[181] 따라서 자의왕후는 홀로 된 시누이이자 7촌 조카인 이 공주와 가깝게 지내야 했을 것이고 자주 그의 집에 갔을 것이다.

또 공주 시누이와 그 딸을 자주 왕궁으로 불러들여 위로했을 것이다. 그러는 사이에 이 공주 시누이와 왕후 올케의 자녀들도 자연스럽게 어울리게 되었을 것이다. 그 시누이의 딸이 신목왕후이고 올케의 아들이 신문왕이다.

자의왕후의 보호 아래 어릴 때부터 함께 놀던 태종무열왕의 손자[신문왕]과 외손녀[신목왕후] 사이에 아무 일이 없었다고 누가 장담하겠는가? 아마도 이 두 사람, 태종무열왕의 손자와 외손녀 사이에 사랑이 싹텄을 것이고, 그 사랑은 효소왕의 즉위 시 나이가 6살보다는 훨씬 더 많아야 한다는, 앞에서의 저자의 추리에 한 줄기 환한 빛을 던졌다. 만약 이들 사이에서 효소왕이 태어나서 신문왕이 즉위하던 해에 상당한 나이로 자라 있었다면 당장 대두되는 문제는 차기 왕위 계승권이 어디로 가는가 하는 문제일 것이다. 효소왕은 모든 기록에서 어쩔 수 없이 아버지가 신문왕이고 어머니가 신목왕후이다.

이 일을 정리할 사람은 자의왕후밖에 없다. 이를 조정할 절대 권위를 가진 문무왕이 돌아가셨기 때문이다. 자의왕후는 당연히 시아버지 태종무열왕이 아꼈고 자신이 딸처럼 보살폈을 그 생질녀의 편을 들 수밖에 없었을 것이다. 더욱이 이 생질녀의 어머니인 7촌 조카 공주 시누이와 가깝게 지내었으므로 그의 뜻을 무시할 수도 없었을 것이다. 나아가 그 생질녀와 정이 들어 그 사이에서 아들까지 둔 신문왕의 뜻을 존중할 수밖에 없었을 것이다.[182] 자신의 아들 신문왕이 이미 시아버지 태종무

181 ('화랑세기'에는 자의왕후가 파진찬 선품(善品)의 딸로 되어 있다. 선품은 진흥왕의 아들 구륜의 아들이다.) 구륜과 진지왕이 형제이다. 진지왕의 아들 용수와 선품은 사촌이다. 용수의 아들 태종무열왕과 자의왕후는 6촌이 된다. 그러므로 자의왕후는 진흥왕의 증손녀로서 문무왕의 7촌 고모이다.

182 김흠운이 655년에 전사하였으므로 신목왕후는 655~656년 이전에는 태어났어야 한다. '삼국유사'의 기록대로라면 효소왕이 태어난 해는 677년이다. 신목왕후가 21살 이상

열왕의 외손녀와 정이 들어 아들까지 두었는데, 아직 아들이 없는 김흠돌의 딸인 왕비에게 마음이 쏠렸다고 하기는 어렵다.

4. 김흠돌의 선택

김흠돌은 그러면 어떻게 해야 하는가? 전쟁터에서의 용감한 죽음으로 아름다운 이름을 남기고 있는 태종무열왕의 사위이자 문무왕의 매부, 그리고 신문왕의 고모부인 고 김흠운의 명성에 맞서서, 태종무열왕의 외손녀인 김흠운의 딸과 그 딸이 이미 낳은 것으로 추정되는 태종무열왕의 외외증손자이자 증손자인 효소왕을 물리치고, 태어나지도 않은 자신의 외손자에게로 왕위를 계승시키는 지난한 일을 할 수 있을 것인가? 불가능한 일이다.

그러면 아무 것도 하지 않고 비참하게 납작 엎드려 사는 길은 있었겠는가? 없다. 외손자가 태어난다는 보장도 없고 설사 태어난다고 해도 이복형제와 왕위를 다투어야 하고 항상 모반하지 않는가 하는 의심의 눈초리를 피하지 못하는 비참한 삶을 살 수밖에 없다.

그런데 신문왕이 즉위한 지 11년 후에 승하하고, 뒤를 이어 왕위에 오른 효소왕이 또 10년 후에 돌아가시고 나서, 그 뒤를 이어 왕위에 오르는 성덕왕이 더욱 이상한 문제를 제기한다. '삼국유사'의 '대산오만 진신' 조와 '명주 오대산 보ㅅ도태자(寶叱徒太子) 전기' 조에서는

되어서 낳은 아이이다. 681년에 신문왕이 즉위하였으므로 효소왕은 그 때 5살이다. 신목왕후와 신문왕은 683년에 혼인하였다. 따라서 혼인 시에 신목왕후는 28살 이상이어야 하고, 효소왕은 7살이 되어 있어야 한다.

오대산에 형 보ㅅ도태자와 함께 가 있던 효소왕의 동모제 효명태자가 있었는데, 정신왕[淨神王=신문왕]의 태자가 (아우인 부군과) 왕위를 다투다가 세상을 떠나자, 이 효명태자가 서라벌로 와서 왕위에 오르니 이 이가 성덕왕으로 그때 나이가 22살이라고 한다.[183] 효소왕이 10년 재위하고, 신문왕이 11년 재위했으니, 그의 아버지 신문왕이 즉위하던 681년에는 성덕왕도 태어나 있어야 한다. '삼국유사'의 세주로부터 추정하면 그는 681년생이다. 신문왕이 681년에 즉위했으니 그는 그때 1살이다.[184] 신문왕과 신목왕후는 683년에 혼인했으니 아버지 어머니가 혼인할 때 그는 3살인 것이다. 그런데 또 그의 형도 있다. 보ㅅ도태자(寶叱徒太子)가 그의 형이다.

그렇다면 신문왕은 정명태자 시절에 김흠운의 딸과의 사이에 최소 3명의 아들을 두고 있은 셈이다.[185] 즉위년 681년을 기준으로 보면 차례로 5살 효소왕, 3살(?) 보ㅅ도태자(寶叱徒太子), 1살 성덕왕이다. 내외종간에 사랑하여 어쩌다가 효소왕이 태어난 것이 아니라 아예 부부처럼 동궁(東宮)에서 같이 살았다고 보아야 이해될 만한 사정이다.[186]

183 자세한 것은 제5장의 오대산 진여원 개창 기록에 대한 검토에서 논의하였다.

184 신문왕이 681년 7월에 즉위하였으므로 성덕왕의 생일이 7월 이후인가 이전인가에 따라 태어났을 수도 있고, 태어나지 않았을 수도 있다. 그러나 683년 신문왕이 김흠운의 딸을 두 번째 왕비로 들일 때는 틀림없이 태어나 있었다.

185 이에 관하여 '삼국사기'는 관련 기록이 너무 부족하고, '삼국유사'의 여러 기록은 세밀히 살펴보면 다 이런 사실과 부합하고 있다. ('화랑세기'에는 "소명태자(昭明太子)가 흠운의 딸을 태종무열왕의 뜻에 따라 아내로 맞이하기로 하였으나 일찍 죽었다. 흠운의 딸이 스스로 소명제주가 되기를 원하여 자의왕후가 허락하였다. 이것이 소명궁이다. 태자(정명)가 소명궁을 좋아하여 마침내 이공전군(理恭殿君)을 낳았다."고 되어 있다.) 이로 보면 필사본 '화랑세기'를 남긴 남당 박창화 선생이 '삼국유사'와 '삼국사기'에 정통했다는 것만은 확실하다. 이것이 '화랑세기'가 진서임을 의미하는지 위서임을 의미하는지 판단할 근거가 된다.

186 '삼국사기'에 의하면 신라의 동궁은 문무왕 19년[679년]에 창건하였다. ('화랑세기'에는 680년 경 후(后)가 이에 소명궁(昭明宮)에게 명하여 동궁으로 들어가게 하고 선명궁(善

이 상황에 놓인 김흠돌의 딸은 어떠하였을까? 하루도 눈물 없이는 못 보내는 비참한 삶을 살 수밖에 없다. 왜 이렇게 무리한 결혼을 했을까? 현재까지 남은 기록으로는 정명태자와 첫째 왕비 김흠돌의 딸이 혼인한 시기는 알 수 없다. 그러므로 김흠돌의 딸이 언제 신목왕후의 존재를 알았는지, 또 효소왕의 출생 전에 혼인했는지 후에 혼인했는지도 알 수 없다.[187] 효소왕 출생 전에 혼인하였다면 그런 대로 이해할 수 있다.

그러나 느낌상으로는 이미 정명태자가 고종 사촌인 신목왕후와 정이 들대로 들어 아이까지 둔 상태에서 이 결혼이 강제 추진되었을 것으로 보인다. 누가 추진했을까? 김흠돌 자신일 것이다.[188] 그렇다면 정략결혼이었을 가능성도 크다. 김흠돌은 자신의 딸을 태자비로 들여 아들을 낳기만 하면 자신의 힘으로, 김흠운의 딸이 혼전에 낳은 세 아들쯤은 제치고 자신의 외손자를 태자로 옹립하여 왕위를 계승시킬 심산으

明宮)으로 이름을 바꾸었다고 하였다.) 이 동궁 창건도 혼인 전의 신목왕후와 그 아들들에 관련된 일이었음을 알 수 있다.

187 ('화랑세기'에는 "흠돌은 아첨으로 문명태후를 섬겼다. 이에 그의 딸이 유신공의 외손이므로 태자에게 바쳤다. 태자와 모후는 흠돌의 딸을 좋아하지 않았다. 이에 앞서 소명태자는 무열제의 명으로 흠운의 딸을 아내로 맞이하기로 하였으나 일찍 죽었다. …… 태자가 소명궁을 좋아하여 마침내 이공전군을 낳았다."로 되어 있다.) 여기서 '이에 앞서'가 '일찍 죽었다.'까지만 걸리면 김흠돌의 딸은 효소왕의 출생 전에 태자비가 된 것이다. 그러나 '마침내 이공전군을 낳았다.'까지 걸리면 김흠돌의 딸은 효소왕의 출생 후에 태자비가 된 것이다.

188 김흠돌은 충분히 자신의 딸을 정명태자의 비로 들이는 일을 문명왕후와 함께 무리하게 추진할 만한 사람이다. 문명왕후 밑에서 시집살이 하였을 자의왕후가 태자비인 김흠돌의 딸을 좋아할 리가 없고 이미 고종사촌 누이와의 사이에 정이 깊이 든 정명태자가 태자비를 좋아할 리가 없다. ('화랑세기'에 의하면 이미 그 전에 문명왕후와 의논하여, 법민의 태자비로 김유신 장군의 딸이자 자신의 처제인 신광을 들이려 하다가, 태자가 받아들이지 않고 태종무열왕이 자눌의 현숙함을 사랑하여 태자비로 삼는 바람에 실패하고, 신광을 문무왕의 후궁으로 들인 바 있는 김흠돌이다.)

로 이 혼인을 추진하였을 것이다. 아버지가 강압적으로 밀어붙인 일이 아니라면 누가 이리 될 줄 뻔히 알면서 그곳으로 시집가려 하겠는가? 더욱이 앞으로 왕이 될 정명태자이고 왕위 계승권을 두고 피비린내 나는 싸움을 벌이게 될 것이 확실한데 그곳으로 누가 시집을 가려 하겠는가? 또 딸을 그곳으로 출가시키려고 하는 아버지는 어떤 사정에 의하여 얼마만한 각오를 하고 이 일을 추진하였을까?

이미 김흠돌의 딸과 혼인한 후에 정명태자가 김흠운의 딸과의 사이에서 효소왕을 낳았다면 김흠돌은 앞으로 태어날 외손자를 위하여 왕위를 지키려 할 수밖에 없다. 반대로 효소왕 출생 후에 김흠돌의 딸이 정명태자와 혼인했다면, 그리고 그 사실을 알고서도 했다면 본격적으로 효소왕으로부터 앞으로 태어날 외손자를 위하여 왕위를 빼앗아 올 수밖에 없다. 그 사실을 모르고 혼인했다가 나중에 알게 되었다면[이럴 가능성은 희박하다] 당당히 정비임을 내세워 자신의 앞으로 태어날 외손자의 권익을 보호해야 한다. 어쩔 수 없다. 어떤 경우라 하더라도 김흠돌은 정명태자, 자의왕후, 김흠운의 딸, 이홍(理洪), 그들을 상대로 목숨을 건 싸움을 하지 않을 수 없다.

그런데 그들이 누구인가? 현직 왕과 모후, 현직 왕 할아버지의 외손녀, 그리고 바로 전 왕의 손자인 이홍이다. 그야말로 핵심 왕실인 것이다. 길이 없었다. 자신에게 힘이 있다면 이 모두를 뒤엎고 자신이 왕이 되는 길 외에는 살아나갈 길이 없는 절명의 위기에 처했던 것이 바로 김흠돌이었다. 그런데 그에게 막강한 힘이 있었다. (2)에서 보았듯이 화랑도를 배경으로 한 김유신 장군의 부하들이 과거 그와 함께 전쟁을 치르며 세력을 형성한 것이다. 이런 상황 속에서 김흠돌의 모반은 폭발하였다.

신문왕 즉위 시는 김흠운의 딸이 이미 이홍, 보ㅅ도태자(寶叱徒太

子), 효명태자의 세 아들을 낳은 뒤였다. 그리고 이 시기는 권력의 중심이 이미 자의왕후와 신문왕에게로 넘어와 있었다. 문명왕후 재세(在世) 시 힘을 떨치고, 백성들의 존경을 받았던 김유신 장군 생시에는 왕실을 압도할 정도로 권세를 누리던 김흠돌의 집안이 기울어가기 시작하는 것이다. 그나마 김흠돌을 보살펴 주던 문명왕후와 문무왕이 돌아가시자 이제 신문왕은 자기의 외가를 챙겨야 하고, 둘 사이에 아들을 셋씩이나 둔 김흠운의 딸인 고종 사촌 누이 신목왕후를 돌보아야 했다. 그리고 왕위 계승 문제도 이미 정이 든 큰 아들 효소왕으로 정하려 했을 것이다.

5. '모죽지랑가'의 정치적 배경

이것이 김흠돌의 모반에 대하여 '삼국사기'와 '삼국유사'를 토대로 저자가 30년 동안 조금씩 발전시키며 지어내어 학생들에게 가르쳐 온 허구(虛構)의 통일 신라 사회의 모습이다. 신문왕, 효소왕, 성덕왕, 효성왕, 경덕왕, 혜공왕 대에는 귀족들 사이의 분열과 암투 속에 나라가 기울고 백성의 삶이 피폐하여, 드디어 혜공왕[성덕왕의 손자]이 고종 사촌인 선덕왕[김양상, 성덕왕의 외손자]에게 시해되고 왕위를 빼앗기는 김씨 왕조 최악의 비극을 연출하게 된다.[189] 물론 이 뒤부터

189 '삼국사기'는 이 사건에 대하여 이찬 지정(志貞)이 모반하여 상대등 김양상(金良相)이 이찬 경신(敬信)과 더불어 지정을 주살하였다고 하고, 이때 왕은 후비와 함께 난병에게 해를 당한 바 되었다고 하였다. 그 후에 성덕왕(聖德王)의 외손자이고 혜공왕의 고종사촌인 김양상이 즉위하여 제37대 선덕왕(宣德王)이 되었다. 그는 5년 남짓 재위하였다. 무상한 일이다. 그리고 그 뒤에 왕이 된 사람은 내물왕 12세손인 제38대 원성왕(元聖王)[김경

조카가 숙부를 죽이고 왕이 되는 등 어지러운 골육상잔(骨肉相殘)은 계속된다.[190]

자의왕후와 신문왕은 김흠돌과 진공, 흥원 등 그 당시의 화랑도 지도층을 난을 일으켰다는 이유로 주살하고, 병부령 군관과 그 적자를 자진케 하였으며 김흠돌의 딸인 왕비를 폐비시켰다. 이들은 모두 김흠돌과 혼맥으로 연결된 인척들이다. 그 후 조정은 화랑도의 풍월주 제도를 없애고 득도하여 국선(國仙)으로 남는 것만 허락하였다. 이제 화랑도는 호국무사가 아니라 국선으로 구름 위에 노니는 존재로 전락하였다. 사귀어서 인재를 알아 보아 큰 인물로 양성한다는 화랑도의 본질이 변한 것이다. 이로 인하여 신라 후기는 인재 양성의 길이 막히고 주로 왕실 출신들과 또 같은 왕실 출신인 외척(外戚)을 중심으로 왕실의 측근들이 국가의 운영을 독점하게 되었다. 신라 하대의 거의 모든 모반은 고위직인 이찬 급에서 일어난다. 이들은 왕위 계승권을 두고 불만이

신(金敬信)]이다. '삼국유사'는 혜공왕이 "마침내 선덕과 김양상[경신(敬信)의 잘못]에게 시해당했다.[終爲宣德與金良相(경신(敬信)의 잘못)所弑.]"고 하였다. 저자는 '삼국유사'가 진실에 가까울 것이라고 가르쳤다.

190 그 어지러움의 상당 부분은 제38대 원성왕(元聖王)의 장남 혜충태자(惠忠太子)[760?-792년 1월]가 785년 왕세자로 책봉되었으나 일찍 죽은 불행으로부터 기인한다. 그가 죽은 후 그 동생 헌평(憲平)태자 의영(義英)이 세자가 되었으나 또 일찍 죽고, 그 동생 혜강(惠康)태자 예영(禮英)이 세자가 되었으나 또 곧 죽었다. 결국 795년 병부령이었던 혜충태자의 큰 아들 준옹(俊邕)이 태자가 되고 798년 원성왕이 승하하자 제39대 소성왕(昭聖王)으로 즉위하였다[재위 798년~800년]. 이러한 사정으로 신라 하대 왕위 계승은 혜충태자의 후손들과 혜강태자의 후손들 사이의 골육상잔에서 이기는 자에 의하여 이어져 갔다. 예영의 손자 제43대 희강왕[제륭(悌隆)]은 예영의 아들이며 숙부인 상대등 균정(均貞)과 왕위를 다투어 균정을 죽이고 왕위에 올랐다. 그는 그 후에 같은 편이었던 혜충태자의 손자인 처남 상대등 김명(金明) 등이 모반하는 것을 알고 궁중에서 목을 매어 자진하였다. 그 후 김명이 제44대 민애왕(閔哀王)으로 즉위하였지만 1년 후에 균정의 아들 우징(祐徵)의 장군인 김양(金陽)의 군사에 의하여 살해된다. 제45대 신무왕으로 즉위한 김우징은 다시 그 해 839년 7월에 병으로 쓰러지고 그 아들 제46대 문성왕이 즉위하였다. 문성왕은 857년 아들이 있었지만, 숙부 헌안왕에게 왕위를 물려주고 눈을 감았다.

있는 세력이다. 이 일은 국가 흥망성쇠와 밀접한 관련을 맺을 수밖에 없다.

김흠돌과 정비인 왕비의 제거로부터 3년 후[이 3년은 문무왕의 국상과 자의왕후의 장례 기간이다.] 최소 28살이 된 신문왕의 고종사촌 누이, 태종무열왕의 외손녀 신목왕후는 세 아들을 거느리고 당당하게 왕비로 월성에 금의입성(錦衣入城)하게 된다. 이 사실(史實)이 '삼국사기'의 신문왕 3년 새로 김흠운의 딸을 들여 왕비로 삼는 기록 속에 뚜렷이 드러나게 적혀 있다. 아는지 모르는지, 김부식(金富軾)은 신문왕 혼인 시 신부 댁으로 보낸 화려하고도 풍성한 예물을 자세히 기록해 둠으로써, 신라사에서 다른 왕이 장가들 때의 기록과는 비교할 수 없는 유례없는 혼인이 이루어졌음을 암시하고 있는 것이다. 이 예물은 정명태자와의 사이에서 이미 세 아들을 두고 있는 고종사촌 누이, 실질적인 왕비를 정식으로 맞이하는 예물이고, 그 예물은 신문왕이 일찍 이승을 떠난 고모부 김흠운의 미망인이 지키고 있는 고모집으로 보낸 예물인 것이다. 이 고모는 누구일까? '삼국사기'의 이러한 암시적인 기록과는 달리 '삼국유사'의 '대산 오만 진신' 조는 효소왕, 성덕왕의 즉위 시의 나이를 분명하게 기록함으로써, 레고 조각을 맞추는 지시문처럼 우리의 추리에 핵심 열쇠로 작용하였다.

이렇게 왕실[신문왕, 신목왕후, 자의왕후]가 화랑도 출신 군부 귀족들을 탄압하는 것으로 비춰진 이 사건이 그 당시 식자들에게 어떤 모습으로 받아들여졌을까? 김유신 장군의 후예 군부 출신 귀족 세력들은 이에 대하여 어떤 태도를 지녔을까? 그들은 이러한 상황에서 별로 공도 없이 왕의 큰 아들이란 이유만으로 왕위에 오르는 신문왕의 정통성을 순순히 인정하려 하였을까? 효소왕 후기 700년쯤에 이 세상을 떠난 것으로 추정되는 죽지 장군은 어떤 처지에 놓였으며[191] 그의 죽음을 애도하고 초상 때이거나 소상 날, 그를 추모하는 득오의 심정은 어떠하였을까? 그 답은 자명하다.

이러한 정치적 배경 하에 화랑도 출신 장군으로 김유신 장군, 김흠돌 등과 함께 활동하였던 죽지 장군은 문무왕 사후 신문왕 즉위 시의 김흠돌의 모반의 영향으로 폐지되었다가 부활된, 거세된 화랑도의 잔재 속에 서서히 힘을 잃어 갔을 것이다. 그리고 효소왕 때쯤에는 왕년의 낭도였던 득오를 관할하지도 못한 채 아간 익선에게 징발 당하였고 그에게 휴가조차 배려해 주지 못하는 신세가 되었을 것이다.

이 사건이 알려지고 조정에서 후속 배려를 하였지만, 민심은 아직도 김유신 장군에 대한 절대적 존경과 동정 속에 그 후예들이 수모를 겪는 정치적 상황에 대하여 비판적이었을 것이다. 그리하여 죽지 장군의 사후 초상 때의 장례 의식에서거나 소상 날을 맞아 추모하는 의식에서 '익선의 죽지 장군 모욕 사건'으로 죽지랑과 특별한 관계에 있어 낭도들의 대표로 선택된 득오가 지어 부른 '모죽지랑가'는 백성들의 심금을 울리는 노래로 유행하였을 것이다. 그리고 일연선사는 이 노래가 어떤 국가적 변란과 관련되고,[192] 국가 흥망성쇠와 연결되는 노래라고

191 총재를 지낸 화랑 출신 고위 귀족 죽지 장군이 김흠돌의 모반으로 많은 동료들이 주륙되고 축출된 뒤인 만년에 6등 관위의 아간인 익선에게 수모를 겪는 일, 그것이 저자에게는 하나도 낯설지 않다. 조선 시대 수많은 사화 기록의 이면에서는 정승, 판서를 지낸 고관들이 역모에 연루되어 주륙되고, 그 처자식들이 참혹하게 노비나 기생, 첩으로 추락하여 할아버지, 아버지의 정적들에게 하사되어 성적 노예나 종으로 살아가야 했던 사실을 읽을 수 있다.

192 이 국가적 변란이 '경영의 모반'일 가능성이 크다. 자세한 정보를 남기고 있지 않는 반란이지만 700년 5월에 일어난 이 반란으로 신목왕후가 700년 6월 1일 이승을 하직하였고 그로부터 2년 뒤 효소왕도 승하하였다. 신목왕후의 죽음은 이 반란 사건과 직결되어 있을 것이다. 효소왕의 승하도 이 반란에서 다치거나 충격을 받았기 때문일 것이다. 신라의 정변이 진행되는 과정을 예의 주시하던 측천무후는 효소왕 사후 기민하게 움직여 조위 의식을 거행하고 원측법사의 제자 도증(道證)이 포함된 조위 사절단을 보내어,

보아 '삼국유사' 그것도 '기이편'에 실었을 것이다.[193]

이제 신라사의 큰 의문점 하나가 해결되었다. 김흠돌의 모반이야말로 통일 신라 시대 최대의 수수께끼라 할 만한데 '모죽지랑가'의 창작 배경을 추적하는 가운데서 이상과 같이 추리하여 도달할 수 있는 충분한 자료를 '삼국사기', '삼국유사'는 가지고 있었다. 김흠돌의 모반은 가장 적나라하게 삼국 통일 후의 서라벌의 진면목을 보여 준다. 그들도 인간이었던지라 인간이 저지를 수밖에 없는 악행의 굴레를 벗어나지 못했던 것이다.

김흠돌은 이 상황을 타개하기 위하여 목숨을 건 모험을 감행한 것이다. 그가 살아남는 길은 자신이 최고 권력자가 되는 길밖에 없었다. 자신이 왕위를 노리거나 자신이 조종할 수 있는 사람으로 왕을 바꾸는 수밖에는 없었다. 그는 그날, 어차피 비참하게 살거나 죽임을 당할 수밖에 없는 운명임을 깨닫고, 어쩔 수 없이 돌아올 수 없는 다리를 건너

그 사절들을 통하여 효소왕의 외할머니와 함께 재빨리 효소왕의 동생 성덕왕을 신라왕으로 책봉하였을 것이다.

193 저자는 국문학과에서는 '삼국유사'를 주(主) 텍스트로 하여 허구적 상상의 나래를 마음껏 펼치고, 사학과에서는 '삼국사기'의 역사적 진실을 토대로 '삼국유사'의 신비로운 허구적 비유들이 사실에 가깝게 해석되도록 근거를 제공하는 것이 이상적인 인문학적 강의 모습이라고 생각한다. 그리고 '모죽지랑가'와 관련하여 '삼국유사'의 기록과 '삼국사기'의 기록을 잘 주워 모으면 신문왕과 신목왕후, 그리고 그들의 세 아들이 보여 주는 기이한 운명의 장난에 관하여 흥미진진한 콘텐츠를 마련할 수 있음을 보이려 하였다. 혜공왕의 죽음에 대한 기록도 '삼국유사'의 고종사촌에게 시해되었다는 기록과 '삼국사기'의 변란 중에 해를 입었다는 기록을 고려하여 또 그러한 역사가 한반도에서 반복될 것이라고 가르쳤다. '화왕계'를 일러 줄 설총 같은 현인의 흔적도 보이지 않는 이 암울한 땅을 보며 인간 탐욕의 더러움과 인간 본성의 잔인함에 치를 떤다. 신라 사회에도 사람이 살고 있었고, 인간의 삶에는 동서고금을 막론하고 어느 사회에나 탐욕이라는 추악함이 들어 있기 마련이다. 향가를 신비롭게 이해하고 해석하는 연구들은 이러한 인간 삶의 본질을 구성하는 탐욕을 고려하지 않음으로써 현실적인 인간의 더러운 삶과 괴리(乖離)되어 있다. 진실에 접근했다 할 수 없다.

고 말았다. 이렇게 비참할 수가 있다니……. '운명(運命)'이라는 말은 이런 경우에 적합한 말이다.[194]

이 일은 문명왕후와 문무왕의 생존 시, 김유신 장군의 후광을 등에 업고 최고의 권력 실세로 군림하였던 김흠돌의 위세에 눌려 문명왕후에게 효도하던 자의왕후가, 시어머니가 이승을 떠나고 남편인 문무왕도 승하한 후에, 못난 아들 신문왕의 집권을 공고히 하기 위하여 친정 동생 운명의 남편인 김오기와 손잡고, 모반하는 김흠돌의 세력을 꺾고 왕비인 그의 딸을 폐비시키는 과정이다. 이 모반은 결국 신문왕의 즉위에 동의하지 않았다는 말이 된다. 그리고 자의왕후는 승하하였다. 신문왕은 아버지 문무왕과 어머니 자의왕후의 친상 기간이 끝나는 즉위 후 3년[683년]에 김흠운과 태종무열왕의 딸 사이에 태어난 고종사촌 누이와 혼인하였다. 이 왕비가 신목왕후이다. 이 일이 왕실 출신과 화랑도 출신으로 구성된 신라 귀족 사회의 분열을 일으키는 원인이 되어 국가 흥망성쇠에 큰 영향을 미쳤다.

---

194 '삼국사기'와 '삼국유사'에는 김흠돌의 모반 이유에 관한 자세한 정보가 없다. ('화랑세기'에는, 김흠돌이 선품과 보룡의 딸인 자눌[자의]이 태자비가 되기 전에 첩으로 삼으려 했으나 보룡이 막은 일, 이 일로 인하여 자의를 험담하였는데 후일 태종무열왕이 자의를 태자비로 삼은 일, 이때 김흠돌이 문명왕후와 의논하여 태자비로 김유신 장군의 딸 신광을 들이려 하였으나 태자가 받아들이지 않아 후궁으로 들인 일 등으로 인하여 자의왕후에게 지은 죄가 무거운 김흠돌이, 자의왕후가 두려워 난을 일으킨 것으로 기록되어 있다.) 난의 원인이 분명하게 드러나 있는 것이다. 또 ('화랑세기'는 자의왕후의 여동생 운명의 남편인 김오기(김대문의 부)가 김흠돌의 모반을 진압하러 북원[원주]으로부터 와서 호성장군이 되는데 이 명은 자의왕후에게서 나왔다고 기록하고 있다.) 결국 문명왕후의 생시에는 시어머니께 효도하고 조심하던 자의왕후가 문명왕후 사후에는 친정 세력과 손잡고, 문명왕후의 권세를 등에 업고 위세를 부린 김흠돌을 제거하는 것이 신문왕 즉위 시의 대체적인 정국이다. ("삼도 중에는 이로써 죽임을 당한 자가 매우 많았다.[三徒以此誅戮者甚多.]"고 한다. '화랑세기'에는 김흠돌이 신문왕의 배다른 동생인 인명전군(仁明殿君)을 옹립하려 했으나 사실은 자신이 왕위에 오르려 했다고 기록되어 있다.) 전형적인 승자의 기록이라 할 것이다.

이 모반 사건으로 정치권력으로부터 멀어진 화랑도 출신 귀족인 죽지 장군은 화랑도가 폐지되고 동료들이 축출되는 정치적 상황에서 수모의 세월을 견디며 불우하게 만년을 보내고 18~19년 정도 지난 효소왕 치세 후반에 이승을 떠났다. 이 노래는, 이렇게 죽지 장군이 이승을 떠난 후에 죽지 장군과 특별히 돈독한 사이였던 득오가 죽지 장군 사후 초상 때 장례 의식이거나 그로부터 1년이 지난 소상 날의 추모 의식, 또는 그 사이의 비슷한 성격의 추도 의식에서 사용할 만가로 지은 것으로 보인다. 이 노래가 '삼국유사'의 '기이편'에 실려 있는 까닭은 이러한 사연이 있기 때문이다.

이 노래가 널리 인구(人口)에 회자(膾炙)한 바탕에는 삼국 통일을 이룬 화랑도 출신 장군들로 이루어진 군부 귀족 세력과 왕실 직계 세력 사이의 충돌이 국가 기틀을 흔드는 것으로 우려한 민심이 있었을 것이다. 민심이 이 노래의 진가를 떠받치고 있었던 것이다. 문명왕후로부터 자의왕후와 신목왕후로 권력의 중심축이 이동하면서 왕실 직계의 권력 독점이 국가의 장래를 어둡게 하고 있다는 데 대한 국인(國人)들의 우려가 표출된 것이다.

'만파식적' 설화에서 용이 한 말, 두 대나무가 합쳐야 소리가 날 수 있으며, 문무왕과 김유신 장군이 뜻을 합쳐 용으로 하여금 피리를 대왕께 바치게 하였다는 말이 예사롭지 않다. 문무왕으로 대표되는 왕실 직계 세력과 김유신 장군으로 대표되는 화랑도 출신 군부 귀족 세력이 힘을 합쳐야 한다는 것이 그 당시의 민심이었을 것이다. 이를 압축하여 보여 주는 것이 '삼국사기' '열전' '김유신 하'에 실려 있는 문무왕과 김유신 장군이 나누는 마지막 대화에 들어 있는 김유신 장군의 유언이라 할 것이다. 길지만 (10)에 인용하여 둔다.

(10) a. 문무왕 13년[673년] 봄에 요성이 나타나고 지진이 일어나 대왕이 이를 근심하였는데 유신이 나아가 말하기를 '지금의 변괴는 그 액이 노신에게 있는 것이지 국가 재난은 아니오니 왕은 청컨대 근심하지 마시옵소서.'라고 하였다. 대왕이 말하기를 '만약 그렇다 하면 과인은 더욱 근심이 됩니다.' 하고 곧 유사에게 명하여 액을 막는 재를 올리게 하였다.[是文武大王十三年春 妖星見 地震 大王憂之 庾信進曰 今之變異 厄在老臣 非國家之災也 王請勿憂 大王曰 若此則寡人所甚憂也 命有司祈禳之.]

b. 여름 6월에 사람들이 간혹, 군복을 입고 병기를 가진 수십 명의 군사들이 유신의 집으로부터 울며 나와서는 갑자기 보이지 않는 것을 보았다. 유신이 듣고서 말하기를 '이는 반드시 몰래 나를 보호하던 음병이 내 복이 다한 것을 보고 떠난 것이니 내가 죽을 것이다.'라고 하였는데 10여 일 뒤에 병이 들어 자리에 누웠다.[夏六月 人或見戎服持兵器數十人 自庾信宅泣而去 俄而不見 庾信聞之曰 此必陰兵護我者 見我福盡 是以去 吾其死矣 後旬有餘日寢疾.]

c. 대왕이 친히 와서 위문하니, 유신이 아뢰기를 '신은 팔 다리가 되어 힘을 다하여 원수(元首)를 섬기고자 하였사오나 신의 병이 이에 이르렀으므로 오늘 뒤로는 다시 용안을 우러러 뵐 수 없겠나이다.' 하니, 대왕이 울면서 말하기를 '과인은 경이 있음으로써 고기가 물에 있는 것과 같았는데 만약 돌아가시면 인민은 어찌 되고 또한 사직은 어떻게 되겠습니까?' 하니[大王親臨慰問 庾信曰 臣願竭股肱之力 以奉元首 而犬馬之疾至此 今日之後 不復再見龍顔矣 大王泣曰 寡人之有卿 如魚有水 若有不可諱 其如人民何 其如社稷何]

d. 유신이 아뢰기를 '신은 어리석고 불초하였으므로 어찌 능히

국가를 유익하게 하였으리이까? 다행히 밝은 대왕께서 쓰실 때 모든 것을 의심하지 않으시고 일을 믿고 맡겨 주신 때문으로 밝은 대왕을 도울 수 있었고 조그마한 공을 이루어 삼한을 한 집으로 만들었사옵고 백성들은 두 마음이 없게 되었습니다. 비록 아직 태평한 세상에 이르지는 못하였사오나 가히 소강상태는 되었다고 할 수 있습니다.'[庾信對曰 臣愚不肖豈能有益於國家 所幸者 明上用之不疑 任之勿貳 故得攀附王明 成尺寸功 三韓爲一家 百姓無二心 雖未至太平 亦可謂小康.]

e. '신이 옛날부터의 역대 왕실과 임금의 치적을 살펴보오니 그 시초에 잘못 하는 분이 드물고 나중에는 잘 하는 분이 드물어 여러 대의 공적을 하루아침에 망쳐 버리는 일이 있으므로 이를 심히 통탄하였습니다. 엎드려 전하께 원하옵건대 일의 성공이 쉽지 않다는 것을 아시고 수성 또한 어렵다는 것을 생각하시옵소서. 소인을 멀리 하시고 군자를 친근히 하시어 위로는 조정이 화합하게 하시고 아래로는 백성과 사물을 안정하게 하시어 화난이 일어나지 않고 국가의 업이 무궁하면 신은 죽어도 또한 유감이 없겠나이다.'[臣觀自古繼體之君 靡不有初 鮮克有終 累世功績 一朝隳廢 甚可痛也 伏願殿下知成功之不易 念守成之亦難 疏遠小人 親近君子 使朝廷和於上 民物安於下 禍亂不作 基業無窮 則臣死且無憾.]

f. 왕이 울면서 받아들였다.[王泣而受之.]

이 유언 같은 마지막 대화를 보면 김유신 장군은 앞으로 서라벌에서 일어날 정변에 대하여 다 짐작하고 있은 듯한 느낌을 준다. 이 말은 설총이 '화왕계'를 통하여 신문왕에게 드린 말과 일치한다. 무엇이 죽음을 눈앞에 둔 노 신하를 이렇게 걱정스럽게 만들었단 일인가? 현재

소강상태이고 앞으로도 큰 어려움 없이 나라가 발전해 갈 것이 전망되었다면 왜 이런 말을 했겠는가? 문무왕은 김유신 장군이 이 세상을 떠나는 것이 두려웠고, 김유신 장군은 남겨두고 떠나는 자신의 중매에 의하여 맺어진 태종무열왕과 여동생 문명왕후의 아들 문무왕이 앞으로 부닥치게 될 어려움을 내다보기라도 한 것일까?

그러나 김유신 장군이 돌아가신 해는 673년이고, '삼국유사' '대산오만 진신' 조가 전하는 효소왕의 탄생년은 677년이니 4년의 시차가 있다. 김유신 장군은 정명태자와 김흠운의 딸 사이에서 효소왕이 태어나기 전에 세상을 떠났다. 왕실의 미래가 저렇게까지 험악하게 흘러갈 것까지는 알지 못했을까? 그러나 장군이 돌아가시기 9년 전에 이미 정명태자가 왕위를 이을 태자로 봉해지는 것[665년]은 알았으니 신문왕의 사람 됨됨이를 이미 짐작하고 있었을 것이다.[195] 거기에 자의왕후와 김흠돌의 관계를 알고 있었을 것이고, 딸 신광이 법민의 태자비가 되지 못하고 후궁으로 들어가 있는 상황이었으니 이 노 장군의 노후 왕실이나 집안에 대한 걱정이 어떠했으리라는 것은 짐작할 수 있고도 남는다. 결국 그의 심중에는 '아아! 이렇게 깊숙이 권력과 인연을 맺지 않고 살았으면 좋았을 것을 ……' 하는 회한이 자리하고 있지나 않았을까?

그도 전생에 고구려인 점쟁이 추남으로서 억울하게 죽어 왕에 대한 원수를 갚겠다는 복수의 화신이 되어 신라에 태어났다고 하니, 그 질긴 인연의 끈에 시달렸다고 볼 수밖에 없다. 그 허망한 인생살이에서 복수는 하여 무엇에 쓸 것이라고 그렇게 수많은 인명을 해치는

195 ('화랑세기'는 문무왕의 장남 소명태자가 일찍 죽어서, 그 동생인 정명태자가 왕위를 잇게 되었고, 소명태자와 혼인할 예정이었던 김흠운의 딸과 정명태자와의 사이에 효소왕이 태어난 것으로 그리고 있다.)

전쟁에 평생을 바치다니. 장군의 회한이 서렸을 노후의 삶이 가슴을 저리게 하였다.

신문왕은 아버지와 할아버지를 도와 삼국 통일의 위업을 이룬 화랑도 출신 군부 귀족들의 공적에 심리적 부담을 지고 있었을 것이다. '김흠돌의 모반'을 단순하게 하나의 반란 사건으로만 넘길 수 없는 근본 까닭이 이것이다. 이 반란 사건은 매우 이상한 구도로 짜여 있다. 왕의 빙부가 반란을 일으켜 왕비인 딸이 폐비되는 구도인 것이다. 그 반란으로 희생된 인물 가운데는 문무왕 20년[680년]에 상대등에 올랐고 반란 당시 병부령인 이찬[2등 관위] 김군관(金軍官)까지 들어 있다. 아무리 반란은 2인자가 일으킨다고 하지만 무언가 이상한 사정이 있는 것이다.

지도자가 모자라면 아래 사람들이 힘든 법이다. 삼국 통일을 이룬 화랑도 출신 장군 귀족들은 신하들의 공과 신하들에 대한 백성들의 신망을 두려워하고 시기하는 군주 신문왕, 효소왕과 태후 자의왕후, 신목왕후를 만난 것이었다. 그것은 바로 김유신 장군 후예들의 비운이었고 신라의 비극이었다.

태종무열왕과 문무왕 같은 군주를 만나는 것은 신하로서는 행운이다. 신문왕은 할아버지와 아버지의 그릇에 크게 미치지 못하는 군주였던 것이다. 그리고 그런 지도자를 만난 신하들은 불행한 최후를 맞이하는 수밖에 없다. 이러한 아버지 밑에서, 제5장에서 살펴본 것과 같이 정명태자와 그 고종사촌 누이와의 사이에 혼전의 아들로 태어나서 피비린내 나는 왕위 계승 쟁투를 거치고 왕위에 오른 정통성이 결여된 효소왕은 결코 온전한 정사를 펼칠 수 없었을 것이다.

이 난을 진압하는 세력은 어떤 세력일까? 왕의 직속 관할 세력을 제외하고 지방에 주둔하는 군대를 불러들여야 할 상황이 되어서 전방 군대를 서울로 불러들여야 한다면 누구에게 그 일을 맡겼을까? 저자의 추리로는 이 김흠돌의 모반을 진압하는 데 동원될 수 있는 제1 후보 부대는 자의왕후의 친정 세력, 신문왕의 외가 세력일 수밖에 없다. 이때 자의왕후의 친정 세력으로 지방 부대를 지휘하고 있던 사람은 김오기이다. 김오기는 문무왕 18년[678년]부터 북원 소경인 원주에 주둔하고 있었음을 '삼국사기'는 증언하고 있다.[196]

먼저 군대를 움직인 편이 이기면 방어하는 편이 모반이 되는 것이고, 방어하는 편이 이기면 먼저 군대를 움직인 편이 모반한 것으로 역사는 기록한다. 역사는 이 싸움에서는 성을 지키고 있던 방어하는 편이 졌다고 기록하고 있고, 그들은 모반하였다고 기록된 것이다.

이 난을 진압하는 데 성공한다면 그 세력들은 공신이 되어 신문왕 이후 새로운 절대 권력으로 등장할 것이다. 그는 누구일까? 자의왕후를 도와 김흠돌계를 제거하고 신문왕을 즉위시키고 그 후에 권력의 실세로 등장하는 사람은 누구인가? '삼국사기'는 그가 신문왕의 아들인 성덕왕의 빙부, 신문왕의 손자인 효성왕의 빙부로서, 두 번씩이나 폐비 사건을 일으키며 자신의 딸을 왕비로 들이는 김순원(金順元)이었음을 증언하고 있다.[197] 김순원, 자의왕후의 제부 김오기, 그 아들 김대

196 '삼국사기' 문무왕 18년[678년]에 '북원 소경을 설치하고 대아찬 오기로 하여금 지키게 하였다.[置北原小京以大阿湌吳起守之]'로 하였다.('화랑세기'에 따르면, 실제로 이에 동원된 군대는 자의왕후의 동생 운명의 남편인 김오기의 부대이다. 김오기의 부대는 북원[원주]에서 서라벌까지 와서 호성장군 진공(眞功)이 방어하고 있는 월성을 깨고 김오기는 새로운 호성장군으로 등장한다. 그리고 그의 부대가 북원을 출발하여 서라벌로 진군한 것은 자의왕후의 명에 따른 것이었다.) 문명왕후가 이승을 떠나고 문무왕이 승하한 직후 그의 부대는 이미 북원을 떠났다. 원주-섬강-남한강-단양-죽령-낙동강-왜관-현풍에서 배를 내려 달구벌을 거쳐 서라벌까지 오는 이 이동 경로는 사흘 이상 걸렸을 것이다. 반란이 일어나고 이동하였다기보다는 모반이 있을 것이라는 예측 하에 미리 움직였을 가능성이 크다.

197 ('화랑세기'는 김순원이 자의왕후의 동생이라 하고 있다. 그러면 그는 문무왕의 처남이

문, 이들을 중심으로 그 후의 권력 판도는 재편되었을 것이다.

'모죽지랑가'는 이러한 정치적 배경을 뒤로 하여 신문왕의 11년 재위 후, 16살에 왕위에 올라 26살까지 왕위에 있은 효소왕대의 이야기이고 그때 지어진 노래이다. 문명왕후로 상징되는 문무왕의 외척인 김유신 장군 세력과 새로 즉위한 신문왕의 외척, 즉 자의왕후로 대표되는 왕실 귀족 세력 사이의 권력 교체와 관련되어 있고, 효소왕이나 성덕왕의 외척 세력의 대두와도 관련되어 있다.

6. 설총의 '화왕계'와 신문왕, 그리고 요석공주

신문왕은 할아버지, 아버지를 도와 삼국 통일의 위업을 이룬 화랑도 출신 군부 귀족들의 공로에 심리적 컴플렉스를 가지고 있었을지도 모른다. 정신 이상이라도 걸리지 않았으면 이견대(利見臺)에서 용을 보고, 감은사 법당 아래에 용이 드나들게 구멍을 뚫어 절을 짓지는 않았을 것이다.[198] 삼국 통일을 이룬 화랑도 출신 장군들은 신하들의 공과 신

고 신문왕의 외삼촌이 된다. 신문왕, 효소왕, 성덕왕, 효성왕, 경덕왕에 걸쳐 최고의 권세를 누리는 권력 실세는 김순원으로 파악된다. 물론 자의왕후의 동생인 운명과 그의 남편 김오기 등도 이 그룹에 속한다. 그런 김순원이 효소왕 9년의 '경영의 모반'에 연좌되어 파면된 것은 제5장에서 본 바와 같다.)

198 처음[1983년의] 여름 방학 때 홍승기 선생님이 우리 두 가족을 데리고 여기를 답사하였을 때 저자는 감은사 터의 두 탑 아래쪽에 있는 '돌로 가로 세로 얽어 놓은 시설이 동해용이 된 아버지가 물길을 따라 들어오게 해둔 시설이라고 한다.'는 설명을 듣고 '무슨 이런 미친 일이 다 있나?' 하는 생각을 하였다. 집요하게 동해용이 어떻게 그곳까지 들어올 수 있었느냐고 물었더니 신라 때는 바다가 더 높아서 감은사 앞도 바다였으리라고 추정한다고 하였다. 그 훨씬 뒤 누군가의 가야사를 읽고, 왜 망산도, 주포[이들은 모두 현재의 창원시 진해구 용원 일대에 분포해 있다.] 등의 지명 비정이 다 북쪽 김해

하들에 대한 백성들의 신망을 두려워하는 못난 군주와 그 어머니를 만난 것이다. 그 정신 이상을 보이는 신문왕에게 마음으로부터 우러나오는 충성을 바치기에는 그들의 힘이 너무 강력하였다. 그 힘이 분출한 것이 바로 김흠돌의 모반이라고 할 수 있다.

여기서 다시 저자의 머리를 전광석화처럼 강렬하게 찌르며 스쳐가는 생각은 설총(薛聰)이 신문왕에게 말해 주었다는 '화왕계(花王戒)'이다. 이 사실(史實)은 '삼국사기' '열전' '설총' 조에 기록되어 있다. (11)에 필요한 부분을 요약하여 보였다.

(11) a. 신문대왕이 한여름 높고 밝은 방에 계시면서 설총을 돌아보고 말하기를[神文大王以中夏之月處高明之室顧謂聰曰] …… 고상한 이야기와 멋있는 익살로 울적한 마음을 푸는 것이 좋을 것 같소.[不如高談善謔以舒伊鬱.]

b. 첩은 …… 이름은 장미라고 합니다.[妾 …… 其名曰薔薇.] 지금 임금님의 높으신 덕이 있음을 듣고 향기로운 휘장 안에서 잠자리를 모실까 하오니 임금님께서는 저를 거두어 주소서.[聞王之令德期薦枕於香帷 王其容我乎.]

c. 또 한 장부가 있어 …… 이름을 백두옹이라고 합니다.[有一丈夫 …… 其名曰白頭翁.] …… 그런 까닭으로 비록 사마로 만든 신이 있더라도 골풀로 만든 신을 버리지 않고서 모든 군자들이 모자라는 데 대비하지 않음이 없었다고 합니다. 임금님께서도 역시 이런 뜻이 있으신지 알지 못하겠습니다.[故曰雖有絲麻無棄菅蒯凡百君子無不代匱 不識王亦有意乎.]

지역으로 올라가 있는가 물었더니 그 대답도 고대에는 해수면이 더 높아서 지금의 그 지역은 바다 밑이고 가야 시대 허황옥 황후가 오던 시기에는 그 지명들이 김해 지역에 있었다고 추정한다고 하였다.

d. 혹자가 말하기를 두 사람이 왔는데 누구를 취하고 누구를 버리겠습니까?[或曰二者之係 何取何捨.]

e. 화왕이 말하기를 장부의 말이 또한 도리가 있으나 아름다운 사람을 얻기도 어려우니 장차 어찌하면 좋을꼬?[花王曰 丈夫之言亦有道理而佳人難得將如之何.]

f. 장부가 앞으로 나아가 말하기를[丈夫進而言曰] 나는 임금께서 총명하시어 옳은 도리를 아실 것이라고 일러서 왔는데 지금 보니 그렇지 않사옵니다.[吾謂王聰明識理義故來焉耳今則非也.] 무릇 임금된 자로서, 간사하고 아첨하는 자를 친근히 아니하고, 정직한 자를 멀리하지 아니 한 분이 드뭅니다.[凡爲君者鮮不親近邪佞踈遠正直.] 이로써 맹가는 불우하게 평생을 마쳤으며 풍당도 낭관으로 파묻혀 늙었습니다.[是以孟軻不遇以終身 馮唐郎潛而皓首.] 옛날부터 이와 같은데 전들 어떻게 하겠습니까?[自古如此吾其奈何.]

g. 화왕이 말하기를 내가 잘못하였다. 내가 잘못하였다.[花王曰 吾過矣吾過矣.]

h. 이에 왕은 <u>근심하는 쓸쓸한 표정을 지으며</u> 말하기를[於是王愀然作色曰] 그대의 우언에는 참으로 깊은 뜻이 있으니 청컨대 이를 써 두어 임금 된 자를 훈계하는 말로 삼으라 하고[子之寓言誠有深志 請書之以爲王者之戒] 드디어 설총을 높은 벼슬로 발탁하였다.[遂擢聰以高秩.][199]

199 이 기록 끝에 '김대문은 신라 귀문의 자제로서 성덕왕 3년[704년]에 한산주 도독이 되어 전기 몇 권을 지었는데, 그 '고승전', '화랑세기', '악본', '한산기'는 아직 남아 있다.'고 적혀 있다.

설총(薛聰)은 이 글을 통하여 신문왕을 에둘러 비판하였다. '화왕계(花王戒)' 속에 꼭 신문왕이 용렬하였다는 표현은 없다. 그러나 꼭 '너 나라 잘못 다스린다.'라는 표현이 있어야 잘못 다스리는 것이 아니다. 마치 '나 ○○○ 포기한다.'라는 말이 있어야 포기하는 것이 아니듯이. 문면에서 간접적으로 드러나거나 행간[between the lines]에서라도 그러한 해석을 하게 하는 표현이 있으면 그렇다고 우리는 이해한다. 그것이 글을 읽는 일반적인 원리이다. 이 본의가 잘 드러나지 않게 써진 것이 문학적으로는 잘 된 글이고, 그 드러나지 않는 글의 이면에 존재하는 진실을 알아내는 것이야 말로 제대로 된 독자들이 할 일이다.

저자는 신문왕의 저 '근심하는 쓸쓸한 표정[愀然作色]'의 의미를 헤아릴 수 있을 것 같다. 그렇게까지 할 것이야 없지 않았을까? 즉위 시에 어머니 자의왕후와 더불어 외가 세력인 김오기의 무력을 등에 업고, 김유신 장군의 후광, 할머니 문명왕후의 비호를 받고 있던 김흠돌과 그 일당을 일망타진하고, 왕비를 내쫓고, 군관과 그 아들을 자진하게 하고, 화랑의 도(徒)를 해산하고……. 어머니 자의왕후는 곧 돌아가셨고, 조야는 순순히 승복하지 못하는 분위기 속에서 많은 화랑도 출신 귀족들은 앙앙불락하고 있는데,**200** 이 가까운 인척(姻戚) 설총이, 원효의 아들이자 고모인 요석공주의 아들인 고종사촌[당연히 동생일 듯] 설총이 장미꽃 아첨배, 간신배들을 가까이 할 것이 아니라, 목숨을 걸고 간언하는 할미꽃 같은 경험 많은 노신(老臣), 말하자면 죽지 장군

---

200 신문왕 7년[687년] 2월에 원자가 태어나고, 4월에 대신을 조묘에 보내어 제사를 지낼 때 그 제문에 "요즘의 법도는 임금의 다스림을 잃었고 의는 하늘의 경계에 어긋나서 괴이한 성상들이 나타나고 화수가 빛을 잃으니 전전율률한 마음은 마치 깊은 골짜기에 떨어진 것과 같사옵니다."라고 하고 조상의 음덕을 빌고 있는 것도 같은 맥락이다. 아무리 겸양의 표현이라고 이해한다고 하더라도 '임금이 임금 구실을 하지 못하고 있음'을 이 제문에서 솔직하게 드러내고 있는 것이다.

같은 신하들을 가까이 하라고 말하고 있는데, 그가 짓는 저 근심하는 쓸쓸한 표정을 어떻게 연민의 눈으로 보지 않을 수 있겠는가?

민족의 역사가 시작된 이래 그 누구도 누릴 수 없었던 모든 좋은 조건, 전쟁은 끝나고 삼한이 자신의 통치권역으로 들어왔으며, 당 나라도 이제 대동강 이남을 신라의 강역으로 인정하면서 측천무후와 외교적 밀월 관계를 돈독히 해 주는 원측법사까지 있는 이 좋은 조건을, 김흠돌의 딸인 정비가 낳을, 김흠돌의 앞으로 태어날 외손자가 아닌, 고종사촌 누이와의 사이에 이미 태어난 혼전의 아들 효소왕을 왕위에 앉히려는 탐욕으로 망쳐 버린 통일 신라 3대왕, 신문왕의 수성(守成)의 어려움을 이해하고도 남을 수 있겠다.201

그 탐욕은 젊은 날 헴[철] 없던 태자 시절에 고종사촌 누이와 저지른 불장난 같은 사랑으로부터 기인한다.202 그 사랑 놀음으로 월성(月城)에 틀어박혀 그는 통일 전쟁에서 아버지를 따라 전장을 누비는 공을 쌓지

201 그와 자의왕후, 신목왕후의 탐욕을 효소왕의 왕위 계승 하나로만 말할 수는 없다. 이 일이 대표적 상징성을 띤다는 것뿐이다. 시어머니 문명왕후의 후광을 업고 있는 김흠돌을 제거해야만 자기 친정 세력을 키울 수 있었던 자의왕후의 처지('화랑세기'에는 자의왕후의 동생이 운명이고, 운명의 남편이 김오기이며, 남동생이 김순원이다.)와 무엇보다 앞으로 누가 왕이 되는가에 따라 생명 부지의 여부가 결정될 어린 아들들 효소왕, 보ㅅ도 태자, 성덕왕을 바라보아야 했던 신문왕 자신의 온갖 콤플렉스, 원효대사와의 사이에 설총을 낳아 세간의 눈이 집중되고 있는 고모 요석공주, 그 공주와 모녀간이든, 이모와 조카딸 사이이든 어떻든 관련이 있음에 틀림없는 신목왕후의 처지, 그 외에도 수도 없이 나열할 수 있는 그 모든 것이 저자가 이 책에서 말하는 탐욕의 범위에 포함된다. 역사는 더러운 일일수록 반복된다는 지독히도 무서운 역사적 교훈을 21세기 벽두 한반도에 던지고 있다. 지금 한반도에서는 신문왕이 처했던 것과 똑 같은 삼대(三代) 수성(守成)의 어려움을 보여 주는 집단이, 기업 집단을 포함하여 한두 군데가 아닐 것이다. 모든 파멸은, 물욕이든 명예욕이든 심지어 육욕이든, 탐욕에서 시작하여 탐욕으로 끝난다. 사가(私家)도 마찬가지이다.

202 ('화랑세기'에 따르면, 그 고종사촌 누이는 형수가 될 예정이었는데 형이 일찍 요절하는 바람에 홀로 되어 형의 제주 되기를 자청하였다고 한다.)

도 못하였고, 화랑도 출신 장군들과 전우가 되어 돈독한 교분을 쌓지도 못하였으며, 할아버지, 아버지처럼 당 나라에 외교 사절로 가서 세계를 바라보는 안목을 넓히지도 못하였고, 국제적 시각으로 세계정세를 파악하고 현실적으로 국내 문제를 해결해 갈 수 있는 역량을 갖추지도 못하였다. 도대체 그는 태자 시절 16년을 무엇을 하며 살았다는 말인가? 아이 셋 낳는 것으로 그 긴 세월을 다 보냈다는 말밖에 할 수 없는 것 아닌가?

그 일로 인하여 할아버지, 아버지가 김유신 장군과 더불어 쌓아올린 민족사 최대의 금자탑[203] 통일 신라의 화려한 유산을 허물어 버린 것이 신문왕인 것이다. 그는 자신의 아들 효소왕과 보ㅅ도태자, 성덕왕을 지키기 위하여, 정비인 김흠돌의 딸을 옹호하고 있었을 김흠돌과 그 추종 세력을 일거에 주륙을 내었다. 그 김흠돌의 세력은 김유신 장군이 키운 신라의 인재들로서 통일 전쟁의 앞장에 섰던 인물들이었다. 물론 그 속에는 주륙 당하지는 않았지만 축출된 우리의 죽지 장군도 들어 있었다.

신문왕은 어머니 자의왕후와 함께 그 김유신 장군 세력들을 주륙하고 그들과 결별함으로써, 할아버지, 아버지, 할머니, 그리고 진외종조부 김유신 장군이 이룬 통일 신라의 굳건한 기반을 허물어 버렸다. 그 통일 신라는 어쩔 수 없이 화랑도 출신 군부 귀족과 왕실 출신 귀족들, 나아가 가야 출신 세력과 신라 출신 세력이 손잡고 이룬 세력 연합적인 나라였다. 그런데 이제 그 나라를 이루었던 한 축, 화랑도 출신 군부 귀족들이 주륙되고 그 지도자들이 축출된 것이다.[204] 그럼으

203 여기에 이의를 제기하는 견해도 있다. 저자도 그러하다. 그러나 어쩌겠는가? 상대방이 더 썩었으니까 그들이 망하고 이쪽이 이긴 것이다.

204 ('화랑세기'에 의하면, 자의왕후는 김흠돌의 모반 후에 화랑도를 폐지하였다가 중신들의

로써 수많은 노련하고 충성스러운 죽지 장군과 같은 할미꽃 노신들은 모두 곁을 떠났고, 당 나라와의 외교 전쟁에서 당당하게 맞서서 국익을 수호하지도 못하고, 측천무후에게 애원하여 원측법사를 환국시켜서, 난마와 같이 얽힌 정국을 현세를 버리고 내세에 매달리는 종교적인 구원에 기대어 풀어 보려는 비굴한 모습을, 신문왕은 드러내고 있는 것이다.

그러나 저자는 이 '화왕계'의 정치적 의미에서 한 걸음 더 나아가 신문왕과 설총(薛聰)의 관계를 추정하고 그 둘 사이의 인척 관계를 궁극에 이르기까지 추리하고자 한다. 둘 사이는 고상한 이야기, 멋있는 익살을 나눌 만큼 가까운 사이이다. 설총은 655년에서 657년 사이에 태어난 것으로 추정된다. 설총은, 아버지는 원효대사(617~686년)요 어머니는 요석공주(瑤石公主)이다. 그리고 그는 궁에서 살았다고 되어 있다. 궁은 월성, 즉 대궁을 말한다. 요석공주는 (12)에서 보듯이 태종무열왕의 공주이다. 이를 보여 주는 근거는 '삼국유사' '의해(義解)편' '원효불기(元曉不羈)' 조에 있다. (12)에 필요한 부분만 간략하게 요약하여 보인다.

(12) a. 스님이 일찍이 하루는 상례에서 벗어난 행동을 하며 거리에서 이런 노래를 부른 적이 있다.[師嘗一日風顚唱歌云.] 누가 나에게 자루 빠진 도끼를 빌려 주겠는가?[誰許沒柯斧.] 내가 하늘을 떠받칠 기둥을 베리라.[我斫支天柱.]

b. 사람들이 노래의 뜻을 깨닫지 못하였다. 이때 태종이 듣고는

반대로 다시 부활시켰으나 '풍월주'를 없애고 수도하여 '국선'이 되는 것만 허용하였다. 이에 따라 호국 무사단의 성격은 상실되고 구름 위에 노니는 운상인으로서의 화랑도만 남았다.)

이 스님이 아마 귀한 부인을 얻어 현명한 아들을 낳으려고 하는 말이로구나. 나라에 큰 현인이 있으면 이보다 더 좋은 일은 없을 것이다 하였다.[人皆未喩 時太宗聞之曰 此師殆欲得貴婦産賢子之謂爾 國有大賢利莫大焉.]

c. 이때 요석궁(지금의 학원이 이것이다)에 홀로 된 공주가 있었는데 왕이 궁의 관리를 시켜 원효를 찾아 데려오게 하였다.[時瑤石宮(今學院是也)有寡公主 勅宮吏覓曉引入.] …… 이미 남산으로부터 와서 문천교(사천이라고도 하고 세속에서는 연천이라 하며 또는 문천이라 한다. 또 다리 이름은 유교라고도 한다)를 지나다가 만나니, (원효는) 일부러 물에 빠져 옷을 적셨다.[已自南山來過蚊川橋(沙川俗云年川又蚊川又橋名楡橋)遇之 佯墮水中濕衣袴.] 관리는 대사를 궁으로 인도하여 옷을 벗겨 말리고 머물러 묵게 하였더니 공주가 과연 임신을 하게 되어 설총을 낳았다.[吏引師於宮褫衣曬晾因留宿焉 公主果有娠生薛聰.]

이 공주는 그때에 홀로 되어 있었다. 그때에 홀로 된 공주는 누구일까? 태종무열왕의 딸 고타소는 이미 선덕여왕 시대에 대야성에서 남편 김품석과 함께 세상을 떠났다. 또 다른 사위 김흠운은 655년 2월 양산 아래 전투에서 전사하였다. '양산가'는 이 죽음을 애도한 노래이다. 초상 때 장례를 치르면서 부른 향가(?) '양산가'는 바로 '모흠운랑가'인 것이다.[205]

205 김흠운의 죽음과 죽지 장군의 죽음의 차이는 젊어서 전쟁에서 죽었는가, 나이 들어 집에서 죽었는가 하는 것뿐이다. 김유신 장군은 79세에 정침에서 돌아가셨다. 문무왕은 초상 때 100명의 군악대를 보내어 취타하고 노래하며 장례를 치르게[치상(治喪)] 하였다. 노래가 장례와, 죽음과 불가분리(不可分離)의 관계에 있음을 보여 준다. '양산가'와 '모죽지랑가'는 그만큼 가까운 내용을 가진 노래일 것이다. 그 둘은 만가(輓歌)라는 공통성을 지닌다.

그렇다면 홀로 된 태종무열왕의 딸 요석공주는 누구이란 말인가? 태종무열왕은 또 다른 사위 한 명을 어딘가에서 잃었을까? 그럴 리 없다. 그렇다면 사위를 셋이나 잃게 되는데 그것은 너무 잔인한 역사이다. 김품석의 죽음, 김흠운의 죽음이 그를 얼마나 아프게 하였던가? 그리고 얼마나 치열하게 복수의 칼날을 갈게 하였던가? 또 한 명의 사위가 죽었다면 그 기록은 어딘가에 있을 것이다. 그러나 아무 데도 없다.

설총(薛聰) 탄생에 조금 앞서서 이 세상을 떠난 태종무열왕의 사위는 김흠운밖에 없다고 보아야 한다. 그러면 김흠운의 딸, 신문왕의 계비, 신목왕후는 어머니가 누구일까? 제1 후보, 아니 기록상으로 남은 유일한 단독 후보는 요석공주이다.

양산 아래 전투에서 남편을 잃은 지 오래 되지 않은 시점에 요석공주는 그 슬픔을 뒤로 하고 원효대사를 만났다. 둘 사이에서 신라 십현(十賢)의 한 사람, 지금에 이르기까지 학자들의 조종으로 삼는[至今學者宗之], 우리 민족 최초의 문자 창제자라 할 만한 최초의 향찰(鄕札) 문자 정리자[속설(俗說)로는 이두(吏讀)의 창제자]인 설총이라는 출중한 아들이 태어난 것이다. 설총은 태종무열왕의 외손자이다. 물론 요석공주의 곁에는 조실부한 태종무열왕의 나이 어린 외손녀, 김흠운의 딸, 훗날의 신목왕후가 있었을 것이다. 이제 외로운 여아(女兒) 신목왕후는 든든한 버팀목 설총이라는 이부동모(異父同母)의 아우를 얻게 되었다.[206] 신목

206 요석공주와 신목왕후, 이 모녀는 어떻게 하다 또 이런 얄궂은 운명으로 역사에 이름을 남겼는가? 김흠운의 전사로 홀로 된 요석공주, 그는 남편의 전사 후 원효대사와 사랑을 나누고 설총을 얻었다. 그의 딸 신목왕후는 ('화랑세기'에 의하면 태종무열왕의 장손 소명전군[문무왕의 장자로 추정됨]과 혼인하게 되어 있었다. 그러나 그가 일찍 죽는 바람에) 정명태자와 사랑을 나누게 되어 효소왕과 보ㅅ도태자, 성덕왕을 얻었다. 설총은 효소왕의 외숙부이면서 고모 할머니인 요석공주의 아들이다. 설총과 효소왕, 이 두 사람

왕후의 주변에는 외숙부 문무왕, 외숙모 자의왕후, 그리고 무엇보다 든든한 어머니 요석공주와 이부동모제 설총이 버티고 있는 것이다.

이제 이 시기, 통일 신라의 세 번째 왕 신문왕이 즉위하던 시기의 권력 구도가 훤히 드러났다. 그 구도는, 김유신 장군의 후광을 업고 문명왕후의 비호 아래 자란, 김흠돌을 중심으로 한 강력한 무력을 지닌 화랑도 출신 군부 귀족 세력을 한 축으로 하고, 요석공주와 자의왕후로 대표되는 왕실 직계 귀족 세력을 다른 한 축으로[207] 하는 제로-섬 게임의 대결로 짜여진 것이다. 이 대결 속에서 요석공주의 딸 신목왕후가 낳은 이홍(理洪)이 앞으로 왕위를 계승할 태자가 될 것인가, 아니면 정비 김흠돌의 딸에게서 앞으로 태어날 왕자를 기다려 그를 태자로 삼을 것인가가 정쟁의 핵심 쟁점이 되었던 것이다. 그것이 김흠돌의 모반의 진정한 의미이다.

이런 구도의 대결에서, 한 그룹에서 가장 큰 이익이 걸려 있었던 인물은 태자비였다가 막 왕비가 된 김흠돌의 딸의 어머니이고,[208] 다른 한 그룹에서는 정명태자와의 사이에 세 아들을 두고 있는 훗날의 신목왕후의 어머니일 것이다. 이 두 어머니 사이는, 아버지 김유신과 법적 어머니 문명왕후가 남매 사이이니, 고모의 딸이고 외숙부의 딸로서 내외종간이다. 진광의 뒤에는 김유신 장군 집안이 있었을 것이고, 요석공주의 뒤에는 7촌 고모 자의왕후와 운명, 운명의 남편 김오기 등이 있었다.

이 이렇게 역사에 이름을 남기고 있는 것이다.

207 ('화랑세기'에는 자의왕후의 남동생으로 김순원이 있고 여동생으로 운명이 있으며, 운명의 남편인 28세 풍월주를 역임하고 북원(원주)에서 야전군을 지휘하고 있던 김오기와 그의 아들 김대문이 있다. 이들도 모두 신목왕후의 든든한 후원자들일 것이다.)

208 ('화랑세기'에서는 김흠돌의 부인이 진광[김유신 장군의 딸]으로 되어 있다. 그러면 김흠돌은 김유신 장군의 사위가 된다.)

이 대결에서 서라벌에서 먼저 난이 일어나고 북원의 김오기 부대가 출동한 것일까? 아니면 북원의 김오기 부대가 먼저 출발하고 그것을 안 김흠돌이 수도를 경비하는 부대를 동원하여 김오기 부대에 맞선 것일까? 원주에서 출발한 군대가 섬강에서 배를 타고 남한강을 거슬러 항해하여 단양을 거쳐, 소백산맥의 죽령을 넘어 다시 낙동강에서 배를 타고 왜관을 지나 대구 서쪽 현풍 나루터쯤에서 상륙하여 달성, 영천을 거쳐 경주까지 진격하려면 며칠이나 걸릴 것인가?

저자의 답사 길이 말과 나룻배에 의지하지 않았기에 감을 잡을 수가 없다. 그러나 족히 사흘은 걸릴 길이라고 하지 않을 수 없다. 그런데 그 기간은 문무왕이 승하한 국상 기간이었다. 누군가가 문무왕의 승하 기미를 눈치 채고 미리 북원에 연락하여 김흠돌 등이 불온하니 대비하게 비밀리에 북원 사령부 군대를 출동시키라고 전갈하였을 것이다. 누가? 누가 문무왕의 위중한 병세를 곁에서 관찰하고 있었는가?**209**

---

209 ('화랑세기'는 다음과 같이 기록하고 있다. "문명태후가 죽자 흠돌 등이 스스로 그 죄가 무거운 것을 알고 두렵고 불안하였다. 게다가 흠돌의 딸이 총애를 잃었다. 흠돌 등이 이에 모반을 하였다. 야명궁을 핑계로 삼아 인명을 옹립하였으나, 실제로는 스스로 왕이 되려고 한 것이다. 문무제의 병이 크게 악화되자 (나의) 아버지 오기공이 북원으로부터 들어와 호성장군이 되었는데, <u>실제로는 자의황후의 명에서 나온 것이었다</u>. 그때 진공이 호성장군으로서 인부를 내어 주지 않으며 말하기를 '주상이 병으로 누웠고 상대등이 문서를 내리지 않는데 어찌 중요한 직을 가벼이 넘겨 주겠는가?' 하면서 물러서지 않았다. 대개 적들의 모의가 이미 치밀했기 때문이었다. 문무제가 돌아가셨으나 비밀에 부쳐 발설하지 않고, 사람들을 시켜 비밀리에 경외의 군대를 입성시켜 흠돌 등이 군사를 동원하여 야명궁과 군관공의 집을 포위하고 난을 일으키려 하였다.") 김대문은 이 대목에서 자신도 모르게 이 특급 왕실 군사 기밀을 흘리고 있다. 이미 진공이 호성장군이 되어 있는데, 비상한 절차로 자의왕후가 북원의 김오기 장군에게 호성장군이 되라는 명을 내려 두 사람의 호성장군이 월성에서 부딪히고 있는 장면이 전개되고 있음을 볼 수 있다. 정명태자를 왕위에 올리느냐 인명전군을 왕위에 올리느냐의 문제가, 누가 반란을 일으키고 누가 진압을 하였는가로 기록되어 있을 뿐이다. 그리고 역사는 항상 이긴 자의 편에 섰다. 이 반란은 어느 쪽이 선수를 쳤는지 알 수 없다. 대체로 반란은 잘 준비된 지방의 군대를 동원한 쪽이 선수를 친 것이고 이를 막기 위하여 허겁지겁 서울의 병력을

그 신목왕후가 683년 신문왕과 혼인하여 월성으로 들어갈 때, 신문왕이 보낸 풍성하고 찬란한 예물들은 신문왕의 고모 요석공주 집안으로 들어간 것이고, 그 집안의 실질적인 주인은 655년 출생이라고 할 때 28살 정도의 설총이었다. 이제 설총은 신문왕의 고종사촌 동생이면서 또 손아래 처남이 되었다. 신문왕은 설총에게 고종사촌형이면서 자형(姊兄)이다. 고종사촌만 하여도 그렇게 친하게 지낼 수 있는데, 거기에 처남매부 간이니 더 이상 무슨 설명이 필요하랴? 그들은 내외종간이면서 처남매부 사이인 것이다. 명민(明敏)한 설총은 자형에게 하고 싶은 말을 어느 정도 가려가며 자유롭게 할 수 있었을 것이다. 신문왕 사후 효소왕의 즉위 후에 설총은 누나 신목왕후의 아들인 생질 효소왕을 극진히 보필하였을 것이다. 향찰(鄕札)은 기묘하게도 이렇게 하여 다시 한 번 '효소왕대 죽지랑' 조의 '모죽지랑가'와 관련을 맺는다. 원효대사에 대한 세평이 좋은 것도 이와 관련이 있을 것이다.

동원하여 수비를 하는 쪽이 후수를 둔 셈이 된다. 인조반정에 동원된 장단의 군사가 그러하고, 12. 12 반란에 동원된 9사단이 그러하다. 김흠돌의 모반이 문무왕 상중에 일어났고, 그 원인이 '삼국사기'에는 불분명하게 기록되었으며 그 배경이 저러하므로 자의왕후가 손자인, 그리고 요석공주가 외손자인 이홍(理洪)을 위하여 선수를 친 것으로 볼 수밖에 없다. 그렇다면 화랑도 출신 군부 귀족들의 처지에서 볼 때 김흠돌의 모반은, 난을 일으켜 보지도 못하고 모의 단계에서 진압된, 아니면 모의하지도 않은 반란 계획을 빌미 삼아 거세된 억울한 정변일 수도 있다. 김유신 장군의 아들 김삼광은 왕실의 편에 섰고, 병부령 김군관은 사돈인 김흠돌의 편에 설까 말까 눈치보고 망설이다가 아들(천관)과 함께 자진을 당하였다. 죽지 장군은 어느 편에 섰을까? '찬기파랑가'의 '눈도 덮지 못할 나무처럼' 지조 높아 이름을 떨친 '기파랑'은 어느 편에 섰을까? 어느덧 우리는 또 다시 영원히 벗어나지 못할 신라 시대의 미궁(迷宮)을 끝없이 헤매게 될 새로운 탐색을 나서야 하는 자리에 섰다. 1990년대 중반부터 십수년간 1300년 전의 세계에 살며 현실을 잊고, 이 아픈 속세의 만년(晩年)을 보낼 수 있게 해 준 향가의 이 주변적 주제에 대한 공부에 나는 감사한다.

7. 요약

신문왕 즉위 시[681년]에 국구 김흠돌의 모반으로 화랑도가 폐지되고 많은 화랑도 출신 장군, 귀족들이 주륙되거나 축출되는 역사적 사건이 있었다. 김흠운의 딸의 세 아들들이 신문왕의 빙부 김흠돌의 모반의 원인이었을 것이다. 문무왕 사후 정명태자가 왕위에 오르면서 왕비가 된 무자(無子)한 김흠돌의 딸과 이미 태자와의 사이에 5살, 3(?)살, 1살의 세 아들을 두고 있는 김흔운의 딸 사이에 왕위 계승권을 둘러싼 쟁투가 있었기 때문이다. 이 일이 왕실 출신과 화랑 출신으로 구성된 신라 귀족 사회의 분열을 일으키는 원인이 되어 국가 흥망성쇠에 큰 영향을 미쳤다.

이 사건으로 정치권력으로부터 멀어진 화랑도 출신 귀족인 죽지 장군은 화랑도가 폐지되고 동료들이 축출되는 정치적 상황에서 수모의 세월을 견디며 불우하게 만년을 보내고[그 대표적인 사례가 신문왕 승하한 해, 효소왕 즉위년에 있었던 '익선의 죽지 장군 모욕 사건'이다], 18~19년이 지난 효소왕 치세 후반에 이승을 떠났다. 이 노래는, 이렇게 죽지 장군이 이승을 떠난 후에 죽지 장군과 특별히 돈독한 사이였던 득오가 죽지 장군 사후 초상 때 장례에서나 1년이 지난 소상날, 또는 그 사이의 비슷한 성격의 추모 의식에서 사용할 만가로 지은 것으로 보인다. 이 노래가 '삼국유사'의 '기이편'에 실려 있는 까닭은 이러한 사연이 있기 때문이다.

'삼국사기'의 '신라 본기'는 이와 관련된 기록에 있어 누락이 있고 소략하다. 이에 반하여 '삼국사기' '열전'의 '김흠운' 조는 '신라 본기'의 기록이 주지 못하는 정보를 주어 그의 외손자들과 관련한 사실에 한 줄기 빛을 비추고 있다. 그 빛은 '삼국유사' '대산 오만 진신' 조의 기록과 함께 '모죽지랑가'의 정치적 배경과 창작 동기를 밝히려는 우리의 추리에 핵심 열쇠가 되어 주었다.

이와 더불어 설총의 '화왕계(花王戒)'를 통하여 볼 때, 태종무열왕의 딸로서 김흠운의 처였던 여인, 그 불행했을 것 같은 여인, 신목왕후의 어머니는 우리 역사상 최고의 로맨스 그랜 마마 요석공주(瑤石公主)임이 드러났다. 그는 3일간의 사랑으로 1300년 역사에 이름을 남기고 우리 곁에 살아 있는 할머니인 것이다. 설총의 '화왕계'는 바로 자신의 이부동모 누나와의 사이에 둔 효소왕, 보ㅅ도태자, 성덕왕의 세 아들 때문에 야기된 김흠돌의 모반으로 조부 이래의 신하들을 주륙, 축출하고 국가 통치에 애를 먹고 있는 자형, 고종 사촌형 신문왕에게, 간신배들을 멀리 하고 죽지 장군 같은 노신(老臣)들을 가까이 하라는 충언을 하고 있는 것이다.

제7장

'모죽지랑가'는 시대의 아픔을 반영한 노래이다.

제7장

'모죽지랑가'는 시대의 아픔을 반영한 노래이다.

'삼국유사(三國遺事)' 소재 향가 14수 가운데 특히 매력적인 작품은 '모죽지랑가(慕竹旨郎歌)'이다. 왜냐하면, 이 노래는 노래의 창작 동기와 시기, 노래의 배경이 되는 시대 상황, 노래에 담긴 역사적, 정치적 의미 등을 역사 기록에 근거하여 가장 진실에 가깝게 탐구할 수 있는 작품이기 때문이다. 그러한 탐구 결과로 얻은 역사의 진실이 우리에게 알려 주는 교훈은 다음과 같은 것이었다.

인간의 본성인 탐욕이 나라와 사회를 망친다. 비열한 이용과 배척, 혈맹과 배신의 싸움의 결과는 처참하게 종결되기 마련이다. 그러한 사실(史實)은 역사가의 붓에 의하여 승자의 편에 서서 패자를 악과 불의로 몰아가게 기록된다. 역사에 진실과 정의는 없다. 오로지 이긴 자의 영광과 정직하지 못한 정의만 남아 있고, 패자의 억울한 누명과 받아들이기 어려운 의롭지 못함만 남아 있을 뿐이다. 각 장의 내용을 간략히 요약하면 다음과 같다.

제2장: 이 노래의 향찰에 대한 해독은 김완진(1979/1980, 1985, 2008)에

서 거의 완성되었다. 할 수 있는 것은 다 하였고 미진한 문제는 할 수 없는 영역에 속하는 것이다. 현재의 국어학계의 연구 성과가 총망라된 이 해독에서도 남은 문제는, 새로운 자료가 출현하지 않는 한 영원한 미궁으로 남을 가능성이 크다. 1970년대 이전에 이루어진 해독들과 그에 토대를 둔 그 후의 해독들은 문법적으로도 적절하지 않은 논의들이 있으며, 어휘 추정과 음운 변화에서도 국어학의 상식을 벗어난 논의들이 더러 있다.

제3장: 이 노래의 내용에 대한 기존의 연구들은 대부분, 양주동(1942/1965/1981)의 해독에 따라 이 노래가 '죽지랑 생시에' 지어졌다고 하는 견해를 보이고 있다. 즉, 죽지랑이 부역에 끌려간 득오를 부산성(富山城)으로 찾아가서 익선 아간(阿干)에게 휴가를 청하였으나 거절당하는 시점에 이 노래가 지어졌다고 보는 것이다. 그러나 그 근거가 되는 '阿冬音乃叱好支賜烏隱[아ᄅᆞᆷ 나토샤온(아름다움을 나타내신)]'과 '皃史年數就音墮支行齊[즈ᅀᅵ 살쯈 디니져(모습이 주름살을 지녔구려)]'의 해독은 문제점을 포함하고 있어서 성립하기 어려운 해독이다. 이 해독이 틀렸다고 할 경우 '살아 있는 노쇠한 죽지랑의 모습'이라는 허구는 무너진다. '삼국유사', '삼국사기'의 관련 기록과 이 노래와 관련된 다른 기록들에 대한 검토도 '죽지랑 생시에 지어졌다'라는 주장과 부합하지 않는다. 그러므로 현재의 이 노래의 내용 파악에 대한 대부분의 연구는 그 방향을 잘못 잡고 있는 것으로 보인다.

저자는 득오가 '죽지 장군 사후에' 이 노래를 지었다고 보고 그것을 논증하는 데에 초점을 맞추었다. 즉, 일연선사(一然禪師)가 우리에게 말해 주고 있는 뜻은, 죽지 장군 생시에 그와 특별한 인연을 맺었던 득오가 죽지 장군 사후 초상(初喪) 때나 1년 뒤 소상(小祥) 때, 또는 그 사이의 어느 추모 의식에서 그를 추모하는 노래를 지었는데, 그 노래의 뜻이 매우 높고 깊어서 아주 유명하였다는 것이다. 핵심 논거는 같은 '阿冬音乃叱好攴賜烏隱[두던ᄯᆞᄅᆞᆷ곳 됴ᄒᆞ샨(두덩따름 좋으신)]'과 '皃史年數就音墮支行齊[ᄌᆞᅀᅵ ᄒᆡ 혜나삼 허니져(모습이 해를 헤아려 나아감에 따라 헐어 가리니)]'로서 이 해독은 김완진(1980, 1985, 2008)를 따른 것이다.

부수적 논거는 관련 기록들로서, 특히 모량리인이라는 이유로 승직을 주지 않았다는 당 나라에 있던 원측법사에 관한 기록을 중시하였다. 이 기록은 신문왕의 사후 조위 사절단의 일원으로 당 나라에서 온 원측법사의 제자 도증(道證)이 효소왕에게 천문도를 바치는 기록과 관련하여 명료하게 해명되었다. 이 기록에 따라 '익선의 죽지 장군 모욕 사건'은 효소왕 즉위년[692년] 겨울에 일어났고, '모죽지랑가'는 그로부터 약 7~8년 이내 신목왕후가 '경영의 모반[700년 5월]'로 시해되는[700년 6월 1일] 시기 전후, 죽지 장군의 사후 초상 때나 1년 뒤 소상 때, 또는 그 사이의 어느 추모 행사 때 지어졌다. 이 노래의 역사적, 정치적 배경인 삼국 통일 후의 시대적 상황을 고려할 때, 못난 군주와 그를 둘러싼 여인들에 의하여 주살 또는 축출되고 핍박받는 전쟁 영웅인 화랑도 출신 군부 귀족들의 서글픈 만년과 그들이 사후에 민심에 미친 영향력 등도 이를 뒷받침한다.

제4장: 대부분의 연구들이 8구체 향가라는 별도의 형식으로 설정하는 이 노래는 사실은 다른 대부분의 이 시대 '동사-인성 명사-가'의 이름을 가진 노래들과 마찬가지로 10구체 향가였을 것이다. 두 개의 구가 망실되고 현재는 여덟 개의 구만 남아 있다. 망실된 두 구는 제3-4구일 것이다. 득오(得烏)로 적힌 이름 '실오'가 훈독자와 음독자로 적힐 수 있는 것으로 보아 일연선사(一然禪師)는 여러 사료에서 기록을 옮겨 온 것으로 보인다. 그렇게 기록을 옮겨올 때 오류가 생겨 원고에서

시행의 순서가 바뀌었거나 복잡한 원고를 각수(刻手)가 잘못 읽어 판각(板刻)할 때 순서를 바꾸는 오류를 범했을 수 있다.

저자는 '초득오곡모랑이작가왈(初得烏谷慕郎而作歌曰) □□□□□□□□□□□□□□'에서 14자가 들어갈 만한 비어 있는 자리를 주목하였다. 이 자리는 원래 제3-4구가 잘못 새겨졌던 자리이다. 판목 교정 단계에서 이 잘못이 발견되어, (a) 이곳의 제3-4구를 깎아 내고 (b) 뒤에 있는 제1-2구를 이 자리에 옮겨오고 (c) 지금의 제1-2구 자리에 빈 자리에 새겨졌던 이 제3-4구를 새로 새기려 하였다. 그러나 어찌 된 일인지 (a)의 깎아 내는 작업만 하고 (b)와 (c) 작업을 하지 않은 채 인쇄가 이루어진 것이 현재의 판본이다. 이렇게 하여 제3-4구는 깎여 나가서 사라졌다.

이렇게 생각하면 노래의 내용이 논리적으로 읽히고, 형식, 운율상의 특징이 다른 10구체 향가들과 일치하게 된다. 노래의 내용이 상식적으로 이해할 수 있는 자연스러운 흐름을 보이며 열 개의 구가 이 흐름에 잘 부합한다. 노래의 형식상으로도 다른 10구체 향가들과 마찬가지로 '4구-4구-2구'로 나누어지며, 나누어지는 곳이 종결 어미로 끝나고, 제9구의 첫머리에 호격어가 와서 감탄의 독립어가 오게 된다. 그리고 향가의 운율상의 유일한 규칙이라 할 수 있는 '세 구가 6음절'이라는 삼구육명(三句六名)의 음수율에도 어긋나지 않게 된다.

제5장: 이 노래는 '삼국유사' '기이편'에 실려 있다. 이로부터 저자는 이 노래의 내용상의 성격을 국가의 흥망성쇠와 연결짓지 않을 수 없었다. 이 노래의 창작 동기와 시기, 그리고 노래 내용과 그 진가를 이해하기 위해서는 효소왕대에 대한 이해가 필수적이다. 그리고 효소왕대를 이해하기 위해서는 그 앞 신문왕대의 김흠돌의 모반에 대하여 이해해야 한다.

효소왕의 출생에 대하여 '삼국사기'는 분명한 기록을 보이지 않는다. 다만, '신문왕 7년[687년] 2월, 원자가 탄생하였다.'는 기록이 있는데, 이 원자가 효소왕이라면 그는 6살이 된 692년에 왕위에 올라 16살까지 재위한 것으로 추산된다. 그러나 '삼국유사'의 '대산 오만 진신' 조의 세주(細注) 속에는 '효소왕이 천수 3년 임진[692년]에 16살로 왕위에 올랐으며, 장안 2년 임인[702년]에 26살로 승하하였고, 성덕왕이 이 해에 22살로 왕위에 올랐다.'는 기록이 있다. '삼국유사'의 효소왕과 관련된 모든 기록은 효소왕이 16살에 왕위에 올라 26살에 승하하였음을 보여 준다. 여기에 관한 한 '삼국유사'의 기록이 옳다. '삼국사기'의 기록은 정확한 사실을 적었는데, 후대의 연구자들이 '원자'와 '왕자'를 동일시하여 잘못 해석함으로써 마치 그가 6살에 왕위에 올라 16살에 승하한 것처럼 된 것이다.

효소왕은 태종무열왕의 손자인 신문왕과 외손녀인 신목왕후 사이에서 태어났다. 신목왕후의 아버지 김흠운(金欽運)은 '삼국사기' '열전'의 김흠운(金歆運)과 동일인이다. 그는 태종무열왕의 사위로서 655년 2월 백제군과의 양산 아래 전투에서 전사하였다. 이때 그에게는 어린 딸이 있었다. 이 딸은 28살도 더 되었을 683년에 신문왕과 혼인하였는데, 혼인하기 전에 그들에게는 세 아들[효소왕, 보ㅅ도태자, 성덕왕]이 있었다.

'삼국유사'에는 효소왕이 등장하는 설화가 '효소왕대 죽지랑' 외에도 세 개 더 있다. 하나는 682년 신문왕이 만파식적을 얻을 때 태자[효소왕]가 기림사(祇林寺)까지 말을 타고 달려와 옥대의 장식을 진룡(眞龍)이라고 알아맞히는 신통력을 발휘하였다는 '만파식적(萬波息笛)' 조의 기록이다. 둘째는 692년 신문왕의 장례와 관련하여 '정공(鄭恭)의 버드나무 절단 방해 사건'과 혜통이 효소왕의 왕녀를 치료하였다는 내용이

들어 있는 '혜통 항룡(惠通降龍)' 조이다. 셋째는 693년 부례랑(夫禮郎)이 적적(狄賊)에게 피랍되었다가 만파식적의 신령스러운 힘으로 돌아온 기적이 나타난 후 '만파식적'을 '만만파파식적'으로 봉작(封爵)했다는 '백율사(栢栗寺)' 조이다. 이 세 설화는 도저히 효소왕이 687년에 태어났다는 기록을 믿을 수 없게 하였다. 이들 설화에 대하여, '설화는 설화일 뿐'이라고 하는 현재의 연구 태도는 심각한 오류를 범하고 있다.

나아가 '삼국유사'에는 효소왕의 아우 성덕왕의 오대산 수도 생활과 즉위 과정을 기록한 '대산 오만 진신' 조와 '명주 오대산 보ㅅ도태자 전기'가 있다. 이 기록들을 면밀하게 검토한 결과, 그 두 기록도 '효소왕이 아우[저자 추정, 원자 김사종(金嗣宗)]과 왕위를 다투다가 26살에 주멸되어 오대산에 가 있던 22살의 효명태자가 서울로 와서 성덕왕으로 즉위하였다.'로 귀결된다. 이 사건이 바로 700년 5월의 '이찬 경영의 모반' 사건이다. 이 사건으로 신목왕후가 700년 6월 1일 이승을 떠나고, 2년 뒤인 702년에 효소왕도 승하하였다. 그러므로 '삼국유사'의 모든 기록은 정확하게 효소왕이 16살에 왕위에 올라 26살에 승하하였다는 사실을 반영하고 있다. '삼국사기'도 687년에 '원자가 출생하였다.'로 하고 691년에 '왕자 이홍을 태자로 책봉하였다.'고 하였으므로 원자가 태자가 되지 않았음을 명시적으로 기록하고 있다.

제6장: 죽지 장군은 술종공의 아들로서 진덕여왕 때부터 활동하기 시작하여 김유신 장군, 김흠순, 김흠돌과 더불어 부수로서 '죽만랑지도'를 이끌고 삼국 통일 전쟁에 참전하고 대 당 전쟁을 수행하였다. 총재까지 지내며 신문왕 대에 이르기까지 국가를 안정시키는 데 공을 세웠다.

신문왕 즉위 시[681년]에 국구 김흠돌의 모반으로 화랑도 출신 장군, 귀족들이 주륙되거나 축출되는 역사적 사건이 있었다. 김흠돌은 딸을 정명태자에게 바쳤다. 정명태자가 왕위에 오르면서 왕비가 된 무자(無子)한 김흠돌과 진광의 딸[김유신 장군의 외손녀]와 이미 태자와의 사이에 5살, 3(?)살, 1살의 세 아들을 두고 있는 김흔운과 요석공주의 딸[태종무열왕의 외손녀] 사이에 왕위 계승권을 둘러싼 쟁투가 있었을 것이다. 김흠돌은 앞으로 태어날 자신의 외손자가 태자로 책봉될 수 없다는 것을 알았다. 신문왕에게는 태자 시절 고종사촌 누이와의 사이에 낳은 아들 효소왕이 있었기 때문이다. 신문왕비 김흠돌의 딸이 투기를 할 수밖에 없는 상황이었다. 김흠돌이 신문왕의 즉위에 이의를 제기하였을 수도 있고, 최소한 훗날 이홍(理洪)이 태자가 되어 왕위를 승계하는 것을 반대하였을 수 있다.

자의왕후와 신문왕은 김흠돌과 흥원, 진공 등 화랑도 지도층을 모반하였다고 주살하고, 병부령 군관(軍官)과 적자(嫡子)를 자진케 하였다. 모두 화랑 출신 장군들이다. 왕비도 태자비였다가 왕비가 된 그 해에 폐비되었다. 이 김흠돌의 모반을 이유로 자의왕후는 화랑도를 해체하였다가 부활하여 수도 생활만 하게 허용하였다. 그 후 화랑도는 풍월주 제도를 없애고 득도하여 국선(國仙)으로 남는 것만 허용되어 본질이 변하였다. 죽지 장군도 이때 불우한 처지가 되었을 것이다.

이 반란은, 문명왕후와 문무왕의 생존 시, 김유신 장군의 후광을 업고 최고의 권력 실세로 군림하였던 김흠돌의 위세에 눌려 문명왕후에게 효도하던 자의왕후가, 시어머니와 남편이 승하하자 말자, 아들 신문왕의 집권을 공고히 하기 위하여 친정 동생 운명의 남편 김오기와 손잡고, 모반하는 김유신 장군의 사위 김흠돌의 세력을 꺾고 왕비인 그의 딸을 폐비시키는 과정이다. 그리고 자의왕후는 승하하였다. 신문왕은 부모의 상복을 벗는 즉위 후 3년[683년]에 고종사촌 누이인 신목왕후를 왕비로 맞아들였다. 이 일이 왕실 출신과 화랑도 출신으로 구성된 신라 귀족 사회의 분열을 일으키는 원인이 되어 국가 흥망성쇠에 심각한 영향을 미쳤다.

이 모반 사건으로 정치 권력으로부터 멀어진 죽지 장군이 수모의 세월을 견디고, 그로부터 18~19년 정도 지난 효소왕 말기에 이승을 떠났다. '모죽지랑가'는 죽지랑이 불우한 상황에서 이승을 떠난 뒤 그와 돈독한 관계에 있던 득오가 그의 삶과 뜻을 기리며 읊은 슬픈 만가이다. 창작 시기는 죽지랑 사후 초상 때거나 1년 뒤 소상 때, 또는 그 사이의 추모 의식이 있었던 날일 가능성이 가장 크다. 경우에 따라 죽지 장군의 죽음과 이 노래가 '경영의 모반' 사건과 관련을 맺어 그것이 신목왕후의 죽음과 효소왕의 승하로까지 이어졌을 가능성도 있다. 이 노래가 '삼국유사'의 '기이편'에 실려 있는 것은 이러한 사연이 있기 때문이다.

이 노래가 널리 인구(人口)에 회자(膾炙)한 바탕에는 삼국 통일을 이룬 화랑도 출신 장군들로 이루어진 군부 귀족 세력과 왕실 직계 세력 사이의 충돌이 국가 기틀을 흔드는 것으로 우려한 민심이 있었을 것이다. 민심이 이 노래의 진가를 떠받치고 있었던 것이다. 문명왕후로부터 자의왕후와 신목왕후로 권력의 중심축이 이동하면서 왕실 직계의 정당하지 못한 권력 독점이 국가의 장래를 어둡게 하고 있다는 데 대한 국인(國人)들의 우려가 시대적 아픔으로 표출된 것이다. 신라 하대로 가면 모든 고위 관직은 왕족들끼리 나누어 갖는 것으로 보인다.

'만파식적' 설화에서 용이 한 말, 두 대나무가 합쳐야 소리가 날 수 있으며, 문무왕과 김유신 장군이 뜻을 합쳐 용으로 하여금 피리를 대왕께 바치게 하였다는 말이 예사롭게 읽히지 않는다. 문무왕으로 대표되는 왕실 직계 세력과 김유신 장군으로 대표되는 화랑도 출신 군부 귀족 세력이 힘을 합쳐야 한다는 것이 그 당시의 민심이었을 것이다. 이를 압축하여 보여 주는 것이 '삼국사기' '열전' '김유신 하'에 실려 있는 문무왕과 김유신 장군이 나누는 마지막 대화에 들어 있는 김유신 장군의 유언이라 할 것이다.

신문왕은 화랑도 출신 군부 귀족들에게 심리적 컴플렉스를 가지고 있었을 것이다. 삼국 통일을 이룬 화랑도 출신 장군 귀족들은 신하들의 공과 신하들에 대한 백성들의 신망을 두려워하고 시기하는 군주 신문왕, 효소왕과 태후 자의왕후, 신목왕후를 만난 것이었다. 그것은 바로 김유신 장군 후예들의 비운이었고 신라의 비극이었다. 그 시절의 2인자 김흠돌의 모반을 그냥 보아 넘길 수 없는 근본 까닭이 이것이다. 지도자가 모자라면 아래 사람들이 힘든 법이다. 이것이 그 시대의 민족적 아픔이다. 이 노래는 이 아픔을 배경으로 하여 지어졌다.

신문왕의 이 컴플렉스를 방증해 주는 중요한 기록이 '삼국사기' '열전'의 '설총' 조이다. 설총은 신문왕에게 '화왕계'를 지어 바쳤다. 그 글의 핵심은 화왕 모란에게 '아첨하는 장미꽃 같은 간신을 멀리 하고 바른 말 하는 할미꽃 같은 나이든 노신을 가까이에 두라.'고 말하는 것이다. 이는 누가 보아도 신문왕을 에둘러 비판한 것이다. 이 말을 듣고 근심하는 쓸쓸한 표정을 지으며 '글로 써서 앞으로 왕 되는 자를 훈계하라.' 하는 것이 신문왕의 명령이다.

왕 앞에서 이런 말을 겁 없이 할 수 있는 설총은 도대체 누구인가? 원효와 요석공주의 아들이다. 궁에서 자랐다. 요석공주는 태종무열왕의 딸이다. 일찍 남편을 여의고 홀로 된 태종무열왕의 공주는 누구인가? 남편 품석과 함께 대야성에서 죽은 고타소를 제외하고, 또 양산 아래 전투에서 전사한 김흠운의 부인을 제외하고, 또 누가 있어 남편을 잃고 홀로 되었단 말인가? 현재까지 조사한 모든 기록은 태종무열왕의 공주로서 또 홀로 된 사람이 따로 있다는 말을 전하지 않는다. 그렇다면 요석공주는 김흠운의 부인일 수밖에 없다. 김흠운의 딸이 신목왕후이니 신목왕후의 어머니는 요석공주이다. 요석공주는 신문왕의 고모이면서 빙모이다. 설총은 신문왕의 고종사촌 동생이면서 처남이다. 정명태자, 신목왕후, 설총은 요석궁에서 함께 놀다가, 정명태자는 신문왕이 되었고, 신목왕후는 소명궁으로 갔고 또 다시 동궁으로 가서 선명궁이 되었다가 왕비가 되었다.

통일 신라 문무왕, 신문왕, 효소왕과 그 아우 성덕왕 대의 안방 권력은 신문왕의 조모 문명왕후로부터, 신문왕의 모 자의왕후[효소, 성덕왕의 조모], 빙모 요석공주[효소, 성덕왕의 외조모], 처 신목왕후[효소, 성덕왕의 모], 이모 운명[효소, 성덕왕의 진외이종조모]로 이어지는 공고한 권력 여인(power women) 집단에게로 넘어갔다. 자의왕후, 신목왕후가 이승을 떠난 뒤로는 문관을 장악한 김순원[신문왕의 외숙부, 효소, 성덕왕의 진외종조부]와 군부를 장악한 김오기[신문왕의 이모부, 효소, 성덕왕의 진외이종조부]를 외피로 하여 요석공주와 조정 화주 운명이 긴 시간을 두고, 성덕왕의 첫 왕비 성정왕후를 내쫓고 계비 소덕왕후[김순원의 딸]을 들이는 시기까지도 권력 실세로 군림하였을 것이다. 이 시기 최고 권력 실세는 요석공주인 것이다.

'삼국사기'의 '신라 본기'는 이와 관련된 기록에 관한 한 너무 소략하다. 이에 반하여 '삼국사기' '열전'의 '김흠운' 조는 '신라 본기'의 기록이 주지 못하는 정보를 싣고 있어 그의 외손자들과 관련된 사실(史實)에 한 줄기 빛을 비추고 있다. 그 빛은 '삼국유사'의 '대산 오만 진신' 조의 작은 세주(細注)가 주는 가녀린 빛과 더불어 '모죽지랑가'의 시대적 배경과 창작 동기를 밝히려는 우리의 추리에도 핵심 열쇠가 되어 주었다.

이 노래의 역사적 이면을 면밀하게 관찰하여 통찰하는 것은 또 한

번의 통일을 눈앞에 두고 있는 한반도에 사는 사람들에게 귀한 역사적 교훈을 줄 것이다. 그들은 앞으로 오게 될지도 모르는 통일된 사회가 평화와 안정과 번영을 가져다 주기는커녕, 그들이 어떤 지도자를 만나는가에 따라 자신들이 살고 있는 사회가 살육의 도가니로 바뀔 수도 있음을 알아야 한다.

특히 우리 시대 화랑 출신 귀족들이라 할 군부 고위 장교 출신 상류층들은 어떤 쪽으로의 통일이 되는가에 따라, 남에 있었든 북에 있었든 한 그룹은 어쩔 수 없이 통일된 후에 제거되는 운명이 될 것임을 각오해야 한다. 이 희생을 최소화하고 미래의 민족의 발전을 위해서는 어떤 방식의 통일이 되어야 하고, 어떤 지도자를 선출해야 하는지가 보인다고 할 수 있다. 그들을 잘 거세할 수 있는 좋은 지도자를 가질 수 있을 것인가가 우리 후손들의 미래를 결정할 것이다.

주제어: 모죽지랑가, 화랑도, 만가, 죽지랑, 득오, 태종무열왕, 자의왕후, 신문왕, 신목왕후, 효소왕, 김흠돌, 김흠운, 요석공주, 8구체 향가, 10구체 향가, 장례의식, 오구라 신페이(小倉進平), 양주동, 김완진.

Abstract

A Study on the Hyangka *Mojukjirangka*

Suh, Chung-mok

One of the most attractive Hyangkas to me is *Mojukjirangka.* For the time and the motivation of creation, the background of the era, and the historical and political meanings of the song can be investigated based on already given historical records.

The decipherment of this song was nearly completed by Kim, Wan-jin (1979/1980, 1985, 2008). Most of the difficult phrases were solved in this decipherment which included all relevant informations of the Korean Linguistics available in the 20th C. Some arguable phrases will remain mystery of this field unless some other classic literatures are found.

Most researchers who worked on this song, following the decipherment of Yang, Ju-dong(1942/1965/1981), show the tendency to believe that this song was created while Jukjirang was still alive. However, the grounds on which the argument that this song was created in Jukjirang's living days was based are very weak. The decipherments such as 'the figure which was showing the beauty' and 'the face was wrinkled' have some problems. In addition, the much-accumulated study of the related records of *Samkukyusa*, *Samkuksaki* and others does not coincide with this kind of argument. I have studied *Mojukjirangka* for decades focusing on proving that this song was created after Jukjirang's death, following the decipherment of Kim, Wan-jin(1979/1980, 1985, 2008).

I believe that this song was originally 10-line-form Hyangka. Two lines, the third and the fourth, might be missing. The order of lines might have been changed in manuscript during transcription. Or the complexity of the manuscript might have caused the engraver to mistake the order of lines in carving the song on a wooden board. The blank after 曰(said) □□□□□□□□□□□□□□, which may be filled with 14 letters, might be the place that the third and the fourth lines were carved into out of their own places. Finding this mistake at the time of proofreading the engraved board, the proofreader might have made the plans (a) to shave two lines off this place, and (b) to move the following two lines to this place, then (c) to carve the third and the fourth lines at the following place. But only the stage (a) might have been carried out, the stages (b) and (c) might be left unperformed.

With this modification, the logical flow of the contents of the song becomes much better; the form of the song can be divided into 4-4-2 lines like other ten-line-form Hyangkas; sentence-final endings can be found at the dividing points of paragraphs; the exclamatory vocative word is situated at the head of the ninth line; and finally, the first, third, and seventh lines obey the law of syllable count, namely '3 lines 6 syllables (三句六名)'.

King Hyoso of *Shilla*, whose reign is the chronological background of the song *Mojukjirangka*, succeeded the throne when he was 16 years old and died when he was 26 years as the record of the *Daesan Oman Jinsin* of *Samkukyusa* tells. The theory that he succeeded the throne when he was 6 years old and died when he was 16 is an error made based on the wrong assumption that *wonja[legal first prince]* and *wangja[prince]* in *Samkuksaki* refer to an identical individual. *Wonja*, who was born in 687 A.D. is not *wangja* I-hong who was created the crown prince. *Wangja* I-hong was born in 677 A.D. to the crown prince Jungmyung and Kim Heum-un's daughter as their first son. *Wonja* who was born in 687 A.D. is the fourth son of King Shinmun after he succeeded the throne.

Kim Heum-un(欽運), the father of Queen Shinmok, and Kim Heum-un (歆運) in the *Yeoljeon* of *Samkuksaki* refer to the same individual. He was a son-in-law of King Thaejongmuyeol, and died a glorious death during a battle against Baekje in 655 A.D. He left an infant daughter, who married King Shinmun in 683 A.D. when she was over 28 years old. They had three sons[Prince I-hong, Prince Botto, Prince Hyomyeong] before their public marriage.

With the King Shinmun's succession to the throne in 681 A.D., there broke out the well-known historical event, Kim Heum-tol(金欽突)'s rebellion. The existence of these three princes born from Kim, Heum-un's daughter was the cause of Kim Heum-tol's rebellion, whose daughter was the legal Queen of King Shinmun. The royal family might have made the decision that an already existing prince should succccd the throne, and Kim Heum-tol, who worried about his daughter's future, might have protested to this decision. The royal family accused him of rebellion and deposed the legal Queen who was his daughter. Because of this rebellion a certain group of nobles from Hwarangto was killed or expelled. This caused the noble society of *Shilla* to split, and seriously affected the rise and fall of the nation.

Because of this event the noble Jukjirang might have lost his political power and died during the reign of King Hyoso, after living in obscurity for about 18-19 years in such a harsh political situation. This song was written by Deuko, who had been very intimate with the noble Jukjirang in Hwarangto, in order to be used on the day of the funeral ceremony of Jukjirang, or on the day of sosang, which is a mourning ceremony on the first anniversary of the death.

Mojukjirangka is recorded in *Kiiphyeon* of *Samkukyusa*. This fact means that this song is related to the rise and fall of the nation. That kind of accident in this period is Kyeongyeong's rebellion in May, 700 A.D. Because of this rebellion Queen Shinmok died at June 1st, 700 A.D., and King Hyoso died in July 702 A.D. This is the reason why this song and its story are recorded in *Kiiphyeon* of *Samkukyusa*.

Key words: *Mojukjirangka*, Elegy, Jukjirang, Hwarangto, Deuko, King Thaejongmuyeol, Queen Jaeui, King Shimun, Queen Shinmok, King Hyoso, Kim Heumtol's Rebellion, Kim Heumun, Princess Yoseok, 8-line-form Hyangka, 10-line-form Hyangka, Funeral Ceremony, Ogura Shimpei, Yang Ju-dong, Kim Wan-jin.

참고문헌

권덕규(1929), "조선어 연구 여초", 신생 2.2, 2.4.

김열규, 정연찬, 이재선(1972), 향가의 어문학적 연구, 서강대학교 인문과학연구소.

김완진(1957a), "-n, -l 동명사의 통사론적 기능과 발달에 대하여", 국어연구 2, 국어연구회.

______(1957b), "원시국어의 자음체계에 대한 연구", 국어연구 3, 국어연구회.

______(1973), 중세국어 성조의 연구, 한국문화연구총서 11, 서울대학교 한국문화연구소.

______(1975), "음운론적 유인에 의한 형태소 중가에 대하여", 국어학 3, 국어학회.

______(1977), "三句六名에 대한 한 가설", 심악 이숭녕 선생 고희기념 국어국문학 논총, 탑출판사.

______(1979), "모죽지랑가 해독의 고구", 진단학보 48, 진단학회.

______(1980), 향가 해독법 연구, 한국문화연구총서 21, 서울대학교 출판부.

______(1985), "모죽지랑가 해독의 반성", 선오당 김형기 선생 팔질기념 한국어학 논총, 창학사.

______(2000), 향가와 고려가요, 서울대학교 출판부.

______(2008), "향가 해독에 대한 약간의 수정 제의", 심악 이숭녕 선생 탄신 100주년 기념논집, 태학사.

김준영(1979), 향가문학, 개정판, 형설출판사.

김태식(2011), "'모왕'으로서의 신라 신목태후", 신라사학보 22호, 신라사학회.

남풍현(1977), "국어 처격조사의 발달", 심악 이숭녕 선생 고희기념 국어국문학 논총, 탑출판사.

박노준(1982), 신라가요의 연구, 열화당.

박영준(1994), 명령문의 국어사적 연구, 국학자료원.

박재민(2013), 신라 향가 변증, 태학사.
서재극(1975), 신라 향가의 어휘 연구, 계명대출판부.
서정목(1981), "15세기 국어 동명사 내포문의 주어의 격에 대하여", 진단학보 53-54합병호, 진단학회.
______(1987), 국어 의문문 연구, 탑출판사.
______(2007), "Korean Language and Korean Alphabet", 한국하버드옌칭학회 50년, 한국하버드옌칭학회.
______(2013a), "모죽지랑가의 형식과 내용, 창작 시기", 시학과 언어학 25호, 시학과 언어학회.
______(2013b), "모죽지랑가의 창작 동기와 정치적 배경", 서강인문논총 제37집, 서강대학교 인문과학연구소.
______(2013c), "모죽지랑가의 새 해독과 창작 시기 추정", 언어와 정보 사회 제20호, 서강대학교 언어정보연구소.
______(2013d), "모죽지랑가의 시대적 배경 재론", 한국고대사탐구 15호, 한국고대사탐구학회.
성호경(2000/2008), "지정문자와 향가 해독", 국어국문학 127호. 성호경(2008) 소수.
______(2007), "사뇌가의 성격 및 기원에 대한 고찰", 진단학보 104호. 성호경(2008) 소수.
______(2008), 신라 향가 연구, 태학사.
신수식(1961), "모죽지랑가의 창작연대", 국어국문학 23호, 국어국문학회.
신종원(1987), "신라 오대산 사적과 성덕왕의 즉위 배경", 최영희선생 화갑기념 한국사학 논총, 탐구당.
안병희(1987), "국어사 자료로서의 '삼국유사'", '삼국유사'의 종합적 검토, 한국정신문화연구원. 안병희(1992) 소수.
______(1992), 국어사 자료 연구, 문학과지성사.
양주동(1942/1965/1981), 증정 고가연구, 일조각.
양희철(1997), 삼국유사 향가연구, 태학사.

이기문(1961), 국어사 개설, 민중서관.
______(1971), "어원 수제", 해암 김형규 박사 송수기념 논총, 일조각.
______(1972), 개정 국어사 개설, 민중서관.
______(1991), 국어 어휘사 연구, 동아출판사.
이기백(1974), 신라 정치사회사 연구, 일조각.
이병도, 김재원(1959/1977), 한국사 고대편, 진단학회, 을유문화사.
이숭녕(1955/1978), "신라시대의 표기법체계에 관한 시론", 서울대 논문집 2. 국어학연구선서 1, 탑출판사.
이영호(2003), "신라의 왕권과 귀족사회", 신라문화 22. 동국대 신라문화연구소.
이재선 편저(1979), 향가의 이해, 삼성미술문화재단.
이종욱(1986), "삼국유사 죽지랑조에 대한 일고찰", 한국전통문화연구 2, 효성여자대학 한국전통문화연구소.
______(1999), 역주해, 화랑세기, 소나무.
이홍직(1960/1971), "삼국유사 죽지랑조 잡고", 한국 고대사의 연구, 신구문화사.
이희승(1932), "지명 연구의 필요", 한글 1.2.
조명기(1949), "원측의 사상", 진단학보 16, 진단학회.
조범환(2008), "신라 중고기 낭도와 화랑", 한국고대사연구 52.
______(2010), "신목태후", 서강인문논총 제29집, 서강대학교 인문과학연구소.
______(2012), "화랑도와 승려", 서강인문논총 제33집, 서강대학교 인문과학연구소.
지헌영(1948), 향가여요신석, 정음사.
小倉進平(1929), 郷歌及び 吏讀の 研究, 京城帝國大學.
Spuler, B.(1963), *Handbuch der Orientalistik*, Erste Ableitung der Nahe und der Mittlere Osten, Fünfter Band Altaistik, Erster Abschnitt Turkologie, E. J. Brill.

찾아보기

ㅇ